Der Fall Österreich

Nationalsozialismus, Rassismus:
Eine notwendige Bilanz

HOLZHAUSEN

Dieses Buch entstand mit Unterstützung durch das Bundesministerium für Bildung, Wissenschaft und Kultur

bm:bwk

Die Deutsche Bibliothek-CIP Einheitsaufnahme
ein Titelsatz dieser Publikation ist bei der
Deutschen Bibliothek erhältlich

© Verlag Holzhausen Nfg. GmbH
Wien 2000
Umschlag und graphische Gestaltung: Robert Kaitan
Umschlagphoto oben: Hitler am Heldenplatz in Wien am 15.3.1938,
Institut für Zeitgeschichte, Wien
Umschlagphoto unten: von li.: Oberst Zelburg,
der steirische Landeshauptmann Dr. Stepan, der spätere
Bundeskanzler Dr. Gorbach im April 1938 im KZ Dachau,
Landesstelle für Bild-und Tondokumentation, Graz

Druck: Adolf Holzhausen Nfg., Wien
Printed in Austria

ISBN 3-85493-025-9

Hubert Feichtlbauer

DER FALL ÖSTERREICH

Nationalsozialismus, Rassismus:
Eine notwendige Bilanz

Verlag Holzhausen · Wien 2000

1. Österreich ist anders

„Auch in Frankreich genießt Ihr Kardinal König großen Respekt," eröffnete ein Franzose im Sommer 2000 seinem österreichischen Freund. Das tat gut. Dann der Zusatz: „Er gehört uns allen. Viele Franzosen wissen gar nicht, dass er ein Österreicher ist." Das führte in die raue Wirklichkeit zurück. Die Österreich-Erinnerung der großen K ist verblasst: König, Kirchschläger, Kreisky. Die großen M als Erinnerungshilfe sind wir selbst längst satt: Maria Theresia, Musik und Mozart (samt Schokoladekugeln). Sind jetzt die großen H an der Reihe: Heimwehr, Hitler, Haider? Der Ruf nach angeblich nie betriebener Vergangenheitsbewältigung scheint es zu fordern. Er fordert es so streng und unnachsichtig, dass die Gedanken sich darüber leicht verdunkeln und bisher ruhig fließendes Blut zum Sieden kommt.

„Jahrzehnte lang konnte man in Österreich zum kritischen Künstler oder Intellektuellen promoviert werden, wenn man bloß eine Einführungsproseminararbeit des Inhalts abgeliefert hat, dass Österreich sich darum herumgeschwindelt habe, seine Mitschuld an den Nazi-Verbrechen einzugestehen," schrieb der Dichter Robert Menasse, kein Kneifer, wann immer es um den „Fall Österreich" geht, als die jüngste Entwicklung nach Analysen schrie (1). Mehr noch als diese These fürchtet er zu Recht die Folgewirkungen: „Abgeleitet wurde nämlich, dass Nazi-Mentalität oder stillschweigende Zustimmung zu den Nazi-Gräueln immer noch Bestandteil der ‚österreichischen Mentalität' sei... Das ist natürlich ein evidenter Unsinn." Natürlich. Denn Österreich ist anders, als es die schrecklichen Vereinfacher sehen. Aber was war, was ist anders?

Nun, zunächst einmal die Wirklichkeit der Märztage 1938. Das obere Bild auf dem Umschlag dieses Buches zeigt die jubelnden Massen, als ihnen Adolf Hitler am 15. März 1938 auf dem Wiener Heldenplatz die „Heimkehr" ihrer Heimat ins Deutsche Reich verkündete. Das Bild darunter ruft drei österreichische Insassen des Konzentrationslagers Dachau in Erinnerung. Einer von ihnen (der Lange, Karl Maria Stepan mit Namen), war zuletzt Landeshauptmann der Steiermark gewesen. Ein anderer (der Rechte), Alphons Gorbach, sollte später Bundeskanzler von Österreich werden. Kaum war der Jubel der Hunderttausend auf dem Heldenplatz verhallt, wurde schon der erste „Prominententransport" nach Dachau zusammengestellt. Kann man die Jubler als „erste Opfer" Hitlers bezeichnen? Kann man den Männern im Sträflingsgewand diesen Titel rauben?

Beide Bilder zeigten einen Teil der österreichischen Wirklichkeit. Aber selbst die heiseren „Heil"-Brüller gaben eine bunte Mischung ab: Fanatische Anhänger und mitgerissene Zweifler, vielleicht auch frisch bekehrte Gegner und sicher erfahrene Opportunisten standen Schulter an Schulter, als der außer Rand und Band geratene politische Messias in seiner lächerlichen Betulichkeit, die damals allgemein als begnadete Rhetorik galt, „der Geschichte" eine Vollzugsmeldung erstattete. Robert Menasse – wir wollen ihn nicht dem Verdacht der Vereinnahmung aussetzen – findet heute, Österreich hätte eigentlich zwei faschistische Vergangenheiten zu bewältigen, aber nur die nationalsozialistische habe es sich vorgeknöpft: „Kein Austrofaschist ist, im Gegensatz zu den Nazis, je mit der Frage konfrontiert worden, ob er einem großen Irrtum, einer Verblendung aufgesessen ist, gar ein Verbrecher war, keiner hat auch nur die Veranlassung gehabt, sich das insgeheim zu fragen." Aber war der Appellplatz in Dachau wirklich der Ort, wo den Stepans und Gorbachs solche Frage hätten durch den Kopf schießen müssen, auch wenn die Olahs und Matejkas, die an ihrer Seite unter den Augen gemeinsamer Peiniger Steine schleppten, sie ihnen in dieser Form nicht stellten?

Aber Menasse hat schon Recht: Natürlich gehört auch der christlichsoziale Ständestaat zur notwendigen Vergangenheitsbewältigung der Österreicher. Warum haben Konservative und Sozialdemokraten im Namen ihrer Ideologien aufeinander geschossen, warum haben die Sieger keine Gnade und die Verlierer keine Einsicht walten lassen? Warum haben

> Der heutige Mensch ist zum Tadeln geboren; vom ganzen Achilles sieht er nur die Ferse.
>
> **Marie Ebner-Eschenbach**

99 Prozent der Österreicherinnen und Österreicher bei der Volksabstimmung am 10. April 1938 den Anschluss ihres Landes an Deutschland bejaht, obwohl maximal ein Drittel überzeugte Nationalsozialisten waren, und warum hat Hitler die Volksbefragung nicht am 13. März 1938 unter Schuschnigg

durchführen lassen, als ein Ergebnis solcher Art viel überzeugender gewesen wäre? Allen diesen Fragen darf ein Buch nicht ausweichen, das eine offene und notwendige Bilanz zum Thema Nationalsozialismus in Österreich verspricht: offen im Sinn von ehrlich und ungeschminkt, offen auch im Sinn nicht nur einer Schadensermittlung, sondern auch einer Eröffnungsbilanz mit neuen Perspektiven, offen aber nicht zuletzt im Fehlen eines vorweggenommenen Ergebnisses. Das Abschlussurteil wird einst die Geschichte, nicht ein Bücherschreiber fällen.

Man wird in diesem Buch Erwartetem und Unerwartetem begegnen. Zu erwarten – und zu erbringen – ist die Beweisführung: Es stimmt nicht, dass sich Österreich nie seiner Vergangenheit gestellt habe, vor seiner Mitschuld an NS-Verbrechen ständig davongelaufen sei, den selbstkritischen Blick in den Spiegel der Geschichte beharrlich verweigert und den Griff in die Reparationenkassa immer abgelehnt habe. Keine Überraschung wohl auch der Zusatz: Aber die Bereitschaft zur Rückerstattung glich einer Echternacher Springprozession: ein Veitstanz vorwärts und zurück, Kraftakte und Krebsgänge wechselten einander ab. Und nun ein Unerwartetes: Andreas Mölzer, Kulturberater von Jörg Haider, als Anwalt einer ordentlichen – nein, nicht Beschäftigungs-, sondern Entschädigungspolitik. Die Logik ist durchaus vorhanden: Wenn 1938 die meisten für Hitler waren, dann dürfen sich diese „meisten" nicht hinterher aus der Mitverantwortung davonstehlen! Dieser Logik folgte auch FPÖ-Generalsekretär Peter Sichrovsky, als er in einem Interview die horrible Behauptung aufstellte, Österreichs Demokratie sei „von ehemaligen Nationalsozialisten und ihren Nachkommen aufgebaut worden" (2). Energischer Widerspruch blieb ebenso wenig aus wie ein Beharrungsbeschluss dieses Wortspenders. Wieder die schreckliche Vereinfachung: Ja, viele waren für den Anschluss. Nein, das mussten nicht automatisch Nazis sein. Ja, viele ließen sich von Hitler verführen. Nein, 1945 gab es ganz sicher keine Nazi-Mehrheit in Österreich mehr. Ja, es gab viele, zu viele Täter unter den Österreichern. Nein, die Opferthese ist trotzdem keine bloße Lebenslüge. Auch Verführte sind Opfer.

Wie aber kam es überhaupt zu dieser Anfälligkeit vieler Österreicher/innen für das seltsame Gebräu, das Hitler aus seinen drei -ismen – Deutschnationalismus, Sozialpopulismus und

Antisemitismus – schuf? Auch hier ist Österreich anders zu beurteilen als andere, die diese brisante politische Cocktail-mischung in ihrer Gesamtheit leichter durchschauen konnten. Der Deutschnationalismus brach nicht wie eine Naturkatastrophe über Österreich herein. Er begleitete die politische Debatte seit 1848, als es in allen europäischen Revolutionen um nationale Befreiung, Mitbestimmung und Menschenrechte ging. Alle Völker fanden ihren nationalen Standort – nicht so Österreich, dem von dem erstarkenden Preußen eine Vorherrschaftsrolle unter den deutschen Völkern streitig gemacht wurde. Schließ-lich wurde es als Vielvölkerreich aus dem Deutschen Bund ver-stoßen, zunehmend aber auch von den nicht deutschen Völkern ver-lassen, weil diese ihre eigenen nationalen Wege gehen wollten. Was für Österreich blieb, war eine Rolle als separates Volk der quasi besseren Deutschen – eine Rolle, die schon von der Habsburg-Monarchie eingeübt und im Stände-staat ideologischer überhöht wurde.

> **Es ist Zeit, dass man weiß. Es ist Zeit.**
> **Paul Celan**

> **Österreich hat nur dann eine Chance zu überleben, wenn wir den Vereinbarungscharakter sei-nes Zustandekommens auch in Zukunft nicht vergessen.**
> **Barbara Frischmuth**

1918 wollten alle österreichischen Parteien das Aufgehen Restösterreichs im Deutschen Reich. Die Alliierten verweigerten diese Lösung. Aber „Deutsch" floss fortan aus allen Federn, die über Zukunft schrieben. „Deutsch" füllte alle Ätherwellen. In diesem Umfeld war es eine geradezu heroische Leistung, einen eigenen staatlichen Weg zu gehen, weil man sich nicht den We-gen des „Führers" anschließen wollte. Nichts wäre logischer gewesen, als mit dem Friedensvertragszertrümmerer Hitler gemeinsame Sache zu machen und die Papiere von St. Germain zu zerreißen.

Andere Länder lehnten Hitler ab, weil sie seine nationalen Machtgelüste fürchteten. Das offizielle Österreich und viele sei-ner Bürger/innen lehnten ihn als unmoralisch ab, obwohl sie für seinen Deutschnationalismus hundert Jahre lang konditioniert worden waren. Dass dies wenigstens fünf Jahre lang gelang, war eine historische Tat. Dass sich die demokratische Linke bis heu-te schwer tut, dies anzuerkennen, ist eine betrübliche Fehleinschätzung. Dass die Regenten des Ständestaates die Alternative zu Hitler nicht zusammen mit der demokratischen Linken und auf demokratischem Weg, sondern mit den italienischen Faschisten versuchten, war ein historischer Irrtum. Dass die äußeren Umstände das richtige Bündnis von zwei Seiten her fast unmöglich machten, war Resultat einer verhängnisvollen politischen Konstellation. So kam es zur Apokalypse, an der alle politischen Kräfte ihren Anteil hatten: beim Herbeirufen und beim Ertragen der Folgen.

Interessant, dass schon zur Zeit des Geschehens und auch heute wieder distanziertere Beobachter oft deutlicher erkennen, wie – gut und schlecht – es um Österreichs Selbstverständnis wirklich steht, während manche inländische Kritiker Österreichs Vergangenheit nicht ohne „lächerlichen Daueralarm" diskutieren können: „Fällt das Reizwort FPÖ, dann vernebeln sich auch dem vorgeblich liberalsten Geist die Sinne" (3). Dagegen schrieb Tony Judt in Newsweek: „Haider ist eine schlechte Nachricht, nicht ein Monster. Aber Europas Zorn über seinen Erfolg ermuntert nur seine und seiner Anhänger übelsten Instinkte" (4). Der Publizist Paul Lendvai verteidigt seine neue Heimat (er kam ·nach dem ungarischen Freiheitskampf nach Österreich) mit guten Argumenten auch in Israel, und der große polnische Österreich-Freund Wladyslaw Bartoszewski tat es am 4. Mai 2000 als Gast des österreichischen Parlaments: „Die Welt kennt die Bilder vom Einzug Hitlers in Österreich. Worüber sie weniger Bescheid weiß, ist die große Verhaftungswelle, die noch in der Nacht des 11. März begann..." Und der frühere und neuerliche polnische Außenminister Bartoszewski beschwor „die Kraft unserer Erfahrungen", damit der „Sieg des Hasses" nicht von Dauer sei.

Die Kraft unserer Erfahrungen: Hat sie uns weitergeholfen? Allen Pessimisten zum Trotz: ja! Die Haupterfahrung war: Der Nationalsozialismus war ein so monströses Verbrechenssystem, dass letzten Endes kein Mensch von seinen Schadenswirkungen ausgeschlossen blieb. Über 65.000 österreichische Juden wurden ermordet, 26.000 nicht jüdische Österreicher umgebracht, 2700 Widerstandskämpfer exekutiert, 261.000 Soldaten mussten im Krieg und bis zu 20.000 Zivilisten im Bombenhagel sterben, 500.000 waren Kriegsgefangene. Zählt man das Leid der mitbe-

troffenen Familien dazu – wer wollte solchen inhumanen Wahnsinn ernsthaft verteidigen? Niemand hat es getan. Niemand
wünscht eine Wiederholung. Niemand kann behaupten, dass ein
solcher Gesinnungswandel nicht positiv zu bewerten wäre.

Die in den „Lagerstraßen" der Konzentrationslager ge-
schmiedeten politischen Bündnisse zwischen rechts und links
(sie werden rein quantitativ oft überschätzt, aber qualitativ wurden sie geschichtsmächtig) mündeten nach 1945 in Große Koalition, Proporz und Sozialpartnerschaft. Die Bürgerkriegsgegner
von einst schmiedeten eine Regierungsachse, die dem Land relativen Wohlstand und soziale Gerechtigkeit ermöglichte. Die Aufteilung wichtiger Stellen im öffentlichen und halböffentlichen
Bereich auf die beiden Regierungsparteien garantierte jeder von
ihnen, nicht bei der nächsten Wahl um Einfluss und Mitsprache
gebracht zu werden. Die Zusammenarbeit von Arbeitgebern und
Arbeitnehmern verlagerte die interessenpolitische Auseinandersetzung von der Straße an den Verhandlungstisch. Alle drei
Neuerungen waren Vorteile für die Beteiligten und das ganze
Land. Aber alle drei hatten, wie jedermann weiß, auch ihre immer deutlicher werdenden Schattenseiten.

Aus der Großen Koalition wurde eine erstarrte Regierungsform. Aus dem Proporz wurde eine Aufteilung der Staatsgewalt
unter Privilegierten. Aus der Sozialpartnerschaft wurde eine
verfassungsfreie Nebenregierung. Und aus allen drei Problemen
wurde ein Hauptziel der politischen Opposition, an deren
Spitze sich in den späten Achtzigerjahren die Freiheitliche
Partei setzte. Und aus dem Ganzen wurde ein Gigaproblem für
Österreich, weil es heute schwer bis unmöglich ist, einer kritisch beobachtenden Welt darzulegen, wer aus welcher Mischung von Motiven heraus diese Partei gewählt hat, die außerdem immer wieder durch fremdenfeindliche Parolen in Wahlkämpfen und ungezügelte Rede in politischen Aussagen zu Protest und Widerspruch herausfordert.

Die Besonderheit der politischen Entwicklung in Österreich
hat auch zur Herausbildung besonderer politischer Verhaltens-
typen geführt. Die Notwendigkeit zum Überleben in Zeiten der
Diktatur förderte Anpassung und Opportunismus. Der mehrma-
lige Wechsel der politischen Systeme in ein und derselben Generation führte zu Polarisierung und Verhärtung. Der mitge-

schleppte politische Ballast wurde immer schwerer. Die bitteren Erfahrungen der Vergangenheit schweißten 1945 alle zu geradezu fanatischen Verfechtern einer hochstilisierten Wiederaufbau-Gesinnung zusammen. Der Soziologe Leopold Rosenmayr schrieb dazu in einem Erinnerungsbild aus der Kriegszeit: „Vielleicht lässt sich auch die – zuwenig bedachte? – Aufbauwut meiner Generation nach 1945 aus dem Gefühl heraus erklären, man schulde der Gesellschaft etwas für das unverdiente Überleben im Krieg" (5).

Die Erfahrungen gemeinsamer Verfolgung führten auch dazu, dass nach dem Zusammenbruch des Unrechtssystems oft gerade ehemalige KZ-Insassen für Versöhnung und Milde gegenüber minderbelasteten Nationalsozialisten plädierten. Viele NS-Gegner traten für einstige Nationalsozialisten ein, um ihnen als Kollegen in Politik und Wirtschaft, im Schul- oder im Kunstbetrieb neue Chancen zu verschaffen. Die Vorstellung, endlich einmal müsste der Teufelskreis von Vergeltung und Rache durchbrochen werden, war gewaltig. Je größer der Abstand zu jenen Jahren, um so geringer das Verständnis für solche Praktiken: In die Beurteilung der NS-Vergangenheitsbewältigung schlichen sich immer kritischere, nicht selten gehässige Töne ein. Wenn heute die Kritik im Ausland an Österreichs „unbewältigter Vergangenheit" zunimmt, darf man sich nicht wundern: Die Kritiker können die schärfsten Urteile aus Österreich selbst beziehen.

Dabei handelt es sich nicht um parteipolitische Verschwörungen, wie manchmal gemutmaßt wird. In den meisten Fällen geht es um überzeugte, aber auch um überzogene Kritik. Was einzelne Zeitgeschichtler, Publizisten und Schriftsteller über Österreichs ungeordnetes Verhältnis zur NS-Vergangenheit in den letzten Jahren geschrieben oder an „großen Gesten eines pseudohistorischen Künstler-Boykotts" (Konrad Paul Liessmann) gesetzt haben, reicht locker für einen permanenten Generalverdacht und schwere diplomatische Sanktionen aus. Auch das müsste einmal in die Assoziationskette ausländischer Österreich-Beobachter einfließen: das Vorhandensein einer besonders selbstkritischen Wissenschafter-, Publizisten- und Künstlergeneration in diesem Land. Wo anderswo gemauert und „nationale Solidarität" geübt wird, verschärft sich in Österreich der Widerstand gegen das Etablierte. Das ist grundsätzlich positiv: Werden damit auch nicht künftige Verbrecher von ihren Taten abgehalten, so lässt sich auf diese Weise doch der Bewusstseinspegel gegen Mitläufertum steigern. Den Mitläufern ist ein eigenes Kapitel in diesem Buch und darin ein strenges Urteil über feige, an der Grenze der Charakterlosigkeit turnende Systemerhalter gewidmet. Aber eine solche überkritische Haltung kann auch gefährlich werden: Sie ruft Widerstand und Abwehr und damit scheinbare Vergangenheitsverteidigung hervor.

Wenig Verständnis wird in diesem Buch daher jenen entgegegebracht, die im Eifer der „morallüsternen Nachgeborenen" (Martin Walser) jede Versöhnungsgeste für Verrat erklären und jeden Appell zu behutsamer Sprache als Kompromisslertum verunglimpfen. Keine Vergebungsbitte geht ihnen weit genug, keine Entschädigung ist angemessen und kein Widerruf jemals umfassend genug. „Moral ist (auch) eine Kunst des Maßhaltens", verlangt auch Odo Marquard. Diese Kunst ist vielen verloren gegangen. Es wird nicht behauptet, dass sie diesem Buch zur Richtschnur geworden wäre. Aber einen Versuch ist sie wert. Politik ohne Moral führt in den Abgrund. Moral statt Politik führt zum Gesinnungsterror. Das wäre die schlimmste Konsequenz, die aus der Niederlage eines gesinnungsterroristischen Systems gezogen werden könnte.

> **Die eigene Befindlichkeit kann blind machen.**   Gerhard Roth

Dieses Buch ist kein Geschichtsbuch, das Anspruch auf auch nur annähernde Darstellung alles Wichtigen erheben könnte. Historische Daten und Taten werden nur zur Glaubhaftmachung und Veranschaulichung von Sachverhalten und Thesen herangezogen. Das Buch nennt das Böse beim Namen, beschönigt den verbrecherischen Charakter des Nationalsozialismus nicht, anerkennt den moralischen Anspruch seiner Opfer und die unbedingte Notwendigkeit, das Verbrechen, seine Herkunft und seine Hinterlassenschaft dem Vergessen zu entreißen. Es widersetzt sich aber einem hysterischen „historischen Moralismus" (Egon Matzner), der jede bisherige Anstrengung zur Aufarbeitung der Vergangenheit bagatellisiert, die Wiederbegründer der Republik als grundsätzlich judenfeindliche Sparmeister abqualifiziert und weder der Versöhnung mit demokratiewilligen ehemaligen Nationalsozialisten noch den Besorgnissen der Bürgerinnen und

Bürger wegen einer ungeregelten Zuwanderung von Ausländern etwas abgewinnen kann. Österreich ist anders, als es die unkritischen Apologeten, und anders, als es die verbissenen Ankläger sehen.

Das Buch wird provozieren – nicht, weil es provozieren will, sondern weil heute jede Aussage zu dieser Thematik provoziert. In der heutigen Situation wäre jedes verlegene Schielen nach gewaltsam herbeigeführter Harmonie nur peinlich. Es ist ein großes Plädoyer dafür, die Verschiedenartigkeit der Menschen und Menschentypen, die ein Land mit solcher Geschichte hervorbringt, zunächst einmal zu akzeptieren. Es gibt so viele Österreicherinnen und Osterreicher, in denen auch Widersprüche stecken: Helden- und Widerständlertum, Zustimmung und Oppositionsgeist. Man kann einiges dazu bei Hans Weigel nachlesen, dem beliebten Volksdichter, der aus seiner jüdischen Religionsgemeinschaft austrat, „ohne sie zu verleugnen", Richard Wagner nicht leiden konnnte, aber in Israel auf die Barrikaden gestiegen wäre, damit er dort gespielt werden kann (6). Er unterschrieb eine Bittschrift für die Freilassung von Rudolf Heß, pries seinen Freund Viktor Frankl für dessen tapferes Eintreten gegen alle Kollektivschuldthesen, freute sich über den Violinvirtuosen Yehudi Menuhin, der für den NS-nahen Dirigenten Wilhelm Furtwängler eintrat, und verneigte sich vor dem Juden Karl Kraus, der sich als Erwachsener katholisch taufen ließ und später wieder aus der Kirche austrat, „hauptsächlich aus Antisemitismus", wie er sagte.

Ähnlich der Fall des Marcel Frydmann Ritter von Prawy, der 1938 in die USA emigrierte, 1945 als amerikanischer Soldat zurückkehrte, in Wien eine „Orgie der Verlogenheit" erlebte, eine Frage nach dem Schicksal des „arisierten" Vermögens seiner im KZ Theresienstadt ermordeten Großmutter mit dem Hinweis beantwortet bekam, die Dame sei „nach Theresienstadt abgewandert" und das Depot damit „nunmehr erledigt". Alle diese Erfahrungen hinderten Prawy nicht daran, sich darüber zu freuen, dass seine Schwester bei christlichen Freunden in Wien als „U-Boot" überleben konnte (7). Heute ist er niemandem böse – und von allen geliebt. Puristen mögen auch das anpasserisch finden, aber menschlich war es allemal, und wer hat ein Recht, den Opfern vorzuschreiben, wieviel Unversöhnlichkeit sie wie lange mit sich zu schleppen hätten?

Recht anschaulich und nachvollziehbar hat die Entwicklung der österreichischen Seele der ersten Nachkriegsjahrzehnte der Publizist Peter Huemer beschrieben (8): der von allem Deutschen abgegrenzte Österreich-Patriotismus, nicht zuletzt von Fussballern und Skifahrern genährt, die Literatur von Schnitzler bis Kramer, von Torberg bis Qualtinger – und dann der Einstieg ins Studium der Zeitgeschichte und die Bekanntschaft mit den „zentralen österreichischen Lügen" von 1938 und 1945 und die Erkenntnis, dass Weigel nur „die Sehnsucht nach einem Österreich, das es so nicht gab", beschrieben hatte. Heute will Peter Huemer nicht mehr dabei sein, wenn es „Wir Österreicher" heißt. Von diesen „Lebenslügen" ist auch in diesem Buch die Rede – aber nicht in der abschätzigen, lieblosen, verständnislosen Art, die uns manche Zeithistoriker heute beibringen möchten. Muss man wirklich, nur weil die „Kronenzeitung" mit einem Aufmacher „Österreich ist kein Naziland" herausrückt, in alle Welt hinausrufen, dass wir doch eins sind?

Österreich ist anders. „Nachgewiesenermaßen gibt es über kein Thema so viele wissenschaftliche Werke wie über die Zeit des Nationalsozialismus," berichtete wahrheitsgemäß Wilhelm Katzinger beim Österreichischen Zeitgeschichtetag 1993, fügte aber hinzu: „Trotzdem ist die Aufarbeitung ... dieser Epoche noch nicht bis zur Bevölkerung durchgedrungen" (8). Ob das stimmt, und wenn ja, warum, sollen Leserinnen und Leser selbst beurteilen. Deshalb ist in diesem Buch nicht nur von Kriegsverbrecherprozessen und Sühneabgaben die Rede, sondern auch von den vielen Zeugnissen des geistigen Neubeginns in Lehrplänen und Schulbüchern, Zeitungen, Radio und Fernsehen, in Literatur, Kunst, Theatern und Filmen, in der Wissenschaft und bei öffentlichen Veranstaltungen von Staat und Kirchen. Eine – wenn auch knappe und nur beispielhafte – Übersicht aus allen diesen Bereichen gibt es bisher in keiner anderen Publikation. Sie soll ein Gesamturteil zum Themenkomplex „Nationalsozialismus in Österreich – Herkunft und Hinterlassenschaft" nicht vorwegnehmen, aber erleichtern.

> **Die Kräfteverschiebung zwischen Unschuld und Schuld ist der eigentliche Motor jedes Dramas.**
>
> Romeo Castellucci, Regisseur

Man macht die Sache aber nicht besser, wenn man hinter allen Türen braunen Dreck oder roten Verrat wittert. Pauschalverdächtigung und Generalverurteilung gehören zum schlimmsten Erbe des Nationalsozialismus. Dieses Buch möchte einen Beitrag zu einer differenzierteren Sicht der Dinge leisten. Man erzieht ein Volk nicht zur Wahrheit, indem man die Salzburger Festspiele zu einem Aufschrei gegen eine ungeliebte Regierung oder einen Straßencontainer vor der Oper in Wien in eine Bühne der Ausländer-Erlösung umfunktionieren möchte. Der Abbau von Vorurteilen, unverzichtbar in jeder demokratischen Gesellschaft, ist ein mühsames Unterfangen. Fortschritt im Bereich von Charakter und Moral ist kein Jet-Trip, sondern ein langer und mühsamer Fußmarsch mit Blasen und verstauchten Knöcheln. Die Ungeduldigen genieren sich dafür. Kluge sind dankbar.

2. Die nationale Malaise

2.1 Fruststau nach 1848 und 1866

Hier soll nicht aus Beethoven ein österreichischer Klassiker und aus Hitler ein preußischer Junker gebastelt werden. Adolf Hitler war ein Österreicher. Otto Dietrich, zwölf Jahre lang Hitlers Pressechef, fand dafür auch eindeutige Beweise: „In zwei Eigenschaften trat Hitlers Österreichertum ganz unverkennbar zutage: erstens in der unverbindlich-liebenswürdigen, jovialen Art, die seine im Grundsätzlichen unerbittliche politische Härte im privaten Leben bis fast zur Unkenntlichkeit übertünchte und mit der er sich insbesondere Künstlern und Frauen gegenüber in fast übertriebener Höflichkeit zu geben wusste. Und zweitens in dem geradezu phänomenalen Mangel an Zeiteinteilung, durch den sich seine Lebens- und Arbeitsweise auszeichnete." (1) Eine seiner Chefsekretärinnen bestätigte gleichfalls Hitlers „aufmerksame Herzlichkeit", aber auch einen offenbar von seinen Waldviertler Vorfahren stammenden „Starrsinn" (2).

So also war, „typisch österreichisch", der Österreicher Adolf Hitler: anbiederisch-freundlich zu den Frauen, starrköpfig-unerbittlich in der Politik und ein Chaote in Zeit- und Lebensplanung. Da bleibt nur der etwas hilflose Einwand, den Eugen Roth, der große Poet im Abendrot des alten Österreich, solchen Vorwürfen in Emigrantenkreisen entgegenzuhalten pflegte: „Bei uns konnte Hitler nichts werden. Bei uns war er ein kleiner Strolch. Bei euch ist er groß geworden!" (3). Aber dem kleinen Strolch hat Österreichs Geschichte schweres Marschgepäck in seinen Rucksack gepackt: die Last der Entscheidung, zu welcher Nation sich einer zählt. „Die beiden wohl geschichtsmächtigsten Österreicher des 20. Jahrhunderts, diese beiden Antipoden Sigmund Freud und Adolf Hitler, sind undenkbar ohne spezifisch österreichische Identitätskrisen, die in ihnen arbeiten," konstatiert Friedrich Heer schon auf der ersten Seite seines Schlüsselwerks „Der Kampf um die österreichische Identität". Er verlegt den Beginn dieses Morbus Austriacus, der „Österreich-Krankheit", schon in die Zeit des Eindringens der protestantischen Reformation aus dem deutschen Norden. Seither tobe in Öster-

reich ein Glaubenskampf, der ab dem 19. Jahrhundert Kultur-
kampf hieß, und immer spielte darin auch das Ringen der in
Österreich lebenden Juden um ihre Identität eine Rolle.

Seit dem Mittelalter kam dazu aber auch noch der Gegensatz
zweier Nationen, zweier „Deutschland", eines kaiserlichen und
eines päpstlichen, später eines evangelischen und eines römisch-katholischen, der im 19. Jahrhundert zum Kampf zwischen Großdeutschen und Kleindeutschen wurde. Die Großdeutschen wollten ein Reich aller Deutschen, also auch der
deutschsprachigen Österreicher,

Zukunft hat Herkunft.
Odo Marquard

während Österreichs politische
Repräsentanten die übernationale,
völkerverbindende Aufgabe in der
Geschichte nicht preisgeben, sie aber mit dem deutschen
Anliegen verbinden wollten. Durchaus logisch in diesem Sinn
fasste es 1933 der nationalkatholische Festredner auf dem
Katholikentag in Wien, Anton Böhm, zusammen: „Österreichs
Sendung ist eine katholische und deutsche Sendung" (4). Der
christliche Ständestaat zwischen 1934 und 1938 feierte Kaiserin
Maria Theresia als Inbegriff des österreichisch-deutschen We-
sens, die unter der Voraussetzung handelte, „dass die Wurzeln
österreichischer Kraft im Deutschen Reiche liegen" (5). Die Krie-
ge Andreas Hofers galten nicht als Freiheits-, sondern als (Anti-)
Franzosenkriege. Daher ist auch nie von Baiernkriegen die Rede.
Die Revolution von 1848 ging in die österreichische Geschichts-
schreibung nicht als Aufbäumen freiheitsdurstiger Bevölkerungsgruppen gegen autoritäre Herrscher, sondern als Versuch
und Scheitern einer „großdeutsche Lösung", also einer österreichischen Führungsrolle in Deutschland, ein.

Ein Aufgehen Österreichs in einem deutschen Einheitsstaat,
wie es der Verfassungsentwurf von 1848 vorsah, war nicht nach
dem Geschmack auch deutschgesinnter Österreicher, die kurzfristig mit Erzherzog Johann als „Reichsverweser" und Anton
von Schmerling als deutschem Ministerpräsidenten die Führung
bei der politischen Neuordnung übernommen hatten. 1849
einigte man sich auf das Ausscheiden Österreichs aus einer
gesamtdeutschen Lösung. Man muss bedenken, dass dieses Jahrhundert von einer romantisch-nationalen Gefühlswoge sondergleichen überschwemmt wurde, die insbesondere von deutschen

Dichtern ausging: „Was ist des Deutschen Vaterland?" fragte Ernst Moritz von Arndt, und seit 1813 hallte es millionenfach in deutschen Landen wider: „So weit die deutsche Zunge klingt ... Das ganze Deutschland soll es sein!" Nur so kann man verstehen, dass die Demütigung von 1849 schwer am österreichischen Selbstwertgefühl nagte: Deutschland, Deutschland, über alles – und wir nicht dabei! Die von Österreich 1866 verlorene Schlacht gegen Preußen bei Königgrätz entschied endgültig die Entwicklung: Jetzt löste sich der Deutsche Bund auf, Preußen übernahm die Führungsrolle, und mit der Errichtung des Bismarck-Reiches 1871 war die „kleindeutsche", Österreich ausschließende Lösung besiegelt, der Grundstein für verhängnisvolle neue Konflikte gelegt. Aber wer ist schon Hellseher? Auch in Österreich wurde die Reichsgründung mit Fackelumzügen, Böllerschüssen, Höhenfeuern und Prozessionen gefeiert.

Österreich war fortan bemüht, zu beweisen, dass es die besseren Deutschen beherbergte, und wollte dies zunehmend auch durch demonstrative Beherrschung der nichtdeutschen Völker des Habsburger-Reiches tun. Das neue deutsche Kaiserreich pflegte den Ruf des jungen, vitalen, beweglichen Neuankömmlings, Österreich

> **Erst der erlösten Menschheit ist ihre Vergangenheit in jedem ihrer Momente zitierbar geworden.** Walter Benjamin

bekam die Maske des rückständigen, reaktionären, „undeutschen" Regimes umgehängt, das jetzt umso mehr seine „deutsche Kultur" zur Schau stellte. Wenn Tschechen, Ungarn, Slowenen oder Kroaten von den „Deutschen" sprachen, meinten sie die Deutsch sprechenden Österreicher der Monarchie. Die Bewohner des Deutschen Reiches meinten mit den „Deutschen" sich selbst und nannten die Leute zwischen Passau und Pressburg „österreichische Deutsche" oder „Deutschösterreicher". Immer mehr von diesen beneideten die „Reichsdeutschen" und schwelgten in Träumen von einer „deutschen Kulturnation", zu der sich auch der Kaiser von Österreich bekannte. Robert Hamerling besang seine „innige Liebe" zum „Vaterland Deutschland" und zum „Mutterland Österreich" (6): Aber wessen Liebe brennt schon auf Dauer gleich heiß für gleich zwei?

„In Deutschland ist für Österreich und für Deutschland ist von Österreich nichts mehr zu erwarten," las man schon 1831 in einem „Briefwechsel zweier Deutscher" (7). Nach 1866 musste sich Österreich, ob es wollte oder nicht, dem wachsenden deutschen Einfluss unterordnen und gleichzeitig der ungarischen Reichshälfte 1867 viel Selbständigkeit zugestehen, um nicht in einem Zweifronten-Konflikt zermalmt zu werden. Die zusätzliche Macht verführte Ungarns Machthaber dazu, die slawischen Völker in ihrer Reichshälfte immer stärker zu gängeln. So wurde die Doppelmonarchie zu einer Brutstätte von Nationalitätenkonflikten, die das übernationale Reich in den Strudel des Untergangs rissen, während das Reich der Hohenzollern sich auf eine deutschnationale Politik konzentrieren konnte, von der sich immer stärker auch die Deutschösterreicher versucht und verführt fühlten.

Schwarz-Rot-Gold, schon beim Wartburgfest der Studenten 1817 und wieder 1848 die Farben der deutschen Einheit, 1866 von Österreichs Truppen als Farben des Deutschen Bundes gegen das Schwarz-Weiß-Rot Preußens ins Feld geführt und später zur großdeutsch-österreichischen Demonstration gegen das Schwarz-Weiß-Rot des Hohenzollern-Reiches verwendet – wer soll sich da noch auskennen? 1918 entschied sich auch die Weimarer Republik für Schwarz-Weiß-Rot, 1949 kehrte die Bonner Bundesrepublik zum Schwarz-Rot-Gold zurück, das 1989/90 endgültig als Farbentrio der nationalen Einheit Anerkennung fand. Dass diese drei Farben auch im österreichischen Staatswappen vorkommen (nicht zufällig, wie das stenografische Protokoll der Konstituierenden Nationalversammlung vom 6. Mai 1919 verrät) soll niemand auf dumme Gedanken bringen. So kompliziert wie die Deutschtumsbekenntnisse in Österreich sind auch deren Symbole, und Zerrissene, Gespaltene in Sachen Nation sind die Bewohner Österreichs bis nach dem Ende der nationalsozialistischen Herrschaft geblieben.

Deutschnationale Burschenschaften stellten seit je her Schwarz-Rot-Gold jubelnd zur Schau. Katholische Studentenverbindungen, die sich bewusst dem antikirchlichen Kurs der „Nationalen" entgegenstemmten, wollten gegenüber diesen zumindest in den äußeren Erscheinungsformen nicht zurückste-

> **Es kennzeichnet die Deutschen, dass bei ihnen die Frage, was deutsch ist, niemals ausstirbt.**
> **Friedrich Nietzsche**

hen. Auch sie erkämpften sich das Recht, öffentlich mit Band und Mütze aufzutreten und ihre studentischen Uniformen („Wichsen") mit Schlägern, den Symbolen deutscher Wehrkraft, zu tragen. Zum Unterschied von jenen hieben sie einander mit diesen Schlägern jedoch keine Tapferkeitsschmisse ins Gesicht. Und bei aller Gegnerschaft, die sich in Sachen Religion und Vaterland (hier Österreich, dort Deutschland) entwickelte, singen katholische Farbstudenten auch heute noch mit kleinen Wortretuschen („teure" statt „deutsche Brüder", „alte" statt „deutsche Eichen") die deutschnationalen Kampf- und Freiheitsliedor des 19. Jahrhundorts: Geschichtslast im Rucksack vieler Österreicher, aber alles andere als ein Bekenntnis zu nationalsozialistischem Gedankengut.

Es war die Zeit, da in Wien 1880 der Deutsche Schulverein als Hort der Deutschtumspflege gegründet wurde, an deren Vorbereitung auch die späteren Begründer der österreichischen Sozialdemokratie, Victor Adler und Engelbert Pernerstorfer, mitwirkten und in der auch jüdische Studenten, die aus deutschnationalen oder auch katholischen Verbindungen vertrieben worden waren, eigene jüdisch-zionistische Burschenschaften gründeten, von denen Arthur Koestler respektlos schrieb, ihr Ziel sei es gewesen, „der Welt zu beweisen, dass die Juden im Duellieren, Saufen, Singen und Bramarbasieren nicht weniger ihren Mann zu stehen verstanden als andere auch" (8). Ein eifriger deutschnationaler Burschenschafter in Wien (schlagende Verbindung „Albia") war jahrelang auch Theodor Herzl, der Urheber der zionistischen Idee einer Zusammenführung aller Juden in einem eigenen Nationalstaat. Die von Johann Gottlieb Fichte, dem Philosophen des deutschen Idealismus, verkündete „Frohbotschaft" schien unwiderstehlich: Die deutsche Nation hat durch die Völkerschlacht bei Leipzig Europa vom Bonapartismus befreit, Zugang zum „absoluten Geist" gefunden und ist nun selbst zur Herrschaft über andere Völker berufen. Das nationale Erlebnis wird zum Herzstück einer religiös aufgeputzten Ethik (9).

Kurz: So gut wie alle machten einander das Bessere-Deutsche-Sein streitig. Freilich: Wem der Schmiedl zu wenig war, der ging gleich zum Schmied, und der hieß damals Georg Ritter von Schönerer („Ritter von" wurde ihm später vom Kaiser

allerdings wieder gestrichen.) Das „Alldeutsche Grundsatz-
programm" dieses Waldviertler Politikers gelobte 1901: „Unser
Volkstum von jedem, daher auch von jüdischem Einfluss rein zu
halten und uns von Rom los zu sagen, halten wir für unsere
selbstverständliche Pflicht" (10). Schönerer selbst brachte das
auf die Kurzformel: „Ohne Juda, ohne Rom wird gebaut
Germanias Dom" (11). Er führte „Heil" als Gruß ein (ein Begriff
voll des religiösen Pathos!) und verehrte Otto von Bismarck als
neuen Gott des deutschen Volkes,
als dessen Prophet er sich verstand.

> **Wir müßten die ganze Geschichte des Heiligen Römischen Reiches und der Habsburger auf den Kopf stellen, wollten wir die Gemeinschaft leugnen, die uns mit dem ganzen deutschen Volk verbindet.**
> **Der Historiker Hugo Hantsch 1934**

Im Gefolge seiner „Los-von-von-
von-Rom"-Bewegung, deren Ziel
die „Losreißung der Deutschen von
einer deutschfeindlichen Macht"
war (12), sind immerhin 86.000
Katholikinnen und Katholiken zur
evangelischen Kirche übergetreten.
Zu den Skurrilitäten dieser allgemeinen Deutschtümelei gehörte
auch, dass für Restaurants ein „Verdeutschungsbüchlein" propa-
giert wurde, um der „Ausländerei" auf Speisekarten Einhalt zu
gebieten. Natürlich war man vor allem in Gaststätten, die den
stolzen Titel „Deutsches Haus" trugen und die es in Prag, Wien
und anderen Städten gab, moralisch verpflichtet, deutschbewus-
sten Gästen den Anblick von „Cordon bleu" und „Entrecotes" zu
ersparen.

In solcher Stimmung taumelte Österreich in den Ersten
Weltkrieg. Kaum hatten deutschnationale Burschenschaften
davon abgelassen, auf Universitätsboden auf die Schädel katholischer Farbstudenten einzudreschen, marschierten beide schon
Hand in Hand und Lied in Lied („Wenn es gilt fürs Vaterland,
treu die Klingen dann zur Hand...") auf die Schlachtfelder der
europäischen Nationalismen. „Es ist traurig, aber man kann dagegen nichts machen," beklagte auch Victor Adler die Unfähig-
keit der Sozialdemokratie, sich der „steigenden Flut des Chauvinismus" entgegenzustemmen (13).

Ein Jahrhundert lang hatte man in Österreich von der ein-
zigartigen Größe des Deutschtums und der Minderwertigkeit
anderer Völker reden gehört. Im österreichischen Parlament
wurden alldeutsche Reden mit „Hoch und Heil den Hohen-

zollern!" geschlossen. Österreichische Gemeinden rissen sich darum, Kaiser-Wihelm-Straßen und -Plätze einzuführen, bisweilen auch unter Kürzung von Kaiser-Franz-Joseph-Straßenzügen. Die Begeisterung, mit der man in den Ersten Weltkrieg zog („Serbien muss sterbien!"), kannte keine Grenzen. Die Schlussbilanz dieser kollektiven Hysterie auch nicht.

2.2 „Deutschösterreich" verpatzt

Als alle Völker der ehemaligen österreichisch-ungarischen Monarchie 1918 auf rauchenden Trümmerfeldern standen, hatten sie wenig zu essen und viel zu hoffen. Und alle hatten sie das Vaterland, von dem sie geträumt hatten. Nur die Österreicherinnen und Österreicher hatten es wieder nicht.

Lange genug hatte man ihnen eingebläut, dass sie auf Grund ihrer Sprache, ihrer Herkunft und vor allem ihrer Kultur alle Deutsche waren. Was lag näher, als zu tun, was die Politiker auch alle taten? Die Parteipräsidenten der Großdeutschen, der Christlichsozialen und der Sozialdemokraten teilten dem „deutschen Volk in Österreich" am 31. Oktober 1918 „im Namen des deutschösterreichischen Staatsrates" mit, dass die „deutsche Nationalversammlung" das provisorische Grundgesetz des „neuen deutschösterreichischen Staates" beschlossen habe und nun „die erste deutschösterreichische Regierung" ernennen werde, die auch Friedensverhandlungen führen würde. Die Provisorische Nationalversammlung, zu der sich die deutschsprachigen Abgeordneten des alten Reichsrates zusammengeschlossen hatten, beschloss daher am 12. November 1918 ein Gesetz über die Staats- und Regierungsform, deren Artikel 2 lautete: „Deutschösterreich ist ein Bestandteil der Deutschen Republik." Dass nicht zuletzt auch die wirtschaftliche Lage für eine solche Lösung sprach und niemand wirklich an die

> **Als national gesinnte Partei fordert die Christlichsoziale Partei die Pflege deutscher Art und bekämpft die Übermacht des zersetzenden jüdischen Einflusses auf geistigem und wirtschaftlichem Gebiet.**
> **Christlichsoziales Parteiprogramm 1926**

> **Die Sozialdemokratie betrachtet den Anschluss Deutschösterreichs an das Deutsche Reich als notwendigen Abschluss der Revolution von 1848.**
> **Sozialdemokr. Parteiprogramm 1926**

Lebensfähigkeit des kleinen Österreich glauben konnte, ließ diese Entscheidung doppelt logisch erscheinen.

Mit dem Ruf „Heil dem deutschen Volk!" beendete der sozialdemokratische Staatskanzler Karl Renner seine Rede vor der Provisorischen Nationalversammlung, ehe er sich zum Westbahnhof begab, um zu den Friedensverhandlungen nach Paris zu reisen. „Der Anschluss ist unser ewiges Recht, das wir uns holen werden – und sei es von den Sternen," gelobte er noch auf dem Bahnsteig (14). Als er in St. Germain ein 300 Seiten starkes Buch mit dem Text des Friedensvertrags überreicht bekam, wurde ihm rasch klar, dass vorläufig wirklich nur die Sterne als Adressat seiner Forderungen übrig blieben. Die Siegermächte verboten die Vereinigung Österreichs mit Deutschland mit aller Entschiedenheit. Am 6. September 1919 musste die österreichische Nationalversammlung „unter feierlichem Protest gegen die Verweigerung des Selbstbestimmungsrechtes" den Friedensvertrag annehmen und am 21. Oktober den Staatsnamen von „Deutschösterreich" auf „Republik Österreich" ändern. Trotzdem wagte das Parlament ein Jahr später noch einmal eine Entschließung, in der die Abhaltung einer Volksabstimmung über den Anschluss gefordert wurde. Auf Bundesebene kam es angesichts des Druckes der Großmächte nie dazu, aber in einzelnen Bundesländern fanden auf Grund von Landtagsbeschlüssen solche Abstimmungen statt. Das Ergebnis war eindeutig: Am 21. April 1921 stimmten knapp 99 Prozent der Bewohner Tirols und am 29. Mai 1921 gut 99 Prozent der Salzburger für einen Anschluss an Deutschland.

Warum sich die zumindest seit 1848 virulente Anschluss-Idee nach dem Ersten Weltkrieg in allen Bevölkerungsschichten einnisten konnte, ist nicht allzu schwer zu erklären: Der Erste Weltkrieg, der Zusammenbruch der Monarchie und das Schrumpfen des Staatsgebietes lasteten schwer auf der Bevölkerung, die von den Nationalitätenstreitereien der Vergangenheit genug hatte und endlich Ruhe in einem großen Staat suchte, der trotz eigener Niederlage bald wieder international Gewicht haben würde. Bestärkt wurden die Österreicher durch die seit vielen Jahrzehnten wirkenden nationalen Strömungen. Nicht zuletzt einte die Empörung über das Friedensdiktat der Großmächte und die wachsende Sorge, wie man der wirtschaft-

lichen Not Herr werden könnte, das österreichische Volk. Im
Dezember 1918 drangen jugoslawische Truppen in Kärnten ein,
die von Freiwilligenverbänden militärisch gestoppt werden
konnten. Italienischem und amerikanischem Eingreifen war es
zu danken, dass am 10. Oktober 1920 im umstrittenen Gebiet
eine Volksabstimmung stattfinden konnte, die klar zugunsten
eines Verbleibs Südkärntens bei Österreich ausfiel. Kann es ver-
wundern, dass diese Ereignisse (und neuerliche Gebietsansprüche Jugoslawiens nach 1945) zu einem besonders ausge-
prägten Deutschnationalismus in diesem Bundesland führten?

Auch wenn die Motive für den Deutschnationalismus unterschiedlicher Natur waren, hielten zunächst doch alle österreichischen Parteien auch nach 1919 am Anschluss-Ziel fest.
„Die Sozialdemokratie betrachtet den Anschluss an das Deutsche Reich als notwendigen Abschluss der nationalen Revolution von 1918," erfuhr man im „Linzer Programm" (Abschnitt
VI, Ziffer 4) der Sozialdemokratischen Arbeiterpartei aus dem
Jahr 1926. In der Zeitschrift „Der Schutzbund" Nr. 4/26 war zu
lesen, dass der sozialdemokratische Wehrverband gleichen Namens eine zweifache Mission habe: die Verteidigung der Republik und die Förderung der Anschlussbewegung (14). General
Theodor Körner, damals militärischer Berater des Schutzbundes
und späterer Bundespräsident, sprach bei sozialdemokratischen
Anschlusskundgebungen in Österreich und in Deutschland. Der
sozialdemokratische Wiener Stadtrat Hugo Breitner trat am 12.
Juli 1928 dem Verdacht entgegen, die Anschluss-Idee sei einge-
schlafen: Sie sei vielmehr „in unausgesetztem Wachstum und -
was wichtiger ist – in steter Ver-
tiefung" und schreite siegreich fort
(15). Engelbert Pernerstorfer, Burschenschafter, einstiger Mitstreiter
Schönerers wie Victor Adler und
Schlüsselfigur des deutschnationalen Gedankenguts in der Sozialdemokratie, wünschte sich in seinem Testament drei Lieder an sei-

> Wenn ich damals (1918) Mit-
> glied der Provisorischen Staats-
> regierung gewesen wäre, hätte
> ich wahrscheinlich auch für den
> Anschluss an das Deutsche
> Reich gestimmt.
> **Bruno Kreisky**
> in der „Presse", 13. Nov. 1987

nem Grab: ein sozialistisches, ein gewerkschaftliches und
Arndts „Gott, der Eisen wachsen ließ" (16). Von Karl Renner
wird noch zu sprechen sein. Otto Bauer, Repräsentant des linken

Flügels der Sozialdemokratie und Verfasser eines 572 Seiten starken Werkes über die Nationalitätenfrage, schrieb sich die Finger zugunsten einer „Wiedervereinigung der deutschen Stämme" wund. Bei ihm war nicht einmal die „Vollendung der Revolution" ausschlaggebende Bedingung; er wäre selbst mit dem Anschluss „auch an ein bürgerliches, ja ein reaktionäres Deutschland" (17) einverstanden gewesen.

Weniger eindeutig lagen die Verhältnisse bei der Christlichsozialen Partei, die auch von übernationalen katholischen Ideen sowie regionalen Sonderinteressen beeinflusst war. Aber auch in ihrem ersten Nachkriegsprogramm vom 15. Dezember 1918 hieß es: „Die Christlichsoziale Partei sieht in dem Wiederanschluss [!] Deutschösterreichs an die Hauptmasse des deutschen Volkes die Verwirklichung eines lang gehegten nationalen Ideals." Vorbedingung sei allerdings, dass Deutschland „die Umbildung in ein wahrhaft freies Gemeinwesen gelinge, welches der Eigenart und den wirtschaftlichen Lebensbedingungen Deutschösterreichs Rechnung trägt." Klar: Das ging gegen die extreme Linke, die in Deutschland am selben Tag (9. November), an dem die „Deutsche Republik" ausgerufen worden war, die „Sozialistische Republik" proklamiert hatte, was Österreichs Sozialdemokratie offenbar weniger als die Christlichsozialen störte. Am 29. November 1926 gab sich die Christlichsoziale Partei ein ausführliches Programm, das sich zur „Pflege deutscher Art" und „Ausgestaltung des Verhältnisses zum Deutschen Reich auf Grund des Selbstbestimmungsrechtes" bekannte.

Ignaz Seipel, der unbestrittene geistige Führer der Christlichsozialen Partei, beurteilte einen Anschluss immer differenziert und zurückhaltend, bekannte sich aber vorbehaltlos zum Deutschsein der Österreicher: „ Man wirft uns vor, dass wir kein eigenes Nationalgefühl hätten, sondern uns immer als Deutsche bekennten. Gewiss, meine Damen und Herren, es ist so, und zwar ist dies nicht etwa nur die Redeweise der Großdeutschen, sondern es gibt keinen Österreicher, der anders spräche" (18). Und der tief im katholischen Milieu verwurzelte spätere Bundespräsident Wilhelm Miklas erging sich immer wieder in Bekenntnissen zum „Aufbruch der deutschen Nation" und erklärte zur Zehn-Jahre-Feier der Republik 1928: „Wenn uns auch Grenzpfähle trennen - wir gehören alle zu einem Volk" (19).

Leopold Kunschak, christlichsozialer Arbeiterführer und Nationalratspräsident nach der Wahl von 1945, versicherte 1922 in
Berlin: „Kein Vertrag kann die deutsche Schicksalsgemeinschaft
aufheben" (20).

Angesichts der Eindeutigkeit solcher Bekenntnisse erübrigt
es sich, Zitate zum Beweis dafür anzuführen, dass die Großdeutsche Volkspartei und der deutschnational gesinnte Bauern
vertretende Landbund (der 1921 als „Verband Österreich" dem
deutschen Reichs-Landbund beitrat) natürlich die Auffassung
vertraten: Die Österreicher gehören zum deutschen Volk und mit
diesem in einen gemeinsamen Staat! Mehr noch: Eine große Zahl
österreichischer Vereine und Verbände pflegte enge Beziehungen zu reichsdeutschen Parallelorganisationen. Jugend-
bünde und Sportvereine, Kirchen und Schulen, Lehrer und
Dichter dozierten, predigten, argumentierten, redeten, sangen
und turnten „deutsch". Hans Kelsen, der große Völkerrechts-
lehrer und Schöpfer der österreichischen Bundesverfassung,
beklagte den „sittlich unerträglichen Zustand" des Österreich in
St. Germain „aufgezwungenen" Friedensvertrages, durch den
„sechseinhalb Millionen Deutsche gegen ihren Willen verhindert werden, sich mit dem Muttervolke zu einem womöglich
alle Deutschen umfassenden Nationalstaat zu vereinen" (21).
Und auch die 1921 von Hugo von Hofmannsthal, Max Reinhardt
und Richard Strauss gegründeten Salzburger Festspiele stellten
sich vom ersten Tag an in den Dienst eines deutschen nationalen
Programms: „deutsch und national in dem Sinn, wie sich die
großen Deutschen zu Ende des 18. und zu Anfang des 19. Jahrhunderts die gültigen Lehrer der Nation, der nationalen Schau-
bühne, dachten," wie Hugo von Hofmannsthal resümierte und
selbstverständlich auch die Antike und Shakespeare, Calderon
und Molière dabei mitdachte (22).

Dieses Zitat ist deshalb so wichtig, weil es deutlicher als viele andere macht, was in diesem Kapitel dargestellt werden sollte: Der Deutschnationalismus hat in Österreich eine weit hinter
die vorletzte Jahrhundertwende zurückreichende Tradition. Das
ganze öffentliche Leben war von ihm vor und nach der Repu-
blikgründung durchtränkt. Das Wort „Nation" kommt vom lateinischen „nasci", was „geboren werden" bedeutet. In eine Nation
wird man nach dieser Auffassung hineingeboren. Das Deutsche

wäre demnach den Österreichern im Blut gelegen. Mit dem
Nationalsozialismus hat das Ganze bis etwa 1930 überhaupt
nichts zu tun. Der Nationalsozialismus aber konnte an diese
Tradition anknüpfen, fand einen Nährboden sondergleichen für
sein Gedankengut vor und machte es Österreicherinnen und
Österreichern doppelt schwer, das Deutsche an ihm von dem
Verbrecherischen zu unterscheiden, das er von Anbeginn auch
vertrat, aber vielfach noch versteckte und verharmloste. Für
Österreicher war es schwerer als für andere Völker, denen nicht
hundert Jahre lang Deutschtümelei in den Ohren gebimmelt hatte, die kriminellen Aspekte der neuen politischen Bewegung zu
erkennen. Eine Rede über die Einheit des deutschen Volkes
anzuhören, die man zu drei Vierteln schon Jahrzehnte hindurch
von allen politischen Richtungen zu hören bekommen hat,
macht das Erkennen des vierten, des bösen, des gemeinen Vier-
tels schwerer, als wenn man den ganzen Schwulst der nationalsozialistischen Rhetorik zum ersten Mal über den Kopf gestülpt
bekommt.

So gesehen, war der Start der Republik Österreich durch die
jahrelang weinerlich ausgekosteten Anschlussträume ganz und
gar verpatzt – aber das können nur wir Heutigen im Rückblick
sagen. Den Menschen, die 1918 den Zusammenbruch erlebten
und noch an 1866 litten, konnte nicht klar sein, dass sie mit
ihrer Deutschland-Orientierung ungewollt einem Völkermörder
die Straßen frei schaufelten. Deshalb macht man es sich auch zu
leicht, wenn man heute Politikern, Schriftstellern und Künstlern jener Zeiten Ehrungen und Straßenbe- zeichnungen streitig macht, weil sie sich im Nachhinein als indirek- te Wegbereiter des Nationalsozia- lismus erwiesen hätten. Sie sagten

> **Stirbt ein Mensch, so sagt man:
> Er hat seine Seele ausgehaucht.
> Der Ersten Republik ist nie eine
> Seele eingehaucht worden.**
> Walter Jambor („Die österreichi-
> sche Nation") 1997

und schrieben vielfach das, was in Österreich seit 1848 gesagt,
geschrieben und gefordert worden ist, ohne dass jemand die
Phantasie gehabt hätte, rechtzeitig an Hitler und Holokaust zu
denken. Den Mangel an Phantasie soll man durchaus beklagen.
Aber nicht den Mangel an Unrechtsbewusstsein vor dem
Erscheinen von „Mein Kampf".

2.3 Hitlers Wachstums- hormone

Drei „-ismen" haben den Nationalsozialismus hochgepäppelt: der traditionelle Deutschnationalismus, der (politisch „umgedrehte") populistische Sozialismus und der speziell antisemitische Rassimus. Adolf Hitler hat den deutschen Nationalismus nicht erfunden. Aber er hat ihn vorgefunden. Dieser hat ihm zugesagt. Er hat ihn nur auf der Straße, auf der das politische Kleingeld des Tages lag, aufheben und auf seine Fahnen heften müssen. Das hat er ausgiebig getan. Er hat sich der tausend Zitate seiner Verfechter in Politik und Schule, Dichtkunst und Zeitungswelt gerne bedient, an längst eingefahrene Denkmuster angeschlossen und unablässig an seiner Vertiefung, Verfestigung und vor allem an seiner Radikalisierung gearbeitet. Andere Völker, die ihren eigenen Nationalismus verinnerlicht, aber den Hitlerschen noch nie gehört hatten, konnten dessen Heimtücke vielleicht früher durchschauen als die Österreicherinnen und Österreicher, die seit hundert Jahren mit großdeutscher Ohrenbläserei versorgt worden waren. Die Nationalismus-Wurzel des Nationalsozialismus ist problemlos zu durchschauen. Aber ist es auch die Sozialismus-Wurzel, auf die der Name verweist?

Nun, Johann Gottlieb Fichte („Reden an die deutsche Nation") hat dazu mit seinem „nationalen Sozialismus" schon einen beträchtlichen Denkanstoß gegeben, obwohl Lucian O. Meysels mit Recht feststellt, dass der Nationalsozialismus zum Unterschied vom Marxismus, der namhafte Köpfe als Geburtshelfer reklamiert, auf keine gleichwertigen verweisen kann: „Seine Philosophie ist die Ausgeburt von Dilettanten (23)." Gleichwohl lässt sich die Verbindung zwischen deutschem Nationalismus und Sozialdemokratie erheblich weiter als nur in die Erste Republik zurückverfolgen. Die Revolution von 1848 war eine demokratische, eine nationale und eine soziale Revolution gewesen, und die einzelnen Elemente blieben einander weit über deren Scheitern hinaus verbunden. Am Ersten Allgemeinen Sozialdemokratischen Kongress in Eisenach in Thüringen im August 1869 nahmen Vertreter aller „deutschen Länder", also auch jene aus Österreich, teil und wanderten dafür gemeinsam ins Gefängnis. Die sozialdemokratischen Freien Gewerkschaften betrachteten sich ganz selbstverständlich und

ohne ideologische Überhöhung als Teil der deutschen Arbeiterbewegung. Den deutschen Sozialistenführer August Bebel und
sein österreichisches Gegenüber Victor Adler einte die Überzeugung, dass die deutsche und die deutschösterreichische
Arbeiterbewegung in einem gemeinsamen deutschen Staat für
ihre sozialrevolutionären Ziele kämpfen sollten.

An diese Tradition konnte Hitler genau so wie an eine ähnlich gelagerte liberale Tradition anknüpfen, wenn er sich um die
Massen des Volkes bemühte. Und das wusste Hitler immer: Um
die Massen auf seine Seite zu ziehen, musste er sie anderen
Massenparteien abspenstig machen. Trotzdem blieb als eine der
deutlichen Trennlinien zwischen Sozialdemokratie und Nationalsozialismus die internationale Zielsetzung der sozialistischen Weltrevolution zugunsten des Proletariats bestehen: Dafür
wollten deutsche Sozialdemokraten in Deutschland und Österreich zusammenarbeiten. Den Nazis ging es um eine Weltherr-
schaft der germanischen Herrenrasse. Solche grundlegenden
Zieldifferenzen nahmen auch die Wähler wahr, und die Sozialdemokraten konnten ähnlich wie die Christlichkonservativen
ihre Wähler erstaunlich lange bei der Stange halten. Zuerst liefen vor allem ältere Menschen sowohl in städtischen wie in
ländlichen Gebieten, Selbständige und Freiberufler und vor
allem Protestanten zum Nationalsozialismus über – Letztere,
weil ihnen natürlich das kämpferische Nein zu einer „Abhän-
gigkeit von Rom" zusagen musste. Dagegen verloren „die beiden
sozialistischen Teilkulturen" (Sozialdemokraten und Kommunisten) „und das katholische Lager so gut wie keine Anhänger an die NSDAP", wie Jürgen W. Falter in seinem Buch
„Hitlers Wähler" detailliert nachweist (24).

Das galt in Deutschland wie in Österreich bis in die späteren
Zwanziger Jahre. Zwischen 1925 und 1929 kamen zwischen 35
und 40 Prozent der neuen Mitglieder der Nationalsozialistischen
Deutschen Arbeiterpartei (NSDAP) in Deutschland aus der
Arbeiterschaft, vor allem aus Klein- und Mittelbetrieben,
während sich die gewerkschaftlich organisierte Industrie-
arbeiterschaft als widerstandsfähiger erwies. Bis etwa 1928 kon-
zentrierte sich die Werbung der Nazipartei auf die Arbeiter, wie
ja auch der Parteiname zum Ausdruck bringt, und richtete sich
erst später ziemlich gleichmäßig an alle Schichten des Volkes.

Die Flugblätter vor der Reichstagswahl 1930 verraten, dass auch diesmal nach den Beamten die Arbeiter „weit vor dem Mittelstand, den Bauern oder dem Bürgertum" wichtigste Zielgruppe der NSDAP-Werbung waren (25). Carl Mierendorff, sozialdemokratischer Politiker und Publizist, beobachtete die Konzentration der NS-Propaganda auf die Arbeiter, die mit eigenen Arbeitslosenversammlungen gelockt und vor den Fabrikstoren angesprochen wurden: „Unübersehbar war die Ähnlichkeit der nationalsozialistischen Agitation mit dem Vokabular der beiden marxistischen Parteien, was sich beispielsweise in der häufigen Verwendung von Schlagworten wie ‚Masse' oder ‚reaktionär' niederschlägt" (26).

Ja, wir Ostjuden waren alle deutschnational und konnten uns einfach nicht vorstellen, dass Hitler im Volk der Dichter und Denker lange an der Macht bleiben könnte.
Simon Wiesenthal 1988

Jürgen W. Falter hat auch aufgezeigt, dass die Wählerbewegung hin zur NSDAP in Österreich einen durchaus ähnlichen Verlauf wie in Deutschland nahm, wenn auch zeitverzögert und strukturell abgemildert. Schon 1904 war in Nordböhmen die Deutsche Arbeiterpartei gegründet worden, die sich seit 1918 Nationalsozialistische Deutsche Arbeiterpartei (NSDAP) nannte. Bei der Nationalratswahl 1927 kandidierte sie nur in Niederösterreich und blieb mit 0,1 Prozent der Stimmen völlig bedeutungslos. 1930 trat sie in allen Bundesländern an, erreichte aber österreichweit nur knapp drei (in Kärnten 5,5) Prozent und damit kein Grundmandat. Der deutliche Sprung nach vorn kam bei den Landtagswahlen 1932, bei denen die Hitler-Partei in Vorarlberg 9,5 Prozent und in Salzburg 16,2 Prozent und bei Gemeinderatswahlen in Wien und Kärnten über 15 Prozent erzielen konnte. Das ging in Wien deutlich auf Kosten des bürgerlich-großdeutschen und auch des christlichsozialen Lagers, doch in Niederösterreich, Salzburg und Vorarlberg kamen mehr NSDAP-Stimmen von den Sozialdemokraten. „Innerhalb der NSDAP-Wählerschaft von 1932 bildeten ehemalige Wähler des linken Lagers und des (großdeutschen) Schober-Blocks die beiden mit Abstand stärksten Gruppen" (27). Bei der Wahl des (halben) Innsbrucker Gemeinderates 1933 hielten sich die Christlichsozialen mit 9394 Stimmen gegenüber 1931 (9683) leidlich gut, während die Sozialdemokraten von 12.043 auf 9932 Stimmen zurückfielen und die Nationalsozialisten auf Kosten der Großdeutschen und der Sozialdemokraten von 1196 auf 14.996 Stimmen hochkletterten.

Das erinnert natürlich an die Wählerstimmenentwicklung für die Freiheitliche Partei Österreichs (FPÖ), die nach dem Obmannwechsel zu Jörg Haider 1986 zunächst der bürgerlichen Österreichischen Volkspartei (ÖVP) Stimmen wegnahm, dann aber kräftig auch die Sozialdemokratische Partei (SPÖ) zum Aderlass bat: Bei der Nationalratswahl 1999 wurde die FPÖ mit 47 Prozent Arbeiterstimmen mit Abstand stärkste Partei unter Arbeitern, von denen sich nur noch 35 Prozent für die SPÖ und bloße 12 Prozent für die ÖVP entschieden. Von den männlichen Arbeitern unter 30 Jahren votierten gar 57 Prozent für die FPÖ, die mit einem Anteil von 32 Prozent die stärkste Partei unter männlichen Wählern geworden ist (28). Das kräftige Anheizen kritischer Volksstimmungen, Populismus also, macht sich immer wieder einmal bezahlt. 1999 bliesen vor allem Wiener FPÖ-Wahlkämpfer die Sorge um Arbeitsplatzgefährdung durch „Überfremdung" via EU-Erweiterung hoch. Der Nationalsozialismus hatte ein noch probateres Mittel, um die Volksseele zum Kochen zu bringen: „Der Jud' ist schuld!" Das hat man von vielen Übeln dieser Welt schon gesagt und immer wieder damit punkten können. Auch und gerade in Österreich.

Der Antisemitismus hat in Österreich eine lange Tradition. (In diesem Buch wird das Wort „Antisemitismus" bewusst im Sinne von „Antijudaismus" verwendet, obwohl es nicht korrekt ist, weil auch Araber, Aramäer, Abessinier, Babylonier, Phöniker und andere vorderorientalische Völker Semiten sind. Aber erstens hat es sich als Bezeichnung für Judenfeindschaft durchgesetzt, und zweitens hat auch das NS-Reichspropagandaministerium vergeblich versucht, „antisemitisch" durch „antijüdisch" zu ersetzen, weil man sich davon offenbar eine deutlichere Wirkung versprach (29). Warum sollte man Joseph Goebbels einen späten Triumph verschaffen?) Erika Weinzierl, der das große Verdienst zukommt, die christlichen Wurzeln des Antisemitismus in Österreich wissenschaftlich bloßgelegt zu haben, erwähnt erste Judenverfolgungen in einigen kleineren Städten Österreichs am Ende des 13. Jahrhunderts. Im 15.Jahrhundert dienten eine behauptete Zusammenarbeit mit dem hussitischen Feind und angebliche Hostienschändung als Vorwand für die Ausweisung und teilweise Tötung von Juden unter Herzog Albrecht V. Die letzten 210 von ihnen wurden nach Verweigerung der Zwangstaufe 1421 in Wien verbrannt. Das war das gewaltsame Ende einer jüdischen Siedlung auf dem Judenplatz, derer nun in einem Denkmal-Ensemble gedacht wird. Ritualmordbeschuldigungen bewirkten ein paar Jahrzehnte später die Ausweisung der Tiroler, dann auch der steirischen, kärntnerischen und Salzburger Juden.

Im 16. Jahrhundert durften Juden wieder in Wien siedeln, im 17. Jahrhundert wurden die ungetauften neuerlich vertrieben. Als ihnen der wortgewaltige Hofprediger Abraham a Santa Clara zusammen mit Totengräbern und Hexen die Schuld an der Pest zuwies, war Wien eine Stadt ohne Juden. Man brauchte sie freilich bald wieder, vor allem die „Hofjuden", von denen sich Kaiser Leopold I. gern Geld für die Staatskasse vorstrecken ließ. Kaiser Joseph II. gewährte ihnen 1782 das Toleranzedikt, setzte eine grundsätzlich tolerante Religionspolitik aber gegen seine Mutter Maria Theresia nicht durch. Erst nach 1848 setzte sich theoretisch und allmählich auch praktisch der Geist des Liberalismus durch und die Juden wuchsen als gleichberechtigte Mitglieder in die Gesellschaft hinein. Das Staatsgrundgesetz von 1867 bescherte ihnen endlich die volle Gleichberechtigung.

Die Folge der neuen Freizügigkeit war eine starke jüdische Einwanderungswelle: Zuerst kamen Händler und Handwerker aus dem Umland nach Wien, dann immer mehr Juden aus Ungarn, Galizien und der Bukowina, wo es ihnen wirtschaftlich viel schlechter ging. 1860 hatte man in Wien 6200 Jüdinnen und Juden gezählt: gut zwei Prozent der gesamten Stadtbevölkerung. Zehn Jahre später waren es schon über 72.000 oder zehn Prozent, 1890 fast 120.000 oder (nach der Eingemeindung von Vororten mit hauptsächlich christlicher Bevölkerung) knappe neun Prozent. 1910 lebten 175.000 so genannter Glaubensjuden in Wien (mit den getauften waren ihrer erheblich mehr), von denen 123.000 deutschsprachig waren (30).

Mit dem ziemlich konstant bleibenden Anteil von rund neun Prozent war Wien keineswegs die Stadt mit dem höchsten Judenanteil; Krakau lag mit 50, Lemberg und Budapest mit je 25 und auch Prag mit 10 Prozent noch darüber (30). Trotzdem hatten sich die alldeutschen Eiferer und ihre Nachahmer längst voller Empörung in den Taumel einer angeblich lösungsbedürftigen „Judenfrage" hineingesteigert. Beim 4. Deutschen Volkstag in Wien am 5. Mai 1901 wurde eine Entschließung angenommen, die keine Kompromisse dulden wollte: „Kein Judenblatt im Hause! Kein Einkauf in jüdischen Geschäften! Keinen jüdischen Arzt in deutscher Familie! Keine Rechtsvertretung durch Juden! Den deutschen Hochschülern rufen wir zu: den Juden keine Satisfaktion!" (31). Den letztgenannten Zuruf hatten die deutschnationalen Burschenschaften längst schon erfüllt. Schulverein, Alpenverein und andere Organisationen wurden „entjudet". Eine antisemitische Kundgebung löste die andere ab. Schönerer wurde nicht müde, deren Wichtigkeit zu betonen.

> **Das deutsche Volk war, in einer sehr schmalen Oberschicht, im Zeitalter Wilhelm von Humboldts und bis zum Tod Goethes ein Volk der Dichter und der Denker. Wie die Geschichte der Weimarer Republik zeigen sollte, war es bereits früh, lange vor Hitler, zu einem „Volk der Richter und Henker" (Karl Kraus) geworden.**
>
> Fritz Heer, Kampf um österr.
> Identität, S. 335

Er war nicht der Einzige, dem der populistische Kunstgriff mit dem jüdischen Sündenbock zusagte. Dem Volkstribunen Karl Lueger gefiel die Keule des „wirtschaftlichem Antisemitismus". Dass fast die Hälfte der Schüler an höheren Wiener Schulen und 25 Prozent der Universitätsstudenten (fast 50 Prozent bei der Medizin) Juden waren (32), mehr als die Hälfte der Wiener Rechtsanwälte auch, sehr viele Mediziner und geschätzte drei Viertel der Journalisten (33), ließ sich für eine antisemitische Wahlpropaganda gut gebrauchen. Auch wenn jüdische Schriftsteller (man denke nur an Arthur Schnitzler, Franz Kafka, Stefan Zweig, Franz Werfel und viele andere) die österreichische Dichtkunst zu neuen Höhen führten, Sigmund Freud in Wien seine Psychoanalyse begründete, Kunst und Wissenschaft „gerade in der fruchtbaren Symbiose von Wienerischem und Jüdischem" (Hamann) neue Höhen erklomm – was tat's? Man musste, damals wie heute, die „Fortschrittsverlierer" mit billigen Erklärungen trösten und bei der Stange halten. Die billige Erklärung damals war: „Schuld sind die Juden!"

Lueger, vom „Kirchenzeitung"-Herausgeber Prälat Sebastian Brunner theologisch aufgemöbelt, fällt in der damals allgemein üblichen Grobheit über sein Feindbild her: „Nichts als Juden ... In Wien sind überall Juden...Was sind Wölfe, Löwen, Panther, Leoparden, Tiger, Menschen gegenüber diesen Raubtieren in Menschengestalt?" Klar: Seine politischen Gegner waren die Liberalen, wo sich die Juden am ehesten heimisch fühlen konnten, und die Sozialdemokraten, die trotz einer starken antisemitischen Grundströmung unter den Anhängern doch namhafte Juden in Führungspositionen hatten. Und so ließen sich alle wirtschaftspolitischen Einseitigkeiten, alle Nöte der erst mühsam die soziale Leiter emporsteigenden Arbeiter auf „die jüdischen Kapitalisten" und die „jüdischen Bolschewisten" schieben.

Es stimmt schon, dass Lueger seinen Antisemitismus nicht rassisch meinte und als erfahrener Katholik zu jeder seiner Regeln, also auch zur antisemitischen, seine Ausnahmen kannte („Wer ein Jud´ ist, bestimm´ ich"), was ihm von Schönerer eine brutal-rassistische Replik eintrug: „Solange Sie mir keine Ausnahms-Borkenkäfer zeigen können, habe ich zu dieser Versicherung (dass es Ausnahmsjuden gebe) kein Vertrauen" (34). „Dass Lueger je Antisemit war, gehört zu den Legenden," lesen wir daher in der großen Schönerer-Biografie. „Wenn er hie und da antisemitelte, so war es nur in seichter, witziger Art, wie es seinen Wiener Wählern zusagte, es war nur ein Köder um ihre Gunst" (35). Er sei „nur ein Schmarotzer an der antisemitischen Bewegung Schönerers" gewesen. „Sobald die Christlichsozialen fest saßen, wurde auch der Schein nicht mehr gewahrt" (36), und dann ernannte Lueger „Judenstämmlinge" zum Vizebürgermeister, Magistratsdirektor oder Parteianwalt.

Das alles hat seine Richtigkeit. Aber dann, so muss man zumindest im Rückblick sagen, war sein taktischer Antisemitismus auf Kosten der Menschenwürde vieler tausender Mitbürger eine besondere Gemeinheit, wenn nicht einmal Überzeugung, sondern nur das Buhlen um Stimmen dahinter stand. Kaiser Franz Joseph musste das schon damals irgendwie so empfunden haben, denn er weigerte sich mehrmals, den „schönen Karl" als Bürgermeister von Wien zu bestellen, auch wenn er die erforderlichen Mandate zur Audienz mitbrachte. Erst beim fünften Mal beugte sich der Monarch dem Willen des Volkes und versagte ihm auch nicht die Anerkennung seiner persönlichen Ehrenhaftigkeit, seiner Kaiser- und Vaterlandstreue. Denn das war ja das wahre Unglück: dass viele von denen, die schmähliche Verachtung predigten, dies aus tiefer persönlicher Überzeugung taten, Gott damit einen Dienst zu erweisen. Sicher war auch der evangelische Hofprediger und Abgeordnete Adolf Stoecker, der in Deutschland militanten Antisemitismus propagierte, dieser Auffassung (37). Friedrich Heer hatte Recht, wenn er „die tief gehende Infektion des österreichischen Katholizismus" mit Judenfeindschaft beklagte und die Historikerin Erika Weinzierl lobte, die es als eine der Ersten wagte, „das Hineinschlittern österreichischer Katholiken in den Nationalsozialismus dokumentarisch darzustellen" (38).

Als Adolf Hitler 1907 nach Wien kam, war Lueger noch drei Jahre Bürgermeister. Brigitte Hamann führt in ihrem Werk „Hitlers Wien" Georg Schönerer, Franz Stein als den Führer der außerparlamentarisch opponierenden alldeutschen Arbeiterbewegung, den Deutschradikalen Karl Hermann Wolf und den Christlichsozialen Karl Lueger als Hitlers politische Leitbildlieferanten an. Aber Schönerer war nur noch eine Legende, politisch schon so gut wie tot, Lueger aber noch voll Saft und Kraft. Als der Postkartenmaler Adolf Hitler ihn 1908 das erste Mal bei einer Rede erlebte, „habe ich innerlich mit mir ringen müssen," bekannte er später in „Mein Kampf." Er wollte ihn eigentlich hassen, „aber ich musste ihn doch bewundern; er besaß eine ganz große Rednergabe" (39). Dass Hitler von Wien entscheidend geprägt wurde, steht außer Frage. Er erlebte freilich nicht das künstlerisch-intellektuelle Wien der großen Wissenschafter, Philosophen und Poeten, sondern das Wien der Fortschrittsverlierer aus der Perspektive eines armseligen Männerheims. Die antisemitischen Parolen jener Jahre trafen gewiss seine Stimmungslage.

Aber auch Brigitte Hamann kommt zu dem Schluss: Letztlich versorgten nicht die Politiker des damaligen Wien Hitler mit einer politischen Ideologie, sondern die las er sich in jenen Jahren aus vielen Sekundärquellen zusammen. Rassenlehren und Theorien über Herren- und Sklavenmenschen, wie sie Joseph Arthur Comte de Gobineau und Houston Stuart Cham-

> Ein Staat, der im Zeitalter der Rassenvergiftung sich der Pflege seiner besten rassischen Elemente widmet, muss eines Tages zum Herrn der Erde werden.
>
> **Adolf Hitler, Mein Kampf II (1927)**

berlain (entfernt verwandt mit dem britischen Politiker) vertraten, bewegten ihn sehr, und natürlich auch Friedrich Wilhelm Nietzsches „Übermensch" und Johann Gottlieb Fichtes Thesen vom „absoluten Ich". Aber beileibe nicht alles dürfte er im Original, sondern sehr viel nur in Form von Zeitungsartikeln, Agitationsschriften und billigen Broschüren in sich aufgesogen haben.

Zu Beginn des Jahres 1914 versucht Hitler, sich der Stellung zum Militär in Linz zu entziehen. Er wird ausgeforscht, darf sich über eigenes Ersuchen in Salzburg mustern lassen und wird dort wegen körperlicher Schwäche für untauglich erklärt. Die Ermordung des österreichischen Thronfolgers Franz Ferdinand erfüllt den erbitterten Habsburg-Hasser mit Genugtuung. Er meldet sich am 3. August 1914 freiwillig zur deutschen Armee („Ich wollte nicht für den habsburgischen Staat fechten, war aber bereit, für mein Volk und das dieses verkörpernde Reich zu sterben") und suchte ein paar Jahre später („da ich mich nie als österreichischer Staatsbürger, sondern immer nur als Deutscher gefühlt habe") um Entlassung aus der österreichischen Staatsbürgerschaft an. Am 30. April 1925 wurde ihm der Wechsel der Staatsbürgerschaft gegen eine Gebühr von 7,50 Schilling gewährt (40). Womit der eingangs bestrittene Versuch, Hitler zu einem Deutschen zu machen, wenigstens formal doch noch unternommen wäre: freilich auf – im doppelten Wortsinn – allzu billige Art...

2.4 Ständestaat: „Bessere Deutsche"

Nachdem Adolf Hitler am 30. Jänner 1933 deutscher Reichskanzler geworden war, spitzte sich die Lage auch in Österreich spürbar zu. Christlichsoziale und Sozialdemokraten strichen den Anschluss-Paragraphen aus ihren Parteiprogrammen. Mehr denn je war die politische Führung zu einer klaren Entscheidung herausgefordert: mit Hitler den Strom hinab- oder gegen den Strom hinauf zu schwimmen. Die österreichische Regierung unter Bundeskanzler Engelbert Dollfuß entschied sich für eine gut gemeinte Halbheit: gegen Hitler, aber in derselben - also der „deutschen" – Fahrtrichtung. Mit der Nazi-Ideologie

wollten   sich schon damals weder Christdemokraten noch
Sozialdemokraten vollinhaltlich identifizieren, mit der Deutsch-
tumspolitik aber schon. Das Motto lautete: Wir werden es
Deutschland und der ganzen Welt zeigen, dass wir die besseren,
nämlich die „Kultur"-Deutschen sind und dass man auch eine
„anständige" nationale Politik machen kann! Das „Krucken-
kreuz" (zwei im rechten Winkel übereinander gelegte „römische
Einser"), ein altes Kreuzfahrer-Emblem, sollte dem NS-Haken-
kreuz auch im Bereich des Zeichenhaften ein österreichisches
Weihesymbol entgegensetzen.

Für die politische Entscheidung waren natürlich auch allerlei pragmatische Überlegungen maßgebend. Ignaz Seipel, Vor-
denker der Christlichsozialen und zweimal Bundeskanzler der
jungen Republik, hielt zwar auch das kleine „Rest"-Österreich
für nicht lebensfähig, träumte aber auch Jahre nach 1918 noch
von der Schaffung eines neuen übernationalen Staatsgebildes,
einer „Donau-Föderation", und fasste einen Anschluss an Deutschland nur für einen Zeitpunkt ins Auge, wenn dieses politisch
nicht mehr in der Hand der Linken sein und die Vereinigung
nicht mehr von den Siegermächten als Provokation empfunden
würde. Auch konnten sich der Prälat der katholischen Kirche
und seine Mitstreiter nicht mit der „heidnischen" Hitler-Ideo-
logie anfreunden. Andererseits wussten sie um die deutschnationale Saat, die ein Jahrhundert lang auch in Österreich gesät
worden war und die auch in ihnen selbst Wurzel geschlagen hatte. Also galt es, die Idee eines deutschen Volkes, das in zwei
Staaten lebte, heraus zu arbeiten. Und das geschah nun ausgiebig.

„Wir sind so deutsch, so selbstverständlich deutsch, dass es
uns überflüssig vorkommt, dies eigens zu betonen," sagte Engelbert Dollfuß, der starke Mann der Regierung nach Seipels Tod
(41). Die Verfassung seines autoritären Ständestaates vom 1. Mai
1934 begann mit den Worten: „Im Namen Gottes, des Allmächti-
gen, von dem alles Recht ausgeht". Alle Landesverfassungen
taten es dem Vorbild gleich, was den Taten des Dollfuß-Regimes
„geradezu heilsgeschichtlichen Charakter verlieh" (42), und
Salzburg nahm in die Zahl seiner Landespatrone auch noch
Maria, die Himmelskönigin, und die Gründerbischöfe Rupert
und Virgil auf. Auf dem Allgemeinen Deutschen Katholikentag

in Wien sagte der spätere Dollfuß-Nachfolger Kurt Schuschnigg
als einer der Hauptredner: „Das Christentum fügte im Laufe der
Jahrhunderte die deutschen Stämme zusammen zum deutschen
Volke" (43). Den Mitgliedern des christlichsozialen Parlaments-
klubs teilte Dollfuß am 25. März 1933 mit: „Die braune Welle
können wir nur auffangen, wenn wir das, was die Nazis versprechen und in Deutschland getan haben, was ohnehin gemildert wird durch verschiedene Richtungen bei uns ..., selber
machen" (44). Wollten die Verfechter des Ständestaats auch
noch die besseren „Nationalsozialisten" sein? Als „Austrofaschismus" ist die Epoche zwischen 1933 und 1938 in die Geschichte eingegangen, obwohl über die Frage, was Faschismus
ist, bis heute auch unter Fachleuten gestritten wird.

„Die" Faschismustheorie gibt es in der Politikwissenschaft
nicht, argumentiert Heinrich Schneider in eine gründlichen
Analyse (45). Es sei sogar notwendig, allzu einfache Definitionen und damit geistige Kurzschlüsse zu vermeiden; daher
sollte man unterschiedliche Definitionsinhalte zulassen. Ob
man den Begriff eng auslegt (wozu konservative Historiker nei-
gen) oder umfassend deutet (was linke bevorzugen), ob es nur
einen rechten oder auch einen linken Faschismus geben kann,
ist immer auch Politik und belastet oder entlastet die eine oder
die andere Seite. Hitler hat den „Original"-Faschismus Mussolinis als Vorbild betrachtet, und doch ist der Nationalsozialismus nicht einfach Faschismus – die wilde Judenpolitik auf
Grund krasser Rassenideologie war Mussolinis Sache nicht.

Für den Nationalsozialismus ortete Erich Fromm eine
„Flucht aus der Freiheit", zu der vor allem sado-masochistische
Typen neigten. Einen Konflikt zwischen der Sehnsucht nach
Freiheit und der Flucht aus ihr konstatierte auch Wilhelm Reich
in der Seelentiefe autoritärer Persönlichkeiten. Theodor Adorno
und seine Anhänger entwickelten eine genauere Beschreibung
autoritärer Charaktertypen: Sie neigten zur Unterwürfigkeit, zu
Aggressivität, Zynismus und Selbstzensur, orientierten sich
extrem an Stärke und Macht, sähen die äußere Welt immer voll
feindlicher, zerstörerischer Kräfte und Verschwörungen, liebten
Sauberkeit, Ordnung und harte Arbeit, fürchteten sich vor den
eigenen Trieben und schöben immer anderen jene sexuellen
Wünsche zu, die sie an sich selbst nicht akzeptieren wollten.

Männerbündlerische Haltungen, unkritische Identifizierung mit einer Vaterfigur, Übertragung von eigentlich dem eigenen Vater geltenden Aggressionen auf „Erzfeinde" (Juden, Bolschewiken, Liberale usw.), neurotische Ängste entdeckte der Politologe Dicks an Parteigängern des Nationalsozialismus und diagnostizierte, dass viele Deutsche ihr autoritär verzerrtes Freiheitsbedürfnis auf die Nation projizierten (46). Dicks und seine Anhänger wollten auch zwischen dem Schulsystem und der autoritären Neigung vieler Deutscher (und wohl auch Österreicher) einen Zusammenhang sehen. Dagegen zieht Alfred Springer in einer Analyse der faschistischen Tendenzen in der Zwischenkriegszeit auch Sigmund Freuds Frühschrift „Zeitgemäßes über Krieg und Tod" heran, die vor einer Überschätzung des Menschen warnt (46). Dieser sei nicht in brutalen Zeiten der Geschichte „so tief gesunken", wie jetzt beklagt werde, sondern nie so erhaben gewesen, wie ihn der Idealismus gesehen habe. Das Bestialische in der Menschennatur sei bestenfalls zu zähmen, nicht auszurotten, und Zähmung geschehe am besten durch Förderung von Kultur.

Wenn man das alles liest, wird man sich einigermaßen schwer tun, Ideologie und Praxis des Ständestaates als faschistisch zu bezeichnen. Seine Verfechter waren weder sadomasochistische Neurotiker noch unkultivierte Angsthasen, die sich vor einer Weltverschwörung fürchteten. Emmerich Tálos findet dagegen, dass eine eindeutige Abgrenzung der Herrschaftssysteme von Deutschland und Italien in jenen Jahren nicht möglich sei. Demgegenüber sind sich viele Wissenschafter heute darin einig, dass Faschismus ein Oberbegriff und der Nationalsozialismus die spezifisch Hitlerische Sonderform von Faschismus gewesen sei. Das ließe Platz für die österreichische Sonderform Austrofaschismus. Der Geschichtswissenschafter Ernst Nolte kam zu dem Schluss, dass es einen Faschismus auf drei Ebenen gebe: einen mit dem Vernichtungsziel Marxismus, einen anderen, der in seinem innersten Wesen als „Todeskampf der Kriegerkaste" zu sehen sei, und einen dritten Faschismus, den Nolte 50 Seiten lang ziemlich kompliziert als primitiven Aufstand gegen den Prozess der Zivilisierung, Kultivierung und Humanisierung der Menschheit beschreibt (48). Auf der ersten Ebene könnte, wer will, den Austrofaschismus ansiedeln.

Der Nolte-Schüler Wolfgang Wippermann spricht den Nationalsozialismus eindeutig als Faschismus an und bezeichnet
Österreich als das Land, in dem mehrere Faschismen ausgetragen wurden: ein „Frühfaschismus" rund um die zu Jahrhun-
dertbeginn in Nordböhmen begründete Deutsche Arbeiterpartei
(die freilich auf die Staatslenkung nicht den geringsten Einfluss
hatte), in den Zwanzigerjahren dann eine Art „Normalfaschis-
mus" in Gestalt der Heimwehren und schließlich der „Radikal-
faschismus" der NSDAP (49). Die Heimwehrbewegung war
zuerst eine bürgerliche Opposition von rechts, die auf die christlichsoziale Regierungsführung einwirkte, um sie zu einem
schärferen, durchaus auch undemokratischen Vorgehen gegen
die „Marxisten" zu bewegen, hatte aber nie den Massenzulauf,
der üblicher Weise gleichfalls zu den kennzeichnenden Merk-
malen einer faschistischen Bewegung gezählt wird. Auch ver-
hinderten ständige Streitereien lokaler Heimwehrführer unter-
einander ein zielstrebiges Vorgehen und ließen 1931 sogar einen
Heimwehr-Nazi-Putschversuch kläglich scheitern. Andererseits
ist nicht zu übersehen, dass mit dem allen Heimwehr-Mit-
gliedern am 18. Mai 1930 abverlangten „Korneuburger Eid" eine
klare Kampfansage an Demokratie und Parteienstaat verbunden
war.

Die diesen Eid leisteten und ein politisches Amt ausübten,
hatten jetzt einen „Doppeleid" auf ihrem Gewissen: den auf die
demokratische Republik Österreich und den auf eine gewaltsame Beendigung der Demokratie. (Einer von ihnen war Julius
Raab, Nachkriegs-Bundeskanzler mit Staatsvertragserfolg, der
nach offizieller Lesart von der Christlichsozialen Partei als
Beobachter in die Heimwehr eingeschleust worden war.) Die
Christlichsozialen hatten laufend Stimmenverluste eingefahren
und waren dringend auf einen neuen Koalitionspartner angewiesen. Dieser konnte angesichts wachsender Verluste der Großdeutschen an die Hitler-Partei nur die Heimwehr sein, die wieder eng mit Mussolini in Italien liebäugelte. Damit war die anti-
sozialistische, antidemokratische Regierungsachse geboren, von
der sich die Verantwortungsträger im Staat Heil und Rettung vor
Hitler erhofften. Vergeblich, wie sich zeigen sollte.

Ehrlich gesagt: Im Rückblick ist es nicht sehr wichtig, ob die
folgende Regierungspraxis nun als „Austrofaschismus" bezeich-

net wird, wie die Linke es tut, oder als „autoritäres" System, wie
die Selbstbezeichnung lautete, das sich von einem „totalitären"
dadurch unterschied, dass es persönliche Freiheiten unangeta-
stet ließ und keine Totalvereinnahmung des Menschen für den
Staat versuchte. Tatsache ist, dass sich Dollfuß der „Selbstaus-
schaltung" des Parlaments bediente, um ein Regierungssystem
ohne gewähltes Parlament und ohne Parteien zu errichten. Am
4. März 1933 waren der Reihe nach alle drei Präsidenten des
Nationalrats (die während der Funktionsausübung kein Stimmrecht hatten) zurückgetreten, um mit ihrer Fraktion abstimmen
zu können. Das hätte trotz aller damit verbundenen Pläne nicht
das Ende der Demokratie sein müssen. Erst die Ausschaltung
des Verfassungsgerichtshofes durch eine Regierungsverordnung
vom 23. Mai 1933 blies dieser das Lebenslicht aus.

Ob Dollfuß sofort entschlossen war, die Gunst der Stunde
zur Aufhebung der Demokratie zu nutzen oder sich erst im
Verlauf der folgenden Tage dazu entschloss, ist umstritten.
Selbst der einer sozialdemokratischen Geschichtsschau zugeta-
ne US-Historiker Charles A. Gulick billigt Dollfuß zu, am Anfang
„ein ehrlicher Demokrat" gewesen zu sein, der die Zusammenarbeit von Bauern und Arbeitern suchte (50). Tatsache ist
auch, dass Dollfuß am 5. März in einer Rede in Villach noch
bedauernd von der Parlamentskrise sprach. Aber der 5. März
war auch ein Wahltag in Deutschland, und die Nationalsozialisten taten dort den entscheidenden Sprung nach vorn.
Dollfuß musste fürchten, dass Neuwahlen in Österreich gleichfalls zu einem Triumph der Nazi-Partei führen würden. Das wäre
ein Katastrophentag für das Land geworden. „In seinem Zeichen," so analysierte immerhin auch der Sozialdemokrat Otto
Leichter die Lage, „begann der Staatsstreich" (51), der den
Heimwehren und Mussolini verstärkten Einfluss auf die österreichische Regierungspolitik bringen sollte. Als Grundlage für
ein Regieren ohne Parlament zog Dollfuß das Kriegswirtschaft-
liche Ermächtigungsgesetz vom 24. Juli 1917 heran, das die
Republik mit nur schwachen sozialdemokratischen Abwehrver-
suchen als „Trojanisches Pferd" (Manfried Welan) in die neue
Verfassung übernommen hatte.

Der amerikanische Historiker und erstklassige Kenner von
Österreichs Geschichte der Zwischenkriegszeit, Bruce F. Pauley,

schrieb dazu: „Nach der unvorhergesehenen Parlamentsauf-
lösung im März 1933 war ein weiterer Rechtsschwenk Dollfuß´
nicht nur von dem Wunsch diktiert, die Nationalsozialisten zu
reduzieren, sondern rührte im hohen Maße auch vom äußerst
starken Druck her, der durch die Heimwehr und Mussolini auf
ihm lastete. Die Heimwehr war darauf bedacht, durch die
Errichtung einer Diktatur und die Ausschaltung ihrer verhassten
Gegner, der Sozialisten, ihren eigenen Einfluss zu vergrößern; in
gleicher Weise wollte Mussolini dummer Weise Dollfuß den
Westmächten entfremden, um ihn von Italien noch abhängiger
zu machen" (52). Beide Konsequenzen traten ein. Nach der
Ermordung von Bundeskanzler Dollfuß durch österreichische
Nationalsozialisten, von der noch die Rede sein wird, setzte sein
Nachfolger Kurt Schuschnigg die Politik der Österreicher als der
besseren, aber auf einem eigenen Staat beharrenden Deutschen
fort.

„Am österreichischen Wesen wird die deutsche Welt gene-
sen," zitiert Friedrich Heer den Tiroler Kaiserjäger Schuschnigg
(53). Die Idee, dass Österreicher nicht unbedingt zur deutschen
Nation gehören mussten, sondern auf Grund einer Jahrhunderte
während en Schicksalsgemeinschaft ein eigenes Zusammenge-
hörigkeitsbewusstsein als Staatsnation entwickelt haben könnten, wurde damals nur sporadisch und ohne Segen der Re-
gierenden geäußert. Erst durch Veröffentlichungen nach 1945
wurde einer breiteren Öffentlichkeit bekannt, dass es schon in
den Zwanzigerjahren Verbände (wie „Die österreichische Aktion", „Die österreichische Gemeinschaft" u. a.) und Zeitschriften (z.B. „Die österreichische Nation") gab, die diesen Gedanken
vertraten. Personen wie Ernst Karl Winter, Katholik, Monarchist,
Soziologe und während einiger Schuschnigg-Jahre Dritter
Vizebürgermeister von Wien, sowie der Publizist Alfred
Missong, der Kulturpolitiker Hans Karl Zeßner-Spitzenberg, der
Soziologe August Maria Knoll und der Publizist Nikolaus
Hovorka sind hier zu nennen, obwohl die Schicksalsverbun-
denheit mit Deutschland auch ihnen nicht eine Zumutung war.
Allgemein muss gesagt werden, dass damals zwei Gruppen am
entschiedensten und ohne Wenn und Aber die Idee einer öster-
reichischen, nicht deutschen Besonderheit der Alpen-Donau-
Republik vertraten: die Monarchisten und die Kommunisten. Sie

sollten daher auch zu den ersten Opfern des Nationalsozialismus zählen.

> **Jedermann weiß, dass Österreich ein deutsches Land ist, sich seines Deutschtums niemals schämte und seinen Ehrgeiz darein setzte, für die Interessen deutschen Geistes und deutscher Kultur mit in der vordersten Reihe zu stehen.**
>
> **Kurt Schuschnigg**
> **am 20. Jänner 1935**

Am allerwenigsten waren deutschnational gesinnte Sozialdemokraten für die Idee einer eigenen österreichischen Nation zu erwärmen. Als „absonderliche Konstruktion" der Kommunisten bezeichnete sie der Revolutionäre Sozialist Otto Bauer im Jahr 1938. „Es gibt keine österreichische Nation," konstatierte im selben Jahr auch Karl Czernetz, der nach 1945 außenpolitischer Sprecher der SPÖ werden sollte. Friedrich Adler, Sohn Victor Adlers, des Begründers der österreichischen Sozialdemokratie, hielt die Idee einer österreichischen Nation für ein „unmoralisches Gebilde" und erklärte 1946 in London: „Wenn die ebenso reaktionäre wie widerliche Utopie einer österreichischen Nation Wahrheit würde und ich gezwungen wäre, zwischen ihr und der deutschen zu wählen, würde ich mich für jene entscheiden, in der Goethes ‚Faust', Freiligraths revolutionäre Gedichte und die Schriften von Marx, Engels und Lassalle nicht zur ausländischen Literatur gehören" (54). Auch das sollte man sich in Erinnerung rufen, wenn man spätere Aussagen anderer Politiker über die österreichische Nation beurteilt oder sich kritisch zur Nationspolitik der Regierung Schuschnigg äußert, die bis 1938 an der Linie festhielt: ohne Hitler und ohne Demokratie stramm auf deutschem Kurs!

Die Ersetzung der Demokratie durch eine von oben ernannte, berufsständisch gegliederte Volksvertretung (daher „Ständestaat") nach Auflösung aller Parteien und demokratischen Vereine haftet als schwerer Makel der damaligen österreichischen Geschichte an. Nicht als Entschuldigung, aber als mögliche Erklärung eines Mangels an heftigerem Widerstand dagegen muss freilich auch noch daran erinnert werden, dass es den Völkern rundum nicht besser erging. Die Dreißigerjahre mit ihren Nachwehen der Weltwirtschaftskrise waren keine Glanzzeit der Demokratie in Europa. Überall versuchten autoritäre und faschistische Regime, der wirtschaftlichen und politischen

Not Herr zu werden. Schon 1921 hatte der Gründungsvater des europäischen Faschismus, „Duce" (Führer) Benito Mussolini, in Italien die Macht übernommen. Aus dem Bürgerkrieg in Spanien ging 1936 der „Caudillo" (Heerführer) Francisco Franco als Sieger und Alleinherrscher hervor. In Portugal war seit 1932 Antonio de Oliveiro Salazar als Leiter der Einheitspartei Nationale Union und Regierungschef am Ruder. Kemal Atatürk, seit 1923 türkischer Staatspräsident, führte sein Land mit starker Hand in die neue Zeit. Im Königreich Jugoslawien hatte Alexander I. 1929 die Verfassung aufgehoben und ein Militärregime installiert. In Polen versuchte sich Józef Pilsudski, Mitbegründer der Sozialistischen Partei Polens, seit 1926 als Chef einer gemäßigten Militärdiktatur. Milklós Horthy von Nagybánya, Ungarns Reichsverweser seit 1920, kein Hitler-Freund, aber ein leidenschaftlicher Kommunistenfeind, regierte gleichfalls mit außerordentlichen Vollmachten. Aber auch in einwandfrei demokratisch regierten Staaten waren die Verhältnisse alles andere als ideal. Frankreich konsumierte zwischen 1918 und 1933 nicht weniger als 33 Regierungen, was nicht gerade eine stabile Politik förderte, und in Großbritannien betrug die Arbeitslosigkeit in den frühen Dreißigerjahren über 30 Prozent. Europa war ein kranker Kontinent, als der „Chirurg" Hitler seine Messer zu wetzen begann.

2.5 Schwarz-rote Tragödie

Wer immer heute auf die unheilvolle Entwicklung der Ersten Republik zurückblickt, entgeht der besorgten Frage nicht, was denn der Grund gewesen sein mochte, warum Christlichsoziale und Sozialdemokraten, die beiden großen politischen Kontrahenten seit hundert Jahren, keinen Weg zueinander im gemeinsamen Interesse Österreichs fanden. Eine der möglichen Antworten auf diese Frage liegt auf der Hand: Es gab kein gemeinsames Interesse an ein und demselben Österreich! Die meisten Christlichsozialen trauerten der zerbrochenen und verlorenen Monarchie, dem übernationalen Kaiserreich, der Ordnungsmacht in Mittel- und Südosteuropa, nach. Die Sozialdemokraten trauerten auch – aber nach der 1918 durch die Alliierten verbauten Chance, als Bestandteil eines größeren Deutschen Reiches die politisch-soziale Revolution zu vollziehen. Im kleinen Rest-Österreich, das zunächst beide für wirtschaftlich nicht lebensfähig hielten, erblickten beide nicht mehr als ein Provisorium. Der Gedanke, über den eigenen politischen Schatten zu springen und um dieses Österreichs willen mit dem schärfsten politischen Gegner gemeinsame Sache gegen den Nationalsozialismus zu machen, konnte überhaupt nicht aufkommen. Es gab keine gemeinsame Sache. Es gab keine gemeinsame Staatsidee. Es gab kein gemeinsames Staatsziel.

Es gab aber auch keine gemeinsame politische Philosophie, in der eine Vielfalt von Meinungen und Überzeugungen als eigener politischer Wert galt. Die Idee einer pluralen Demokratie, die sich nach dem Zweiten Weltkrieg als wünschenswerte Zielvorstellung auch in Mitteleuropa entfaltete, war den meisten Menschen damals fremd – nicht nur in Österreich. Eine politische Partei hatte das Ziel, ihre Vorstellungen durchzusetzen und die der politischen Gegner zu verhindern. Die Christlichsozialen wollten die Sozialdemokraten „besiegen", nicht für eine gemeinsame Arbeit gewinnen. Und umgekehrt war es genau so. Auf dem Weg zu diesem Ziel waren begrenzte Bundesgenossenschaften willkommen oder, öfter noch, angesichts mangelnder Mehrheiten im Parlament unvermeidbar. Nach einer kurzen, situationsbedingten Koalition der Christlichsozialen Partei und der Sozialdemokratischen Arbeiterpartei nach Gründung der Republik Österreich trennten sich die beiden wieder, und fortan galt de facto eine nirgendwo verbindlich verankerte, aber eisern eingehaltene Grundregel: Die Sozialdemokraten (im Volksmund „die Roten" genannt) „überließen" die Republik den „schwarzen" Christlichsozialen und den Großdeutschen, diese wieder „überließen" das unschlagbar „rote" Wien den Sozialdemokraten. Solches politische Besitzdenken galt damals als durchaus mit der Demokratie vereinbar.

In beiden Einflussbereichen besetzten diese Parteien alle Posten mit ihren Parteigängern, um eine starke politische Macht aufzubauen, die man um keinen Preis mit einem gleich starken Gegner teilen wollte. In diesem Licht muss man den Neubeginn in der Zweiten Republik mit freiwilliger Machtteilung sehen: Der später viel geschmähte Posten-Proporz war in seinen Ursprüngen ein Qualitätssprung nach vorn in gelebter Demokratie!

Schwarz und Rot hatten für ihre militante Ablehnung des jeweiligen Gegenübers auch handfeste Gründe, die mit Programm und Praxis der Parteien zusammenhingen. Die Sozialdemokratische Arbeiterpartei hatte bisher jeder Versuchung widerstanden, die Revolution nach dem Vorbild der Bolschewisten in Russland auch auf dem Weg der Gewalt durchzusetzen. Sie versagte sich auch der angestrebten Rätediktatur nach dem Ersten Weltkrieg, die die Kommunisten anstrebten, und wollte eine demokratische Partei bleiben. Dass die Kommunisten weder in der Ersten noch in der Zweiten Republik in der österreichischen Politik Entscheidendes mitzureden hatten, ist vor allem ihr Verdienst. Aber diese Politik hatte ihren Preis. Damit die Kommunisten schwach blieben, mussten die Sozialdemokraten selbst den äußeren linken Rand besetzten. Und sie taten dies mit einer radikalen Rhetorik, die Bürgern und Bauern einen gehörigen Schrecken einjagen musste. In der Sprache des 1926 in Linz beschlossenen Parteiprogramms las sich der „interessanteste und folgenreichste Teil des Programms" (55) dann so:

Ziel sei die „Brechung der Klassenherrschaft der Bourgeoisie" mit allen verfügbaren Mitteln der Demokratie. „Wenn es aber trotz allen diesen Anstrengungen der Sozialdemokratischen Arbeiterpartei einer Gegenrevolution der Bourgeoisie gelänge, die Demokratie zu sprengen, dann könnte die Arbeiterklasse die Staatsmacht nur noch im Bürgerkrieg erobern... Wenn sich aber die Bourgeoisie gegen die gesellschaftliche Umwälzung, die die Aufgabe der Staatsmacht der Arbeiterklasse sein wird, durch planmäßige Unterbindung des Wirtschaftslebens, durch gewaltsame Auflehnung, durch Verschwörung mit ausländischen gegenrevolutionären Mächten widersetzen sollte, dann wäre die Arbeiterklasse gezwungen, den Widerstand der Bourgeoisie mit den Mitteln der Diktatur zu brechen."

Da war sie also: die Diktatur des Proletariats, mit der die Sozialdemokratie in der Ersten Republik die nicht sozialistische Bevölkerungsmehrheit für immer verschreckte. Sicher setzte die Androhung voraus, dass zuerst die bürgerliche Seite die Sozialdemokraten von der Macht gewaltsam und mit ausländischer Unterstützung fernhielte (was ziemlich genau so, wie beschrieben, 1933 in der Tat geschah) – aber der unheilvolle Geist war aus der Flasche und nie mehr in diese zurückzuzwingen. Kein

Geringerer als Julius Deutsch, der Organisator und Obmann des sozialdemokratischen Wehrverbands „Republikanische Schutzbund", gehörte zu jenen, die vergeblich gegen die Verwendung des missverständlichen Begriffes „Diktatur" plädierten. Otto Bauer wollte wieder einmal links von der Partei keinen Platz frei lassen, also auch die Radikalen mit einer radikalen Sprache erreichen. Außerdem wurde argumentiert, dass schon 1891 Friedrich Engels die demokratische Republik als „spezifische Form für die Diktatur des Proletariats" bezeichnet hatte (56). Freilich hatte derselbe Friedrich Engels im selben Jahr auch die terroristische Pariser Kommune von 1891 als Inbegriff der Diktatur des Proletariats gefeiert und die Revolution als einen Akt beschrieben, „durch den ein Teil der Bevölkerung dem anderen Teil seinen Willen vermittelst Gewehren, Bajonetten und Kanonen ... aufzwingt". Deshalb lehnt auch der sozialdemokratische Sozialphilosoph Norbert Leser eine Verharmlosung dieser Wortwahl im Rückblick ab und erklärt es als „unzulässig, die ‚Diktatur' auf die normale Ausübung der proletarischen Herrschaft auf Grund der gewonnenen Mehrheit zu beschränken" (57).

Jedenfalls hatte die Sozialdemokratie damit ihren politischen Gegnern ein stark wirkendes Argument geliefert, warum man sie nicht an die Regierungsmacht heranlassen sollte. Dazu kam noch die militante antikirchliche Programmatik und Politik der Sozialdemokratie, die eine von einem Prälaten der römisch-katholischen Kirche (Ignaz Seipel) geführte Partei zutiefst verschrecken musste. Im Linzer Programm von 1926 sagte die Sozialdemokratische Arbeiterpartei Kirchen und Religionsgesellschaften, „welche ihre Macht über die Gläubigen dazu benutzen, den Befreiungskampf der Arbeiterklasse entgegenzuwirken", ihren scharfen Kampf an. In der Praxis bedeutete dies ein Nein der Sozialdemokraten zu Religionsunterricht in öffentlichen Schulen, öffentlichen Geldern für kirchliche Privatschulen sowie zu theologischen Fakultäten an den Universitäten. Ein „Freidenkerbund" betrieb aktive, oft gehässige Kirchenaustrittspropaganda. Auf dem Höhepunkt dieser Agitation verließen in einem einzigen Jahr (1927) an die 35.000 Personen die katholische Kirche – für die damalige Zeit ein spektakulärer Rekord. Dass in diesem Jahr aufgebrachte Arbeitermassen wegen des

offenkundigen Fehlurteils eines burgenländischen Geschwo-
renengerichts den Justizpalast in Wien in Brand steckten, zer-
störte endgültig jedes Vertrauensklima. Zusammenstöße zwischen Demonstranten und Polizei kosteten damals 89 Menschen
das Leben.

Dennoch bot Bundeskanzler Seipel den Sozialdemokraten
im Sommer 1931 nach dem Zusammenbruch der Creditanstalt
den Eintritt in eine befristete Regierung aller politischen Kräfte
zur Bereinigung der Krise an und stellte ihnen u.a. den Innenminister in Aussicht. Im sozialdemokratischen Abgeordneten-
klub konnte Julius Deutsch dieser Idee einiges abgewinnen,
Otto Bauer aber nicht, und zur allgemeinen Überraschung sagte
auch Karl Renner, der bis dahin immer für eine Koalition mit
den „Schwarzen" zu haben gewesen wäre, diesmal Nein. Das
Hauptargument lautete: Nicht jetzt, wenn wir unpopuläre Maßnahmen vertreten müssten, die dann die Faschisten auch uns in
die Schuhe schieben und enttäuschte Sozialdemokraten zu den
Kommunisten treiben könnten!

Norbert Leser fand diese Ablehnung trotz berechtigter Bedenken, die auch er anerkennt, als Verpatzen einer letzten
Chance, in einer Bundesregierung Fuß zu fassen und damit auch
„eine solide Grundlage für einen Abwehrkampf gegen den Nationalsozialismus auf breiter Basis" zu schaffen (58). Zwar gab es
von Bundeskanzler Karl Buresch im Oktober desselben Jahres
noch einmal ein Koalitionsangebot, das in der zeitgeschichtlichen Literatur kaum erwähnt, aber interessanter Weise von
Charles Gulick als „das vielleicht als einzig ernst gemeinte seit
1927" gewertet wird (59). Auch im Jänner 1934 gab es noch einmal ein Angebot Dollfuß´ an die Sozialdemokratie, das aber
erwartungsgemäß an deren Wahlrechtsforderungen scheiterte.
Der Bruch zwischen Rot und Schwarz war längst vollzogen und
wurde durch den Bürgerkrieg, den ein undisziplinierter Schutzbundführer in Linz gegen den ausdrücklichen Willen der sozialdemokratischen Parteizentrale im Februar 1934 vom Zaun
brach, endgültig besiegelt. In der Folge begegneten einander
sozialdemokratische Revoluzzer und nationalsozialistische Terroristen in den Gefängnissen des Ständestaates. Wieder einmal
schmiedete eine politische Justiz so manche persönliche Achse,
die sonst politisch vielleicht nicht zustandegekommen wäre. So

verhalfen Nationalsozialisten, mit denen er in der Ständestaatszeit eingesperrt gewesen war, Bruno Kreisky 1938 zur Flucht
nach Schweden.

Der Bürgerkrieg zwischen Rot und Schwarz im Februar 1934
forderte nach offizieller Darstellung auf Regierungsseite 128
Tote und 409 Verwundete, auf Seite der sozialdemokratischen
Schutzbündler 137 Tote und 399 Verwundete. Diese Zahlen werden vielfach als zu tief gegriffen erachtet; Gulick spricht von
1500 bis 2000 Toten und fast 5000 Verwundeten. Über die Unvermeidbarkeit dieser Auseinandersetzung kann man noch unterschiedlicher Meinung sein. Schwer zu verstehen ist die mitleidlose Vergeltung, die der Ständestaat übte: Neun Schutzbundführer wurden nach einem außerordentlichen Standrechtsverfahren zum Tod verurteilt und hingerichtet, obwohl von
dieser Seite dem Staat gewiss keine Gefahr mehr drohte und die
erhoffte abschreckende Wirkung auf nationalsozialistischer
Seite offenkundig nicht eintrat: Wenige Monate nach diesen Vorkommnissen schwangen sich Nazi-Putschisten in Wien-Mariahilf auf ihren Lastwagen, um ins Bundeskanzleramt zu fahren
und Kanzler Dollfuß auszuschalten.

> **Am 20. Februar (1934) ... hörten wir im Radio Verdis „Requiem". Wir empfanden es als Totenklage für unsere Gefährten und die Ereignisse der vergangenen Woche als Ende unserer Welt.**   **Hilde Spiel**

Freilich wuchs auch auf der
anderen Seite die Ablehnung von
Kompromiss und Kooperation. In
einer Prinzipienerklärung vom Februar 1934, also nach Abschaffung
der Demokratie und Bürgerkrieg,
bekannte die Sozialdemokratische
Partei: „Nicht die Wiederherstellung der bürgerlichen Demokratie von gestern, sondern eine
revolutionäre Diktatur als Übergangsform zu einer ... sozialistischen Demokratie ist unser Ziel" (60). Selbst nach der
Ermordung von Bundeskanzler Dollfuß sagte Otto Bauer: „Die
sozialistischen Arbeiter und die nationalsozialistischen Kleinbürger, Bauern und Intellektuellen bilden zusammen eine gewaltige Mehrheit des österreichischen Volkes. Könnten sie gegen
den Austrofaschismus zusammengehen, so würde er hinweggefegt werden" (61). Solche Formulierungen spiegelten nicht nur
Gemütszustände angesichts beidseitiger Verfolgung durch den
Ständestaat wider, sondern beschworen auch die Erinnerung an

viele politische Allianzen der Vergangenheit zwischen Deutsch-
national-Liberalen und Sozialdemokraten gegen Konkordate,
kirchliche Privatschulen und Universitätspläne in Salzburg, das
katholische Verbands- und Pressewesen und überhaupt gegen
das traditionelle Bündnis von Thron und Altar (später von
christlichsozialen Parteisekretariaten und Pfarrkanzleien).

Nimmt man alle diese Tatsachen ins Blickfeld, dann ver-
wundert es nicht, dass Bundeskanzler Schuschnigg nach den
Sozialdemokraten als Bündnispartnern gegen die Nazis erst
Ausschau zu halten begann, als es dafür zu spät war. Am 3. März
1938 empfing der Bundeskanzler Vertreter der illegalen sozialdemokratischen und kommunistischen Gewerkschaften, um sie
für ein Ja bei der von ihm geplan-
ten Volksbefragung zu gewinnen.
In der Steiermark hatte der christlichsoziale Landesrat Alphons Gorbach schon am 27. Februar auch

> **Das hört der rote Falke gern:**
> **Den Seipel an die Gaslatern'!**
> Spottlied sozialdemokratischer
> Jugendorganisationen

viele sozialdemokratische Arbeiter für eine Großkundgebung
zugunsten der Unabhängigkeit Österreichs auf die Beine gebracht. Von Schuschnigg forderten die Arbeitervertreter nun als
Gegenleistung Bekenntnis-, Rede- und Meinungsfreiheit sowie
freie Wahlen in Funktionen der offiziellen Einheitsgewerk-
schaft. Der Kanzler sagte Verhandlungen darüber zu, die
Arbeitervertreter riefen am 7. März im Arbeiterheim Wien-
Floridsdorf eine Vertrauensmännerkonferenz zusammen und
diese stimmte Verhandlungen zu. Schuschnigg im Rückblick:
„An einem positiven Ausgang war nicht zu zweifeln, es fehlte
die Zeit..." (62). Friedrich Hillegeist, späterer führender Parla-
mentarier der SPÖ in der Zweiten Republik, schrieb darüber in
seinen Lebenserinnerungen, dass bei dieser Versammlung in
Floridsdorf „leider" auch viele Genossen die Auffassung vertraten, dass „den Schwarzen, die uns vor vier Jahren niedergewor-
fen und seither unterdrückt haben, eigentlich recht geschehe,
wenn sie jetzt drankommen..." (63)

Umso höher war Sozialdemokraten, Revolutionären Sozialisten und Kommunisten anzurechnen, dass sie sich schließlich
doch dazu bereit fanden, bei der geplanten Volksbefragung ohne
vorherige Zugeständnisse „für ein freies und deutsches, unabhängiges und soziales, für ein christliches und einiges Öster-

reich" zu stimmen. Im Rückblick stellen sich keine ernsthaften Zweifel daran ein, dass es notwendig gewesen wäre, diese gemeinsame Front gegen den nationalsozialistischen Eroberungsdrang schon viel früher zu suchen und zu schmieden. Das hätte die österreichische Regierung vermutlich zwar schon viel früher auch um die Unterstützung Mussolinis gebracht, den westlichen Demokratien wie Frankreich und Großbritannien aber weniger Gründe für ein Untätig-Bleiben verschafft. Und vor allem hätte es der österreichischen Politik mehr moralische Substanz verliehen. Aber genügt Moral, wenn es um die verzweifelte Abwehr eines zutiefst unmoralischen Gegners geht? Viele Fragen bleiben. Aber auch die wachsende Ahnung, dass es 1938 Alternativen gegeben hätte – für viele, nicht nur für Österreich.

> **So mancher Arbeiter denkt heute: „Wenn die Nazis uns nur versprechen, den Dollfuß und den [Heimwehrführer] Fey aufzuhängen, dann gehen wir mit ihnen!" Darin liegt eine ernste Gefahr. Sie zu bekämpfen, ist unsere allererste Aufgabe.**
> **Otto Bauer 1934**

2.6 Hitlers Niederlagen

Dass Adolf Hitler Österreich ins Deutsche Reich eingliedern wollte, wusste die Welt seit 1924, als er in der Festungshaft von Landsberg den ersten Teil seines Bekenntniswerkes „Mein Kampf" schrieb. Die Anschlussabsicht kann man schon auf Seite eins nachlesen: „Deutschösterreich muss wieder zurück zum großen deutschen Mutterlande" – und zwar nicht aus wirtschaftlichen Gründen; nein: selbst wenn die Vereinigung schädlich wäre, „sie müsste dennoch stattfinden; gleiches Blut gehört in ein gemeinsames Reich.". Zehn Jahre später beschrieb der damalige Naziführer in Österreich, Landesinspektor Theo Habicht, im Dienstbuch der NSDAP Österreichs den geplanten „Generalangriff auf Österreich". Begründung: „Wer Österreich besitzt, beherrscht Mitteleuropa." Da war das Gerede vom gleichen Blut schon nicht mehr so wichtig wie eine strategische Position. Vor der deutschen Reichsregierung hatte Hitler am 26. Mai 1933 erklärt: An der „reichsfeindlichen" Einstellung der Wiener Regierung werde sich nichts ändern, „solange Österreich in den Händen der bisherigen Machthaber bleibt". Logische Folge: Die Regierung muss geändert werden! Hitler versuchte es zuerst mit wirtschaftlichen

Mitteln: Für ein Ausreisevisum für Österreich mussten deutsche
Touristen über Nacht tausend Reichsmark auf den Tisch legen.
Diese Maßnahme sowie weitere Erschwerungen im Außenhan-
del trafen die österreichische Fremdenverkehrswirtschaft hart,
aber auch die „Tausend-Mark-Sperre" brachte die Regierung
nicht ins Wanken.

1933 war das Jahr, in dem die Scheidung der Geister zwischen Österreich-Bekennern und Österreich-Bekämpfern immer
deutlicher wurde. Die katholischen österreichischen Studentenverbindungen, die bisher ihre Zugehörigkeit zum deutschen
Cartellverband (CV) als Selbstverständlichkeit angesehen hatten, wandten sich von diesem ab, als am 8. Oktober eine neue
Cartellverfassung den CV als „Bund deutscher Studenten katholischen Bekenntnisses zur Erziehung seiner Mitglieder im Sinne
der nationalsozialistischen Weltanschauung" erklärte. Sie bildeten einen Österreichischen Cartellverband (ÖCV), dessen Beispiel alsbald auch die katholischen Korporationen der Tschechoslowakei folgten, und nahmen 1938 Auflösung, Verbot und
Verfolgung hin, statt sich wie ihre deutschen Cartellbrüder
nationalsozialistischer Vereinnahmung zu unterwerfen. Friedrich Funder, Chefredakteur der „Reichspost" und nach 1945 der
„Furche", nannte diesen Schritt in seinen Memoiren „die erste
Manifestation einer österreichischen vaterländischen Widerstandsbewegung; wäre sie ausgeblieben, so hätte Hitler mit der
Okkupation nicht bis zum März 1938 zu warten brauchen" (64).

Aus den von Hitler ursprünglich für Sommer 1933 erwarteten Neuwahlen wurde nichts, weil die Regierung Dollfuß in
Vorahnung ihres Ausgangs mittlerweile ohnehin eine autoritäre
Regentschaft eingeführt und als überparteiliche patriotische
„Volksbewegung" die Vaterländische Front gegründet hatte. Und
nun wagte das Wiener Kabinett, was Hitler ihm nicht zugetraut
hatte: Am 9. Juni 1933 wurde das in München erscheinende
nazistische Hetzblatt „Völkischer Beobachter" in Österreich verboten und am 19. Juli 1933 auch die Nationalsozialistische
Deutsche Arbeiterpartei in Österreich aufgelöst; ihre Mitglieder
wurden von Hitler hierauf der deutschen NSDAP als 33. Gau
angegliedert. Mit dem Beginn des Ständestaates am 1. Mai 1934
waren aber alle politischen Parteien verboten. Damit erreichte
die Regierung Dollfuß, dass die Nationalsozialisten künftig nicht

nur für ihre Partei die Wiederzulassung fordern konnten, weil dasselbe Recht dann auch den Sozialdemokraten hätte zugestanden werden müssen. Aber die Regel galt auch umgekehrt: Man konnte eine Wiederzulassungsforderung der Sozialdemokraten abschmettern, weil ihre Erfüllung auch die Nazis wieder legalisiert hätte. Dollfuß hatte alle Parteien in denselben Käfig gesperrt – und sich dazu!

Unmittelbarer Anlass für das Verbot der NSDAP war eine Verschärfung der schon monatelang praktizierten Sprengstoffkampagne; zuletzt war eine Bundesheer-Einheit in Krems das Ziel von NS-Terroristen gewesen. Die Serie von Anschlägen auf öffentliche Einrichtungen, die kaum einen Tag verschonte, sollte Regierung und Volk mürbe machen. Demselben Ziel diente die Propagandaschlacht, die Hitler-Deutschland gegen Österreich entfesselte. Nach Zeitungsverboten drangen deutsche Flugzeuge völkerrechtswidrig in den österreichischen Luftraum ein und warfen Hetzschriften ab. Deutsche Radiosender strahlten Nazi-Propagandaprodukte über die Grenzen nach Österreich. Am 10. November 1933 führte die Regierung in Österreich die 1919 im ordentlichen Verfahren abgeschaffte Todesstrafe im Standrechtsverfahren für Mord, Brandlegung und öffentliche Gewalttätigkeit wieder ein. Zwischen 1934 und 1936 wurden dreiundzwanzig zum Tod verurteilte Personen (Nationalsozialisten ebenso wie aufständische Schutzbündler) durch den Strang hingerichtet und sechsundfünfzig weitere Personen wurden zu lebenslangem Kerker begnadigt.

Für unser heutiges Rechtsempfinden waren das menschenunwürdige Methoden der Justiz, damals freilich waren sie in vielen Ländern Europas gang und gäbe, und Tatsache bleibt: Die österreichische Regierung hat staatsfeindliche Umtriebe der Nationalsozialisten, als Hitler in Deutschland schon rechtmäßiger Kanzler war, mit den schwerstmöglichen Strafen bedacht. Allerdings blieb die abschreckende Wirkung gering. Die SA-Leute, die sich am 25. Juli in der Siebensterngasse in Wien-Mariahilf auf Lastwägen schwangen und, als Bundesheersoldaten und Polizisten verkleidet, ohne Problem in den Hof des Bundeskanzleramtes einfahren konnten, hatten sich von der Gesetzeslage offenbar wenig beeindrucken lassen. Sie waren siegessicher und wähnten sich nahe dem Ziel, als einer von ihnen den mit seinem Kammerdiener auf einen Geheimgang zustrebenden Kanzler niederstrecken konnte.

Die präziseste Schilderung dieser Vorfälle stammt vom Zeitgeschichtler Gerhard Jagschitz, der in seinem Buch „Der Putsch" auch auf das politische und wirtschaftliche Umfeld eingeht. Die Zahl der Arbeitslosen war von rund 200.000 im Jahr 1919 auf 478.000 Personen angestiegen. Das waren zwölf Prozent der berufstätigen Bevölkerung. Dazu kamen 100.000 öffentlich Bedienstete, deren Entlassung der Völkerbund als Voraussetzung für eine Sanierungsanleihe vorgeschrieben hatte: Kein Wunder, dass gerade bei den Beamten große Unruhe herrschte und die Bereitschaft zunahm, dem Rattenfänger von Berlin ein wenig genauer zuzuhören. Putschgerüchte waren schon vor dem Juli 1934 immer wieder aufgetaucht, aber die offiziellen Stellen nahmen sie nicht ernst und behandelten sie auf dem bürokratischen Routineweg – auch am Tag des Attentats, als ein Putschist die Pläne telefonisch verriet. Dabei war schon am 3. Oktober 1933 vom NSDAP-Mitglied Rudolf Dertil ein Pistolenattentat auf Bundeskanzler Dollfuß verübt worden; die zwei Schüsse verursachten aber keine lebensgefährlichen Verletzungen.

> Der Wiener nationalsozialistische Putsch am 25. Juli 1934 war Hitlers erste Handlung als Gangster außerhalb seiner eigenen Grenzen.
>
> Gordon Brook-Shepherd in „Engelbert Dollfuß", S. 279

Diesmal war alles sehr ernst – aber ungeachtet dessen kommt es zu „Szenen von seltsamer Skurrilität", wie sie nur in Österreich passieren können: „Putschende Wachebeamte fallen einem Minister nur auf, weil sie nicht grüßen. Ein regierungsfreundlicher Polizist salutiert den hohen Dienstgraden der Putschisten und sucht für ihre Autos geeignete Abstellplätze. Ein Ressortchef weiß sofort, dass es sich bei den Soldaten um Putschisten handelt, weil die regulären Soldaten beim Mittagessen sein müssen. Ein Kriminalbeamter geht im Bundeskanzleramt ständig mit erhobenen Händen umher, um seine Beteiligung am Putsch zu tarnen ..." (65) In dieses Bild passt auch noch, dass über wiederholtes Verlangen des schwer verletzten Kanzlers, einen Arzt und einen Priester zu rufen, unter den im Hof des Kanzleramtes versammelten Beamten nach einem „arischen Mediziner" geforscht wurde. Zwei Polizeioberwachleute, die hoffentlich einen Ahnenpass bei sich trugen, legten hierauf dem Kanzler einen Notverband an; ärztlicher und priesterlicher Beistand wurde ihm bis zu seinem Tod verweigert. Da den Attentätern das geforderte freie Geleit nur unter der Bedingung zugesagt worden war, dass es keine Toten gäbe, wurden sie zuletzt doch verhaftet.

Die Putschisten wurden zum Tod verurteilt und durch den Strang hingerichtet. Einige riefen noch „Heil Hitler!", einer bat: „Jesus, Barmherzigkeit!" Der Kommandant der Militärabteilung wurde während einer Hinrichtung ohnmächtig; Gemütskälte war sichtlich kein Kriterium für die Aufnahme in Österreichs Exekutive. Durch große Teile des Volkes aber ging eine Woge der emotionalen Erschütterung, die heute kaum mehr beschreibbar ist; aber man spürt ihre bleibende Wirkung bei manchen noch heute. In sechs der neun Bundesländer brachen schwere Kämpfe aus. Den Nationalsozialisten stellten sich neben Bundesheersoldaten auch mehr als 50.000 Freiwillige aus Wehrverbänden entgegen. Die Putschisten hatten vielfach auf einen Frontwechsel des Bundesheeres gehofft: Daraus ist nichts geworden! Die Armee blieb staatstreu. Auch die Hoffnung, Volksmassen könnten den Aufständischen zu Hilfe kommen, erfüllte sich nicht. Dass die NSDAP eine reguläre Machtergreifung geplant hatte und Hitler davon wusste, obwohl er es hinterher abstritt, gilt mittlerweile als mehrfach belegt. Generaloberst Wilhelm Adam, Kommandierender General des Wehrkreises VII in München, wurde von Hitler am 25. Juli 1934 zu sich nach Bayreuth bestellt, um zu erfahren: „Die österreichische Regierung wird heute gestürzt werden..." (66) Plakate, die da und dort voreilig an Mauern geklebt wurden (etwa in Wolfsberg in Kärnten), verrieten geheime Pläne: „Heute um vier Uhr nachmittag haben wir die Macht übernommen...Wir sind die Herren der Lage und wer sich gegen uns auflehnt, verfällt dem Standrecht!"

Herren der Lage blieben in Wirklichkeit Bundesheer, Polizei und Gendarmerie, die die Nationalsozialisten, die auch das Gebäude des öffentlich-rechtlichen Rundfunks (Ravag) in Wien besetzt hatten, von dort vertreiben und die geplante Festnahme des in Kärnten Urlaub machenden Bundespräsidenten Wilhelm Miklas verhindern konnten. Als wieder Ruhe eingekehrt war, konnte Bilanz gezogen werden: Insgesamt verloren bei diesen

Kämpfen auf beiden Seiten 269 Menschen das Leben; an die 600 wurden verwundet. Mussolini hatte – diesmal noch – auf dem Brenner Truppen aufmarschieren lassen. Hitler verstand die Zeichen an der Wand und reagierte rasch. Er setzte die Österreichische Legion (nach Deutschland übergelaufene Nazis) nicht ein, entmachtete die Landesleitung der illegalen NSDAP in Österreich, befahl eine Festnahme von Putschisten, falls diese eine Einreise nach Deutschland versuchen sollten („Ins Konzentrationslager einliefern") und berief den deutschen Gesandten aus Wien zurück, der sich am Putschtag als ungerufener „Vermittler" aufgedrängt hatte.

„Evolution statt Revolution" war fortan die Devise. Den Weg sollte der aus der katholischen Zentrumspartei zu den Nationalsozialisten übergelaufene ehemalige Reichskanzler Franz von Papen bereiten, der sofort eine heftige diplomatische Tätigkeit entfaltete. Viele Nazis flohen entmutigt nach Deutschland, aber auch nach Jugoslawien; mehr als 5000 wurden in Österreich verhaftet und vor Gericht gestellt. Das Ausland aber rühmte den mutigen Widerstand der österreichischen Regierung, die Hitler eine schwere Schlappe zugefügt hatte; Kindermann findet sogar, dass es „die größte außenpolitische Niederlage seines Lebens vor 1941" war: „Hitler war nicht nur geschlagen, er war auch zutiefst blamiert. Seine ungewöhnlichen Reaktionen zeigten, dass er das selbst so empfunden haben muss" (67). Zu der Frage, ob nicht eine Einigung Schuschniggs mit den in die Illegalität gedrängten Sozialdemokraten jetzt besonders sinnvoll gewesen wäre, meinte später sogar der sozialdemokratische Publizist Jacques Hannak, dass dann Österreich nicht mehr mit der Unterstützung des faschistischen Italien hätte rechnen können und Hitler und Mussolini das kleine Österreich in der Mitte zerdrückt hätten (68).

Im April 1935 trafen einander die Ministerpräsidenten Italiens, Frankreichs und Großbritanniens im italienischen Kurort Stresa und bekräftigten ihre bereits am 17. Februar 1934 geäußerte Überzeugung von der „Notwendigkeit einer Aufrechterhaltung der Unabhängigkeit und Integrität Österreichs". Aber die „Stresa-Front" zerfiel noch im selben Jahr, als Italien Abessinien (heute Äthiopien) angriff und ab nun zunehmend auf die Unterstützung durch Hitler angewiesen war. International hatte

sich Hitler endgültig auf den Pfad einer brutalen Eroberungs-
politik begeben. 1935 führte er die allgemeine Wehrpflicht ein
(ein Beispiel, dem Österreich ein Jahr später mit einer „allgemeinen Dienstpflicht" folgte), 1936 besetzte er das entmilitari-
sierte Rheinland und griff auf der Seite Francos in den spani-
schen Bürgerkrieg ein, 1937 kündigte er die Kriegsartikel von
Versailles. Angesichts dieser Entwicklung musste Österreich
froh sein, am 11. Juli 1937 ein Abkommen mit Deutschland zu
erreichen, das neuerlich seine Unabhängigkeit anerkannte, aber
die legale Mitarbeit von Nationalsozialisten in der ständestaatlichen Einheitsorganisation „Vaterländische Front" ermöglichte.
Auch musste Österreich an die 3000 „politische" Häftlinge (vor
allem Terroristen) freilassen. Dafür ließ Deutschland die 1000-
Mark-Sperre fallen.

Der Druck auf Österreich, kaum gemildert, nahm stets aufs
Neue zu. Als Hitler Bundeskanzler Schuschnigg für 12. Februar
1938 überraschend auf den Berghof bei Berchtesgaden lud, füt-
terte ihm der Gesandte Papen neuerlich Beruhigungspillen. Aber
Hitler empfing den österreichischen Gast nicht nur in Beglei-
tung von Politikern, sondern auch dreier Generäle, übte Psychoterror von der unfeineren Art (er verbot dem Kettenraucher
Schuschnigg, der 1977 an Lungenkrebs sterben sollte, das Rau-
chen) und trotzte ihm ein Abkommen ab, das führende österreichische Nationalsozialisten zu Regierungsmitgliedern in
Wien machte. Wieder hoffte Schuschnigg, die entscheidende
Zeit gewonnen zu haben, um den Westmächten eine Stärkung
ihrer Militärmacht und eine Regelung ihrer politischen Probleme zu erlauben. Wieder wurde Hitler mit jedem Tag dreister.
Das Problem war, wie Schuschnigg später zugab, dass internationalen Vereinbarungen in Berlin immer „ein völlig anderer
Sinn gegeben wurde als in Wien" (69). Ein Angebot Otto
Habsburgs, an seiner Stelle Bundeskanzler zu werden, lehnte
Schuschnigg, obwohl überzeugter Anhänger des Kaiserhauses,
ab: Er wusste, dass dies den Habsburg-Fresser Hitler übers Maß
hinaus gereizt hätte. Schließlich besorgte genau dies Schuschnigg selbst: Er setzte für den 13. März 1938 eine Volksbefragung an, bei der sich die Österreicherinnen und Österreicher für ein „freies und deutsches, unabhängigeres und soziales,
für ein christliches und einiges Österreich, für Friede und Arbeit

und die Gleichberechtigung aller, die sich zu Volk und Vaterland bekennen," entscheiden sollten.

Das brachte Hitler zur Raserei. Wenn er sich wirklich sicher hätte sein können, dass die Mehrheit ohnehin den Anschluss wünschte, hätte er nur auf einer sauberen Durchführung der Befragung bestehen müssen. So aber unterstellte er von Anbeginn Fälschungsabsichten und war wild entschlossen, Schuschnigg zur Absetzung des Votums zu zwingen. Einige Tage lang wogten die Wellen der politischen Leidenschaft hin und her. Am 11. März 1938 schließlich übernahm Hitler persönlich den Befehl über das „Unternehmen Otto", sprich: den Einmarsch in Österreich, „um dort verfassungswidrige Zustände abzustellen" (die es nicht gab). Gegen das „Brudervolk" wollte Hitler möglichst keine Gewalt angewendet sehen, zumal er ohnehin nur Jubel erwartete. Hinsichtlich einer Alternative war er freilich nicht zimperlich: „Sollte aber Widerstand geleistet werden, dann ist dieser mit größter Rücksichtslosigkeit und Waffengewalt zu brechen."

Schuschnigg schrieb nach 1945, dass nach Meinung seiner Regierung etwa 65 bis 75 Prozent der Österreicher seiner Parole gefolgt wären. In einem Gespräch mit dem Verfasser dieses Buches in St. Louis (USA) 1952 reduzierte er diese Erwartung auf „mindestens 60 Prozent". Die Sorge wegen eines nicht opportunen Ausgangs der Befragung war ganz offensichtlich bei Hitler ungleich größer als bei

> Im Grunde ist ein enges Einverständnis zwischen den beiden deutschen Staaten das Natürlichste der Welt.
>
> „The Times" (London), Februar 1938

Schuschnigg. Also zwang er den Regierungschef in die Knie, ignorierte das lange Zögern des Bundespräsidenten Miklas, den ihm aufgedrängten katholischen Nationalsozialisten Arthur Seyß-Inquart zum Bundeskanzler zu ernennen, zwang Miklas zum Rücktritt, als er das Wiedervereinigungsgesetz nicht unterschrieb, und nötigte Seyß-Inquart zur totalen Machtübernahme und zur Anforderung eines deutschen Truppeneinmarsches, obwohl bis heute nicht zweifelsfrei geklärt ist, ob das in Berlin vom Reichsluftfahrtminister Hermann Göring diktierte Telegramm in Wien überhaupt abgeschickt worden ist. Ehe er sich ins Flugzeug setzte, versprach er Mussolini in einer „feierlichen Erklärung" noch schnell die Unantastbarkeit der Brenner-Grenze. Das deutsche Blut in Südtirol war ihm weniger wichtig als die sichere Südflanke, während er sich Österreich einverleibte.

Dann flog Hitler nach München, bestieg dort eine schwarze Staatskarosse („Bonzenkübel", sagten Spötter) und fuhr unter dem Läuten aller Glocken in seiner Geburtsstadt Braunau ein. Von dort ging die Fahrt weiter nach Linz, wo „der Jubel der meilenweit die Straßen umsäumenden Menge unbeschreiblich war," wie die sicher nicht nazistische Liechtensteiner Zeitung „Vaterland" am 26. März 1938 rapportierte. Auf dem Balkon des Linzer Rathauses badete er im Jubel der Volksmassen und beschloss, gleich ganze Sache zu machen und Österreich im Deutschen Reich aufgehen zu lassen. Jedenfalls behauptete Göring, dies sei ein spontaner Augenblicksentschluss Hitlers gewesen, Schuschnigg und viele Historiker nahmen es ihm ab, andere zweifeln, ob er wirklich bis dahin die beiden Staaten nur in einer Art Personalunion unter Adolf Hitler als gemeinsamem Kanzler zusammenführen wollte. Ein paar österreichischen Nationalsozialisten, die an das kurzfristige Fortbestehen eines braun eingefärbten Österreich Karrierehoffnungen knüpften, wäre die Etappenlösung willkommen gewesen. Für Österreich blieb es ziemlich gleichgültig, ob es von Hitler in einem oder in zwei Schluckbewegungen vertilgt wurde. Als Hitler tags darauf mit lokalen Linzer Parteigenossen zu Mittag aß und diese die traditionelle Hausmannskost Geselchtes, Speckknödel und Krautsalat bestellten, orderte Hitler zu seiner Gemüseplatte Kamillentee: Vielleicht lag ihm Österreich, das er eben verspeist hatte, wenigstens einen Tag lang im Magen (70).

Wichtig aber war, dass die Welt zur Kenntnis nahm: Hier hatte ein kleines Land bis zum Äußersten gegen einen mit Drohung, Erpressung, Einschüchterung und Vergewaltigung arbeitenden Aggressor politischen Widerstand geleistet. Ob es auch militärischen Widerstand hätte leisten sollen, ist bis heute umstritten. Schuschnigg blieb auch nach quälender Gewissenserforschung dabei: Da sich weit und breit keine Helfer zeigten, wäre es unverantwortlich gewesen, „deut-

> **Artikel I: Österreich ist ein Land des Deutschen Reiches.**
> Bundesverfassungsgesetz
> 13. März 1938

sches Blut" zu vergießen (71). Das Bundesheer durfte gemäß Vertrag von St. Germain 30.000 Mann stark sein; in Wirklichkeit waren es kaum mehr als 20.000. Nicht nur schwere Waffen waren ihm verboten, selbst Tränengas! Jahrelang pendelten der Anteil der Heeresausgaben am Gesamtbudget um die fünf Prozent, lag aber 1937 immerhin bei 15 Prozent (was Verteidigungsminister der Zweiten Republik mit Neid erfüllen muss). Es gab keinerlei Hinweise, dass das Heer selbst nicht verteidigungswillig gewesen wäre. Wenn es falsch war, das Bundesheer 1938 nicht einzusetzen, hat der dafür allein verantwortliche Kurt Schuschnigg in mehrmonatiger Wiener Gestapohaft sowie in sieben Jahren, die er in Hitler-Gefängnissen und Konzentrationslagern von München, Sachsenhausen, Flossenbürg und Dachau verbrachte, ausgiebig dafür gebüßt. Um seine Familie (wenn schon nicht um Österreich) nahm sich Mussolini an.

Tatsache ist, dass die Völkergemeinschaft den Verteidigungswillen Österreichs über den Tag hinaus positiv bewertet hat – positiver als viele inländische Kritiker, die mit sich selbst nicht einig werden können, ob bei der Gesamtbeurteilung der Dollfuß/Schuschnigg-Regierungszeit der entscheidende Widerstand gegen Hitler oder die Zerstörung der Demokratie mehr zählen sollte. Franz Goldner, der die US-Unterlagen der damaligen Zeit studierte, kam in seinenm Buch „Dollfuß im Spiegel der US-Akten" zu dem klaren Schluss: „Die Verteidiger der Unabhängigkeit und die Verteidiger der Demokratie mussten einander als unversöhnliche Gegner gegenüberstehen. Für die aus den US-Akten ersichtliche Bewertung der amerikanischen diplomatischen Beobachter hatte die Unabhängigkeit des österreichischen Staates unzwiefelhaft Priorität." In dieser ausländischen Anerkennung ist die Ursache dafür zu suchen, dass alle vier Großmächte einstimmig in der Moskauer Erklärung von 1943 Österreich zubilligten, das erste Opfer der Hitlerschen Aggressionspolitik geworden zu sein. Aus eben diesem Grund hat dieses Land 1945 eine gesamtösterreichische Bundesregierung und 1955 auch einen Staatsvertrag und nicht einen Friedensvertrag erhalten. Derselbe Grund war es auch, der Österreich vor dem Schicksal Deutschlands, Japans, Italiens, Ungarns, Rumäniens und Finnlands bewahrte, als ehemalige „Feindstaaten" per UN-Statuten für ein mögliches Eingreifen der Siegermächte in die

inneren Angelegenheiten freigegeben zu werden. Von dieser
Möglichkeit ist ohne Einvernehmen mit dem betroffenen Staat
nie Gebrauch gemacht worden, aber es war doch ein Vorzug
Österreichs, dass es um eine solche Gunst nie betteln musste.

3 Sieben Jahre Tausendjähriges Reich

3.1 „Anschluss von innen"

Freitag, der 11. März 1938, war ein kühler Spätwintertag in Wien. Wer zu später Abendstunde durch die Straßen ging, begegnete wenigen Passanten, kaum noch Polizisten der Republik Österreich, aber schon vielen Männern mit rotweißer Hakenkreuzbinde, manche schon in brauner SA-Uniform, und immer wieder Hakenkreuzfahnen. „Heil Hitler!" schrien die Sieger der Stunde, und dazwischen auch „Juda, verrecke!" Jugendliche in weißen Stutzen (Kniestrümpfen) sangen im Chor „Es zittern die morschen Knochen der Welt vor dem großen Krieg." Der diese Szenen beschrieb, erinnert sich noch genau: „Es ist eiskalt geworden, schneit ein wenig, doch die Halbwüchsigen glühen vor Begeisterung..." (1) Wieder unter Dach, hört er im Radio die Stimme von Bundeskanzler Schuschnigg, der sich „mit einem deutschen Wort und einem Herzenswunsch" verabschiedet: „Gott schütze Österreich!"

Selten dürfte im Land die Stimmung dermaßen auseinander geklafft sein wie damals in Österreich: tobende Begeisterung bei den einen, Verzweiflung bei den anderen. Dass die einrückende Deutsche Wehrmacht überall auf Zuspruch und Jubel, nirgendwo auf Widerstand oder auch nur Feindseligkeit stieß, darf als unbestritten gelten. Die Glücklichen pflückten Blumen und liefen auf die Straße, die Enttäuschten verrammelten Fenster und Türen. Worüber waren die Glücklichen glücklich? Was hat die Enttäuschten mutlos gemacht? Wahrscheinlich bedarf es zur Erklärung keiner komplizierten wissenschaftlichen Thesen. Nichts ist ansteckender als Erfolg. Die Menschen hatten erlebt, wie ihre Regierung fünf Jahre lang gegen Hitler gekämpft hatte, während dieser einen Erfolg nach dem anderen kassierte. Jetzt gab auch die Regierung in Wien auf. Jetzt kassierte Hitler auch in Österreich. Sollten die Kleinen tun, wozu die Großen die Kraft nicht mehr hatten?

Viele mussten trotz Besserung der Lage die wirtschaftliche Situation immer noch als drückend empfinden. Österreich pro-

duzierte zwar erheblich mehr als vor fünf Jahren: bei Stahl und
Erdöl, bei Getreide und Zucker. Auch der Fremdenverkehr hatte
sich wieder erholt. Freilich gab es im Monatsschnitt 1937 noch
immer mehr als 321.000 Arbeitslose – weniger als die 350.000
von 1936 und noch weniger als die 406.000 von 1933, aber
immer noch erschreckend viele, wie auch Schuschnigg zugab
(2). Die Betroffenen fanden: Schlechter könnte es für sie nicht
werden, nur besser. Dazu kam, dass die Menschen von damals
einen deutschen Reichskanzler erlebten, der keineswegs verfemt
war in der übrigen, auch nicht in der demokratischen Welt. Von
wenigen Ausnahmen abgesehen, unterhielten alle Staaten diplomatische Beziehungen zu Deutschland, schlossen internationale
Verträge ab (der Vatikan ein Konkordat), schickten Spitzen-
sportler zu den Olympischen Spielen nach Berlin, behandelten
Adolf Hitler ganz und gar nicht als Aussätzigen der Weltpolitik.
Warum sollten einfache Menschen in ihm ein Scheusal sehen,
die es nicht besser wissen konnten als die hohen Herrschaften in
den Staatskanzleien, die im Sinne der „normativen Kraft des
Faktischen" Österreichs Anschluss an Deutschland durchaus
völkerrechtskonform anerkannten?

Bewusst zuletzt sei auch noch auf den Faktor der Gewaltanwendung hingewiesen. Er war damals sicher nicht entscheidend für die Hinwendung vieler Österreicher zum neuen Regime. Dass es Gewalt gegeben hat, darf trotzdem nicht verschwiegen und auch nicht verniedlicht werden. Bei Erwin A.
Schmidl lesen wir dazu u.a.: Schon am 11. März, teilweise noch
vor offiziellem Amtsantritt der neuen Machthaber, begannen
Terrormaßnahmen gegen jüdische, „vaterländische", monarchistische und „rote" Österreicherinnen und Österreicher. Zwischen 10.000 und 20.000 wurden eingesperrt, bis zu 70.000
kurzfristig festgenommen. Juden und Anhänger des überwältigten Regimes wurden gezwungen, Wahlparolen für die Teilnahme
an der Schuschnigg-Volksbefragung von Gehsteigen zu schrubben (wie dies freilich auch inhaftierte Nationalsozialisten vor
dem 11. März hatten tun müssen). „Wien wurde Tag für Tag
grauenhafter. Menschen, von einer johlenden Plebs umringt,
müssen unter Prügeln und Puffen das Pflaster schrubben, mit
einer Zahnbürste Klosetts reinigen oder mit den eigenen Nägeln
die Schuschnigg-Plakate von den Wänden kratzen," schrieb der

Dramatiker Franz Theodor Csokor am 18. März im Exil nieder
(3).

Nicht wenige Menschen schieden freiwillig aus dem Leben
(z.B. der ehemalige Vizekanzler und Heimwehrführer Emil Fey)
oder wurden unter oberflächlicher Vortäuschung eines Selbst-
mords umgebracht (wie der vorletzte Verteidigungsminister,
General Wilhelm Zehner). Fast jedes zweite Selbstmordopfer
war jüdisch; eins von ihnen war der Kulturhistoriker Egon
Friedell. Am meisten Aufmerksamkeit fand wahrscheinlich der
Selbstmord des aus Iglau gebürtigen Fussballers Matthias Sinde-
lar, der im legendären „Wunderteam" gespielt hatte, das 1931/32
in 14 Spielen en suite mächtige Fußballgegner bezwang. Der
bekannt antinazistische Austria-Mittelstürmer hatte in 43 Län-
derspieleinsätzen 27 Tore geschossen – und im Jänner 1939
Hand an sich und seine judenstämmige Lebensgefährtin gelegt.
„Motiv unbekannt", sagte das zuständige Amt.

Am 17. März 1938 musste der Chef der Sicherheitspolizei,
Reinhard Heydrich, an Reichskommissar Josef Bürckel einen
besorgten Bericht erstatten: „Lei-
der haben Angehörige der Partei in
den letzten Tagen in großem Umfang in völlig undisziplinierter
Weise sich Übergriffe erlaubt. Ich
habe heute in der Presse veröffentlicht, dass kommunistische Parteigänger unter Missbrauch der par-
teiamtlichen Uniformen versu-

> **Das Akademietheater bleibt bis auf weiteres geschlossen, da der gegenwärtige Spielplan den Anforderungen in weltanschaulicher Beziehung zum großen Teil nicht entspricht.**
> Neues Wiener Abendblatt,
> 14. März 1938

chen, die öffentliche Ordnung und Sicherheit zu gefährden,
indem sie widerrechtliche Beschlagnahmen, Hausdurchsuchungen und Festnahmen durchführen ..." (4) Die Nazis mussten also ihre eigenen Untaten den Kommunisten in die Schuhe
schieben! Zwischen Sturmstaffel (SS) und Sturmabteilung (SA)
wurden rüde Konkurrenzkämpfe ausgetragen. Der „Völkische
Beobachter" brachte Aufrufe an die Wiener, Plünderungen der
Nachbarwohnungen zu unterlassen! Lebensmittel, Familien-
schmuck, Fahrzeuge und Grundstücke wurden unter fadenschei-
nigen Vorwänden beschlagnahmt.

Dass es dabei auch „anständige Menschen" gab, die „sich
nichts hatten zuschulden kommen lassen", aber nun zu- oder

demonstrativ wegschauten, wenn solche Demütigungen am hell-
lichten Tag stattfanden, war eine niederschmetternde Erfahrung,
die sich beim Auftreten neonazistischer Skinheads im Sommer
2000 in einigen deutschen Städten in beklemmender Weise zu
wiederholen begann. Der Verdacht, dass bei vielen von ihnen
auch unkritisches Obrigkeitsdenken und Amtsrespekt mitspiel-
ten („Die Verantwortlichen werden schon wissen, warum das
alles so sein muss"), lässt sich schwer abweisen. Auch wirkte
wohl NS-Propaganda nach, mit der die Österreicher seit Jahren
in bisher nicht gekannter Intensität heimgesucht worden waren
und nun exklusiv von NS-Seite bombardiert wurden. Wenn über
Nacht plötzlich alle Zeitungen und Radiosendungen nur noch
ein einziges, geschlossenes, als unwiderstehlich und siegreich
geschildertes Weltbild verbreiten, ist die Wirkung zumindest
anfänglich stark. Dazu kam, dass man lange genug gehört hatte ,
wie sehr Juden das Wirtschaftsleben beherrschten und andere
„minderwertige Subjekte" die Volksgemeinschaft um den Ertrag
ihrer Leistung brachten. Das Bewusstsein von Menschenwürde
war damals nicht nur in Österreich noch weniger weit entwickelt als 50 Jahre danach. Auch die Bürger hoch entwickelter
demokratischer Staaten nahmen damals vielfach noch Demütigungen und Diskriminierungen von Angehörigen ethnischer
Minderheiten oder von Kolonialuntertanen hin, die heute undenkbar wären. Je nach Temperament kann man sich heute über
die Rückständigkeit der damaligen Zeitgenossen entrüsten oder
über den seither erzielten Fortschritt im kollektiven Bewusstsein freuen.

So kam es zur „Mauer des Jubels" („Völkischer Beobachter")
auf dem Wiener Heldenplatz am 15. März und zu den 99,75
Prozent Ja-Stimmen am 10. April 1938. Erzherzog Karl und Prinz
Eugen, die auf bronzenen Rössern über diesen Platz reiten, hat-
ten oft schon historische Manifestationen und gewaltige Men-
schenmengen auf diesem Platz gesehen: das Gepränge des XXIII.
Eucharistischen Weltkongresses 1912, die erste Bundesheer-
parade am 15. Juli 1920, die große Heimwehrkundgebung am 27.
Oktober 1929, Hermann Goebbels und den 1934 von Hitler-
Schergen ermordeten einstigen SA-Führer Ernst Röhm beim
„Gautag" der österreichischen Nationalsozialisten am 2. Oktober
1932, den Katholikentag 1933 (und seinen Vorgänger 1923), die

unüberschaubare Trauergemeinde bei der Beisetzung von
Engelbert Dollfuß im Februar 1934...

Rund 250.000 Menschen entfesselten Beifallsstürme, als im
März 1938 Hitler „vor der deutschen Geschichte" mit überschla-
gender Stimme „die größte Voll-
zugmeldung meines Lebens" erstattete: „den Eintritt meiner Heimat in das Deutsche Reich." Seither haben Veranstalter immer
wieder versucht, diese Zahl zu
überbieten oder wenigstens zu erreichen und damit „die Schande
des März 1938 zu tilgen." Beim Katholikentag 1983 mit Papst
Johannes Paul II. dürfte dies zum ersten Mal gelungen sein.
Beim „Lichtermeer" der Demonstranten gegen Fremdenhetze
und Ausländerfeindlichkeit am 23. Jänner 1993 war es neuerlich
der Fall. Die Demonstration gegen die schwarz-blaue Regierung
am 19. Februar 2000 rühmte sich einer ähnlichen Leistung, dürfte aber im Ernstfall Beweisschwierigkeiten haben. Wie viele
Personen der 63.000 Quadratmeter große Platz wirklich fasst,
kann nur geschätzt werden; es kommt sehr auf die Dichte der
Aufstellung an. Letzten Endes sind solche Zahlenspielereien
auch völlig egal: Sehr viele, zu viele haben hier Hitler zugejubelt
und damit den Beweis erbracht, dass es nicht nur einen von
außen erzwungenen Anschluss an Deutschland, sondern auch
einen „Anschluss von innen" (Gerhard Botz) gegeben hat. Und
doch war das im konkreten Fall nur ein kleiner Bruchteil der
Bewohner Österreichs und nicht mehr Menschen, als gleichzeitig schon den ersten Nachstellungen und Verhaftungen ausgesetzt waren.

**Die Hitler-Jugend hat heute die
Herbergen der Pfadfinder, des
Österreichischen Jungvolks und
der ehemaligen Naturfreunde
übernommen.**
**Neues Wiener Abendblatt,
14. März 1938**

So also kam es zur Volksabstimmung am 10. April 1938, die
im gesamten Deutschen Reich stattfand. In Österreich sprachen
sich 99,75 Prozent, im Gesamtreich 99,08 Prozent für die
Vereinigung Österreichs mit Deutschland aus. Natürlich war es
keine völlig freie Entscheidung ohne Beeinflussung von außen.
Auf den Stimmzetteln gab es große Kreise für ein Ja und kleine
für ein Nein: eine psychologisch wirksame Beeinflussung. In vielen Wahllokalen bestanden allerlei Möglichkeiten, die Stimm-
berechtigten zu offener oder doch erkennbarer Stimmabgabe zu

veranlassen. Außerdem merkte sogar die extrem rechts stehende
Zeitschrift „Aula" in ihrem „Argumente"-Heft „1938" vom Februar 1988 an, dass 183.000 jüdischen Staatsbürgern und
177.000 weiteren politisch unverlässlichen Österreicherinnen
und Österreichern das Wahlrecht entzogen worden war, obwohl
andere Wissenschafter von nur rund 200.000 Stimmrechtslosen
sprechen (5). Aber selbst wenn man das alles in Rechnung stellt,
wird man nicht behaupten können, dass eine wirklich freie und
unbehinderte Abstimmung eine Mehrheit gegen den Anschluss
ergeben hätte. Wie also ist zu erklären, dass für den 13. März rea-
listischer Weise noch eine Mehrheit für die Selbständigkeit
Österreichs errechnet, einen Monat später aber ein klares Ja zum
Aufgehen im Deutschen Reich erzielt werden konnte?

Der Salzburger Historiker Ernst Hanisch nannte die Zeit zwischen diesen beiden Daten „ein Volksfest in Permanenz", denn
was sich in diesen Wochen abspielte, „war bislang in Österreich
weder gesehen noch gehört worden. Stadt und Land wurden zur
Bühne", auf dem die Nationalsozialisten mit unglaublicher Raf-
finesse ein veritables „Mysterienspiel" inszenierten, dessen Höhepunkt „gleichsam ein kollektiver Orgasmus" war (6). Um sich
das einigermaßen vorstellen zu können, muss man freilich die
Ausgangslage berücksichtigen. Schuschnigg selbst soll 1938
gesagt haben, rund ein Viertel der Österreicher seien für ihn, ein
weiteres Viertel für Hitler, der Rest schaue, wie der Hase läuft.
Das ist ein hartes Urteil über die österreichische (aber wahrscheinlich nicht nur über die österreichische) Seele. Im März
lief der Hase noch für Schuschnigg, im April schon für Hitler.
Dazu kam das Versprechen einer groß angelegten Wirtschafts-
initiative, die Hermann Göring am 25. März in Wien in Aussicht
stellte – eine „ordentliche Beschäftigungspolitik" sozusagen.

Sodann kamen Ergebenheitsadressen von allen Seiten: von
Arbeitern und Adeligen, Künstlern und Bauern, Industriellen
und hohen Politikern der jüngsten Vergangenheit. Karl Renner,
immer einer der ersten Anpasser, bekannte auf eigenen Wunsch
im „Neuen Wiener Tagblatt" vom 3. April 1938: „Als Sozialdemokrat und somit als Verfechter des Selbstbestimmungsrechtes
der Nationen, als erster Kanzler der Republik Deutschösterreich
und als gewesener Präsident ihrer Friedensdelegation zu St. Germain werde ich mit Ja stimmen." Aber auch Österreichs erster

Bundespräsident, der Christlichsoziale Michael Hainisch, äußerte sich „sehr glücklich" über die Möglichkeit für seine Heimat Österreich, „im großen Deutschen Reich einer schönen Zukunft entgegenzuleben." Selbst Bundespräsident a.D. Wilhelm Miklas, der imponierende Zauderer der schicksalhaften Märztage, ließ wissen, dass er sich (offenkundig mit einer Ja-Stimme) an der Volksabstimmung beteiligen werde. Er machte aber auch noch klar, dass für ihn die Wahlempfehlung der österreichischen Bischöfe den Ausschlag gegeben habe.

Dieses Hirtenwort ist am stärksten in der Erinnerung der Weltöffentlichkeit heimisch geworden. Es hat eine nicht ganz geradlinige Vorgeschichte. Nach Niederschlagung der Schutzbundrevolte 1934 hatte der Wiener Erzbischof, Kardinal Theodor Innitzer, nachdrücklich zugunsten von Großmut und Verzicht auf Vollzug der Todesstrafe interveniert – vergeblich. Die Umwandlung der Parteiendemokratie in einen autoritären Ständestaat be-

> **Der Deutschösterreichische Rundfunk wurde der Hauptabteilung 7 der Propaganda der Landesleitung Österreich der NSDAP angegliedert.**
>
> **Neues Wiener Abendblatt,
> 14. März 1938**

grüßten die Bischöfe, lehnten aber den italienischen Faschismus als „Importware" ab. 1931 warnte die Bischofskonferenz vor dem Nationalsozialismus. Noch einmal tat dies in schärferer Form („Entweder Katholik oder Nationalsozialist") der Linzer Bischof Johannes Maria Gföllner 1933 und trat zumindest einer rassistischen Judenablehnung entgegen, was freilich den Alltags-Antisemitsmus ermutigte. Dem autoritären Regime waren Österreichs Bischöfe mehrfach verpflichtet: Bundeskanzler Dollfuß rühmte sich, als erster Regierungschef das Programm der Papstenzyklika „Quadragesimo anno" zu verwirklichen. (Später – zu spät, nämlich 1972 – ließ ihr Hauptverfasser, P. Oswald von Nell-Breuning SJ, wissen, die Enzyklika sei nicht als antidemokratisches Staatsprogramm, sondern nur als Aufruf zur Gesellschaftsreform gedacht gewesen.) Außerdem schloss Dollfuß 1934 mit dem Vatikan ein Konkordat über Ehe-, Schul- und Geldfragen ab, das dieser von einer demokratisch bestellten Regierung nie erhalten hätte. Und schließlich stellte die Regierung Dollfuß gar den Kirchenaustritt als „politische Demonstration" unter Strafe! Aber kein anderer Bischof war so weit

gegangen wie der aus Graz gebürtige Rektor des deutsch-öster-
reichischen Studienkollegs Anima, in Rom, Bischof Alois Hu-
dal, der sich offen mit dem Nationalsozialismus identifizierte,
den Pazifismus bekämpfte und – bis 1952 die Anima leiten
konnte!

Aber nun, da die Würfel gefallen waren, schauten die Bischöfe nicht zurück, sondern nach vorn. Das Konkordat anerkannte Hitler nicht – also musste man für neue Abmachungen
guten Wind machen. Kardinal Innitzer besuchte Hitler im Wiener Hotel Imperial und versprach ihm eine „feierliche Erklärung" des Episkopats, in der dann tatsächlich zu lesen war,
Österreichs Bischöfe erklärten „aus innerster Überzeugung und
mit freiem Willen", dass es für sie „selbstverständlich nationale
Pflicht ist, uns als Deutsche zum deutschen Reich zu bekennen"
und dass sie auch von den Gläubigen erwarteten, „dass sie wissen, was sie ihrem Volke schuldig sind." Was Innitzer zunächst
nicht wusste, aber bald erfuhr: Hitler ließ diesen Brief in ganz
Deutschland vor der Volksabstimmung plakatieren – zusammen
mit einem Begleitschreiben, für dessen Schluss ein untergeord-
neter Wichtigtuer Innitzer auch noch ein schriftliches „Heil
Hitler!" eingeredet hatte. Es entlastet Innitzer nicht, dass auch
der evangelische Oberkirchenrat das Augenmaß verlor und Hitler in einem Telegramm als „Retter aus fünfjähriger schwerster
Not aller Deutschen hier" begrüßte: „Gott segne Ihren Weg durch
dieses deutsche Land, Ihre Heimat!"

Die Unterwürfigkeit machte sich nicht bezahlt. Hitler beschlagnahmte im weiteren Verlauf 26 größere Stifte und Klöster
in Österreich, hob weitere 188 kleinere Männer- und Frauen-
klöster auf, machte aus dem Chorherrenstift Klosterneuburg eine
Adolf-Hitler-Schule und richtete im Salzburger Franziskaner-
kloster einen Gestapo-Keller ein, löste 600 kirchliche Vereine
und Stiftungen auf, schloss hunderte katholische Privatschulen,
Heime und Bildungsinstitute und beschlagnahmte das Vermögen
des Kirchenfonds, den Kaiser Joseph II. aus dem Vermögen der
von ihm aufgehobenen Klöster zur Besoldung des Klerus gegründet hatte. Der gutmütige Innitzer – „Eine Portion Naivität wurde
ihm oft nachgesagt" (7) – als Sudetendeutscher gewissermaßen
großdeutsch geimpft, bereute bald seine politische Blauäugigkeit
und rief in einer flammenden Predigt zum Rosenkranzfest im

Wiener Stephansdom am 7. Oktober 1938 die Jugend dazu auf, „nur einem Führer", nämlich Jesus Christus, zu folgen. Die rund 6000 begeisterten jungen Menschen feierten ihn darauf in und vor dem Dom in Sprechchören („Innitzer befiehl, wir folgen dir!"), was die Nationalsozialisten so erzürnte, dass sie tags darauf einen Sturm von SA-Männern und Hitler-Jugend auf das Erzbischöfliche Palais inszenierten. Einrichtungen und Bilder wurden zerstört, ein Domkurat aus dem Fenster geworfen und mit Beinbruch im Hof liegen gelassen.

Die Demonstration der jungen Katholiken war die erste unübersehbare Manifestation einer antinazistischen Opposition im Deutschen Reich und sollte auch die einzige während der gesamten Hitler-Zeit bleiben. Am 13. Oktober 1938 berichtete der „Völkische Beobachter" unter Hinweis auf die „an sich lächerliche Demonstration" vom 7. Oktober über eine Gegenkundgebung auf dem Heldenplatz, bei der Gauleiter Bürckel mit Kardinal Innitzer „abgerechnet" habe: „Der Versuch eines politisierenden Klerus, mit einem Aufgebot von Tschechen, Juden und Kerzelweibern beiderlei Geschlechts auf die Straße zu gehen, hat zu einer begrüßenswerten Klärung der Verhältnisse geführt". Die wahre Parole laute: „Innitzer gehorche, der Führer befiehlt dir!" Auf Transparenten der versammelten Menge stand auch: „Innitzer und Jud´, eine Brut!"

Gehorsam wurde nunmehr von allen Unterworfenen eingefordert. An der an Hitlers Rede auf dem Heldenplatz am 15. März anschließenden Militärparade nahmen auch schon Einheiten des „deutschösterreichischen" Bundesheeres teil, die tags zuvor eilig auf Hitler vereidigt worden waren. Wenige Tage später erfolgte die neue Eidnahme bei Polizei, Gendarmerie und Verwaltungsbeamten. Bei der Übernahme der Bundesheersoldaten vergaßen die neuen Machthaber nicht, auf ihre politische Verlässlichkeit zu achten: 20 Generäle und jeder Dritte unter den Generalstabsoffizieren wurden entlassen, die Übrigen zur Truppe versetzt, die meisten Kommandanten der Truppen-

> **Der Minister für Justiz hat verfügt: 1. Die Enthebung aller Richter und Staatsanwälte, die Juden oder Halbjuden sind. 2. Die Sperre der Aufnahme für Juden oder Halbjuden in der Rechtsanwaltschaft oder im Notariat.**
>
> **Kleine Volks-Zeitung, 15. März 1938**

körper frühzeitig pensioniert und in weiterer Folge mehr als die Hälfte der im aktiven Dienst belassenen österreichischen Offiziere ins deutsche „Altreich" verpflanzt. Bis Ende 1938 waren 440 Bundesheeroffiziere entlassen oder zwangspensioniert, 120 versetzt, zwölf ins Konzentrationslager gebracht, 16 zu Haftstrafen verurteilt und sechs ermordet worden. Jede auf österreichischem Gebiet stationierte Wehrmachtseinheit erhielt je fünf Rekruten aus deutschen Wehrkreisen zugeteilt, während gleichzeitig die österreichischen Rekruten im ganzen Deutschen Reich verteilt wurden.

Am 14. März standen 105.000 deutsche Soldaten auf österreichischem Boden. Auf dem Fuß folgten ihnen 40.000 Mann Sicherheitspolizei, die für Verhaftungen zuständig waren. Eine Armee von deutschen Verwaltungsbeamten ließ nicht lange auf sich warten. „Bald fühlten sich die meisten Österreicher wie Eingeborene in einer eroberten Kolonie" (8). Laut „Rotweißrot-Buch" der Bundesregierung aus dem Jahr 1946 waren bis dahin 16.237 Fälle von Beamtenentlassungen registriert worden, davon 5963 aus leitenden Stellen. Verdiente Beamte wurden nach Schlesien, Westfalen und Ostpreußen versetzt, unerfahrene junge Nationalsozialisten ohne entsprechende Vorbildung in hohe Positionen gehievt.

Brutal gingen die Nationalsozialisten auch bei der Aneignung österreichischer Wirtschaftswerte vor. In österreichischem Staatsbesitz befindliche Beteiligungen wurden als Reichsbesitz deklariert. Ähnlich wurde mit Großbanken verfahren, die ihrerseits wieder Beteiligungen an allen wichtigen Industrieunternehmen hielten. So gerieten so gut wie alle großen Industriebetriebe mehrheitlich oder zur Gänze in deutsche Hand. Kaum ein größeres Unternehmen, das dann nicht einen „reichsdeutschen" Direktor hatte! Nach 1945 hat die Frage, welche Entschädigung Österreich den Alliierten für das nunmehr ihnen zustehende „deutsche Eigentum" zu zahlen habe, eine große Rolle bei den Staatsvertragsverhandlungen gespielt!

Der dreisteste Raubzug wurde gegen die österreichische Notenbank unternommen: 90.000 Kilogramm gemünztes und ungemünztes Gold sowie Auslandswährungswerte von rund 60 Millionen damaliger Schillinge wurden der Deutschen Reichsbank einverleibt. Das war kein Betrag nur für die Portokassa! Die

Österreichische Nationalbank verfügte damals über Gold- und Devisenreserven im Wert von 410 Millionen Schilling, die deutsche Notenbank über solche von nur 76,3 Millionen Reichsmark (eine Mark war gut zwei Schilling wert.) Die Deckung des Schillings machte 31 Prozent, die Deckung der Reichsmark bloße eineinhalb Prozent aus! Die Aneignung der österreichischen Goldreserven war also eine sehr kräftige Finanzspritze für das Deutsche Reich. Außerdem mussten auch alle Privatpersonen und Banken sämtliche ausländischen Zahlungsmittel und Wertpapiere abliefern; ihr Wert wurde auf damalige 1600 Millionen Schilling geschätzt.

Das alles ernüchterte in kurzer Zeit viele Österreicher, auch Nationalsozialisten, die sich eine andere Entwicklung erwartet hatten. Als Seyß-Inquart zum Bundeskanzler bestellt wurde, rechnete er noch mit einer mindestens fünfjährigen Übergangsfrist bis zum völligen Aufgehen Österreichs im Deutschen Reich. Aber schon wenige Tage später war er nur noch „Reichsstatthalter" und sein Kabinett zur „Österreichischen Landesregierung" zurückgestuft. Die österreichischen Bundesländer wurden „Gaue", Vorarlberg mit Tirol zusammengelegt, das Burgenland zwischen Steiermark und Niederösterreich („Niederdonau") aufgeteilt, das ganze Land in „Ostmark" umgetauft. Aber 1942 klang den Berlinern auch dieses karolingische Bezeichnung zu pompös für das Grenzland im Süden, und von nun an durfte nur noch von den „Alpen- und Donaugauen" die Rede sein. Natürlich wurden noch im März 1938 alle privaten Waffen in Österreich beschlagnahmt. Die Aula der Universität Wien wurde in eine Kleiderkammer umfunktioniert, wo die von fünf deutschen Transportmaschinen eingeflogenen tausenden SS-Uniformen und Hakenkreuzfahnen gestapelt wurden, die man zur Entfachung ständig neuer Begeisterung brauchte (9).

Dessen ungeachtet hielt ein in Innsbruck zusammengestellter Gestapo-Bericht schon im Juni 1938 fest, dass nur 15 Prozent der Tiroler Bevölkerung als „absolut zuverlässige Nationalso-

> Die Transporte in die Konzentrationslager des Deutschen Reiches wurden von keiner Wochenschau gefilmt. Hinter Kerkermauern verirrten sich keine Fotografen. Der Glaube an Österreichs Wiedergeburt in vielen einsamen Herzen war auf keine Filmrolle zu bannen.
>
> Wladislaw Bartoszewski
> im österr. Parlament, 2000

zialisten" angesehen werden könnten; weitere 30 Prozent seien der NSDAP aus rein opportunistischen Gründen beigetreten, 10 bis 20 Prozent seien „gelegentliche Sympathisanten" und die restlichen 30 oder 40 Prozent „offene oder versteckte Gegner der Bewegung" (10). Geheime Nachforschungen ergaben: In Wien sah es auch nicht besser aus. Der nationalsozialistische Alltag hatte begonnen, und ein Jahr danach der große Krieg.

3.2 „Minderwertige": Juden & Co

Nicht mit allen Österreichern wusste das nationalsozialistische Regime vom ersten Tag an „richtig" in seinem Sinn umzugehen. Von einer Bevölkerungsgruppe wusste sie es genau: den Juden, von denen am Einmarschtag 185.246 in ganz Österreich lebten, 90 Prozent davon in Wien. Schon in der Nacht vom 12. auf den 13. März kam es in Wien zu Plünderungen und Beschlagnahmen. Juden und Jüdinnen aller Alters- und Berufsgruppen mussten mit bloßen Händen oder mit Zahnbürsten Schuschnigg-Parolen von den Straßen schrubben, während johlende Zuschauer dem Führer dankten: „Er hat Arbeit für die Juden beschafft!" Jüdische Geschäftsauslagen wurden beschmiert und „Ariern" damit der Eintritt zum gefährlichen Bekenntnis gemacht. Wer gemäß den ab 20. Mai 1938 auch in Österreich geltenden Nürnberger Gesetzen von 1935 von mindestens drei jüdischen Großelternteilen abstammte, verlor mit 31. März seinen Posten im öffentlichen Dienst und auch eine Gemeindewohnung. Sexualbeziehungen zwischen Juden und „Ariern" standen unter Strafe. An den Universitäten wurden pro Studienrichtung maximal nur noch zwei Prozent Juden geduldet. Anwälte und Notare mussten ihre Kanzleien aufgeben. Von 4900 Ärzten in Wien waren 3200 oder zwei Drittel von den Nürnberger Gesetzen betroffen; sie verloren zuerst ihre Kassenverträge, dann auch ihr Praxen. Alle Vermögenswerte mussten angemeldet werden. Juden, die ihren Posten verloren, mussten in wachsender Zahl die Notausspeisung der unter Gestapo-Aufsicht gestellten Wiener Israelitischen Kultusgemeinde in Anspruch nehmen – bis zu 40.000 waren es bisweilen pro Tag!

Die Schraube der Demütigungen wurde noch und noch angezogen. Bestimmte Bezirke, die meisten Bäder, Parkanlagen, alle Theater, Museen, Bibliotheken, Kinos und Konzertsäle waren für

Juden tabu. Es gab besondere Einkaufszeiten für sie, ab 21 Uhr bestand Ausgehverbot. Alle mussten „Kennkarten" bei sich tragen und ab Herbst 1941 einen gelben Judenstern an ihrer Kleidung tragen. Bis Kriegsbeginn wurden mehr als 250 Verordnungen erlassen, die Juden das Leben zur Hölle machten. Viele versuchten, das Land so rasch wie möglich zu verlassen, besonders nach der zweiten Verhaftungswelle im Mai 1938, die 2000 Juden traf. Emigranten, die das Glück hatten, Aufnahmezusagen ausländischer Staaten zu erhalten, mussten ein Viertel ihres Vermögens als „Reichsfluchtsteuer" zahlen und durften weder Aktien noch Versicherungspolizzen und kaum Bargeld mitnehmen.

> SCHOAH (wörtlich: Katastrophe): die hebräische Bezeichnung für den gezielten NS-Massenmord an allen Juden, der in den westlichen Sprachen üblicherweise mit HOLOKAUST (ganzheitliches Brandopfer) umschrieben wird.

Schon im August 1938 wurde in Wien die Zentralstelle für jüdische Auswanderung eingerichtet und Adolf Eichmann anvertraut, der dort so perfekte Arbeit leistete, dass seine Dienststelle als Muster für ähnliche Einrichtungen in Berlin und Prag herangezogen wurde. Weil sich immer weniger Asylländer fanden, ließen sich die NS-Behörden ein Geschäft einfallen: KZ-Häftlinge wurden nur entlassen, wenn sich Asylplätze für sie fanden. Damals war Eichmann noch zufrieden, wenn Juden bloß das Land, später nur noch, wenn sie das Leben verließen. Bis zur endgültigen Schließung der deutschen Grenzen für jüdische Auswanderer im November 1941 hatten 128.500 Juden Österreich verlassen. Rund 55.000 von ihnen waren in europäische Länder ausgewandert, knapp 29.000 nach Nordamerika, ebenso viele nach Asien und in den Nahen Osten, der Rest nach Mittel- und Südamerika, Australien und Afrika. Unter den Asylländern führte Großbritannien vor den USA, gefolgt von China und Palästina.

Juden auf Wanderschaft: ein Kapitel Menschheitsgeschichte. Eine von tausenden solcher Geschichten hat Helen Liesl Krag in dem Buch „Man hat nicht gebraucht keine Reisegesellschaft" aufgezeichnet (11). Weil das Leben für Juden am Vorabend des Ersten Weltkriegs in Russland besonders schwer geworden war, legte ein ruthenischer Bauer (Schlepper anno 1914) die junge

Feige Simme Rosenstrauch aus Berditschew über die Schulter und trug sie und dann auch ihre Mutter, durch den Grenzfluß Zbrucz watend, ans polnische, also österreichische Ufer. In der ostgalizischen Stadt Tarnopol fanden sie eine neue Bleibe, bis es hieß: „Die Russen kommen!" Da ging die Flucht für die junge Frau weiter – bis Wien. Den Sohn freilich gebar sie in Tarnopol: „Wenn man das erste Kind gehabt hat, ist man zur Mutter gefahren": 900 km hin (samt Klappbett), 900 km zurück. 1932 Schneidermeisterprüfung in Wien, 1934 Ehemann im sozialdemokratischen Untergrund, 1938 Flucht vor Hitler nach England. Aber auch dort wurden deutschsprachige Flüchtlinge interniert – auf der Isle of Man. Der Vater war damals schon auf einem Donauschiff in Richtung Südosteuropa unterwegs. Ziel: Palästina. Zwischenlager, weil dass Schiff im Eis stecken blieb: Belgrad. Da rückte die Hitler-Wehrmacht ein (Wehrmacht, nicht Gestapo oder SS) und erschoss alle Lagerinsassen – Männer, Frauen, Kinder, auch den Buchhalter Abraham Jakob Israel Rosenstrauch aus Wien. Ein Juden-Schicksal. Ein österreichisches Schicksal. Jeder Jude, jede Jüdin aus Österreich hatte ein anderes. Schön war damals keins.

Österreichs Nicht-Juden wussten wenig davon. Es regte sie auch nicht über die Maßen auf. Vermutlich trösteten sich viele mit der Überlegung, dass es wahrscheinlich „für die Juden das Beste war", sich dem nationalsozialistischen Einflussgebiet zu entziehen. Für eine „Abhärtung" der Bevölkerung hatte nicht zuletzt der Judensturm im November 1938 gesorgt, als in einer Hass- und Prügelorgie sondergleichen allein in Österreich 17 Tempel und 61 Bethäuser (42 davon in Wien) zerstört wurden. 4083 jüdische Geschäfte und Wohnungen wurden verwüstet und geplündert. „Reichskristallnacht" nannte man voll bitterem Hohn die in ganz Deutschland geübte „spontane Vergeltung" für die Ermordung eines deutschen Diplomaten in Paris durch einen verzweifelten Juden, dessen Eltern heimat- und ziellos durchs Land irrten. „Kristallnacht": als ob nur ein paar Auslagenscheiben und Luster zerschlagen worden wären! 7800 (in Wien 6547) Juden wurden verhaftet, 4600 (3700 aus Wien) davon umgehend ins Konzentrationslager Dachau verbracht. 680 Wiener Juden setzten aus Verzweiflung ihrem Leben selbst ein Ende. Allein in der ehemaligen Klosterschule in der Wiener Kenyongasse wur-

den 27 der dort zusammengetriebenen Juden ermordet und 88
schwer verletzt. Zu Ausschreitungen gegen Wohnungen und
Geschäfte, Synagogen- und Friedhofsschändungen kam es auch
in den übrigen Bundesländern.

In einem „Erfahrungsbericht" des SS-Hauptsturmführers
Trittner über die Pogrome zwischen 9. und 11. November hieß es

> **Mit den Juden gibt es kein Pak-**
> **tieren, sondern nur das harte**
> **Entweder - Oder.**
> **Adolf Hitler, Mein Kampf I (1925)**

u.a.: „Mitleid mit dem Los der
Juden wurde fast nirgends laut,
und wo sich ein solches dennoch
schüchtern an die Oberfläche wagte, wurde diesem von der Menge
sofort energisch entgegengetreten; einige allzu große Judenfreunde wurden festgenommen." Also hat es doch auch ein paar
„große" und selbst „allzu große" Menschenfreunde gegeben. In
die Geschichte eingegangen sind sie nicht. Wohl aber ist ge-
schichtlich bezeugt, dass die Ausschreitungen, die im ganzen
Deutschen Reich stattfanden und insgesamt zur Verhaftung von
26.000 Juden führten, gut geplant gewesen sein mussten.
Vermutlich wartete man nur auf eine günstige Gelegenheit, die
Aktion abrollen zu lassen, und der Schuss des 17-jährigen
Herschel Grynszpan auf den (judenfreundlichen) deutschen
Legationsrat Ernst von Rath (der statt des Botschafters getroffen
wurde) war ein willkommener Anlassfall.

Ein einziger Name aus den Reihen des katholischen Klerus
kann aus diesen Tagen mit Respekt genannt werden: Der Grazer

> **Schon in den ersten Stunden**
> **der nationalsozialistischen Herr-**
> **schaft in Österreich waren die**
> **Juden Angriffen auf ihr Recht**
> **und Eigentum schutzlos preis-**
> **gegeben.**
> **Erika Weinzierl, Zuwenig Gerechte**

Theologieprofessor Johannes Ude
schrieb in einem „Aufschrei des
Entsetzens" (Zitat von Maximilian
Liebmann) dem Gauleiter der
Steiermark, Siegfried Uiberreither,
einen Protestbrief, in dem er „diese verbrecherischen Vorgänge"
scharf geißelte. Fast ein Wunder,
dass er dafür mit „Gauverweis" davonkam. In Wien hatte es
schon im Oktober vereinzelt Judenvertreibungen gegeben, und
ein schon zitierter Wiener Zeitzeuge erinnert sich, dass ihm ein
Nazi-Kollege von der Technischen Hochschule Wien schon im
März ein kleines Heftchen über „die Verjudung der Wiener
Geschäftswelt" mit genauen Plänen von Straßen und „nichtari-

schen" Geschäftslokalen gezeigt, dieses aber wieder zurückge-
fordert habe: „Ich werde es bald brauchen". Da hat jemand beim
armen Herschel Grynszpan Monate im Voraus Gedankenleserei
betrieben.

Im Februar 1941 begannen die systematischen Deporta-
tionen in die Gettos und Vernichtungslager des Deutschen Reiches, auch aus Wien. Insgesamt 65.459 österreichische Jüdinnen
und Juden aus Österreich wurden in solchen Lagern zwischen 1938
und 1945 umgebracht. Das erste vom NS-Regime schon 1933 errichtete Lager war Dachau bei Mün-
chen. Zuerst ging es um „Umerziehung" politischer Gegner zu „ordentlichen" Deutschen (12). „Erzie-
hungsmittel" waren Arbeit, Hunger,
Brutalität. Ziemlich bald wurde
ziemlich deutlich, welche Mehrfachzwecke die Einlieferung in
ein Konzentrationslager (KZ) verfolgte: billige Arbeit, solange
sie ein Häftling aushielt, und dann „Entsorgung" der leistungs-
unfähig Gewordenen durch Tod, also Infektionskrankheit, Seu-
che, Schwäche, Erschlagen, Erschießen, Vergasen. Von den
35.000 für IG Farben im Buna-Werk Auschwitz arbeitenden
Menschen starben 25.000. In der letzten Kriegsphase waren KZ-
Häftlinge die letzte verfügbare Arbeitskraftreserve des Deutschen Reiches. Juden, Russen, Polen, Franzosen, Italiener, Spa-
nier, Rumänen, Serben, Roma und Sinti schufteten für die deutsche Rüstungsindustrie.

Insgesamt gab es in Hitlers Herrschaftsbereich mindestens
1031 Haupt-, Außen- und Nebenlager sowie acht spezifische
Vernichtungslager. In Österreich wurden, wie einer Broschüre
im Denkmalmuseum Mauthausen („Österreicher in nationalsozialistischen Konzentrationslagern") zu entnehmen ist, 38 Ju-
denlager, acht Arbeitserziehungslager, 49 Nebenlager des KZ
Mauthausen und sieben Nebenlager des KZ Dachau errichtet.
Das größte Konzentrationslager in Österreich war das Doppel-
lager Mauthausen-Gusen an der Donau östlich von Linz, wo die
Zahl der Insassen ab 1939 ständig stieg: Anfang 1943 waren es

> **Lieber Gott, mach mich blind,
> dass ich Goebbels arisch find'!
> Lieber Gott, mach mich taub,
> dass ich Göring alles glaub'!
> Lieber Gott, mach mich stumm,
> dass ich nicht nach Dachau
> kumm!
> Bin ich taub und stumm und
> blind, bin ich Hitlers Lieblings-
> kind.**
>
> **Nouvelle d'Autriche, März 1939**

rund 14.000, ein Jahr später doppelt so viele, im Oktober 1944 schon 73.000 (fast nur Österreicherinnen und Österreicher), im März 1945 über 84.000. Diese Zahlen schließen allerdings auch die 49 Nebenlager von Mauthausen ein: Ebensee (wo 1945 ein Versuch in letzter Stunde misslang, 20.000 Häftlinge in Bergwerksstollen zu locken und dort zu ermorden), Melk, Wiener Neustadt, Wien-Floridsdorf, Felixdorf, Linz III, Gunskirchen, St. Pantaleon, Lichtenwörth, Peggau, Loibl-Pass und viele andere.

Die Verhältnisse in Mauthausen und Gusen waren grausamer als in den meisten anderen Lagern. Die Arbeit in den Steinbrüchen war schikanös, viele starben an Erschöpfung, wurden über die „Todesstiege" gestoßen, in der Krankenstation „abgespritzt", zu Tode „gebadet" (mit Wasser übergossen und in Eiseskälte gestellt), kopfüber in Wasserfässer gesteckt und dort ertränkt, in der Genickschussecke im Krematorium oder am Klappgalgen erledigt und ab 1941 mit Vorliebe in Zyklon-B-Gaskammern schlussbehandelt. Häftlinge mussten die Leichen aus den Gaskammern zerren, in Leichenräume schaffen und dann im Krematorium verbrennen, so dass SS-Bewacher später bei Prozessen wahrheitsgemäß aussagen konnten, sie hätten keinen Überblick über das ganze Fließbandverfahren gehabt: Die moderne Mauthausner Mordindustrie werkte arbeitsteilig am effizientesten.

Der damalige FPÖ-Obmann Jörg Haider hat am 8. Februar 1995 im österreichischen Nationalrat die Konzentrationslager als „Straflager" bezeichnet und ist dafür wegen Gedankenlosigkeit oder gar Verharmlosungsabsicht heftig kritisiert worden. Allerdings hatte der Nachkriegsbundeskanzler Julius Raab, Freund des Mauthausen-Häftlings Leopold Figl und kein Nazi-Verharmloser, am 21. Dezember 1945 auch im Nationalrat von „Straflagern dieses Untermenschentums" gesprochen, aber politisch korrekt war wohl weder das eine noch das andere Wort. Als im Frühjahr 2000 herauskam, dass auch ein österreichisches Schulbuch einmal „Straflager" für Konzentrationslager verwendete, war die Aufregung kurz: Der Verlag entschuldigte sich postwendend für die unglückliche Formulierung und veranlasste beim Unterrichtsministerium eine sofortige Änderung. Erhöhte Sensibilität stellt sich bei vielen erst allmählich ein.

Bei näherem Zusehen wird man freilich auch im Wort „Konzentrationslager" eine grobe Verniedlichung dessen, worum es geht, erblicken müssen. Der Ausdruck tauchte erstmals 1896 im spanisch-amerikanischen Krieg um Kuba auf, wurde von den Briten im Burenkrieg (1899-1902) zur Bezeichnung ihrer Internierungslager für Zivilisten gebraucht und dann vom Hitler-Regime (wohl in echter Beschönigungsabsicht) übernommen. In Wirklichkeit waren es bei Hitler Mord- und Vernichtungslager. Die durchschnittliche „Lebenserwartung" in Mauthausen betrug ganze drei Monate, die Todesrate lag dreieinhalb mal so hoch wie in Dachau. Von den rund 200.000 zeitweisen Häftlingen dieses Lagerkombinats sind 110.000 ums Leben gekommen.

Über die Zahl der jüdischen Nazi-Opfer gibt es auch unter Wissenschaftern Kontroversen. Zwischen 550.000 und 4,000.000 schwanken die Schätzungen allein der Auschwitz-Opfer. Die Gesamtopferzahlen jüdischer Organisationen pendeln zwischen 4,820.000 und 5,860.000 Toten. Bei den Nürnberger Kriegsverbrecher-Prozessen ging man von 5,721.000 aus. Die üblicher Weise aufgerundeten sechs Millionen dürften kaum nachzuweisen sein. Auf sehr seriöse Überlegungen und Einschätzungen baut Raul Hilberg („DieVernichtung der europäischen Juden") seine Rechnung auf: Er kommt auf 5,1 Millionen ermordeter Juden. Aber der Streit ist müßig, zumal er mit klar ideologischer Erbitterung geführt wird. Keine Zahlendifferenz radiert die Einzigartigkeit der Judenverfolgung aus: So gut wie alle übrigen Nazi-Opfer wurden verfolgt, weil man sie für wirkliche oder zumindest mögliche Regimegegner hielt. Ohne auch nur den Schimmer eines individuellen Verdachts, sondern nur wegen ihrer Abstammung verfolgt wurden allein die Juden. Alle Juden. Ohne Lueger-Klausel. Im Deutschen Reich und wo immer die Nazis ihrer habhaft werden konnten. Die abgrundtiefe Menschenverachtung der nationalsozialistischen Ideologie forderte das ganzheitliche Brandopfer (griechisch: holokauston) des jüdischen Volkes.

Am nächsten kamen dieser Pauschalverdammung noch die Zigeuner, die man heute Roma und Sinti nennt – mit gutem Grund, weil sie selbst das Wort „Zigeuner" verabscheuen, aber unpräzise, weil kaum jemand je genau weiß, ob Roma oder Sinti oder vielleicht Angehörige eines anderen Stammes gemeint sind. 1938 lebten in Österreich etwa 11.000 Burgenland-Roma und Österreich-Sinti sowie Splittergruppen der Lovara und Kalderash: als Wanderhändler und Taglöhner, aber auch als sesshafte Händler, Handwerker, Musiker und Arbeiter. Noch im Anschluss-März begann ihre Aussonderung als „rassisch minderwertige", „arbeitsscheue" und „asoziale" Elemente. Viele von ihnen wurden in KZ-Haft nach Dachau, Buchenwald, Mauthausen und Ravensbrück verfrachtet, die noch freien ab 1939 in eigenen Zwangsarbeitslagern konzentriert und ab 1942 für die Ausrottung in Auschwitz freigegeben. Besonders die burgenländischen Behörden taten sich mit eigenen „Zigeunergesetzen" hervor. Scheinrechtliche Grundlage der Diskriminierung waren auch in ihrem Fall die Nürnberger Rassengesetze von 1935, die bei den Zigeunern „deutsches oder artverwandtes Blut" vermissten. Zwei von drei österreichischen Zigeunern überlebten die Verfolgung nicht.

Gläubige Christen gleich welchen Bekenntnisses waren nachweisbar keine Liebkinder der Nationalsozialisten. Aber besonders verfolgt wurden bestimmte Minderheiten („Sekten") wie die Internationale Bibelforscher-Vereinigung, die wegen ihrer grundsätzlichen Verweigerung des Wehrdienstes den zusätzlichen Zorn des Regimes auf sich zogen. Verurteilungen, KZ-Haft und auch Hinrichtungen wegen „Wehrkraftzersetzung" waren keine Seltenheit. Und schließlich ist auch auf die brutale Verfolgung sexueller Minderheiten hinzuweisen. Das NS-Regime verurteilte gleichgeschlechtliche Betätigung als „unproduktive Sexualität" – obwohl oder gerade weil es selbst zur Männerbündelei neigte und mit der Ermordung des homosexuellen SA-Führers Ernst Röhm 1934 einen einschlägigen Skandal am Hals hatte. Zum Unterschied von Deutschland war in Österreich auch weibliche Homosexualität strafrechtlich verboten. Nicht selten diente Homosexualität auch als Vorwand, politisch unliebsam gewordene katholische Priester als „Sittlichkeitsverbrecher" einzusperren. Nach oder anstatt der Verbüßung von Haftstrafen wurde jeder fünfte Homosexuelle im Deutschen Reich ins KZ gesteckt (insgesamt 10.000), wo sie mit rosa Winkeln am Sträflingsgewand von Juden und „politischen" Häftlingen deutlich abgehoben wurden und oft zusätzliche Belästigungen durch Mitgefangene zu erdulden hatten.

Die Verbrechensliste des NS-Regimes wäre unentschuldbar unvollständig, würde eine letzte Menschengruppe vergessen, die wegen „unwerten Lebens" der Willkür der nationalsozialistischen Machthaber ausgeliefert war: die an Leib oder Geist oder beidem behinderten Personen. In Österreich wurden insbesondere Schloss Hartheim bei Eferding in Oberösterreich und die Psychiatrie in Wien-Baumgartenberg (damals „Am Spiegelgrund") unrühmlich bekannt, weil dort zwischen 1940 und 1944 systematisch die Tötung „lebensunwerten Lebens" betrieben wurde. Formalrechtliche Grundlage dafür war das Gesetz zur Verhütung erbkranken Nachwuchses vom 1. Jänner 1940, das Ärzte und Hebammen verpflichtete, geistig und körperlich behinderte Kinder den Gesundheitsämtern zu melden. Dann wurden diese pro forma untersucht und in den Kliniken oder in Sonderanstalten wie Hartheim und Steinhof in Wien (Klinik „Am Spiegelgrund") nach allerlei medizinischen Experimenten zu Tode „behandelt".

> **Es gibt keine Normalität. Bloß Schuld und Unschuld. Und Mitschuld und Mitunschuld.**
> Robert Schindel, Gebürtig (S. 115)

Ähnlich wie bei den Konzentrationslagern gab es auch in diesem Fall in der Öffentlichkeit sehr unterschiedliche Vorstellungen von dem, was hinter jenen Anstaltsmauern vorging. In der breiten Masse des Volkes war der Begriff „KZ" oder „Hartheim" teilweise wirklich unbekannt, allenfalls geheimnisumwoben. Viele in der Umgebung solcher Anstalten ahnten, dass das Leben der Insassen, denen sie im Alltag ja immer wieder einmal begegneten, alles andere als rosig sein musste. Wie schrecklich es wirklich war, wussten sicher nur ganz wenige. Dennoch musste gerade von der Euthanasie-Praxis eine größere Zahl von Personen konkretere Vorstellungen gehabt haben; schließlich mussten nicht nur Ärzte, sondern auch Bürgermeister und die NSDAP-Ortsgruppenleiter an der Erfassung geistig oder körperlich behinderter Personen mitarbeiten.

Laut Brigitte Kepplinger, die darüber bei den Dritten Österreichischen Zeitgeschichtetagen 1997 referierte, wurden mindestens 28.000 geistig und körperlich behinderte, geistig kranke und geistig beeinträchtigte Personen sowie KZ-Häftlinge, die zu keiner nützlichen Arbeit mehr fähig waren, Opfer des „schönen

Todes" (das heißt Euthanasie wörtlich): „Wer hierher gebracht wurde, konnte mit Überleben nicht rechnen" (13). Allmählich formierte sich tatsächlich so etwas wie ein spürbarer Widerstand in der Bevölkerung und besonders auch in den Kirchen, so dass die Erbgesundheitsversuche an unschuldigen Kindern im ganzen Reich 1944 abgebrochen wurden. Die mutigen Predigten des Erzbischofs Clemens August Graf von Galen („Löwe von Münster") gegen die „Euthanasie"-Praktiken der NS-Behörden wurden von katholischen Jugendlichen auch in Österreich verbreitet. In Salzburg widersetzte sich Sr. Anna Bertha Königsegg, Visitatorin der Barmherzigen Schwestern, öffentlich, wenn auch vergeblich dem Abtransport geistig kranker Kinder der Anstalt Schernberg zur Vernichtung: „Ein jeder von uns, auch Sie und ich, wird einst hilfsbedürftig werden," schrieb sie dem Reichsverteidigungskommissar. Sie kam mit Gauverbot noch glimpflich davon.

3.3 Raubzug der Arisierung

Kaum ein Begriff ist so schwer zu erklären wie jener der so genannten Arisierung, weil hier aus einer scheinbar theoretischen Voraussetzung kaum eingrenzbare Folgewirkungen hervorgegangen sind. Im Parteiprogramm der NSDAP, Punkt 4 und 5, hieß es: „Staatsbürger kann nur sein, wer Volksgenosse ist. Volksgenosse kann nur sein, wer deutschen Blutes ist. Kein Jude kann daher Volksgenosse sein…Wer nicht Staatsbürger ist, soll nur als Gast in Deutschland leben." Dazudenken musste man sich in konsequenter NS-Logik: Wer nicht Volksgenosse und daher nicht Staatsbürger und also nur Gast in Deutschland ist, hat auch kein Anrecht darauf, Vermögen zu besitzen. Das war auch schon alle Theorie.

Die praktische Schlussfolgerung daraus zog ein staatlicher Erlass vom 26. April 1938: In- und ausländische Juden mussten ihr in- und ausländisches Vermögen, sofern es 5000 Reichsmark überstieg, bis 30. Juni „anmelden", damit es aus der jüdischen in die deutsche Wirtschaft „umgeleitet" werden konnte. 77.769 Personen kamen in Wien dieser Meldepflicht nach: 43.416 Österreicher und von den in Wien lebenden Ausländern vor allem Tschechen, Polen, ein paar hundert Ungarn und Rumänen, selbst 45 Bürger der USA.

Ehe sie sich's versahen, hatten jüdische Firmeneigentümer praktisch nur noch die Wahl, ihre Geschäfte entweder gleich zu liquidieren oder sie zum Verkauf anzubieten. Von knapp 33.000 davon betroffenen Firmen in Wien wurden rund 7000 wegen mangelnder Ertragslage sofort aufgelöst, was im Übrigen auch die verbreitete Legende widerlegt, „die" Juden seien alle Großkapitalisten gewesen. Von den verbleibenden 25.497 Betrieben wurden 21.136 oder 83 Prozent nach kurzer Zeit stillgelegt, 4361 arisiert und weitergeführt. Arisiert hieß: Sie mussten für einen weit unter dem Verkehrswert liegenden Kaufpreis, der ohne Einspruchsrecht staatlich festgesetzt wurde, wogegen es keinen Einspruch gab, an „arische" Interessenten verkauft werden. Mögliche Nutznießer eines preisgünstigen Angebots dieser Art waren mit deutscher Gründlichkeit in fünf Kategorien eingeteilt: Klasse I Institutionen der NSDAP, Klasse II Träger hoher Parteiorden, Klasse III „alte Kämpfer" (also illegale Nazis), Klasse IV nur durchschnittlich „verdiente" Parteigenossen und Klasse V, wenn es aus diesen Gruppen keine Bewerber mehr gab, politisch „unbedenkliche" Personen, auch wenn sie keine Parteigenossen waren.

Der größte Teil der in Wien arisierten Firmen waren kleine Handwerks- und Handelsunternehmungen. Die Wirtschaftskammer Wien hat im „Bedenkjahr" 1988 detaillierte Unterlagen darüber zusammengetragen, und Präsident Karl Dittrich gedachte in einer außerordentlichen Vollversammlung am 10. März 1988 der „Verstoßung" jedes vierten Kammermitglieds aus der Gesellschaft, „weil sie den Nürnberger Rassengesetzen nicht entsprochen haben" (14). Das jüdische Betriebsvermögen in Wien wurde damals auf 244 Millionen Reichsmark geschätzt, was heute über zwölf Milliarden Schilling ausmachen würde. Tatsächlich lag der wahre Wert, wenn man auch die Immobilienvermögen von umgerechnet über 20 Milliarden heutiger Schillinge dazurechnet, wesentlich darüber. Österreichweit machte das jüdische Vermögen, alles in allem genommen, nach den Unterlagen der Wirtschaftskammer 1,926 Milliarden Reichsmark aus, was Mitte der Neunzigerjahre einem Wert von 94,7 Milliarden Schilling entsprach.

Im „Altreich" hatten die Arisierungen bald nach dem Machtantritt Hitlers begonnen, waren aber nur schleppend vorangekommen, bis das besonders konsequent durchgezogene österreichische Modell auch dort übernommen wurde. Was mit dem Erlös solcher Zwangskäufe geschah, wird auch anhand eines Beispiels aus Hamburg deutlich, das auch für österreichische Verhältnisse zutraf (15). Ein Modehaus, dessen Verkehrswert sich auf 4,5 Millionen Mark belief, wurde um 800.000 Mark verkauft. Von diesem Betrag musste der frühere jüdische Besitzer zunächst 100.000 Mark „Arisierungsabgabe" an den Staat entrichten. Weitere 80.000 Schilling mussten in den Fonds eingezahlt werden, aus dem die Sachschäden der „Reichskristallnacht" beglichen wurden: Die Juden, die ja „an ihrem Unglück selbst schuld" waren, mussten auch noch die ihnen kaputt geschlagenen Geschäfte reparieren helfen, die sie dann ohnehin zu einem Spottpreis verschleudern mussten! Von den verbliebenen 620.000 Mark wurden noch einmal 150.000 Mark als „Judenvermögensabgabe" einbehalten, dazu auch noch eine „Auswanderungsabgabe" von weiteren 100.000 Mark. Damit verblieben den früheren Eigentümern 370.000 Mark, also weniger als die Hälfte des erzwungenen Verkaufspreises, oder 8,2 Prozent des Verkehrswerts – aber auch das nur theoretisch. Denn diese Summe wurde bei der Finanzdirektion eingefroren. Den Besitzern wurde gerade so viel in die Hand gedrückt, wie sie für eine Auswanderung brauchten – es sei denn, die Reise ging gleich ins KZ.

Das war aber immerhin noch die sozusagen ordentliche Abwicklung der Arisierung. Was sich in den Grauzonen des Gesetzes und in den Schattenschluchten der menschlichen Natur abspielte, nannte Peter Huemer den „unwiderruflichen Zusammenbruch der Kultur des Miteinanderlebens". Der bisher so freundliche Nachbar besorgte sich mit Hilfe einiger Raufbolde rasch eine bessere Wohnung oder ein kleines Geschäft oder auch nur den Autoschlüssel zu einem feinen fahrbaren Untersatz, den der Jude von nebenan ja bei seiner Ausreise ohnehin nicht mehr brauchen würde: „Von diesem Griff nach dem fremden Autoschlüssel zum gemeinen Mord ist es nur noch ein unbedeutender Schritt" (15).

Oft wechselten Kleidungsgegenstände oder Möbelstücke zwei-, dreimal oder öfter den Besitzer, so dass bald wirklich niemand mehr sagen konnte, wer der rechtmäßige Eigentümer gewesen war. Mit Jahresende 1938 hatten 44.000 der 70.000 bisher

von Juden besessenen Wiener Wohnungen auf die eine oder
andere Art neue Besitzer gefunden. Die „andere" Art gab es natürlich auch. Biedere Hausfrauen traten plötzlich in Pelzmän-
teln, Hausmeister in Hausherrenadjustierung auf. In vielen
Fällen ging es gar nicht einmal darum, Juden etwas billig oder
mit nachhelfender Gewalt herauszulocken. Viele brachen ja Hals
über Kopf auf, um ihr Heil in der Flucht zu suchen. Was zurück-
blieb, war „herrenlos", aber ganz gewiss nicht lange. Wenn das
Beutegut nicht gleich verschleppt wurde, nahmen es NSDAP-
Funktionäre formlos in Besitz und verkauften oder verschenkten
es an Günstlinge der Partei. Möbel, Schmuckstücke, Kleider,
Wäsche, Wohnungen und Schrebergärten kamen auf diese Weise
zu neuen Besitzern. Böse Zungen behaupteten, manche Eigentümer von Wohnungen mit Stilmöbeln und gefüllten Kleider-
schränken hätten eine Zeit lang ungern Besucher empfangen, die
ihre früheren Verhältnisse gekannt hatten. Am 28. April 1938
sah sich der Wiener Gauleiter Bürckel veranlasst, in einem
Aufruf der Öffentlichkeit mitzuteilen, dass ab diesem Tag er persönlich die Leitung der Arisierung übernehme. Durch die Errichtung einer Vermögensverkehrsstelle „fand das individuelle
Plündern durch Nachbarn, Mitarbeiter oder auch gerade des
Weges Kommende ein Ende" und „an seine Stelle trat die syste-
matische, umfassende Ausraubung durch den nationalsozialistischen Staat" (16).

Eigentlich hatten sich die kleinen Privatariseure ohnehin
nur ein Beispiel an dem genommen, was im Großen der Staat
schon vorexerziert hatte, als er Juden und Regimefeinde überhaupt ihrer Rechte beraubte.
Immer dreister wurde auch die
Durchdringung der österreichischen Wirtschaft betrieben. Deutsche Banken, deutsche Versicherungen, deutsche Großindustrien
sicherten sich wachsende Anteile
an österreichischen Unternehmungen. „Es dürfte sich um die größten

> **Der absolut eindeutige Text der Verordnung (zum Reichsbürgergesetz) lässt keinen Zweifel daran, dass wir die Judenfrage erst dann als restlos gelöst betrachten, wenn kein Jude mehr in Deutschland ist.**
> **Völkischer Beobachter, 7. Juli 1939**

Eigentumsverschiebungen handeln, die es in Österreich je gegeben hat" (17). „Ein durch die vorangegangene Rüstungskon-
junktur bereichertes Unternehmertum riss alles an sich, zer-

schlug Betriebe, die aus den wirtschaftlichen Bedingungen des Donauraums gewachsen waren, verteilte unter sich Export-märkte … und war bestrebt, alle Aktivposten der österreichi-schen Privatwirtschaft zur Befriedigung des infolge der Roh-stoffknappheit unstillbar gewordenen Warenhungers zu ver-schlingen" (18). Die Vermögensverkehrsstelle hatte nicht nur die Aufgabe, die Arisierung der Willkür zu entziehen, sondern auch ihre Erlöse für den Staat zu sichern, vor allem wenn es um größere Firmen ging. Vergessen darf man auch nicht, dass ja auch nichtjüdischen Institutionen erhebliche Vermögenswerte entzogen wurden: so vor allem durch die Auflösung kirchlicher Einrichtungen und Vereine sowie die Beschlagnahme von Ver-mögenswerten der politischen Organisationen früherer Epochen. Auch Gemeinschaftsbesitz der Kärntner Slowenen wurde enteig-net. Dass dann auch viele der weitergeführten Betriebe 1945 nur noch Bombenruinen waren und keinen Wert mehr darstellten, sollte später die Frage, wer wem Schadenersatz und Wiedergut-machung schuldete, zusätzlich komplizieren. Der Rassendünkel aber trieb immer neue Blüten. Wohnungssuchende deklarierten sich in Inseraten ausdrücklich als „arisch", „deutsch-arische Kaufhäuser" boten in ihrem Warensortiment auch „arische Weine" und „arische Futtermittel" an, und Zeitungsleser erfuh-ren, dass im Briefverkehr mit Juden die Einleitung „Sehr geehr-ter Herr …" sowie eine höfliche Schlussformel zu entfallen hät-ten. Welch ein Siegeszug der „arischen Kultur"…

3.4 Die Opfer: Kein Märchen

„Und als in unse-ren Tagen abermals das Barbarentum her-vorbrach, härter und herrschwilliger als je, hat Wien und das kleine Österreich verzweifelt festgehalten an seiner europäi-schen Gesinnung. Fünf Jahre lang hat es Stand gehalten, mit allen Kräften, und erst, als es verlassen wurde in der entschei-denden Stunde, ist diese kaiserliche Residenz, diese Capitale unserer altösterreichischen Kultur, zu einer Provinzstadt jenes Deutschland degradiert worden, dem es nie zugehört hat." – Auch mit diesem Zitat des altösterreichischen, jüdischen, von den Nationalsozialisten verfolgten Dichters Stefan Zweig hat Österreichs Regierung mit ihrem 1946 herausgebrachten „Rot-weißrot-Buch" die These untermauert, dass Österreich ein Opfer der Hitlerschen Expansionspolitik geworden war. Das erste Opfer in Form eines selbständigen Staates, den der Tyrann verschlang.

Aber die drei alliierten Großmächte hatten ohnehin bereits in der Moskauer Erklärung über Österreich vom 1. November 1943 eben dies festgehalten: „Die Regierungen des Vereinigten Königreiches, der Sowjetunion und der Vereinigten Staaten von Amerika sind darin einer Meinung, dass Österreich, das erste freie Land, das der typischen Angriffspolitik Hitlers zum Opfer fallen sollte, von deutscher Herrschaft befreit werden soll... Sie erklären, dass sie wünschen, ein freies, unabhängiges Österreich wiederhergestellt zu sehen ..." Damit kann seither Österreich begründen, dass es ein Opfer war - als Staat. Auf die sich daraus ergebenden rechtlichen Konsequenzen wird zurückzukommen sein. Jedenfalls kann auch das Nichtzustandekommen einer Exilregierung daran nichts ändern. Das sich die verschiedenen Exilgruppen auf keine einigen konnten, ist beschämend. Dass eine solche aber, um Staatskontinuität zu reklamieren, als Fortsetzung des Ständestaats hätte auftreten müssen, relativiert diese Unterlassung stark (19).

Faktum bleibt: Hitler hat vier Jahre lang versucht, Österreich mürbe zu machen, einen Kanzlermord in Kauf genommen, Sprengstoffanschläge sonder Zahl angeheizt, aus tausend Propagandakanonen schießen lassen, diplomatischen Psychoterror nicht verschmäht und schließlich das Heer in Marsch gesetzt - kein Land hat vor und keines nach Österreich so lange und so intensiv ohne Bündnishilfe Widerstand geleistet. Am Opferstatus der Republik Österreich ist nicht zu rütteln. Vermutlich hat auch ein schlechtes Gewissen, so weit ein solches in der Politik ernsthaft je eine Rolle spielt, die Westmächte zu dieser Erklärung veranlasst, weil sie in der entscheidenden Stunde Österreich ohne Beistand ließen und noch immer nicht erkannten, dass die Gefahr nicht nur „deutschen" Ländern oder Landesteilen, sondern ihnen allen drohte.

Etwas anderes ist es freilich, wenn man aus dieser Opferrolle des Staates und der ihn vertretenden politischen Instanzen eine Schuldlosigkeit aller Österreicher an den Verbrechen des Nationalsozialismus zu konstruieren versucht. Es hat die Österreicher auch als Täter gegeben – keine Frage. Aber es gab auch die einzelnen Österreicherinnen und Österreicher als Opfer. Der einer exklusiven Opferrolle Österreichs äußerst kritisch gegenüber stehende Zeitgeschichtler Gerhard Botz tritt dafür ein, den Opfer/Täter-Diskurs als dialektischen Prozeß zu begreifen, denn „tatsächlich gab es Opfer des Nationalsozialismus: die Verfolgten und Ermordeten" (20). Auch Wolfgang Neugebauer, der wissenschaftliche Leiter des Dokumentationsarchivs des österreichischen Widerstandes, schreibt im Vorwort der Broschüre „1938 – NS-Herrschaft in Österreich" u.a.: „Die Österreicher waren – in unterschiedlicher Gewichtung – sowohl Opfer des NS-Regimes als auch dessen Mittäter und Mitläufer."

> **Als die Nazis die Kommunisten holten, habe ich geschwiegen – ich war ja kein Kommunist. Als sie die Sozialdemokraten einsperrten, habe ich geschwiegen – ich war ja kein Sozialist. Als sie die Katholiken holten, habe ich nicht protestiert – ich war ja kein Katholik. Als sie mich holten, gab es keinen mehr, der protestieren konnte.**
> **Pastor Martin Niemöller**

Die Opferrolle begann für führende Funktionsträger der überwältigten Republik Österreich schon in den ersten Tagen nach dem Einmarsch. Von Schuschniggs Odyssee durch Hitler-Lager war schon die Rede. Die Elite des Ständestaats sowie Kommunisten und Sozialisten wurden schon für den ersten „Prominententransport", der am 1. April 1938 ins KZ Dachau abging, zusammengefangen. Unter den 151 „Schutzhäftlingen" befanden sich die späteren Bundeskanzler Leopold Figl und Alphons Gorbach, der spätere Vizekanzler Fritz Bock, der spätere Innenminister und Gewerkschaftspräsident Franz Olah, der spätere Wiener Stadtrat Viktor Matejka und andere.

Zehntausende „schwarze" und „rote" politische Gegner des neuen Regimes – meist ist von 70.000 die Rede – wurden unmittelbar nach dem Machtwechsel zumindest kurzzeitig festgenommen. Unter diesen waren auch viele Wissenschafter und Schriftsteller, Musiker und Kabarettisten. Ein Name für viele: Jura Soyfer, der als Dichter, Jude, aktiver Antinazi und Kommunist gewissermaßen mehrfach verdächtig war. Er starb 1939 mit 26 Jahren im KZ Buchenwald an Typhus. Ernst Hanisch beziffert den Anteil der Kommunisten an der österreichischen Opferbilanz mit 44 Prozent, den Anteil der katholischen Konservativen mit 23 Prozent (21).

Es ist nicht möglich, die betroffenen Personen aus den Kapiteln „Opfer" und „Widerstand" auseinander zu halten. Die meisten Opfer des NS-Unrechtsregimes waren naturgemäß jene, die dagegen Widerstand leisteten. Trotzdem sollte man nicht vergessen, dass man auch wegen vergleichsweise geringfügiger Delikte, die die Betroffenen selbst vielleicht gar nicht als aktiven Widerstand empfanden, ins Gefängnis oder gar ins KZ gelangen konnte: wegen der Weitergabe politischer Witze oder Gerüchte, wegen Abhören von „Feindsendern" oder auch wegen bloß tatsachengetreuer Schilderung der schlechten Stimmung an der „Heimatfront" in Feldpostbriefen an Soldaten. Schließlich muss man auch das Schicksal der vielen bedenken, die als mittlere und niedrigere Funktionäre des Ständestaats, der christlichen Arbeiterbewegung, der Heimwehr und der kämpferischen Linken ihre Berufsstellungen verloren oder zwangspensioniert wurden. Das galt auf der Linken besonders für Kommunisten und Revolutionäre Sozialisten, während die führenden Politiker der Sozialdemokratie zunächst kaum Verfolgung zu erleiden hatten, sondern von den Nationalsozialisten, die mit manchen von ihnen „gesessen" waren, heftig umworben wurden (22).

Das schwerste Los hatten sicher jene zu tragen, die in Konzentrationslager eingeliefert wurden. Eine Broschüre im Denkmalmuseum Mauthausen gibt darüber Auskunft. Im KZ Dachau waren von 31.951 beurkundeten Toten 1217 aus Österreich. Von 2652 Priestern stammten 93 aus Österreich, von denen achtzehn ihre KZ-Haft nicht überlebten. In Buchenwald komponierte der bekannte Wienerlied-Komponist Hermann Leopoldi ein Trotzlied, das viele stärkte („Wir wollen trotzdem Ja zum Leben sagen..."), ehe ihm die Ausreise in die USA gestattet wurde. Über 6000 Österreicherinnen und Österreicher saßen dort ein. Im KZ Sachsenhausen mussten österreichische Häftlinge beim Fälschen von Dokumenten und Pfundnoten mithelfen. Mindestens 800 Österreicherinnen bevölkerten das Frauen-KZ Ravensbrück, wo ihre kameradschaftliche Hilfsbereitschaft geschätzt war. Die Sozialdemokratinnen Käthe Leichter (sie wur-

> **Auf das Opfer darf sich keiner berufen. Es ist Missbrauch. Kein Land und keine Gruppe, keine Idee darf sich auf ihre Toten berufen.** Ingeborg Bachmann

de ermordet) und Rosa Jochmann waren unter ihnen, 1944 war dort aber auch der frühere Salzburger Landeshauptmann Franz Rehrl. Im Getto Theresienstadt waren von 139.654 Juden 15.104 Österreicher, darunter namhafte Künstler und Wissenschafter; 4138 von ihnen wurden nach Auschwitz transferiert, wohin 12.379 österreichische Juden schon direkt gebracht worden waren. Österreicher spielten beim Organisieren von Widerstand (Hermann Langbein u.a.) und in der ärztlichen Häftlingsbetreuung eine Rolle (Ella Lingens u.a.). Auch 2700 österreichische „Zigeuner" litten in Auschwitz.

Insgesamt wurden 16.493 nicht jüdische Österreicherinnen und Österreicher in nationalsozialistischen Konzentrationslagern und weitere 9687 in Gefängnissen der Geheimen Staatspolizei (Gestapo) ermordet. 2700 Österreicherinnen und Österreicher wurden von so genannten Volksgerichten als Widerstandskämpfer verurteilt und hingerichtet. 6420 Österreicher beiderlei Geschlechts kamen in Zuchthäusern und Gefängnissen in von der Wehrmacht besetzten Ländern um oder sind dort im Kampf gegen Hitler-Deutschland gefallen. Den weitaus höchsten Blutzoll aber haben Österreichs Juden entrichtet: 65.459 von ihnen wurden Opfer der NS-Vernichtungsindustrie.

Sie alle galten als Gegner des NS-Regimes. Erwähnen muss man aber sicher auch die rund 35.000 Zivilisten, die bei Bombenangriffen auf Ziele in Österreich in dem von Hitler vom Zaun gebrochenen Krieg den Tod fanden. 15.000 bis 20.000 von ihnen waren Österreicher/innen. Und schließlich mussten rund 260.000 von den 1,2 Millionen Österreichern, die als Soldaten in der Deutschen Wehrmacht oder in der Waffen-SS dienen mussten oder gerne dienten, ihr Leben lassen und 500.000 gerieten in militärische Gefangenschaft: Kriegsopfer auch sie, wie immer man ihr Tun bewerten mag. Keine Frage: Hier ist die Trennungslinie zwischen Opfern und Tätern am schwersten zu ziehen. Zunächst wird jeder vernünftige Mensch die Tatsache, dass jemand von einem Staat gezwungen wird, Frau, Freundin und Eltern, Heimat und Beruf zu verlassen und wertvolle Jahre unter Einsatz seines jungen Lebens einem verbrecherischen Krieg zu widmen, als Opfer bezeichnen.

Die Art freilich, wie jene Kriegsjahre von manchen Veteranen noch heute in verklärter Erinnerung zelebriert werden, verbietet eine solche Vereinfachung. Viele zogen zumindest frohen Mutes ins Feld, auch wenn sie in anderer Stimmung zurückkehrten. Viele waren und manche sind noch heute davon überzeugt, dass sie in fremden Ländern „die Heimat" verteidigten. Viele haben sich aus missbrauchtem Idealismus freiwillig zur Wehrmacht gemeldet. Viele taten es aber auch, um einer Einberufung zu reinen NSDAP-Exekutivkörpern wie Gestapo oder SS zu entgehen. Viele

> **Ich habe gesagt, dass die Wehrmachtssoldaten die Demokratie in Europa, wie wir sie heute vorfinden, ermöglicht haben. Hätten sie nicht Widerstand geleistet, wären sie nicht im Osten gewesen...**
>
> **Jörg Haider,**
> **profil, 21. August 1995**

haben auch als Soldaten ihre Anständigkeit bewahrt und sind keine Verbrecher geworden. Viele wichen der eigenen Verantwortung aus und begnügten sich mit der Ausführung von „Befehlen von oben". Zum nominellen Feind übergelaufen sind wenige – viele mag der Soldateneid, noch mehr die Sorge um das, was in diesem Fall ihren Familien passiert wäre, davon abgehalten haben. Es soll freilich auch nicht vergessen werden, dass dies keine speziellen österreichischen Opfer waren: Wer immer in welcher Armee auch immer sein Leben als Soldat aufs Spiel setzen musste, wenn auch mit unterschiedlich reinem Gewissen, hatte ein Opfer zu bringen.

Die Beurteilung des Dienstes in der Deutschen Wehrmacht zur Hitler-Zeit bleibt „ein extrem widersprüchliches Kapitel österreichischer Erinnerungsarbeit" (22). Aber nicht nur der amerikanische Vietnam-Krieg beweist, dass auch andere Völker solche Lasten zu tragen haben. Krieg war und ist, im angeblichen Unterschied zum Theater, nie eine moralische Anstalt. Aber auch für die Soldaten der Deutschen Wehrmacht kann es keine Kollektivschuld, sondern bis zum allfälligen Gegenbeweis nur die individuelle Unschuldsvermutung geben. Oder doch ein demütig gesenktes Haupt. Wenn man aber die Gesamtzahl der in der NS- und Kriegszeit ums Leben gekommenen Österreicherinnen und Österreicher mit der anderer Länder vergleicht, gelangt man zu der interessanten Erkenntnis, dass Österreich mit rund 400.000 Personen ungeachtet seiner Bevölkerungsgröße selbst in absoluten Zahlen noch vor Großbritannien (380.000), Italien (330.000) und den USA (260.000) lag. Einen erheblich höheren

Blutzoll hatten die Sowjetunion (20 Millionen Tote), Polen (4,5 Millionen), Deutschland (3,6 Millionen), Japan (1,8 Millionen), Jugoslawien (1,7 Millionen) und Frankreich (800.000) zu entrichten: eine Bilanz des kollektiven Wahnsinns.

3.5 Die Täter: Keine Erfindung

In kaum einem Punkt sind sich (nicht zuletzt österreichische) Wissenschafter der Zeitgeschichte so einig wie in der Auffassung, das offizielle Österreich habe seine Opferrolle zu lange zu einseitig zelebriert und damit auch den einzelnen Staatsbürgern eine zu einfache Gewissensentlastung auf Silbertablett serviert. Diese „Opfer-Hypertrophie" (Gerhard Botz) wurde spätestens seit den Intensivdebatten rund um den „Fall Waldheim" von einer weitaus differenzierteren Sicht der Dinge abgelöst. Natürlich konnte man mit gutem Grund schon vorher argumentieren, dass Österreich mit 43 Todesurteilen im ersten Nachkriegsjahr, von denen 30 vollzogen wurden, und insgesamt 30.000 Jahren Freiheitsentzug die Mitschuld gebürtiger Österreicher an den Verbrechen des Nationalsozialismus ausdrücklich anerkannt hatte. Auch waren zwei der elf bei den Nürnberger Kriegsverbrecherprozessen zum Tod verurteilten Nazigrößen Österreicher: Seyß-Inquart und Kaltenbrunner. Niemand hat je versucht, sie als „deutsche Täter" wegzuschieben und die österreichischen Hände in Unschuld zu waschen. Ihre Untaten stehen auch im Österreich-Lexikon vermerkt.

Ernst Kaltenbrunner, 1903 in Ried im Innkreis geboren, war Rechtsanwalt, schloss sich früh der NS-Bewegung an, war in der Regierung Seyß-Inquart 1938 Staatssekretär für das Sicherheitswesen, wurde dann Führer des SS-Oberabschnitts Donau und leitete zwischen 1943 und 1945 das Reichssicherheitshauptamt. Das Todesurteil ereilte ihn für seine Mitverantwortung an vielen Terrorakten und an der Judenvernichtung durch die SS.

Arthur Seyß-Inquart, 1892 in Iglau in Mähren geboren, war gleichfalls Rechtsanwalt, engagierte sich frühzeitig in katholisch-deutschnationalen Verbänden, hatte auf Verlangen Hitlers seit 1937 den Kontakt zwischen diesen und dem österreichischen Bundeskanzler zu pflegen, wurde nach Schuschniggs Nötigung in Berchtesgaden Innenminister und nach Schuschniggs Sturz Kurzzeitkanzler (der letzte Regierungschef der Ers-

ten Republik). 1939 wurde er Reichsminister ohne Geschäfts-
bereich und war von 1940 bis 1945 auch Reichskommissar für
die von Hitlers Wehrmacht besetzten Niederlande. Als Hitler ihn
dazu ernannte, wartete Seyß-Inquart mit historischem Wissen
auf („Belgien war doch vor 150 Jahren noch unsere Provinz")
und der oberste Fädenzieher sah sich in seiner Überzeugung
bestätigt, dass es richtig war, in die Niederlande einen „elegan-
ten Kulturmenschen" zu entsenden (25). Er war dort jetzt für
eine Rechtsangleichung zuständig und wurde auch Stellvertreter
von Hans Frank, dem Gouverneur der besetzten polnischen
Gebiete.

Nun brach der letzte Widerstand gegen die Barbarei in dem
sudetendeutschen „Nationalkatholiken" zusammen, der in seiner Frühzeit in der Pfarrkirche von Wien-Dornbach für die Humanisierung des Nationalsozialismus gebetet und als Armen-
anwalt eine soziale Ader gezeigt hatte. Zusammen mit drei
anderen Österreichern – dem niederländischen SS-Chef Hans
Rauter, dem Verwaltungsfachmann Friedrich Wimmer und dem
Finanzexperten Hans Fischböck, der sich auch um die Arisierungen in Österreich schon umtriebig „verdient" gemacht hatte -
bemüht er sich anfangs um schonende Zähmung der Niederländer, lässt sich dann von Hitler zu immer schärferen Maßnahmen hinreißen, setzt auftragsgemäß Judendeportationen in
Gang, die im Sommer 1942 Massendimension annehmen, und
lässt nach einem Anschlag auf Rauter Hunderte Holländer
erschießen. Fischböck beschlagnahmt 21.000 Häuser von Juden,
tausende Wirtschaftsbetriebe, Sparkonten und Aktienbesitz,
requiriert Landwirtschaftsmaschinen und Glocken, deren Metall
in Deutschland für den „Endsieg über den Bolschewismus" gebraucht wird.

Seyß-Inquart macht sich endgültig zum Erfüllungsgehilfen
der SS, auf deren Mordbilanz schließlich fast 10.000 niederlän-
dische Widerstandskämpfer und mehr als 100.000 Jüdinnen und
Juden stehen. Eine von ihnen ist Anne Frank. Besonders er-
schütterte die Niederländer auch die von Seyß-Inquart angeord-
nete Sprengung großer Dämme, die weite Teile des Landes unter
Wasser setzten. Rauter wird nach dem Krieg von einem niederländischen Gericht und Seyß-Inquart vom Internationalen
Militärgerichtshof in Nürnberg zum Tod verurteilt, beide werden

hingerichtet. Vor seinem Tod besinnt sich der Bruckner-Bewun-
derer Seyß-Inquart noch einmal seiner christlichen Wurzeln,
hinterlässt seiner Tochter Dorothea als väterliches Vermächtnis
die Empfehlung zu „Toleranz und Nächstenliebe" und geht als
„Hitlers intelligenteste Marionette" in den Tod. Unter den Nürnberger Angeklagten hatte er den zweithöchsten Intelligenz-
quotienten. Seine Tochter pflegt am Mattsee sein Grab. Der
Typus Seyß-Inquart war gar nicht so selten auf den olympischen
Höhen des Nationalsozialismus: kultivierte Lebensformen,
schwärmerische Versunkenheit in Kunstgenuss, selbstsuggerier-
ter Idealismus à la Parzival, biegbar im Charakter wie Mephisto,
stets bedacht auf formale Perfektion: im Massenmordgeschäft
wie bei den Bügelfalten.

Ein anderer Typus war Adolf Eichmann, der vollendete Ge-
horsamsbürokrat. „Ich war ein kleines Schräubchen in der riesigen Vernichtungsmaschinerie", schrieb er auf einer der 1200
Memoirenseiten, die er vor Prozessbeginn in Israel noch zu
Papier brachte. Eichmann war eigentlich Deutscher. 1906 in
Solingen geboren, wanderte er wohl mit seiner Familie 1914
nach Österreich aus und wuchs in Linz auf. Als dem illegalen
NSDAP- und SS-Mitglied der Boden in Österreich wieder zu
heiß wurde, bewarb er sich 1933 beim deutschen Konsul in Linz
um einen deutschen Reisepass. „Ich sagte mir, ich sei doch deutscher Staatsangehöriger, ich gehe nach Deutschland und versuche es bei der Vacuum Oil Company...", liest man auf Seite 18
seines Vernehmungsprotokolls aus 1961. Er bekam den deutschen Pass, dazu eine Empfehlung des deutschen Konsuls an
alle deutschen Stellen, ihm „Unterstützung zu geben", denn die
Familie Eichmann war „eine angesehene Familie der deutschen
Kolonie in Linz". Die Stelle bei Vacuum Oil bekam er auch,
kehrte aber 1938 nach Österreich zurück, leitete dort ab August
die schon erwähnte Zentralstelle für jüdische Auswanderung
und später das ab 1941 für Judendeportationen zuständige
Referat im Reichssicherheitshauptamt in Berlin.

Es besteht kein Grund, den SS-Obersturmbannführer Adolf
Eichmann, der die längste Zeit seines Lebens im „Altreich" zu-
brachte, posthum als Österreicher einzugemeinden, wie es
immer wieder geschieht. So behauptete der damalige Burgthea-
terdirektor Claus Peymann unwidersprochen bei einer Diskus-

sion mit Künstlern: „Eichmann war Österreicher, aber Österreich bekam die ,Mogelchance', als ,befreites Land' dazustehen" (26). Aber sei's drum: Sein unheilvolles Wirken in Österreich und von Österreich aus soll nicht österreichischer „Opferrollen"-Zensur zum Opfer fallen, zumal Eichmann vor seiner Hinrichtung in Israel 1962 „unheimliche letzte Worte" (Gerald Stourzh) sprach: Er ließ Deutschland, Argentinien und Österreich hochleben! Der nach dem Krieg unter falscher Identität nach Argentinien Geflohene und von dort vom israelischen Geheimdienst Ausgeforschte war 1961 nach Israel entführt worden, wo ihm der Prozess gemacht wurde. Was er dem Gericht zu erzählen hatte, schrieb er schon vor Prozessbeginn nieder: seinen angeblichen Abscheu über den Holokaust („das kapitalste Verbrechen in der Geschichte der Menschheit"), das „Grauen schlechtweg", das er angeblich empfand, wenn er bei Massentötungsaktionen zusehen musste („Mein Fahrer wischte mir vom Ledermantel kleine Gehirnstücke ... Abends musste ich, um überhaupt einschlafen zu können, Alkohol zu mir nehmen") und seine Rolle bei dem Ganzen: ein „kleines Schräubchen in der riesigen Vernichtungsmaschinerie" (27).

Die Welt sieht diese Rolle aus guten Gründen anders. „Eichmann und seine Männer waren zugleich Personifikationen, Nutznießer, Avantgarde und Exekutoren der antisemitischen Massenbewegung in der ,Ostmark'", formulierte Hans Safrian in seinem Referat vor dem Österreichischen Zeitgeschichtetag 1995. Die „Eichmänner", wie man die überwiegend aus Österreich stammenden SS-Leute seiner Umgebung nannte, „wussten, was sie taten, und sie begingen ihre Taten aus Überzeugung" (28). Das wird man auch bei anderen Führungspersonen der NS-Hierarchie nicht abstreiten können. Odilo Globocnik, illegaler Kärntner Nationalsozialist, 1938-39 Gauleiter von Wien, 1939-42 SS- und Polizeiführer von Lublin und im letzten Kriegsjahr an der Adria, spielte eine maßgebliche Rolle bei der Ausrottung und Vermögensverwertung von Juden in Polen und richtete sich 1945 selbst. Simon Wiesenthal hat einmal von drei Millionen Juden gesprochen, die auf das Konto österreichischer NS- und SS-Funktionäre gingen (29).

„Österreich stellte 8,5 Prozent der Bevölkerung des Deutschen Reichs, aber überdurchschnittlich viele Mordgehilfen":

Diese Behauptung von Josef Haslinger (30) wird von vielen Zeitgeschichtlern geteilt. Eine nähere Aufschlüsselung eines möglichen Beweismaterials für solche Behauptungen findet man freilich nirgends. Keine Frage: Es gab Österreicher als SS- und Gestapo-Chefs, als KZ- und Getto-Kommandanten (Burger und Seidl in Theresienstadt, Fritsch in Flosssenbürg, Stangl in Treblinka, Roerich in Lemberg, Murer und Roschmann in Wilna und Riga, Sommern-Frankenegg in Warschau, Gerbing, Prag), aber daraus lassen sich keine eindeutigen quantititativen Schlüsse ableiten. Am konkretesten ist Thomas Albrich: „40 Prozent des Personals und drei Viertel der Kommandanten der Vernichtungslager stammten aus Österreich ... 80 Prozent der ‚Eichmänner' ... Knapp 14 Prozent aller SS-Mitglieder waren Österreicher..." Detaillierte Belege fehlen. Aber auch hier ist das Namen- und Köpfezählen nicht das Entscheidende. Es gab sie, und es war schrecklich.

> **Die Wahrheit ist dem Menschen zumutbar.**
> Ingeborg Bachmann

In der 6. Armee (der berühmten „Stalingrad-Armee") waren österreichische Offiziere ebenso wie bei den deutschen Besatzungstruppen auf dem Balkan überdurchschnittlich stark vertreten. Generaloberst Alexander Löhr, der wegen der Bombardierung von Belgrad am 6. April 1941 als Kriegsverbrecher zum Tod verurteilt wurde, und Generaloberst Lothar Rendulic, der 1948 vom Internationalen Militärgerichtshof zu 25 Jahren Gefängnis verurteilt, 1951 aber begnadigt wurde, sind zwei Beispiele dafür. Franz Böhme, Bevollmächtigter Kommandierender General in Serbien, drängte auf die scharfe Durchführung des berühmten „Sühnebefehls" von Generalfeldmarschall Keitel, wonach für einen von Partisanen verwundeten deutschen Soldaten 50 serbische Gefangene und für einen getöteten 100 zu töten waren. In der Tat wurden von Oktober bis Dezember 1941 für 278 verwundete und 160 getötete deutsche Soldaten mindestens 15.000 einheimische Zivilisten erschossen (31). Schließlich sei nicht auf Obersturmbannführer Walter Reder von der Waffen-SS vergessen, der bei Marzabotto nahe Bologna als Vergeltung für Partisanenüberfälle ein Massaker an der Zivilbevölkerung befahl und dafür von einem italienischen Gericht Lebenslänglich erhielt; 1985 wurde er begnadigt und nach Österreich überstellt.

Für viele dieser Taten gab es, wie schon erwähnt, nach dem Krieg harte Urteile auch von österreichischen Volksgerichten. Aber mit Recht kam schon Gabriele Holzer in ihrem Deutschland-Österreich-Vergleich zu dem Schluss: „Wer nun vielleicht aus dem relativ und teilweise absolut höheren Zahlen der von österreichischen Gerichten und Behörden Verurteilten und ‚Entnazifizierten' schließen will, in Deutschland habe es eben weniger Verbrecher und Nazis gegeben, verfiele meines Erachtens vollends antiaufklärerischer Irrationalität" (32). Entscheidend ist letztlich nicht das Zählen von Köpfen, Rängen, Haftjahren und Henkerstricken, sondern die vorbehaltlose Anerkennung der Fakten: Ja, Österreicher waren nicht nur Opfer, sondern auch hochgradige Täter im NS-Regime. Auch Österreicherinnen übrigens: 35 Prozent der Gestapobeamten in Wien waren Frauen (33). Nein, das begründet keine Kollektivschuld und auch keine Kollektivhaftung, aber eine Verpflichtung zum Innehalten, Nachdenken und Vorkehren, dass solches nie wieder geschehen kann. Dieser Verpflichtung haben sich österreichische Politiker nach verbreiteter Auffassung zu lange entzogen. Inzwischen sind aber längst klare und klärende Worte gefallen.

Bundeskanzler Franz Vranitzky hielt am 8. Juli 1991 im österreichischen Nationalrat fest, Österreich müsse sich auch zur anderen, dunkleren Seite seiner Geschichte bekennen, „zur Mitverantwortung für das Leid, das zwar nicht Österreich als Staat, wohl aber Bürger dieses Landes über andere Menschen und Völker gebracht haben." Am 9. Juni 1993 wurde Vranitzky anlässlich einer Reise durch Israel noch konkreter: „Wir bekennen uns zu allen Daten unserer Geschichte und zu den Taten aller Teile unseres Volkes, zu den guten wie zu den bösen. Und so, wie wir die guten für uns in Anspruch nehmen, haben wir uns für die bösen zu entschuldigen." Und er nannte die Opfer auch bei ihren Namen: „Juden, Zigeuner, körperlich und geistig Behinderte, Homosexuelle, Angehörige von Minderheiten, politisch und religiös Verfolgte."

Ebenso wie diese beiden Reden löste auch die Ansprache des Bundespräsidenten Thomas Klestil vor dem israelischen Parlament nationale und internationale Genugtuung aus. In der Knesset sagte Klestil am 15. November 1994: „Wir wissen, dass wir oft nur davon gesprochen haben, dass Österreich damals als erster Staat Freiheit und Unabhängigkeit an den National-sozialismus verlor – aber viel zu selten auch darüber, dass manche der ärgsten Schergen der NS-Dik-tatur Österreicher waren. Kein Wort der Entschuldigung könnte je den Schmerz über den Holokaust aus dem Gedächtnis löschen. Na-mens der Republik Österreich ver-beuge ich mich aber in tiefer Be-troffenheit vor den Opfern von da-mals." Klestil wiederholte, es gebe keine Kollektivschuld, aber „sehr wohl ein schweres Erbe der Geschichte", und erinnerte daran: „Die Wahrheit ist kompliziert, denn die Frontlinie zwischen den Tätern und Opfern lief damals mitten durch das Volk, mitten durch Familien, ja manchmal sogar mitten durch ein und dasselbe Herz." Auf diesem Nähr-boden sei „auch jene Verdrängung gewachsen, die in Österreich die Aufarbeitung der Geschichte … verzögert hat."

> **Das Geheimnis der antagonisti-schen Gefühle vieler Emigran-ten gegenüber Österreich ist die tief eingewurzelte, unzer-störbare Liebe, ist die tiefe und bittere Sehnsucht nach diesem Österreich, die von uns so lange nicht erkannt und nicht beant-wortet worden ist.**
>
> **Bundespräsident Thomas Klestil**

Einen Aspekt dieser zu lange nicht aufgearbeiteten Ge-schichte verkörpert wie kein Zweiter ein Mann, dessen Taten in der ersten Jahreshälfte 2000 neuerlich (für die junge Generation erstmals) ins Blitzlicht gerückt wurden: der Psychiater Heinrich Gross. Er war als 17-jähriger 1932 der Hitler-Jugend beigetreten, 1933 der SA, 1938 der NSDAP. Später arbeitete er als Arzt in der Kinder-Nervenklinik Wien-Steinhof (damals „Am Spiegel-grund"), deren Leiter, Primar Ernst Illing, 1946 zum Tod verur-teilt und hingerichtet wurde.

Zur Last gelegt wurde ihm die Tötung einer großen Zahl angeblich geisteskranker Kinder, mit denen medizinische Ex-perimente unternommen wurden, ehe man sie dem von Hitler persönlich befohlenen Tod preisgab. „Schamlose Ärzte hielten sich einen Kinderzoo, organisierten ein Raritätenkabinett an Missbildungen …, obduzierten die Ermordeten, entfernten inter-essante Leichenteile und dokumentierten in einer lüsternen und geschwätzigen Scheinwissenschaftlichkeit das Monströse und Abartige ‚rassisch minderwertiger' Familien, die es eben auszu-merzen galt," schrieb Werner Vogt, Arztkollege und unermüdlicher Anwalt des Bemühens, diese Untaten der Vergessenheit zu entreißen (34).

Heinrich Gross war einer der engsten Mitarbeiter des Schuldiggesprochenen, an allen diesen Experimenten und „Euthanasie"-Toden beteiligt, überstand aber heil drei Nachkriegsprozesse (einen als Angeklagter, zwei gar als Kläger), weil er keiner Mordabsicht überführt wurde, und profitierte bei einem vierten Anlauf im März 2000 von einem Gutachten, wonach er wegen zunehmender geistiger Hinfälligkeit dem Prozessverlauf nicht folgen könne. Er war nach dem Krieg katholisch und sozialdemokratisch geworden, wurde Primarius und zuletzt hochdekorierter Lieferant psychiatrischer Gutachten. SPÖ und Gemeinde Wien, Justizminister Christian Broda und alle seine Berufskollegen breiteten Schutzmäntel über ihn aus. Erst in den Achtzigerjahren schwand sein Ansehen schrittweise, die SPÖ schloss ihn aus, er wurde aus der Gutachterliste gestrichen und im Jahr 2000 fand der neue Parteivorsitzende Alfred Gusenbauer öffentlich Worte des Bedauerns über das Fehlverhalten der vergangenen Jahre. Vogt dennoch: „Bis heute fand sich kein Psychiater, der uns das Phänomen Gross, diese österreichische Seele, erklärt hätte".

Ein Schimmer an Erklärung (sicher nicht an versuchter Entschuldigung) mag in der Tatsache zu finden sein, dass der Bazillus der Rassenarroganz damals viele Menschen, auch Wissenschafter, erfasst hatte und die Achtung vor der Würde allen menschlichen Lebens, auch des missgebildeten, nicht annähernd so ins allgemeine Bewusstsein gedrungen war wie heute. Ein Musterbeispiel dafür ist der angesehene Biologe und Nobelpreisträger Konrad Lorenz: Seine Verhaltensforschung hat die Theorie von der Evolution der Erkenntnis von der biologischen Seite her begründet. 24 Geistesgrößen widmeten dem „Jahrhundertwerk des Konrad Lorenz" im Jahr 2000 einen großen Sammelband („Zum Sehen geboren", herausgegeben von Antal Festetics) - aber keiner von den Autoren erinnert daran, dass auch der große Lorenz 1940 einen 80-seitigen Aufsatz über Verfallserscheinungen beim Menschen geschrieben hat, wo es ganz schön rassistisch zugeht. Unter Umständen, liest man dort, müsste „die Rassenpflege auf eine noch schärfere Ausmerzung ethisch Minderwertiger bedacht sein:.. Der rassische Gedanke als Grundlage unserer Staatsform hat schon unendlich viel in dieser Richtung geleistet."

Es wäre sicher falsch, Lorenz oder gar allen seinen Anhängern KZ-Nazismus zu unterstellen. Er selbst hat später einmal geschrieben: „Dass die Leute ‚Mord‘ meinten, wenn sie ‚Ausmerzen‘ oder ‚Selektion‘ sagten, das habe ich damals wirklich nicht geglaubt. So naiv, so blöd, so gutgläubig – nennen Sie es, wie Sie wollen – war ich damals." Das haben ihm freilich nicht alle seine Kritiker abgenommen: „Lorenz war nicht naiv, blöd oder gutgläubig. Er war anmaßend und kaltherzig gegenüber Menschen, die nicht seinem ‚rassischen Ideal‘ entsprachen" (35).

Sicher ist nur eines: Konrad Lorenz war nicht der Einzige, der auch als Wissenschafter dem Trend der Zeit erlag. Auch der sozialdemokratische Stadtrat für das Wohlfahrtswesen der Gemeinde Wien, Professor Julius Tandler, war ein überzeugter Anhänger wissenschaftlicher Erbschädenverhinderung (Eugenik). „Tüchtige gehen zugrunde, Genies verrecken, wir aber retten die Minderwertigen," sagte er in einem Vortrag beim Bund für Volksaufartung und Erbkunde in Wien am 13. Februar 1929 (36). Die Fortpflanzung von Trägern von „Geisteskrankheiten mit weitgehenden Minderwertigkeiten" müsse verhindert werden, forderte er. Angesichts der Tatsache, dass verantwortungsbewusste Eltern kinderlos blieben, „Säufer, Schwachsinnige und Vebrecher" aber viele Kinder in die Welt setzten, „droht uns eine Sintflut der Minderwertigen," die es – freilich ohne Zwangsmaßnahmen – zu verhindern gelte.

So haben viele zum Täterkapitel der Österreicher in höchst unterschiedlicher Weise beigetragen – von den Totengräbern der Politik über Rassenschwärmer in der Wissenschaft bis zu den eigentlichen Mordagenten in Gestapo, SS, SA und Wehrmacht. Die Lösung des Problems liegt nicht in der Pflege einer neuen Rachsucht,

> Die Wahrheit ist auch, dass ... unter den Tätern eine überproportionale Anzahl von Österreichern zu finden ist.
> Andreas Mölzer (FPÖ)

in neuen Prozessen und das Gewissen beruhigenden Abschlagzahlungen. Wichtig ist die Erkenntnis: So war es. So waren und so sind manche von uns. So sind viele versucht worden. So darf es nie wieder sein. Hoffnung macht hier eine repräsentative

Umfrage des Integral-Instituts, die Ende Juni 2000 veröffentlicht wurde. 70 Prozent der Befragten anerkannten darin eine Mitverantwortung von Österreichern an den Massenmorden der NS-Zeit. Von den älteren Personen (über 60) teilen nur 56 Prozent diese Meinung, von den jüngeren (unter 19) aber 84 Prozent. Verdrängung ist nicht unsterblich.

3.6 Widerstand: Keine Übertreibung

Wer war Carl Szokoll: Österreich-Leiter der Wehrmachts-Widerstandsgruppe um den 20. Juli 1944 oder Regisseur von Anti-Nazi-Filmen nach Kriegsende? Richtige Antwort: beides! Was hat der Augustiner Chorherr Roman Scholz getan: im Stift Klosterneuburg eine geheime Nazizelle errichtet oder als Widerständler gegen Hitler unter dem Fallbeil sein Leben gelassen? Richtige Antwort: beides! Gab es eine christliche Kirchengruppe, die in der NS-Zeit offen gegen die Judenverfolgung protestiert hat? Antwort: Ja, die Internationale Bibelforschervereinigung der Zeugen Jehovas! Der Name welches Österreichers ist mit dem KZ Wilna unlöslich verbunden? Franz Murer, stellvertretender Getto-Kommissar! Stimmt. Oder Anton Schmid, der 300 Juden das Leben rettete, ehe er hingerichtet wurde? Stimmt auch. Das Kapitel Widerstand birgt Überraschungen.

Österreich trägt, obwohl es als erstes freies Land „der typischen Angriffspolitik Hitlers zum Opfer fallen sollte," für die Teilnahme am Krieg „an Hitlers Seite" eine „Verantwortung, der es nicht entrinnen kann." Auch das steht in der Moskauer Erklärung der USA, Großbritanniens und der Sowjetunion vom 1. November 1943. Und ebenso der Zusatz, dass bei der endgültigen Abrechnung Bedacht darauf genommen werde, „wieviel es selbst zu seiner Befreiung beigetragen haben wird." Die USA und Großbritannien hatten ursprünglich vorgeschlagen, von der Mitverantwortung „österreichischer Menschen" zu sprechen. Das hätte von Anbeginn eine klare Sicht vermittelt. Die Sowjetunion

> Aus der Erkenntnis, dass wir im Einklang mit dem Willen des Volkes unseren Freiheitskampf führten, leiten wir unseren Willen und unsere Berechtigung ab, auch am Neubau unseres Vaterlandes entsprechend mitzuarbeiten.
>
> Alfons Stillfried, 1946

aber bestand auf „Österreich" und machte es damit der österreichischen Regierung ungewollt leicht, mit dem unschlagbaren
Argument „Den Staat Österreich hat es zwischen 1938 und 1945
nicht gegeben" diesen Teil der Moskauer Erklärung zu bagatelli-
sieren.

Durchaus folgerichtig in diesem Sinn war und ist das
Argument Gottfried-Karl Kindermanns: Das politische Aufbäumen der Republik Österreich von 1933 bis 1938 war Europas
erster staatlich organisierter Widerstand gegen den nationalsozialistischen Imperialismus". Aber diese Tatsache war ja bereits
bekannt und anerkannt, als die Alliierten ihre Moskauer Deklaration erließen – also mehr als diese Art von Widerstand verlangten. Was aber war Widerstand? Teilnahme an Attentaten auf
Hitler? Sabotageakte gegen die Eisenbahn? Auch Abhören von
Feindsendern? Wehrdienstverweigerung? Auch Weitererzählen
von Witzen? Das alles und noch viel mehr? Das „Rotweißrot-
Buch" der österreichischen Bundesregierung berichtete in einer
ersten Zusammenfassung, dass bis 1946 insgesamt 25.080 Fälle
politischer Haft von mehr als sechs Monaten überprüft worden
seien; ein weiterer Band mit kompletten Statistiken werde folgen. Er kam nie heraus. Das Interesse der staatlichen Stellen an
einer Dokumentation des Widerstandes hat bald sichtlich nach-
gelassen.

Erst seit der Gründung des Dokumentationsarchivs des
österreichischen Widerstands (DÖW) im Jahr 1963 (eine überparteiliche Initiative ehemals politisch Verfolgter) und der
Einrichtung von Zeitgeschichte-Instituten an den Universitäten
ab 1965 wurde die Widerstandsforschung einigermaßen systematisch betrieben. Einer ihrer Hauptvertreter wurde Karl Rudolf
Stadler, erster Ordinarius für Zeitgeschichte an der Universität
Linz. Von ihm stammt auch die breit angelegte Definition:
„Angesichts des totalen Gehorsamkeitsanspruchs der Machthaber und der auf seine Verletzung drohenden Sanktionen muss
jegliche Opposition im Dritten Reich als Widerstandsbewegung
gewertet werden – auch wenn es sich nur um einen vereinzelten
Versuch handelt, ‚anständig zu bleiben'" (37). In diesem Sinn
darf man nicht vergessen, dass auch jedes Engagement österreichischer Emigranten in ausländischen Armeen, Widerstandsgruppen oder Nachrichtendiensten Widerstand „österreichi-

scher Menschen" war. In der Reihe „Widerstand und Verfolgung" sind mittlerweile 13 umfangreiche Bände über Widerstandsaktivitäten in den Bundesländern Wien, Niederösterreich, Oberösterreich, Salzburg, Tirol und Burgenland erschienen. Ausführlich hat auch der Verleger Fritz P. Molden in seinem Buch „Die Feuer in der Nacht" Wesen, Umfang und Organisationsformen des österreichischen Widerstandes beschrieben.

Viele österreichische Zeitgeschichtler haben mittlerweile an solchen Darstellungen gearbeitet, und der in den USA wirkende Historiker Radomir Luza, der selbst Widerstandskämpfer in Tschechien war, hat daraus 1985 eine Gesamtübersicht („Der Widerstand in Österreich 1938–1945") zusammengestellt. Aber immer noch kommen bisher unbekannt gebliebene Fakten ans Tageslicht.

> **Verglichen mit der Einwohnerzahl Österreichs 1938, sind fast sechseinhalb Prozent der Bevölkerung im Zweiten Weltkrieg so oder so getötet worden.**
>
> **Fritz Molden**

So hat der Grazer Kirchenhistoriker Maximilian Liebmann, dem selbst maßgebliche Arbeiten zum Thema Nationalsozialismus und Kirche zu danken sind, in jüngster Zeit mehrfach die jahrzehntelange Lustlosigkeit kirchlicher Stellen bemängelt, die Situation der katholischen Kirche und im Besonderen auch deren Widerstand in der NS-Zeit gründlich zu dokumentieren. Immerhin seien 15 Priester hingerichtet worden und 90 in Kerkern zugrunde gegangen. „Wo und wie hat sich die kirchliche Obrigkeit bei ihnen bedankt?" (38) Die „Antifaschistische Freiheitsbewegung Österreichs" unter Führung der Kärntner Pfarrer Anton Granig, Angelus Steinwender und Kapistran Pieller, die alle drei exekutiert wurden, hat man fast der Vergessenheit preisgegeben (39). Ganz allgemein klagt auch der Salzburger Historiker Ernst Hanisch: „Der Widerstand gegen den Nationalsozialismus hat in Österreich keinen Mythos gezeugt, nicht die Phantasie der Menschen bewegt, kaum Spuren in der Politischen Kultur hinterlassen" (40).

In Wien hat der Leiter des erzbischöflichen Referats für Heilig- und Seligsprechungsverfahren, Univ. Dozent Jan Mikrut, diesen Mangel gleichfalls empfunden und 1999 ein dreibändiges „Martyrologium des 20. Jahrhunderts" herausgebracht, in dem Österreicherinnen und Österreicher beschrieben sind, die unter nationalsozialistischen und kommunistischen Machthabern ent-

weder direkt oder als Spätfolge von Misshandlungen den Tod
gefunden haben: insgesamt 74 Eintragungen. Den Versuch einer
zusammenfassenden Kurzdarstellung österreichischer Widerstandsaktivitäten unternimmt auch Wolfgang Neugebauer, der
wissenschaftliche Leiter des DÖW, in der für Herbst 2000
angekündigten Neuauflage des Buches „NS-Herrschaft in Österreich 1938 - 1945". Alle Zeitgeschichtler sind sich einig in dem,
was die meisten Österreicher lange Zeit nicht hören wollten:
Den zahlenmäßig stärksten Widerstand leisteten die Kommunisten.

Von den rund 2000 Prozessakten des Oberlandesgerichtes
Wien über politische Prozesse (und Ähnliches gilt für die
Volksgerichtsakten) betreffen geschätzte 80 Prozent Kommunis-
tinnen und Kommunisten. Radomir Luza allerdings rechnet
ihnen nur rund 52 Prozent des Widerstands zu, der konservativen Seite 44 Prozent und den Sozialdemokraten fünf Prozent.
Diese Zahlen blieben natürlich nicht unumstritten und der
Einwand, dass viele der kommunistischen Opfer vor 1934 Sozialdemokraten gewesen waren und aus Enttäuschung über das
Verhalten der Parteiführung 1934 übergewechselt seien, hat
sicher etwas für sich. Andererseits gilt auch, dass Sozialdemokraten zusammen mit illegalen Nationalsozialisten in den Haftanstalten des Ständestaates gesessen waren, mit denen die meisten immer das Anschlussideal geteilt hatten; das hat den Frontwechsel 1938 auch nicht erleichtert. Jedenfalls entschlossen
sich Sozialdemokraten wie Revolutionäre Sozialisten nach der
Auslöschung Österreich 1938 erst einmal fürs Abwarten, ehe sie
neue Aktionen planen wollten.

Währenddessen haben die Kommunisten in der NS-Zeit
nicht nur diskutiert, sondern auch allerlei aktiviert. Weil es ihre
Parteiideologie vorschrieb, organisierten sie alles, also auch den
Widerstand, zentralistisch und machten sich dadurch auch viel
verwundbarer: Das Ausspionieren ihrer Zentralstellen genügte,
um Täter auch in entfernteren Bundesländern zu erreichen.
Auch brachten die Kommunisten immer wieder ausländische
Spezialisten ins Land, die den Widerstand professionell organisierten. Zu ihnen gehörte die u.a. bei Clemens Holzmeister in
der Türkei tätige Architektin Margarete Schütte-Lihotzky, die
rund um ihren 100. Geburtstag 1997 in Österreich noch kräftig

gefeiert worden ist. Zusammen mit ihr und Herbert Eichholzer, der das einzige original-österreichische Flugblatt gegen die unmenschlichen „Euthanasie"-Praktiken des Regimes herstellte, engagierten sich auch weitere Künstler, Wissenschafter und Intellektuelle beiderlei Geschlechts im linken Widerstand. Auch viele Juden wurden in diesen Kreisen aktiv, flohen zwischendurch ins Ausland, betätigten sich in der französischen Résistance und kehrten oft, als „Fremdarbeiter" getarnt, mit neuen Organisationsaufträgen nach Österreich zurück. Aus Gestapoberichten geht hervor, dass 1939, 1941 und 1943 jeweils erheblich mehr als tausend Kommunisten verhaftet wurden, dann ging ihre Zahl stark zurück: Die meisten Widerständler der Linken waren unschädlich gemacht.

> **Ich habe in der Résistance etwas von dem wieder entdeckt, was dem Leben und dem Tod Würde verleiht.**
>
> Albert Camus

Neben reinen Parteiorganisationen gab es aber auch Widerstandsnester der extremen Linken in vielen Betrieben, wo sie spontane Unterstützungsaktionen für in Bedrängnis geratene Kollegen und deren Familien organisierten, aber auch Arbeitskonflikte bei Lohnverhandlungen schürten. Hauptbetätigung aber war die Verbreitung von Propagandamaterial in Form von Flugblättern, Handzetteln, Zeitschriften und Schmieraktionen an Haus- und Fabrikswänden. Andere Methoden wandten kommunistische Kleingruppen wie die Trotzkisten an, die Informationsmaterial nur unter ihresgleichen verbreiteten und wenig Kontakt zu anderen Organisationen hielten. Zu den aktivsten Widerstandsgruppen in Wien gehörte die Anti-Hitler-Bewegung des slowenischen Kommunisten Karl Hudomalj, die auch mit einer sozialdemokratischen Gruppe des späteren Bundesministers Alfred Migsch kooperierte.

Es gab auch andere Querverbindungen innerhalb der Linken. Die amerikanische Ehefrau von Joseph Buttinger, dem Vorsitzenden der Revolutionären Sozialisten, Muriel Gardiner, kam mehrfach nach Österreich und organisierte immer wieder falsche Pässe und finanzielle Mittel sowohl für Inlandsaktivitäten wie auch für Ausreisen. Der erste Volksgerichtsprozess in Wien, über den der „Völkische Beobachter" auf der Titelseite berichtete, galt im Juni 1939 der Zerschlagung der „Sozialistischen Arbeiterhilfe", die schon 1934 Unterstützungsaktionen organisiert hatte. Viele Funktionäre der Revolutionären Sozialisten wurden Opfer eines Verräters, nachdem die Nationalsozialisten im Gefängnis den „Arbeiterzeitung"-Sportredakteur Hans Pav als Spitzel gewonnen hatten.

Eine sozialdemokratische Widerstandsgruppe um den späteren Wiener Bürgermeister Felix Slavik nahm auch Kontakt zu katholischen und monarchistischen Kreisen auf. Besonders in der Anfangsphase des Widerstandes waren vor allem Habsburgtreue Monarchisten sehr aktiv. Einer ihrer Blutzeugen sollte der glühende Österreich-Patriot Hans Karl Zessner-Spitzenberg werden, der schon auf dem Transport von Wien ins KZ Dachau den tödlichen Fußtritt eines Gestapoaufsehers empfing. Nach dem Sturm entfesselter Nazis auf das Erzbischöfliche Palais in Wien am 8. Oktober (vgl. das „Opfer"-Kapitel) war es auch mit dem opportunistischen Flirt zwischen Katholiken und NS-Funktionären ziemlich vorbei. Die offizielle Kirche, enttäuscht und verunsichert, war weiterhin um einen Modus Vivendi bemüht, gab sich dabei aber keine peinliche Blöße mehr. Im Gegenteil: Kardinal Innitzer, der wegen seiner ursprünglichen Unterwerfungshaltung von Kardinalstaatssekretär Eugenio Pacelli (dem späteren Papst Pius XII.) ernsthaft gemaßregelt worden war, richtete später eine Erzbischöfliche Hilfsstelle für nichtarische Katholiken ein. Diese verhalf vielen, die für die Kirche Katholiken und für die Nazis Juden waren, zur Auswanderung oder rettete anderweitig ihr Leben. „Der Kardinal nahm dabei ein großes persönliches Risiko auf sich" (41). Aber auch die protestantische Schwedische Mission nahm sich aufopfernd der Emigration von Juden an.

Nicht-Hierarchen mussten gewisse Rücksichten nicht nehmen. Um den Augustiner Chorherrn Roman Karl Scholz gruppierten sich rund 200 Personen, deren Österreich-Begeisterung ihre organisatorische Erfahrung freilich erheblich übertraf. Die geistige Ausstrahlung dieser Gruppe war bedeutend. Das besonders Bemerkenswerte daran: Der junge Augustiner hatte in frühen Jahren eine geheime Nazizelle im Stift begründet und andere Chorherren mit gewissen NS-Neigungen (auch Pius Parsch!) ins Vertrauen gezogen, bis er vom Nürnberger Parteitag als Gewandelter heimfuhr, künftig die NS-Ideologie und -Praxis bekämpfte und am 10. Mai 1944 unter dem Fallbeil starb. Durch Seligsprechungen beim Papst-Besuch in Österreich 1998 wurden inzwischen auch andere politische Märtyrer der katholischen Kirche bekannt: Schwester Restituta Kafka, die einzige vom NS-Regime offiziell (wegen „landesverräterischer Feindbegünstigung") zum Tod verurteilte und enthauptete Nonne, und der Prämonstratenser Pater Jakob Kern vom Stift Geras. Zwei Jahre zuvor waren in Rom der Tiroler Marianistenpater Jakob Gapp und der Tiroler Pfarrer Otto Neururer selig gesprochen worden. Neururer war im KZ Buchenwald mit dem Kopf nach unten an einem Haken aufgehängt worden, bis ihn ein Gehirnschlag aus qualvoller Folter erlöste - ein Schicksal, das an seiner Seite auch Pfarrer Matthias Spanlang aus St. Martin im Innkreis erlitt.

Der bekannteste Name aus dem Bereich des kirchlichen Widerstandes ist freilich der des Innviertler Bauernsohns und Mesners Franz Jägerstätter, der den Dienst mit der Waffe in der Deutschen Wehrmacht verweigerte – aber nicht als prinzipieller Pazifist, sondern ausdrücklich, weil er keinen Beitrag zum Sieg des nationalsozialistischen Unrechtsregimes leisten wollte. Verwandtschaft und Bürgermeister, Pfarrer und

> Werde hier nur einige Worte niederschreiben, wie sie mir gerade aus dem Herzen kommen. Wenn ich sie auch mit gefesselten Händen schreibe, aber immer noch besser, als wenn der Wille gefesselt wäre...
>
> **Franz Jägerstätter, 9. 8. 43**

Bischof bestürmten ihn, die Interessen seiner Familie höherzustellen. Er aber blieb beim Vorrang Gottes und erwartete, tagelang schon gefesselt, das Fallbeil, das ihn am 9. August in Brandenburg 1943 traf. „Ich kann euch nur gratulieren zu diesem Landsmann, der als Heiliger gelebt hat und als Held gestorben ist," sagte der Gefängnispfarrer am Abend zu den Vöcklabrucker Schulschwestern, die in Brandenburg ein Gefängnis führten (42). Lange hat es gedauert, bis davon auch seine engere Heimat einigermaßen überzeugt war.

Noch länger wird es wohl dauern, bis die Ambivalenz der Gefühle gegenüber jenen Kärntner Slowenen ins Lot gebracht ist, die auf Seite der Tito-Partisanen gegen Hitler kämpften und sich dadurch in Kärnten keinen guten Ruf erwarben. Erbittert über die Aussiedlung von mehr als 900 Slowenen aus Südkärnten durch die NS-Behörden, während manche der Männer aus diesen Familien in der Deutschen Wehrmacht kämpfen mussten, schlossen sich andere slowenische Männer der Partisanenbewegung an. „Wenn die Partisanen einen Gendarmerieposten angriffen, griffen sie eine Institution des Deutschen Reiches an; die getöteten Gendarmeriewachtmeister indes waren häufig Österreicher, ein entführter und getöteter schwer invalider Ortsbauernführer ebenfalls. Um zu überleben, mussten die Partisanen Rinder und Schafe stehlen; das wiederum traf die bäuerliche Gesellschaft an einem empfindsamen Nerv, und die Partisanen wurden weniger als Freiheitskämpfer denn als Diebe und Räuber wahrgenommen" (43).

Diese Schilderung, die von manchen Kärntnern wahrscheinlich noch als zu idyllisch gewertet wird, trifft aber sehr genau den Kern des Problems: Ursachen und Wirkungen, Gründe und Folgen sind für Menschen in Notsituationen und schweren Zeiten schwer zu unterscheiden. Für die zwangsweise Aussiedlung der Kärntner Slowenen fühlten die meisten deutschsprachigen Kärntner keine Verantwortung. Nur große Seelen bringen, wenn es später dann hart auf hart um Leben oder Tod geht, die Kraft auf, den blutigen Angriff als Beitrag zur Befreiung zu würdigen – noch dazu, wenn er von einem Land aus (Jugoslawien) verübt wird, das von Österreich 1945 neuerlich Teile Kärntens haben wollte. Zur Komplexität dieser Situation gehört auch, dass die Partisanen, die in der Nacht kamen und von Bauern verpflegt werden wollten, nur von einem Teil der Heimgesuchten unterstützt wurden. Am Tag kamen dann die Polizisten und wollten wissen, wer woher in der Nacht auf Besuch gekommen war. So entstanden zusätzliche Spannungen. Manche Partisanen wollten sich nach Kriegsende an nicht kooperationswilligen Zivilisten rächen und verschleppten mehrere hundert von ihnen, von denen mindestens 91 nicht zurückkehrten. Auch das gehört zu den Gründen, warum die politischen Uhren in Kärnten bisweilen anders gehen.

Im Sommer 1944 hatte SS-Chef Heinrich Himmler Kärnten zum „Bandengebiet" erklärt und damit zu einer Brutalisierung des Klimas auf beiden Seiten erheblich beigetragen. Kommunistische Funktionäre um Friedl Fürnberg wurden aus ihrem Moskauer Exil ausgeflogen und gründeten im steirisch-kärntnerischen Grenzgebiet gegen Jugoslawien ein österreichisches

Partisanenbataillon. Anders war die Stimmung in der Bevölkerung gegenüber den Partisanengruppen, die schon 1941 im
Ötztal zu operieren begonnen hatten. Die freiheitsliebenden
Tiroler hatten Sinn für Freiheitskämpfer in den Bergen und
brauchten in ihnen auch keine Verstärkung der kommunistischen Gefahr zu erblicken. Allerdings nahmen diese Partisanen
aus Sorge um Repressalien gegen die Zivilbevölkerung auch keine größeren Kampfhandlungen auf.

Fritz Molden, der schon als Gymnasiast von allen Ober-
schulen Deutschlands verbannt und wegen antinazistischer
Aktivitäten verhaftet worden war, nach Gefängnishaft zur Deutschen Wehrmacht einrückte und ab 1944 systematisch für den
Widerstand arbeitete, berichtet ausführlich über die verschiedenen Gruppen und Phasen des Widerstands: den spontanen frühen, den „Kampf ohne Chance" (1939–1943) und schließlich
den Neuaufbau und die Konsolidierung des Widerstands, auch
durch zunehmende Vernetzung mit militärischen Schlüssel-
personen (Major Alfons Stillfried und Major Karl Biedermann)
ab 1943.

Erste Kontakte zur Botschaft der USA in Bern und zu sozialdemokratischen Sympathisanten in der Schweiz wurden aufgenommen, später wesentlich verstärkt durch eine rege Pendel-
aktivität von Fritz Molden, aus der eine Verbindungsstelle
Schweiz des österreichischen Widerstandes unter Hans Thalberg
und Kurt Grimm herauswuchs. Eine rege Kuriertätigkeit mit
kühnen Bergexpeditionen und Fallschirmsprüngen ermöglichte
immer stärkere internationale Vernetzungen mit offiziellen französischen, britischen und amerikanischen Stellen; in Bern hatte
Allan Dulles, Sonderbeauftragter Präsident Roosevelts und später CIA-Chef, ein Büro.

Wolfgang Neugebauer erinnert in seiner Darstellung daran,
dass die Grenzen zwischen Widerstand und nachrichtendienst-
lichen Tätigkeiten für die Alliierten fließend verliefen und aus
heutiger Sicht jeder Einsatz zugunsten der Alliierten, der von
den NS-Behörden ja als Landes- und Hochverrat qualifiziert
wurde, als Bestandteil des systematischen Kampfes gegen das
Hitler-Regime zu werten sei.

Gegen Kriegsende formierten sich an vielen Orten wieder
Widerstandskreise des „bürgerlichen" Lagers, aber auch politi-

sche Funktionäre der christlichen Arbeiterbewegung und selbst solche aus dem Bauern- und Gewerbebereich wurden aktiv.

Schließlich muss nochmals auch der Internationalen Bibelforschervereinigung der Zeugen Jehovas gedacht werden, die in aller Form die NS- und Faschismus- und Bolschewismus-Ideologie, den Hitler-Gruß und den Wehrdienst verweigerten und gegen die Verfolgung von Juden und anderen Personengruppen protestierten. Nach Angaben dieser Gemeinschaft sind von 550 Mitgliedern in Österreich 145 aus diesen Gründen umgekommen. Auch Adventisten und Baptisten stellten sich der Verfolgung. Dagegen „war der Widerstand der evangelischen Kirche und der altkatholischen Kirche zahlenmäßig gering" (44).

Ziemlich unabhängig von zivilen Widerstandsgruppen erfolgte der Aufbau von Oppositions- und Sabotagenestern innerhalb der deutschen Wehrmachtsstrukturen in Österreich. Beim Putschversuch von Wehrmachtsoffizieren gegen Hitler am 20. Juli 1944 waren die Vorbereitungen in Österreich unter Major Carl Szokoll so weit gediehen, dass nach Anlaufen der Aufstandsaktion „Walküre" alle militärischen Einrichtungen, Bahnhöfe und Flugplätze durch Szokoll-Einheiten plangemäß besetzt und die NS-Größen festgenommen waren. Als der Putsch scheiterte, konnte Szokoll sich in Sicherheit bringen, zwei seiner Vertrauten – Oberst (Graf) Marogna-Redwitz und Oberstleutnant Robert Bernardis – wurden hingerichtet. Als unmittelbare Folge wurden 600 permanent „verdächtige" Österreicher wieder inhaftiert. Bei vielen von ihnen wurde der Zeitablauf bis zum Ende der NS-Herrschaft nun eine Frage auf Leben und Tod.

Der gegen Kriegsende zu immer nachhaltiger betriebene Versuch einer Zusammenfassung von Widerstandskräften gelang am besten mit der Organisation „O5" (bezogen auf den fünften Buchstaben des Alphabets, das E, und „OE" stand für Österreich). Ursprünglich von bügerlich-konservativen Kräften initiiert, wurden nun auch Kontakte zu Sozialdemokraten und Kommunisten geknüpft und der Ausbau von Widerstandszellen in der Deutschen Wehrmacht vorangetrieben. Im Gebiet in und um Wien hat sich O5 als nunmehrige Dachorganisation des Widerstands auf ihrem Höhepunkt laut Fritz Molden auf 18.000 bis 20.000 Mitglieder und bis zu geschätzten 50.000 Sympa-

thisanten stützen können. Laut Luza waren diese Zahlen reali-
stisch und konnten sich mit Ziffern in anderen besetzten
Ländern wie Frankreich oder Tschechoslowakei durchaus mes-
sen (45). Im Februar 1945 konnte die Gestapo, offensichtlich
weil jemand zu viel geplaudert hatte, einen Großteil der
Widerständler ausheben. War Schwerpunkt der O5-Leute bisher
Wien gewesen, wo ihr Symbol an vielen Mauern erschienen war
(am Stephansdom ist es rechts vom Riesentor noch heute zu
sehen), konnte sich diese Organisation jetzt nur noch in Westösterreich und im Ausland bemerkbar machen.

Aber immer noch war Major Szokoll nicht unschädlich
gemacht. Gegen Kriegsende nahm er über den Feldwebel Ferdinand Käs Kontakte mit der heranrückenden Roten Armee auf,
um Wien das Schicksal einer umkämpften und zerstörten Stadt
zu ersparen. Husarenstücke in der Kontaktaufnahme gelangen,
die Umsetzung nur zu einem Bruchteil, weil der Plan verraten
wurde. Noch am 8. April 1945 henkte die SS Major Karl Biedermann, Hauptmann Alfred Huth und Oberleutnant Rudolf
Raschke auf dem Floridsdorfer Spitz als abschreckendes Beispiel für „Verräter" auf. Erfolgreicher waren die Widerstandsgruppen in Tirol, die sich im März und April unter der Führung
des künftigen Tiroler Landeshauptmanns und späteren Außen-
ministers Karl Gruber zusammenschlossen, die wichtigen öffentlichen Gebäude von Innsbruck besetzen und die Tiroler Landeshauptstadt den einrückenden US-Soldaten kampflos übergeben
konnten.

Auch in anderen österreichischen Bundesländern wurden
gegen Kriegsende Widerstandsgruppen tätig. Besonders bekannt
geworden ist jene unter Führung des ausgebrochenen kommunistischen KZ-Häftlings Sepp Plieseis und des einstigen sozialdemokratischen Funktionärs Albrecht Gaiswinkler im Ausseer-
land, die u.a. große Kunstschätze retten konnten, die von nationalsozialistischen Funktionären in ganz Europa zusammenge-
stohlen und in alten Salzbergwerksstollen untergebracht worden
waren. Im Großraum Ried im Innkreis waren kommunistische
Widerständler aktiv, zu denen auch der spätere sozialdemokratisch gewordene Justizminister Christian Broda gehörte. Um diese Gruppe rankten sich nach Kriegsschluss nie aufgeklärte lokale Gerüchte über angebliche Fememorde, und auch die US-

Besatzungsmacht begegnete Broda persönlich zunächst mit großen Vorbehalten (46).

Wenn von österreichischem Widerstand gegen das NS-Regime die Rede ist, darf auch die Opposition in Gefängnissen, Zuchthäusern und Konzentrationslagern nicht vergessen werden. Politische Diskussionen, Schulungen, Ausbruchsversuche, aber auch Solidaritätsaktionen für Kameraden und Kameradinnen gab es in großer Zahl. In Auschwitz kostete ein gemeinsam mit Polen unternommener Ausbruchsversuch zwei Österreichern das Leben. Auf der Dachauer „Lagerstraße" haben politische Gefangene „schon im Sommer 1938 von nichts anderem geredet, als was wir wieder machen würden, wenn Österreich wieder einmal frei sein werde," berichtete der spätere Vizekanzler Fritz Bock (47). Es kam auch schon dort zu Gruppenbildungen und mitunter harten Auseinandersetzungen zwischen Kommunisten und Sozialdemokraten (etwa Franz Olah), die weit in die Zweite Republik hineinwirkten.

Schließlich muss an den nicht organisierten Widerstand des Alltags erinnert werden, der in riskanten kritischen Äußerungen, Sabotageakten, Feindsender-Abhören und einzelnen humanitären Aktionen zugunsten Verfolgter bestand. Vor dem Sondergericht Wien wurden rund 10.000 Verfahren nach dem „Heimtückegesetz" abgehandelt. Nach diesem Gesetz konnten alle Äußerungen zugunsten von Staats- und Weltanschauungsfeinden, defaitistische Bemerkungen über den Kriegsverlauf, regimefeindliche Witze, Verweigerung einer Spende oder eines Hitler-Grußes bestraft werden. Auch Arbeitsbummelei, Krankfeiern und das Absingen verbotener Lieder zählten zu dieser „kollektiven Systemopposition" (Gerhard Botz). Aber selbst was nicht ausdrücklich verboten war – bestimmte Vorlieben für Kleidung, Haarschnitt, Musik – konnte zum Ausdruck von regimekritischer Verweigerungshaltung werden. Zum „Resistenzverhalten" (Martin Broszat) gehörten auch ein Festhalten an Religionsunterricht und Kirchgang, Wallfahrten und Prozessionen sowie das Einhalten abgeschaffter kirchlicher Feiertage. Das war das Gegenstück zu den fast 180.000 Austritten aus der katholischen Kirche, mit denen

> **Der Weg zur Quelle führt gegen den Strom.**
>
> **Stanislav Jerzy Lec**

Österreicher/innen in den Jahren 1938 und 1939 ihre Anfälligkeit für NS-Propaganda und Opportunismus demonstriert hatten.

Schließlich war Widerstand auch und nicht zuletzt jede Art von Hilfe, die Verfolgten und Verdammten der NS-Herrschaft zuteil wurde. Ein Stück Brot für gerade vorübergetriebene Häftlinge oder gar die Unterbringung noch nicht entdeckter Juden oder entsprungener KZler: Das war Widerstand von höchster moralischer Qualität. Erika Weinzierl hat das mit ihrem Buchtitel „Zuwenig Gerechte" 1969 erstmals ins allgemeine Bewusstsein gerückt. Ein altes hebräisches Sprichwort sagt: „Wer ein einziges Menschenleben rettet, rettet die ganze Welt." Es steht auf der Medaille, mit welcher der Staat Israel die „Gerechten der Völker" ehrt, die während der NS-Zeit Juden unter Einsatz ihres Lebens vor nationalsozialistischer Verfolgung gerettet haben. Bis zum Jahr 2000 haben 79 Österreicherinnen und Österreicher diese Ehrenmedaille erhalten, als deren Voraussetzung das Yad-Vashem-Institut in Jerusalem geprüfte Zeugenaussagen sammelt. Zu wenige, fand die Historikerin damals. Zu wenige, muss man sicher auch heute noch sagen, wiewohl es die untergetauchten menschlichen „U-Boote" auch in Österreich vereinzelt gab. Die Ärztin Ella Lingens handelte sich 1942 das KZ Auschwitz damit ein, dass sie jüdischen Flüchtlingen Hilfe erwies. Der Feldwebel Anton Schmid, Sohn eines christlichsozialen Wiener Postbeamten, rettete in Wilna (Litauen) als Leiter der Versprengten-Sammelstelle der Deutschen Wehrmacht 300 Juden das Leben, indem er Papiere fälschte, illegale Transporte in Wehrmachts-LKW organisierte und sogar Juden in seiner Dienststelle versteckte. Im April 1942 wurde er hingerichtet, im Mai 2000 hat der deutsche Verteidigungsminister Rudolf Scharping eine Kaserne der deutschen Bundeswehr in Schleswig-Holstein nach ihm benannt. Hans Rauscher erinnerte in einem Zeitungskommentar (48) daran, dass zur selben Zeit ein zweiter Österreicher in Wilna tätig war – Franz Murer, der als stellvertretender Gebietskommissar des dortigen Gettos zwei Jahre lang für den „Arbeitseinsatz" der Juden zuständig war, nach dem Krieg in der Sowjetunion zuerst zum Tod verurteilt, dann zu 25 Jahren begnadigt und schließlich amnestiert, in Österreich noch einmal vor Gericht gestellt – und freigesprochen wurde.

Die Gesamtbilanz des österreichischen Widerstandes ist trotzdem keine Schande. Mindestens 2700 Österreicherinnen und Österreicher wurden als zivile Widerstandskämpfer vom NS-Regime zum Tod verurteilt und hingerichtet. 16.500 kamen in Konzentrationslagern, 16.100 in Gefängnis- und Gestapohaft um. 3500 Militärpersonen und 4500 Deserteure wurden erschossen. Auf Grund von Gestapoberichten und Gerichtsurteilen kann auf rund 100.000 aus politischen Gründen inhaftierte Österreicher/innen geschlossen werden. 12.000 Menschen fielen im bewaffneten Kampf als Widerständler, Partisanen oder Soldaten alliierter Armeen (49). Zu behaupten, sie alle hätten der Antwort auf die Frage der Moskauer Erklärung nach dem Beitrag Österreichs zu seiner Befreiung Substanz verliehen, übertreibt die Wahrheit nicht.

3.7 Die meisten waren „Mitläufer"

Nein, vom österreichischen Widerstand gegen das NS-Regime erhobenen Hauptes zu sprechen, erfordert keine Übertreibung. Aber das beantwortet noch nicht die Frage, was die große Mehrheit der Bevölkerung dazu bewog, das nationalsozialistische Regime widerstandslos hinzunehmen: mehrheitlich sicher nicht als begeisterte Mitmacher, aber als Anpasser und Mitläufer, als augenzwinkernde Jasager oder mit gekreuzten Fingern einen Eid relativierende Überlebenskünstler, als Opportunisten, Konformisten oder auch nur als Realisten. Als Österreicher und Österreicherinnen halt.

Die Suche nach nationaler Identität, die länger als ein Jahrhundert genährte Überzeugung, diese könnte auch für die Bewohner Österreichs nur in Untermiete bei der deutschen Nation zu finden sein, war eine wichtige Motivation für innere Zustimmung. Immer hatten die Menschen von ihrem Deutschsein gehört, seit 1918 an den lauten Klagen über die Verhinderung eines Zusammenschlusses mit Deutschland teilgenommen – jetzt war diese Einheit hergestellt und nicht nur die alten Großdeutschen, sondern auch prominente Sozialdemokra-

> Was Österreich betrifft, so ist es ein arger Fehler gewesen, seine Vereinigung mit Deutschland zu verbieten.
> Diese Bestimmung stellt eine ständige Provokation gegenüber dem deutschen Volk dar.
> Times (London), 29. 11. 37

ten und Kirchenmänner klatschten ihr Beifall. Gewiss hafteten dem Anschluss in den Augen vieler allerlei Makel an – aber wenn Leitfiguren der alten Zeit sich damit abfinden konnten, warum nicht auch das einfache Volk?

Hitlers programmatische Wirrschrift „Mein Kampf" hatten die meisten gekauft und die wenigsten gelesen und die meisten der wenigen, die sie gelesen hatten, nicht ernst genommen. Dass „mit dem Hitler der Krieg kommt," sagte vielen ihr Instinkt. Massenvernichtung von Menschen wie in Auschwitz sah niemand, totalen Krieg mit Bombenterror auch an der „Heimatfront" kaum jemand voraus. Daher bremste eine solche Vision auch den gewohnten alten Antisemitismus nicht ein, wie es – hoffentlich – die präzise Vorausschau der dann tatsächlich an Juden verübten Grausamkeiten doch getan hätten. Dass man den Juden den Platz an der Sonne mit Gewalt wegnahm, fand die große Mehrheit durchaus in Ordnung. Dass Millionen von ihnen gleich ein Platz im Gasbunker und Krematorium zugewiesen wurde, wusste anfangs niemand und auch zuletzt nur eine vergleichsweise kleine Minderheit. Die Erkenntnis vom ganzen Ausmaß des Schreckens wuchs langsam, der Weg vom Ahnen zum Wissen führte durch echte oder auch zum Selbstschutz genährte Zwei-fel, durch Schmerz und Zorn und Enttäuschung über missbrauchten Idealismus.

Mit dem Idealismus der Menschen spielte das Regime ebenso skrupellos wie gekonnt. Gegen Klassenkampf und Klassengesellschaft, gegen Bolschewismus und Plutokratie (das war das NS-Schlüsselwort für einen geldgierigen Kapitalismus), für eine „Volksgemeinschaft" der Gleichen und Gleichwertigen wurde getrommelt. In der Praxis wurde nicht ein wirkliches Privileg abgeschafft – wohl aber Titel und formale Aufstiegshindernisse. Bedürftige Kinder erhielten Stipendien, alle mussten für die Allgemeinheit im Reichsarbeitsdienst einen Beitrag leisten. „Am 1. Mai marschierte der Direktor neben dem Arbeiter, in der Hitler-Jugend begegnete der Sohn des Notars dem Sohn des Häuslers, im Lager der Deutschen Arbeitsfront (DAF) wurde Wert darauf gelegt, dass der Betriebsführer mit dem Arbeiter in einem Zimmer schläft, Lehrerinnen leisteten in den Ferien – mehr oder minder freiwillig– ein bis zwei Wochen Fabriksdienst, um einer Arbeiterin eine Woche Extraurlaub zu verschaffen..." (50).

Verbesserte Altersrenten und Fürsorgeeinrichtungen, Mütterberatung, Kinderbeihilfen, ständige Sammlungen für die Nationalsozialistische Volkswohlfahrt (NSV) brachten vor allem in ländlichen Gegenden einen echten Neuerungsschub. Es gab kein Streikrecht mehr (aber daran waren die Arbeiter schon vor dem Anschluss gewöhnt worden), dafür organisierte Urlaubsfahrten mit „Kraft durch Freude" (KdF), Werkspausenkonzerte, verbilligte Theaterkarten, Werkskantinen, Betriebssport, preisgünstige „Volksempfänger" fürs Radiohören, Sparaktionen für den „Volkswagen" (VW), den sich eines Tages alle würden leisten können. Die Arbeitslosigkeit ging drastisch zurück, die immer deutlichere Kriegsorientierung der Wirtschaftspolitik wurde als schicksalhaft empfunden: Rüstete nicht auch alle Welt rund um Deutschland auf?

Allgemein entstand doch der Eindruck, nun sei ein Zeitalter der wagemutigen Neuerung, des Hineinschreitens in neue Aufgaben und Zielsetzungen angebrochen. „Der nationalsozialistische Staat verkörperte für die Jugend trotz aller Blut- und Bodenromantik die Bereitschaft zur Modernisierung, ja noch mehr: zur Technisierung von Leben und Gesellschaft" (51): Die große Automobilausstellung in Berlin, das aufkommende allgemeine Flugwesen, später die gesamte Militär- und Kriegstechnik faszinierten die junge Generation, wie es heute die Welt der Computer tut. Dabei wollte Hitler neben Industrie- und Rüstungszentren auch Kultur- und Erholungsräume pflegen. „Ich will, dass dem Arbeiter ein ausreichender Urlaub gewährt wird," verkündete er. „Ich wünsche das, weil ich ein nervenstarkes Volk will, denn nur allein mit einem Volk, das seine Nerven behält, kann man wahrhaft große Politik machen" (52). Deshalb hat auch Ernst Hanisch sein Buch über die NS-Herrschaft in Salzburg mit „Gau der guten Nerven" übertitelt.

In eine monumentale Zukunft zielte auch das Ausbauprogramm der nationalsozialistischen Machthaber im Bereich von Architektur und Raumplanung. Oberösterreich, der „Heimatgau des Führers", wurde mit dem Neubau eines Hüttenwerks (Hermann-Göring-Werke, nach 1945 Vereinigte Österreichische Eisen- und Stahlwerke, VÖEST) und eines Chemiekombinats (Stickstoffwerke) sowie mit dem Ausbau des Hafens belohnt. Für Linz plante Hitler eine pathetische Protzarchitektur, die vor allem auch das von ihm gehasste Wien in den Schatten stellen sollte. Salzburg als Kunstmetropole sollte seinen fürsterz-

> Eine Schwierigkeit der Historisie-
> rung der nationalsozialistischen
> Zeit liegt vor allem darin, das
> Nebeneinander und die Interde-
> pendenz von Erfolgsfähigkeit
> und krimineller Energie, von
> Leistungsmobilisation und Des-
> truktion, von Partizipation und
> Diktatur auseinanderzuhalten.
> Martin Broszat

bischöflichen Hintergrund und die Erinnerung an seine großen jüdischen Künstler vergessen. Schloss Klesheim als „Gästehaus des Führers", Schloss Fuschl bei Salzburg als Residenz von Reichs- außenminister Joachim von Rib- bentrop und die Nähe des Ober- salzberges, der Alpenresidenz Hit- lers, verliehen der Mozartstadt

ohnehin ein besonderes Flair: „Salzburg hört Hitler atmen," be- fand Francois Mauriac (53). Graz wurde mit dem Ehrentitel „Stadt der Volkserhebung" (und mit der Einverleibung von Nach- bargemeinden) dafür belohnt, dass es schon vor dem Rücktritt Schuschniggs Nationalsozialisten an die Macht gebracht hatte.

Das alles signalisierte Größe, Macht und Zukunft. Dass der Historiker Ernst Hanisch im Nationalsozialismus letztlich Elemente einer Provinzialisierung im Nationalsozialismus ent- deckt, steht dazu in keinem unversöhnlichen Gegensatz.

> In diesem Sinn könnte man den
> Faschismus u.a. als Sieg der Pro-
> vinz über die Weltstädte anse-
> hen.   Anton Kuh 1938

Letztlich ist es provinziell, das eigene Volk so unverschämt in den Vordergrund, alle anderen in den Schatten der Geschichte zu rücken und sich am „dekadenten" Wien,

wo Hitler gescheitert war, mit Linz als „Patenstadt des Führers" und „Trägerin des Reichsgedankens" zu rächen. Vor allem der jungen Generation eines Landes, das sich bis dahin selbst für nicht lebensfähig gehalten hatte, mussten solche Pläne freilich faszinierend erscheinen. Dazu kam die sport- und kamerad- schaftsbetonte Erziehung dieser Jugend, bei der es auch an Härte nicht fehlte. Dabei wurde immer wieder auch das Gefühl ver- mittelt: Wir leben in einer Zeit des „Umbruchs" (das war ja auch das Schlüsselwort für die Änderung der Verhältnisse im März 1938), eine neue Epoche bricht an, die alte verschwindet, das bringt Erschütterungen und Härten mit sich. Dies könnte, meint der Historiker Fritz Fellner, „auch erklären, wieso die Brutalitäten, Misshandlungen, Plünderungen, die Verhaftungen

und Morde, die zur Geschichte jener Tage gehören, nicht als
Vorboten späterer Gräueltaten erkannt wurden, weil man sie als
Begleiterscheinungen aller revolutionären Umstürtze zu sehen
vermeinte" (54). Ein sentimental-penetranter Mutterkult steuer-
te im Übrigen dem männlichen Härte-Ideal nicht ungeschickt
etwas entgegen.

Zur weitgehenden, wenn auch oft nur stillschweigenden
Akzeptanz der neuen Herrschaft in Österreich trug natürlich
auch die Zustimmung früherer Autoritätspersonen bei. Gegner
des Regimes wurden über Nacht aus ihren Positionen in der
Verwaltung, in Schulen, Kultureinrichtungen und Medien entfernt. Ihre Nachfolger, bisher vielleicht als vermutete „Illegale"
scheu beäugt, stiegen zu Führungspositionen auf. Jene, die ihre
Ämter beibehalten hatten, machten die neue Linie im eigenen
Interesse gewissenhaft mit. Das galt auch für Bischöfe, die zwar
genau überwacht, aber nicht abgesetzt wurden. Ihnen gegenüber
wandte das NS-Regime eine Zuckerbrot-Peitsche-Taktik an: Man
warb um sie, man drohte ihnen. Man skandierte „Innitzer und
Jud'- eine Brut" in Wien oder „Sigismund, du schwarzer Hund"
in Salzburg (auf Erzbischof Sigismund Waitz gemünzt, der sich
lange gegen Unterwerfung unter Hitlers Diktat im März 1938
gewehrt hatte), aber dann wusste man die Kirchenmänner auch
wieder mit Argumenten zu erwärmen, die ihre Augen leuchten
ließen: „Der Führer bejaht das Unfehlbarkeitsdogma." Und natürlich: „Der Führer ist auch für den Zölibat der Priester!" (55)

Die nationalsozialistischen Machthaber knüpften an die leider traditionelle christliche Judenfeindschaft an, ohne erkennen
zu lassen, dass man diese bis zur äußersten Konsequenz weiter-
treiben würde. Im selben Jahr, in dem Hitler die Nürnberger
Gesetze gegen die Juden verkündete, ließ er in der Heldenstätte
Walhalla bei Regensburg eine Büste des „Musikers Gottes",
Anton Bruckner, aufstellen. Schon starben Priester und gläubige
Laien in den Folterkellern des Nationalsozialismus, als Bischöfe
noch mit den süßen Früchten des (deutschen) Konkordates ver-
wöhnt wurden. Die Einführung eines staatlich exekutierbaren
Kirchenbeitrags hätte dazu dienen sollen, viele zum Kirchenaustritt zu veranlassen. Zur allgemeinen Überraschung erreichten die Nationalsozialisten damit das Gegenteil: Endlich konnten Menschen durch Nichtstun (also Nicht-Austritt) demonstrie-

ren, dass sie gegen das Regime (also für die Kirche) waren: Die weitaus meisten blieben, die Quelle sprudelte, kein Bischof wollte ihr Versiegen provozieren.

Trotzdem wurde dem Volk täglich klar gemacht, wer sein Führer und Retter war. Die mythische Überhöhung Adolf Hitlers als „gottähnlicher Übervater" (Hanisch) „darf nicht allein als Produkt der Propaganda missverstanden werden. Es waren sehr reale Sehnsüchte und sehr reale Frustrationen des Volkes, die an diesem Mythos mitarbeiteten und alles gleichsam in ein religiöses Licht tauchten". Aber natürlich hatte die NS-Propaganda einen sehr erheblichen Anteil daran. Diese wurde wie nie zuvor von einem Regime mit den modernsten Mitteln nicht nur der Technik, sondern auch der Massenpsychologie aufgezogen. In den ersten drei Jahren der NS-Herrschaft in Österreich nahm die Zahl der Radiobesitzer um 80 Prozent zu. Der Siegeszug des Films wurde auch zu einem Siegeszug des NS-Marketing. In jedes Dorf fuhr der Gaufilmwagen. Keine Kinovorstellung ohne „Deutsche Wochenschau" mit Parteifeiern oder Frontberichten voll perfekter Dramaturgie. Schon wie sich die Nationalsozialisten bereits in der Schlussphase des Ständestaates präsentiert hatten, wies sie als Meister der Seelenüberwältigung aus: diszipliniert im Auftreten, monumental im Gesamt-Design, pathetisch im Anspruch, heiter in Lieder und Wort, jung und gläubig, erfolgreich und hoffnungsfroh. Nichts ist so erfolgreich wie der Erfolg.

Man merkte dies deutlich auch im Verlauf der sieben Jahre, in denen der Nationalsozialismus in Österreich das Sagen hatte. So lange alles nach Hitlers Wünschen lief, politisch wie militärisch, national wie international, so lange hatte er um genug Rückhalt im Volk nicht zu bangen. Als sich, was als Kriegsglück erschien, 1941 zu wenden begann, nahm auch die innere Zustimmung zur NS-Herrschaft ab. Jetzt wurde es immer wichtiger für das Regime, sich die Botmäßigkeit des Volkes mehr durch Mittel des Terrors als der Überredung zu sichern. Das Rundfunkgerät, zuerst wirksames Mittel der Indoktrination, wurde plötzlich zu einer Quelle der Wehrkraftzersetzung, weil immer

> **Der Feigen waren mehr als der Streitbaren, der Dummen mehr denn der Klugen – Mehrheit setzte sich durch.**
>
> Friedrich Schiller

mehr Menschen trotz drakonischer Strafandrohung Feindsender abzuhören begannen. Regimekritische Witze wurden zur Waffe, Gerüchte zu drohender Gefahr.

Dem Murmeln an Wirtshaustischen fehlte alsbald der gläubige Unterton. Prediger wurden bespitzelt, Schwarzhörer belauscht, Schwarzschlächter als Volksschädlinge bestraft, „Hamsterer" mit einem Liter Frischmilch oder zehn Eiern im Korb von der Gendarmerie perlustriert. Trotzdem nahm diese Art von Widersetzlichkeiten zu. Die Menschen schimpften. Die Menschen klagten. Immer weniger nahmen die Durchhalte-Parolen ernst. Immer mehr sahen sich auf den Landkarten des Krieges und auf den Landkarten der engeren Heimat um und begannen, strategische Linien zwischen Punkten zu ziehen, wo man die Front wähnte und wo man Verwandte oder Freunde wusste, bei denen man noch vor Kriegsende angekommen sein wollte.

Mit Absicht ist der Hinweis auf Zwangsmaßnahmen an die letzte Stelle der Aufzählung von Gründen für eine Regimestabilisierung gerückt worden. Hinter diesem Buch steckt keine Absicht, alle Österreicher zwischen 1938 und 1945 als Opfer von Verfolgung und Terror darzustellen. Diese hat es in erschreckend großer Zahl auch gegeben. In diesem Kapitel sollte aufgezeigt werden, warum so viele (zu viele) Menschen so lange (zu lange) mitgemacht haben. Es ist ein Kapitel von teilweise unrühmlicher menschlicher Unzulänglichkeit daraus geworden, das zu keiner Verharmlosung Anlass geben darf. Man muss der Wahrheit ins Auge sehen: Kein noch so diktatorisches Regime kann sich auf Dauer halten, wenn es auf eine geschlossene, wenn auch schweigende Ablehnungsfront stößt. Kein Staat funktioniert ohne das verzweigte Geäst der Mitmacher aus Freude und Zustimmung, aber auch aus bloßer Gleichgültigkeit, Sorglosigkeit, Ängstlichkeit oder vorsichtigem Abwarten. Ohne Mitläufer gibt es keine „Siegläufer", um im Bild zu bleiben. Weise Einsicht in die Natur des Menschen verbietet uns, von jedem und jeder oder auch nur von der Mehrheit eines Volkes - irgend eines Volkes – Heldentum vor Fürstenthronen zu erwarten. Aber es gibt eine Ebene der Würde, die zu unterschreiten Gewissen und Anstand verbieten sollten.

Vielleicht sind die Mitläuferinnen und Mitläufer das Hauptproblem einer Gesellschaft, die ihre humane Würde zu wahren versucht oder doch zu wahren versuchen sollte. Vielleicht liegt hier die Hauptbegründung für strenge moralische Maßstäbe, die in guten Zeiten angelegt werden müssen, um die Gesellschaft vor Versagen in weniger guten Zeiten zu bewahren. Unzulänglichkeiten der Erkenntnisfähigkeit und Unzulänglichkeiten des Charakters müssen in Perioden der unbedrohten Demokratie erkannt und bekämpft werden, um in Epochen der Heimsuchung nicht zur Versuchung zu werden. Wie man Demokratie lernen kann, ja lernen muss, kann man auch bürgerliche Tapferkeit ein bisschen einüben. In unserem, in jedem Volk.

4. Entnazifizierung: Kraftakte und Krebsgänge

4.1 Befreier und Besatzer

Der 5. Mai 1945 war voller Sonne. „An diesem herrlichen Tag hörten wir um etwa 11.30 Uhr zuerst von der von Nebelschwaden verdeckten Zufahrtsstraße ein starkes Motorengeräusch. Dann kamen langsam in das Sonnenlicht hervor: ein weißer Personenkraftwagen und zwei amerikanische Panzerspähwagen! Im gleichen Augenblick wurden die Torflügel des Sanitätstraktes weit aufgerissen. Hunderte und Hunderte Männer, Frauen und Kinder strömten in wilden Haufen zu den Fahrzeugen. Die meisten waren halb nackt, nur mit Lumpen bedeckt, manche ohne jede Bekleidung, halb verhungerte Geschöpfe, lebende Skelette. Es war, als hätte sich ein Massengrab geöffnet..." So schilderte der KZ-Häftling Hans Marsalek die Ankunft amerikanischer Soldaten beim Konzentrationslager Mauthausen (1). Dass diesen bedauernswerten Geschöpfen dort, wo sie in den nächsten Wochen auftauchten, mit größtem Misstrauen begegnet wurde, hatte man doch gehört, dass die Nazis nur schwere Verbrecher eingesperrt hatten, vergiftete leider schon die erste Begegnung zwischen Opfern, Täter, Zuschauern und Ahnungslosen.

Keine Frage: Für die einstigen KZ-Insassen war die Ankunft alliierter Truppen eine Befreiung, eine Wiedereinsetzung in den Stand der Menschenwürde. Aber auch die Zivilbevölkerung empfing die Truppen der USA, Großbritanniens und Frankreichs mit Freude, Zustimmung, Dankbarkeit. In Linz sicherten zivile Widerständler die zwei Donaubrücken und überredeten, wie es auch in anderen Städten und Ortschaften geschah, die deutschen Truppen zu einem Abzug ohne Gegenwehr. Überall war man dankbar für das Ende des schrecklichen Krieges, freute sich, wieder frei atmen zu können und nahm die ersten Folgen der Befreiung ohne Widerwillen in Kauf: die Beschlagnahme von Wohnungen und Häusern, die Nachschau in Weinkellern (Fehlanzeige!) und bisweilen auch in Privatgemächern. Für kleines Ungemach wurde man bald mit kleinen Geschenken entschädigt: Zigaretten, Schokolade, Konserven. Auf das, was politisch kommen sollte, war man neugierig: Demokratie, in Österreich seit Menschengedenken eher gehässig und seit 12 Jahren überhaupt nicht mehr praktiziert, wollte man jetzt in neuer Form kennenlernen.

Die Befreier begannen postwendend mit der provisorischen Zusammensetzung neuer staatlicher Institutionen, die das Volk auf eine Wiedererrichtung der Demokratie vorbereiten sollten. Amerikaner und Briten brachten naturgemäß österreichische Emigranten mit, die das Land 1938 verlassen hatten und mit den Verhältnissen vertraut waren. Besonders von britischer Seite drängte man rasch auf politische Lösungen, musste sich aber den Amerikanern beugen, die zunächst alles dem vorrangigen Ziel unterordneten, den Krieg zu gewinnen (2). Schon die Moskauer Deklaration von 1943 war vor allem Großbritannien zu danken gewesen. Jetzt erst begannen auch die USA, sich konkret Gedanken über die Zukunft Österreichs zu machen, das man im Wesentlichen wie Deutschland, aber ein wenig freundlicher behandeln wollte. Für einen Zugang zu einem Flugplatz im Großraum Wien gaben die Amerikaner das Mühlviertel willig den Sowjets preis. Zur heimischen Bevölkerung fand man rasch ein entspanntes Verhältnis, das formell erst am 3. September 1945 aufgehobene Fraternisierungsverbot wurde in der Praxis schon sehr bald nicht mehr eingehalten.

Anders gestalteten sich die Verhältnisse in den Gebieten, die von Truppen der Sowjetunion befreit worden waren. Obwohl auch von ihnen der heimischen Bevölkerung und besonders Kindern allerlei Freundlichkeiten erwiesen wurden, bestand hier von Anbeginn ein gespanntes Verhältnis. Die gesamte NS-Propaganda in der Schlussphase des Krieges hatte sich auf die Anschwärzung der „Bolschewisten" konzentriert. Die Angst vor dem Kommunismus saß ohnehin tief in der Bevölkerung – und war politisch ja auch wohl begründet. Leider trug auch das Verhalten von Teilen der sowjetischen Streitkräfte zur Festigung ihres schlechten Rufes bei: Mehr wurde genommen (vor allem Armbanduhren) als gegeben (vor allem Erbsen). Soldaten scheuten vor Plünderungen nicht zurück, die Zahl der Vergewaltigungen stieg rasant: Nach hochgerechneten Schätzungen dürften zwischen Mai und Dezember 1945 rund sechs Prozent der Frauen zwischen 15 und 60 von Sowjetsoldaten sexuell missbraucht worden sein (3).

Kommunistische Zeitungen durften das Thema gar nicht anrühren, österreichische taten es umso lieber, und die Politiker auch. Einer der schärfsten Kritiker sowjetischer Besatzungspraktiken war der neue sozialdemokratische Innenminister Oskar Helmer, dessen Bruder sowjetische Soldaten nach einem Trinkgelage in Oberwaltersdorf erschossen hatten, weil er die Frauen seiner Freunde schützen wollte (4). Beschlagnahmungen im größten Stil trafen die Wirtschaft hart; Lebensmittel, Lebendvieh, landwirtschaftliche und industrielle Maschinen waren begehrt. Immer mehr ging es nicht nur um die Erfüllung von Augenblicksbedürfnissen, sondern um die Aneignung von Betrieben, die wirklich oder angeblich deutschen Eigentümern gehörten. In dieser Situation hätte nicht bekannt werden dürfen, was Eingeweihte erst später erfuhren: dass nämlich der erste Nachkriegskanzler Karl Renner am 15. April 1945 dem „sehr geehrten Genossen" und „ruhmbedeckten Oberbefehlshaber" Stalin ein sicher gut gemeintes, aber allzu unterwürfiges Danktelegramm übermittelt hatte.

In den folgenden Jahren nahmen sowjetische Besatzungsorgane auch Zivilpersonen fest, die nicht mit Untaten in der NS-Zeit in Verbindung gebracht werden konnten. Bei den Dritten Österreichischen Zeitgeschichtetagen 1997 war von 1495 nachgewiesenen Fällen von Verschleppungen zwischen 1945 und 1955 die Rede; 176 der in die Sowjetunion verbrachten Personen waren Frauen. Die bekannteste von ihnen war die Ministerialbeamtin Margarete Ottilinger, die 1948 aus dem Auto des mitfahrenden Ministers heraus bei Überschreiten der Demarkationslinie zwischen US- und Sowjetzone an der Enns festgenommen, in die Sowjetunion verschleppt und erst 1955 rehabilitiert und wieder freigelassen wurde. Wessen man sie konkret beschuldigte, war bis zuletzt nicht klar; sie dürfte das Opfer von Intrigen geworden sein, die damals bei entsprechender Beziehung zur Besatzungsmacht Chancen auf spektakuläre Verwirklichung hatten. Gern wurde auch illegaler Waffenbesitz als Anlass für Verhaftung und Deportation nach Sibirien genommen; oft hatte nur ein Jäger oder Bauer seine Stutzen vergraben, weil er es nicht übers Herz brachte, sie abzuliefern.

Im Licht solcher Tatsachen muss man die heute für viele nicht mehr verständliche Bezeichnung der ersten zehn Nachkriegsjahre als „Besatzungszeit" sehen, wobei schon der Eindruck stark vorherrschte, dass sich die Sowjetunion weitaus weniger entgegenkommend als die westlichen Alliierten verhielt. Dies galt besonders auch für die Beanspruchung von „Reparationen", also Entschädigungsleistungen für nationalsozialistische Raffgier. Dafür wollte die Sowjetunion Unternchmungen und Vermögenswerte ehemals deutscher Eigentümer heranziehen. Die Westalliierten erhoben zunächst prinzipiell denselben Anspruch, verzichteten aber bald darauf zugunsten Österreichs, was die unterschiedliche Beurteilung der Befreier verschärfte. Trotzdem beteiligten sich auch die USA, Großbritannien und Frankreich jahrelang an der weitgehenden Entmachtung österreichischer Institutionen einschließlich des demokratisch gewählten Parlaments, so dass die Bezeichnung „Befreierokkupation", die Außenminister Karl Gruber prägte, schon zu begründen war und nicht einfach als Undankbarkeit der Österreicher gegenüber ihren Befreiern gewertet werden kann. Als aktiver und erfolgreicher Widerständler konnte sich Gruber eine solche Formulierung am ehesten leisten.

In der ersten Phase der politischen Maßnahmen, die von der amerikanischen Militärmacht gesetzt wurden, ging es um die Einsetzung funktionierender Verwaltungsorgane. Sowohl in Salzburg wie in Oberösterreich galt die katholische Kirche als verlässlichstes Bollwerk des Antinationalsozialismus. Daher pilgerten die Besatzer vor allen wichtigen Personalentscheidungen zuerst zu Erzbischof Andreas Rohracher bzw. Bischof Joseph Fließer, was auch

> **Zwischen 1. Mai 1945 und 1. Februar 1946 wurden in Oberösterreich von insgesamt 33.855 öffentlich Bediensteten 10.104 aus ihren Positionen entfernt; in manchen Behörden betrug der Verlust an Akademikern über 60 Prozent.**
>
> **Kurt Tweraser**

die Politiker zur Kenntnis nehmen mussten. In Salzburg wurde Rohracher, so fanden hinterher viele, zu stark auf die Seite deutschnationaler Katholiken, in Linz Gföllner stark zur christdemokratischen Volkspartei gezogen.

Um Nationalsozialisten aus allen wichtigen Positionen zu verdrängen, nahmen die USA in Österreich wie in Deutschland

zu einem Fragebogensystem Zuflucht, das wegen seiner komplizierten Einfältigkeit zum Gespött vieler Glossisten und Karika-
turisten geworden ist. Mit 150 zum Teil naiven, zum Teil wirk-
lichkeitsfernen Fragen sollte gewissermaßen das ganze Volk
politisch durchleuchtet werden. Die Fragen waren so formuliert,
dass auch Funktionäre des nicht demokratischen Ständestaates
von der neuen Politik ausgeschaltet werden sollten. Das konnte
die ÖVP nicht hinnehmen, die vor allem auf die Erfahrung dieser Personen zurückgreifen musste. Jedenfalls durfte Heinrich
Gleissner, der überzeugte Humanist und Christ, der nach anfäng-
licher KZ-Haft (Dachau, Buchenwald) die NS-Zeit in einer
Fabrik in Berlin verbringen musste und dort Kontakt zu
Widerständlern unterhielt, zunächst keine politische Funktion
bekleiden. Erster oberösterreichischer Landeshauptmann nach
dem Krieg wurde der einst deutschnational-liberale Anton Eigl,
der eine Beamtenregierung bildete. Aber bald fing sich die US-
Streitmacht in den Schlingen der eigenen Fragebogendiplo-
matie: Weil er 1939 zum Regierungsdirektor ernannt wurden
war, mussten die Amerikaner Eigl im August 1945 festnehmen -
„mandatory removal" lautete das Zauberwort, „verpflichtende
Entfernung". Wer bestimmten formalen Voraussetzungen entsprach (z.B. einen Berufstitel hatte, der auf „-rat" endete) , musste ungeachtet eigener Schuld oder Unschuld aus einem öffentlichen Amt entfernt werden. Ad absurdum wurde das System
geführt, als sich herausstellte, dass auch von seinem Nachfolger
Gleissner eine NSDAP-Mitgliedsnummer existierte, um die ohne
sein Zutun die Berliner Firma zu seinem Schutz angesucht hatte! Aber da hatten die Amerikaner den Unsinn ihrer Säube-
rungsmethode schon eingesehen und die Automatikhaft abgeschafft.

In den Vorsommermonaten war der US-Macht die Sicher-
stellung der Versorgung der Bevölkerung mit Lebensmitteln das
Wichtigste. Im Juli wurde dann in Österreich wie in Bayern in
der Entnazifizierung auf „Aktion scharf" umgeschaltet. Gegen-
entwürfe österreichischer Stellen, die von tatsächlicher individueller Schuld ausgingen, wurden regelmäßig verworfen. Im
März 1946 hatten die Amerikaner in ihrer Zone 81.770 ausge-
füllte Fragebögen von achteinhalb Prozent der Bevölkerung in
der Hand. Trotzdem waren das erst zwei Drittel jener Fälle, die

österreichische Behörden schon erarbeitet hatten. Rund 8000 Personen wurden aus einem öffentlichen Dienst entlassen.

Die britischen Streitkräfte waren in ihrer Besatzungszone (Kärnten und Steiermark) ähnlich wie die Amerikaner, aber pragmatischer vorgegangen. Ihnen kam es mehr auf die Verhinderung künftiger nationalsozialistischer Untaten als auf die Bestrafung vergangener an. Im Februar 1946 verfügten sie über rund 83.000 Fragebögen von sechs Prozent der Bevölkerung. Sie unterschieden zwischen unverbesserlichen (intractable) und bekehrbaren (curable) Nazis und konzentrierten alle ihre Anstrengungen auf eine Verbesserung der wirtschaftlichen Lage. Damit stellten sie einen Zusammenhang zwischen nationalsozialistischer Gesinnung und schlechter Wirtschaftslage her, was ja auch den Realitäten der Dreißigerjahre entsprach. In der Logik dieser Auffassung lag es, dass sie bei der Entfernung ehemaliger Nationalsozialisten aus Leitungspositionen in der Wirtschaft nicht so rigoros und konsequent vorgingen wie die Amerikaner.

Sehr pragmatisch gingen auch die Franzosen in ihrer Besatzungszone (Tirol und Vorarlberg) vor. Zuerst hatten die örtlichen Militärkommandanten relativ viel Spielraum, so dass es zu nicht immer konsequenten Entscheidungen bei der Entnazifizierung kam. Dann wurde gemischte französisch-österreichische Kommissionen eingesetzt, die sehr realitätsbezogene Entscheidungen trafen, sprich: Leute auf ihren Posten beließen, die dort dringend gebraucht wurden.

Die Sowjets verfolgten die pragmatische Linie eigentlich von Anfang an. Das hing auch damit zusammen, dass die allermeisten prominenten Nazis vor ihnen geflohen waren, weil sie von den Westmächten eine etwas humanere Behandlung erwarteten, weshalb die Sowjetbehörden keine großen Fälle abzuhandeln hatten. Ihr langfristiges politisches Konzept zielte allerdings erkennbar nicht auf eine Wiederherstellung demokratischer Verhältnisse, sondern auf eine Einbeziehung auch Österreichs in die erhoffte sozialistische Weltrevolution ab. Davon waren die meisten maßgeblichen Politiker der ersten Stunde wie Adolf Schärf, Karl Gruber, Oskar Helmer und weitgehend auch Leopold Figl überzeugt (5).

Da die Sowjets über die Kommunistische Partei Österreichs, die in den Betrieben stets mit der Wirklichkeit konfrontiert wurde, besser als die Westmächte über die Volksmeinung orientiert waren, konnten sie als Erste eine Doppelstrategie entwerfen: Lautstark forderten sie eine rasche Wiedereingliederung der kleinen Nazis in die Gesellschaft, sofern sich diese gegenüber den Sowjettruppen loyal verhielten, tadelten gleichzeitig aber die Westmächte wegen angeblicher Laxheit im Umgang mit den großen NS-Verbrechern. Sofern auch in ihrem Einflussbereich solche noch zu finden waren, übergaben die Sowjets sie früher als die Westalliierten österreichischen Stellen zur Aburteilung, um möglichst unbelastet taktieren zu können. Erst nach dem unerwartet deutlichen Misserfolg der Kommunisten bei den ersten freien Nachkriegswahlen (sie erhielten nur vier von 165 Abgeordnetensitzen im Nationalrat!) begannen sie, auch österreichische Behörden wegen zu großer Nachsicht bei der Entnazifizierung zu kritisieren.

> Das Vertrauen der österreichischen Arbeiterklasse insbesondere in die Sowjetrepublik ist grenzenlos geworden. Die österreichischen Sozialdemokraten werden sich mit der Kommunistischen Partei brüderlich auseinandersetzen ... Dass die Zukunft des Landes dem Sozialismus gehört, bedarf keiner Betonung.
> **Karl Renner an Stalin am 15. 4. 45**

Im Spätwinter 1946 hatten die UdSSR und die USA ihre Rollen in dieser Frage getauscht: Zuerst waren die Amerikaner, von nun an waren die Sowjets diejenen, die strengere Strafen forderten. Auch der sich verschärfende Kalte Krieg trug naturgemäß dazu bei, dass die Westmächte österreichische Bundesgenossen, auch solche mit leicht brauner Vergangenheit, in ihre Frontstellung gegen den Sowjetimperialismus einbeziehen wollten. Im Alliierten Rat, der für gesamtösterreichische Beschlüsse zuständig war, musste Einstimmigkeit herrschen, was immer schwerer zu erreichen war. Auch das war mit ein Grund dafür, dass alle vier Mächte im Februar 1946 die gesamte Entnazifizierung den österreichischen Behörden übertrugen und sich auf eine Kontrollfunktion zurückzogen. Allen jenen, die heute die österreichische Entznazifizierungspraxis als feig und weich kritisieren, sollte es doch zu denken geben, dass auch die Besatzungsmächte überwiegend pragmatisch, oft genug opportunistisch und so gut wie nie nur logisch und gerecht vorgingen.

Trotzdem sei nicht vergessen, dass die Befreier um eine rasche und umfassende Änderung der politischen Lage in Österreich und um die Schaffung der dafür erforderlichen Voraussetzungen bemüht waren. Bis Juni 1945 waren von den westlichen Alliierten rund 10.000 ehemalige Nationalsozialisten verhaftet worden, jeder Neunte davon auf Grund formaler Voraussetzungen und ungeachtet persönlicher Schuld („category arrests"). Bis Februar 1946, als die Alliierten alle offenen Fälle an Österreich übergaben, hatten die Amerikaner 9462 Personen, die Briten 6413, die Franzosen rund 7000 festgenommen, die Sowjets schätzungsweise weniger als tausend. Die USA und Großbritannien hatten in ihren Zonen Anhaltelager eingerichtet; das bekannteste davon war Glasenbach bei Salzburg, dessen verbleibende Insassen Ende 1947 von den Amerikanern österreichischen Behörden übergeben wurden.

Die Übergabe der Entnazifizierungsagenden an Österreich bedeutete nicht, dass die Alliierten sich nicht jene Fälle, auf deren Bestrafung sie großen Wert legten, noch eine Zeit lang vorbehielten. Zwischen Kriegsende und Sommer 1948 wurden 31.517 österreichischen Staatsbürgern von britischen Miltärgerichten der Prozess gemacht. 28.894 Personen wurden verurteilt und 2623 freigesprochen. Allgemein wurde die britische Militärgerichtsbarkeit als hart, aber fair beurteilt. 25 großen Militärgerichtsprozessen in der britischen Zone mit jeweils einer größeren Zahl von Angeklagten standen 16 in der amerikanischen gegenüber. Bei den Briten kam es dabei zu 80, bei den Amerikanern zu 37 Verurteilungen, wovon 53 bzw. 8 Todesurteile waren. Von den 53 britischen Todesurteilen wurden 42 und von den acht amerikanischen vier vollstreckt (6). Diese Statistik muss man zusammen mit der Bilanz der österreichischen Volksgerichte in einen Vergleich mit anderen Ländern einbeziehen.

4.2 Nazis wurden nicht geschont

Am 27. April 1945 proklamierten die Spitzen der eben neu konstituierten, von den Alliierten anerkannten Parteien – Österreichische Volkspartei (ÖVP), Sozialistische (seit 1991 Sozialdemokratische) Partei Österreichs (SPÖ) und Kommunistische Partei Österreichs (KPÖ) – das Wiedererstehen der Republik Österreich. Die Proklamation besaß hohen Gefühlswert, ist aber kaum in das Bewusstsein breiter Bevölkerungsgruppen eingedrungen. Kritische

Historiker stuften sie als grobe Irreführung ein: Das „macht- und willenlos gemachte Volk Österreichs", von dem darin die Rede ist, die „Bekriegung von Völkern, gegen die kein wahrer Österreicher jemals Gefühle der Feindschaft oder des Hasses gehegt hat", etablierten „die Halbwahrheit der ‚Opferthese'" (7) allzu penetrant. Aber unbestritten war unter allen Parteien: Der Einfluss des Nationalsozialismus musste sofort und nachhaltig beseitigt, die Entfaltung der Demokratie mit allen Mitteln gefördert werden.

Die Wege, die man zur Erreichung dieser Ziele einschlug, waren eindeutig, aber maßvoll. Hinterherr überrascht die späte Erkenntnis, dass manche auch von einer „schnellen, revolutionären Lösung", einem „befreienden Gewitter" geträumt hatten. Es wäre auch nach Meinung der sozialistischen „Arbeiter-Zeitung" vom 5. Jänner 1946 durchaus ein möglicher Weg gewesen, dass das Volk in der Stunde der Befreiung „in revolutionärer Erhebung" mit den Nazis abgerechnet hätte, „und dann Schluss". Aber die sozialistische Revolution blieb aus und auch „die Vergeltung, die wir uns so blutig vorgestellt hatten" (8). Auch viele Nationalsozialisten hatten mit einem gewaltsamen Aufräumen mit der Vergangenheit gerechnet, bei dem sie Methoden nicht ausschlossen, mit denen sie selbst gearbeitet hatten. Es spricht für das Verantwortungsbewusstsein der neuen Führungselite, dass sie dafür nicht zu haben war: Das Blut der Rache ist kein Lebenssaft für einen demokratischen Neubeginn.

Aber eine Form der Abrechnung sollte es auf jeden Fall geben. Die Unmöglichkeit, jeden einzelnen Nationalsozialisten nach persönlicher Schuld, Mitschuld oder Unschuld zu beurteilen, war Alliierten wie Österreichern von Anbeginn klar; dafür waren ihrer zu viele. Also musste, von schweren Verbrechen abgesehen, zunächst einmal pauschal und formal vorgegangen werden. Die erste Handhabe dafür bot das Verfassungsgesetz über das Verbot der NSDAP (Verbotsgesetz) vom 8. Mai 1945. Es ordnete vor allem das Nächstliegende an: die Auflösung der Nationalsozialistischen Deutschen Arbeiterpartei (NSDAP) und ihrer Teilorganisationen: „Wer weiterhin dieser Partei angehört oder sich für sie oder ihre Ziele betätigt, macht sich eines Verbrechens schuldig und wird hiefür mit dem Tod und dem Verfall des gesamten Vermögens bestraft." Ein paar Ausnahmen für besonders berücksichtigenswürdige Fälle wurden vorgesehen, da reichten dann 10 bis 20 Jahre Kerker, aber im Ansatz war es ein strenges Gesetz mit sehr strengen Strafen.

Das Verbotsgesetz schrieb eine Registrierung aller Mitglieder der NSDAP und ihrer Wehrverbände (SA, SS u.a.) und zuerst auch die der bloßen Anwärter vor, wofür Listen auf den Gemeinde- und auf den Arbeitsämtern aufgelegt wurden. Konsequenzen aus der Registrierung beschrieb noch nicht das Verbotsgesetz, sondern erst die lange Reihe von Spezialgesetzen, die diesem folgte. Alle Parteien waren sich darin einig, dass hinsichtlich solcher Konsequenzen zwischen schuldig gewordenen Nationalsozialisten und Mitläufern unterschieden werden sollte. Allen Erfassten aber wurde für die ersten demokratischen Wahlen das Stimmrecht aberkannt; die ÖVP bemühte sich vergeblich, es den Mitläufern zu erhalten, aber die KPÖ war strikt und die SPÖ nach anfänglichem Schwanken auch dagegen, weil „auch viele kleine Mitläufer sich als Denunzianten hervorgetan haben." Lediglich Mitglieder des NS-Kraftfahrerkorps (NSKK) und des NS-Fliegerkorps (NSFK) blieben vom Wahlrechtsverlust ausgenommen; in diese beiden Organisationen hatten sich viele Regimegegner geflüchtet, die zu einem Minimalbekenntnis zur neuen Herrschaftsform gedrängt worden waren.

Im Großen und Ganzen blieb diese Grundlinie für die drei Parteien auf Jahre hindurch kennzeichnend: die KPÖ für größte, die SPÖ auch für große und die ÖVP für geringere Strenge. Das berühmte Plakat der SPÖ, das den Austausch Nazi gegen Kriegsgefangene forderte, kennzeichnete den graduellen Unterschied der Linksparteien: Es konnte erscheinen, veranlasste die SPÖ aber zu einer späteren Distanzierung vom Plakat und seinem Urheber, dem Zentralsekretär Erwin Scharf, der

> Zehntausende Österreicher befinden sich fern der Heimat in Kriegsgefangenenlagern und werden zum Aufbau Österreichs benötigt. Zehntausende Nazi befinden sich in der Heimat und sabotieren den Wiederaufbau Österreichs. Wir fordern den Austausch.
>
> SPÖ-Wahlplakat 1945

ohnehin zu den Kommunisten überlief. Die größere Milde der ÖVP führten Kritiker darauf zurück, dass sie sich die meiste Hoffnung auf Nazistimmen machen konnte, aber auch Dieter Stiefel schreibt sie in seinem umfassenden Werk über die

Entnazifizierung auch dem „human-christlichen Element" in dieser Partei zu (9).

Bei den registrierten Nationalsozialisten wurden sofort alle, die schon zwischen 1. Juli 1933 und 13. März 1938 der NSDAP oder einem ihrer Wehrverbände angehört hatten, als schwere Fälle eingestuft. In der Ständestaatzeit hatte die Mitgliedschaft nach dem Verbot der Partei ja den Tatbestand des Hochverrats erfüllt. Man schätzte, dass rund 70.000 Österreicher/innen „Illegale" gewesen waren, aber nun zeigte sich ein Faktum mit Heiterkeitswert: 1938 hatten Übereifrige ihre Mitgliedschaft vordatiert, weil das Vorteile versprach, und getrauten sich nun nicht, zur Wahrheit zurückzukehren. Auf diese Weise waren nach eigenen Angaben 1946 fast 100.000 Illegale registriert. Ihnen durch das Gesetz gleichgestellt waren Personen, die dem NS-Regime „beträchtliche finanzielle Zuwendungen" gewährt hatten.

Ein zweites wichtiges Gesetz war das Kriegsverbrechergesetz, mit dem die strafrechtliche Verfolgung ehemaliger Nationalsozialisten durch Sondergerichte geregelt wurde; davon soll im nächsten Kapitel ausführlich die Rede sein.

Um sich nun viele Hochverratsprozesse zu ersparen, kam Vizekanzler Adolf Schärf übrigens auf die Idee, durch eine Gesetzesautomatik auch gleich Strafen (nämlich fünf bis zehn Jahre Kerker) für bestimmte Mitgliedschaften festzusetzen; nur bei Vestößen gegen die Menschlichkeit hätten Prozesse stattfinden müssen. Davon soll noch die Rede sein: Der Widerstand aus rechtspolitischen Gründen war zu groß.

Jetzt also gab es in Österreich 377.260 „Mitläufer" (122.543, also rund jeder Dritte davon, waren nur Parteianwärter gewesen) und 98.330 registrierte ehemalige Illegale. Da viele ehemalige Nazis aus dem von Sowjettruppen besetzten Ostösterreich nach Westen und Süden flohen, was kurzfristig vor und auch noch nach Kriegsende möglich war, wies die spätere Statistik die Bewohner der westlichen Besatzungszonen als überdurchschnittlich NS-verseucht aus: 26 Prozent in der britischen, 20 Prozent in der amerikanischen, 12 Prozent in der französischen Zone waren vom Verbotsgesetz betroffen, aber gut die Hälfte davon hatten sich die Besatzungsmächte selbst zur Aburteilung reserviert. Am 11. Februar 1946 trat ein neues Verbotsgesetz in Kraft, das jetzt in ganz Österreich rechtskräftig war und ein einheitliches Vorgehen ermöglichte. Am 11. Februar 1946 übertrug der Alliierte Rat der österreichischen Bundesregierung die weitere Durchführung der Entnazifizierung und behielt sich selbst nur Entscheidungen über Personen vor, die gegen die Alliierten oder die Demokratie sündigten.

Die Regierung setzte unverzüglich ein Ministerkomitee zur Regelung der dringendsten Fälle ein, und Bundeskanzler Leopold Figl schrieb am 4. Juli 1946 an den Alliierten Rat: „Österreich ist in allen Bereichen der Verwaltung frei von nationalsozialistischem Geist" (10). Das war eine besonders raffinierte Formulierung, denn Nazi-Geister waren aus den Amtsstuben sicher ausgetrieben worden – Nazikörper dagegen weitaus nicht im selben Ausmaß. Immerhin hat das Ministerkomitee 960 Personen aus leitender Stellung in Staat und Wirtschaft entfernt, weitere 36.000 Personen auch aus niedrigeren Positionen der Privatwirtschaft abgezogen und von insgesamt 299.420 Staatsbediensteten 70.818 von ihren Posten entfernt. Alles in allem haben damals rund 270.000 ehemalige Nationalsozialisten ihre Posten verloren.

Wie sich hinterher herausstellte, wurden dabei freilich auch alle jene mitgezählt, die durch Krankheit oder Alter ausgeschieden oder geflohen waren. Damit sind wir aber auch schon bei der Kehrseite dieser statistischen Bilanzen angekommen. Von den insgesamt 536.000 ehemaligen Nationalsozialisten, die jetzt registriert waren, suchten fast 90 Prozent um die Berücksichtigung besonderer Umstände, sprich: um Ausnahmeregelungen an. Solche sah das Gesetz zur Vermeidung „unbilliger Härten" vor; der Bundespräsident konnte von seinem Gnadenrecht Gebrauch machen, wenn ehemalige Nazis ihre Mitgliedschaft bei der NSDAP nie missbraucht und ihre positive Einstellung zur Republik seit der Befreiung konsequent unter Beweis gestellt hatten. Um solche „Persilscheine" als Voraussetzung für Gnadenakte zu erlangen, scheuten die Betroffenen keine Mühe. Das Überraschende, was hinterher herauskam, war aber nicht die Zahl der eingelangten Befürwortungen, sondern ihre Herkunft: Parteien und Kirche, die man vielleicht am meisten der Intervention verdächtigen würde, haben in Deutschland nur rund fünf Prozent davon ausgestellt; grundlegend anders dürfte die Situation auch in Österreich kaum gewesen sein. In weitaus überwiegender Zahl bestätigten Nachbarn und Arbeitskollegen, dass der Herr Jakob oder die Frau Anna immer anständige Menschen gewesen waren! Schlitzohrigkeit oder Tugendhaftigkeit?

Für die verschiedenen Kategorien ehemaliger Nationalsozialisten wurden verschiedene „Sühnefolgen" festgesetzt. Personen, gegen die konkrete Verdachtgründe wegen Kriegsverbrechen vorlagen, mussten vor ein Gericht. Die anderen, die nur nach formalen, aber nicht individualisierbaren Kriterien registriert waren, wurden in „Belastete" und „Minderbelastete" eingeteilt. Beide Gruppen sollten nicht Strafen erleiden, aber „Sühnefolgen" tragen. Die einen wurden aus öffentlichen Stellen entfernt oder zwangspensioniert, ohne oder nur mit geminderter Pension, andere zurückgestuft oder in niedrigeren Positionen weiter verwendet. Viele verloren auch ihre Wohnungen. Bestimmte Berufe waren für „Ehemalige" überhaupt gesperrt. Parteianwärter trafen die Berufsverbote nicht, Minderbelastete konnten durch Kommissionsentscheidung zu verbotenen Berufen zugelassen werden. Alle ehemaligen Nationalsozialisten mussten „Sühneabgaben" entrichten: 10- bzw. 20-prozentige Zuschläge zur Lohn- und Einkommensteuer – die „Reparationen des kleinen Mannes". Auch mehr als 10.000 Vermögenswerte wurden für verfallen erklärt, darunter 900 Gewerbebetriebe, 1500 städtische Liegenschaften und 800 Landwirtschaftsbetriebe. Damit sollte ein (eher symbolischer) Beitrag zur Beseitigung der vom NS-Regime verursachten Schäden geleistet werden, was prinzipiell auch weithin eingesehen worden ist.

> Ich bin überzeugt, dass es Österreich gelungen ist, das faschistische Erbe im Wege der „Entnazifizierung" zu überwinden.
> NR-Präsident Heinz Fischer 1985

Das Verbotsgesetz sah auch die Möglichkeit der Einweisung in Zwangsarbeitsanstalten vor, aber das war umstritten und man einigte sich schließlich darauf, dass von Volksgerichten verurteilte Personen, die eine „außerordentliche Gefahr" darstellten, in solche eingewiesen werden konnten. Es kam nie dazu. Auch ein 1946 beschlossenes Arbeitspflichtgesetz (gedacht war an Aufräumarbeiten und Ernteeinsätze) wurde nur sehr sparsam angewandt (5448 Verpflichtungen etwa im Jahr 1947). Von Straf-

lagern in einem demokratischen Staat hielt die österreichische
Justiz auch in einer Ausnahmesituation nichts.

Das Verbotsgesetz wurde in der Folge mehrfach abgeändert.
Schon Ende 1945 trat an die Stelle individueller Ausnahme-
genehmigungen eine Gruppenamnestie. Immer wieder kam es zu
mühevollem Ringen innerhalb der und zwischen den Regierungsparteien sowie zwischen der Koalition und dem Alliierten
Rat, bis endlich mit dem Nationalsozialistengesetz 1947 eine
neue gesetzliche Grundlage für die Entnazifizierung geschaffen
war. Mit diesem wurde die Zahl der als ehemalige Nationalsozialisten gekennzeichneten Personen – insgesamt 536.000,
davon 440.000 Minderbelastete – eingeschränkt werden, weil
man nicht so viele Menschen auf Dauer zu einer Personengruppe
minderen Rechtes stempeln konnte. Der Entwurf war aber unter
Druck des Alliierten Rates so oft und in so vielen Details abgeändert worden, dass es schon bei der Beschlussfassung ein „Gesetz, das keiner wollte", war (11). Als „zu umfassend, zu streng
in manchen Bestimmungen, zu unflexibel" empfanden es „prominente Vertreter aus Politik, Religion und Wirtschaft", vermerkte ein Bericht der US-Besatzungsmacht. Beide Regierungsparteien haben sich bald von diesem als aufgezwungen empfundenen Gesetz distanziert, was sich naturgemäß auch in der
Volksmeinung niederschlug.

Das Nationalsozialistengesetz 1947 veränderte die Registrie-
rungspflicht nicht wesentlich; einige bisher nicht erfasste Gruppen (NS-Soldatenring u.a.) kamen neu dazu, andere (SS-
Bewerber, NSKK- und NSFK-Mitglieder u.a.) fielen aus der
Registrierpflicht heraus. Die Zahl der als „Ehemalige" geführten
Österreicher/innen verringerte sich insgesamt um 25.520 oder
rund fünf Prozent. Über Siebzigjährige und Invalide waren nun
von den Sühnefolgen ausgenommen. Als Belastete galten nur
noch jene, die höhere Parteifunktionen bekleidet hatten, was
ihre Zahl von 98.000 (19 Prozent der Registrierten) auf 43.000
(acht Prozent) verringerte. Nur sie waren weiter von Berufsver-
boten und Einkommensminderungen betroffen. „In den Kreis
der Minderbelasteten abzurutschen, war daher bereits so gut wie
eine Amnestie" (12). Ab 1948 betrachtete die österreichische
Bundesregierung die Entnazifizierung als im Großen und
Ganzen abgeschlossen: „Österreich hat sohin bewiesen, dass es

entschlossen ist, sich selbst vom nationalsozialistischen Geist zu befreien" (13).

Was mit einem wahren Furioso gegen Hakenkreuz-Anhänger begonnen hatte, ging also über eine Reihe von Entschärfungen, Amnestien und Sonderregelungen relativ mild zu Ende. Trotzdem ist die Bilanz so eindrucksvoll, dass sie keine Bagatellisierung verträgt. Insgesamt 101.655 Personen schieden wegen NSDAP-Verbindung aus dem öffentlichen Dienst aus, drei Viertel davon auf Grund des Verbotsgesetzes, das letzte Viertel nach dem NS-Gesetz. Nur etwa 60 Prozent davon wurden tatsächlich entlassen; der Rest wurde entweder bis zu einem Kommissionsbescheid vorübergehend freigestellt oder in Pension geschickt. Erst im April 1948 fielen für alle Minderbelasteten die Berufsverbote weg. Am 1. Juni 1948 waren im Burgenland noch 3,3 Prozent der Minderbelasteten als Beamte tätig, in Wien 5,6 Prozent, in Kärnten 17,2 Prozent, in Tirol 25,5 und in Vorarlberg 27,3 Prozent. Angesichts unterschiedlicher Ausgangsverhältnisse hatten daher auch in Wien nur 27 Prozent der Beamten aus dem öffentlichen Dienst ausscheiden müssen, in Kärnten aber 39 und in Tirol 49 Prozent.

Entlassungen und Berufsverbote waren das klassische Mittel der Entnazifizierung. Rund 4000 Lehrer/innen wurden in ganz Österreich aus dem Schuldienst entlassen, weitere 10.000 suspendiert. Von den 130 Professoren der Universität waren nur 40 politisch einwandfrei; 71 wurden entlassen oder pensioniert, 15 suspendiert und vier ehemalige Nationalsozialisten weiter beschäftigt. Im Februar 1947 waren von 26.000 österreichischen Universitäts- und Hochschulstudenten 4392 vom Verbotsgesetz und 680 von einem Studienverbot betroffen. Eine eigene Jugendamnestie machte 1948 mit der Sinnwidrigkeit Schluss, dass manche Dozenten zwar unterrichten, nicht aber bei Kollegen Vorlesungen hören durften, weil die Einschränkungen für Studenten enger als für Hochschullehrer gezogen waren. Dagegen erhob die Studentenvertretung von Anfang an Protest.

> Die Österreichische Hochschülerschaft weist auf das Schärfste zurück, dass die Jugend von heute das büßen soll, was die Erzieher von damals an ihr und an dem Lande verbrochen haben.
>
> Österreichische Hochschülerschaft 1947

Totale Berufsverbote für Belastete gab es bei Rechtsanwälten und Notaren, Wirtschaftsprüfern, Steuerberatern, Gebäudeverwaltern und verwandten Berufen, aber auch für Ärzte, Zahnärzte und Tierärzte. 1938 waren in Österreich 3419 Rechtsanwälte gemeldet gewesen, 1946 nur noch 1317. Nach Kommissionsentscheidungen gemäß NS-Gesetz blieben noch 91 Berufsverbote bestehen. 518 Kulturschaffende waren 1947 in Berufen tätig, die ihnen eigentlich verboten waren. Journalisten, Schauspieler und Sänger durften als Belastete nicht angestellt werden, Theater- und Konzertagenturen, Filmverleiher, Kino- und Zirkusveranstalter keine Belasteten einstellen. Immer wieder gab es Interventionen wegen Personalmangels: „Der Wiener Bürgermeister stellte sich vor seine Lehrer, der oberösterreichische Landeshauptmann vor seine Beamten, der Justizminister vor die Richter, der Wiener Präsident der Rechtsanwaltskammer vor die Rechtsanwälte und die Unternehmer vor einzelne Angestellte" (14).

In der Wirtschaft waren rund 100.000 Personen vom Wirtschaftssäuberungsgesetz 1945 erfasst worden. Rund zwei Drittel davon verloren ihre Stellung. Eigene Kommissionen beurteilten Einsprüche und entschieden häufig zugunsten von Minderbelasteten; nur in sechs Prozent der beeinspruchten Fälle wurden tatsächlich Berufsverbote ausgesprochen. Von vier Nationalsozialisten, die im April 1945 als Angestellte tätig waren, werkte je einer später als Arbeiter weiter und einer schied völlig aus der Erwerbstätigkeit aus: in die Pension oder (wie 43 Prozent NS-belasteter Frauen) in den Haushalt. Wenn man die Vielzahl der Verwandten und Freunde dazurechnet, die von solchen Umstellungen mit betroffen waren, wird niemand ernsthaft behaupten können, Österreichs Nationalsozialisten hätten für ihre Verirrungen keine Konsequenzen zu tragen gehabt.

4.3 Prozesse und Gnadenakte

„Kraftakte und Krebsgänge": Das konnte man durchaus schon von der Theorie und der Praxis des Verbotsgesetzes sagen. Auf das Kriegsverbrechergesetz und seine Anwendung trifft es noch viel mehr zu. Das unmittelbar nach Wiedererrichtung der demokratischen Republik am 26. Juni 1945 beschlossene Gesetz war streng. Nicht nur für Kriegsverbrechen im engeren Sinn, sondern auch für Kriegshetze, Verletzungen von Menschlichkeit und Menschenwürde, Vertreibung aus der Heimat und Hochverrat am österreichischen Volk sah es die Todesstrafe und Vermögensverfall vor. Nur in „besonders berücksichtigenswerten Fällen" waren ein „Lebenslänglich" oder gar nur (das war am Anfang die Untergrenze) zehn Jahre Kerker möglich. Die gut gemeinte Höhe der Strafen sollte sich bald als Problem herausstellen: Wenn einem Gericht die vorgeschriebene Extremstrafe zu hoch erschien, musste es Freisprüche fällen, die sich dann aber besonders der Kritik anboten.

Zur Durchführung von Verfahren nach dem Kriegsverbrechergesetz wurden an den Sitzen von Oberlandesgerichten Sondergerichte außerhalb der ordentlichen Gerichtsbarkeit eingesetzt: Volksgerichte, die in Senaten mit je zwei Berufsrichtern und drei Schöffen (Laien) verhandelten; die Schöffen konnten nicht nur über Schuldig oder Nichtschuldig entscheiden, sondern auch beim Strafausmaß mitreden. Es gab kein ordentliches Rechtsmittel, sondern nur die Entscheidung der ersten Instanz; lediglich der Oberste Gerichtshof konnte ein Urteil, das er für völlig verfehlt hielt, von sich aus aufheben.

> Jene, welche aus Verachtung der Demokratie ein Regime der Gewalttätigkeiten, des Spitzeltums, der Verfolgung und Unterdrückung über unserem Volke aufgerichtet und erhalten, welche das Land in diesen abenteuerlichen Krieg gestürzt und es der Verwüstung preisgegeben haben und noch weiter preisgeben wollen, sollen auf keine Milde rechnen können.
>
> Österr. Regierungserklärung 27. 4. 1945

Rechtspolitisch umstritten war beim Kriegsverbrechergesetz, dass es zurück wirkte, indem es Tatbestände schuf, die zur Zeit der Tatbegehung in der konkreten Form noch nicht existierten. Seit der Französischen Revolution ist der Grundsatz, dass es ohne Gesetz, das ein Verhalten zum strafwürdigen Verbrechen erklärt, kein Verbrechen und keine Strafe geben kann (nullum crimen sine lege, nulla poena sine lege), fixer Bestandteil der Rechtsstaatlichkeit. Die Kriegsverbrecherverfolgung auch mittels rückwirkender Gesetze war eine politische Entscheidung der Alliierten, die Österreich nachvollzog, nicht aber die erst 1949 gegründete Bundesrepublik Deutschland. Dort wurde nach Beendigung der alliierten Gerichtsbarkeit nur noch nach den zur Tatzeit geltenden (also den nationalsozialistischen) Gesetzen Recht gesprochen.

Im Großen und Ganzen hätte das österreichische Strafrecht ausgereicht, auch Kriegsverbrechen zu erfassen. Man entschloss sich dann aber doch für ein Sondergericht, weil die Bestialität gewisser NS-Verbrechen über den bloß „bösen Vorsatz" noch hinausging. Das Niederbrennen ganzer Dörfer, weil noch ein Partisan nicht entdeckt worden war, wäre mit „Brandstiftung" unzulänglich erfasst gewesen. Menschen zu demütigen, indem man sie zum Aufessen des eigenen Kots zwingt, wäre eine schlichte Übertretung gewesen. „Das österreichische Strafgesetz rechnet mit Menschen, aber nicht mit Nationalsozialisten," begründete Justizminister Josef Gerö den Sonderstatus der Volksgerichte (15). Beim Kriegsverbrechergesetz ging es auch um keinerlei vorbeugende (präventive) Wirkung; niemand rechnete mit einer Wiederholung dieses Regimes und dieses Krieges, nur Vergangenes sollte bestraft werden. Nur als Sühnefolge sollte diese Strafe dienen.

Weil man eine riesige Prozessflut vermeiden wollte, hatte der sozialistische Rechtsexperte und spätere Vizekanzler Adolf Schärf eine Idee: Man könnte unabhängig von individueller Schuld für höhere Funktionsträger der NSDAP schon im Gesetz an den Tatbestand eine automatische Strafe knüpfen. So kam Absatz 6 von § 1 des österreichischen Kriegsverbrechergesetzes, wonach bestimmte Hoheitsträger der NSDAP (eine automatische „Schuldvermutung") als Kriegsverbrecher anzusehen waren: alle vom Reichsleiter (seit 1947 auch Kreisleiter) aufwärts und Gleichgestellte (Gestapo, Sicherheitsdienst) sowie SS- und Waffen-SS-Führer vom Standartenführer aufwärts: „Sie sind als Urheber und Rädelsführer dieses Verbrechens mit dem Tode zu bestrafen." Mitwirkende am Anschluss sollten als des Hochverrats überführt gelten. Nur bei Verdacht „besonders schimpflicher Handlungen, die den Gesetzen der Menschlichkeit gröblich widersprechen," sollten Prozesse stattfinden. „In diesen Bestimmungen lag jedoch der Widerspruch, wie er typisch für die ganze Entnazifizierung in

> Es hat ein Gesetz mit viel schlimmerer Rückwirkung gegeben: die Nürnberger Rassengesetze. Schließlich ist zu sagen, dass ein Großteil der hier behandelten Verbrechen auch nach Aufhebung des Verbotsgesetzes und des Kriegsverbrechergesetzes nach österreichischem Vorkriegsrecht verfolgt werden konnte.
>
> **Josef Markus**

Österreich war: der Widerspruch, eine politische Säuberung auf dem Boden des Rechtsstaates durchführen zu wollen" (16).

Bemerkenswert war auf jeden Fall der Absatz 3 von § 1 des Kriegsverbrechergesetzes: „Dass die Tat auf Befehl ausgeführt wurde, entschuldigt sie nicht." Trotzdem war Befehlsnotstand in den Prozessen das von den Verteidigern am häufigsten geltend gemachte Argument. Die Automatik freilich stieß auf wenig Gegenliebe bei österreichischen Juristen. Der Rechtsstaat sollte auch unter außergewöhnlichen Umständen hervorgekehrt, so oft wie möglich doch eine Hauptverhandlung durchgeführt werden. Der spektakulärste Prozess war der gegen den einstigen Außenminister der Schuschnigg-Zeit, Guido Schmidt, der während der NS-Zeit im Vorstand der Linzer Hermann-Göring-Werke gesessen war. Der automatischen Bestrafung als Belasteter entging er wie auch andere Wirtschaftskollaborateure, die später in Österreich Spitzenmanager werden sollten, dank der Fürsprache von „Persilschein"-Lieferanten. Nach vier Monaten Verhandlungsdauer, der Einvernahme von 72 Zeugen und der Durchsicht von gewaltigen Aktenbergen wurde Guido Schmidt vom Hochverratsvorwurf freigesprochen.

Vom Volksgericht Graz, das viele Verhandlungen an sich zog, wurden gegen mehr als 50.000 Personen Verfahren eingeleitet und über 6587 von ihnen geurteilt. Das Volksgericht Linz fällte 4313, das Volksgericht Innsbruck 1347 Urteile. Euthanasieverfahren wegen der Verbrechen in Wien-Steinhof, Gugging, Mauer-Öhling und Ybbs an der Donau wurden in Wien, jene wegen Hartheim vom Volksgericht Linz und vom Kreisgericht Wels durchgeführt (17). Der umfangreichste Verfahrenskomplex, den die Volksgerichtsbarkeit zu erledigen hatte, waren die sechs so genannten Engerau-Prozesse, benannt nach dem Arbeitslager Engerau und seinen sieben Teillagern, bei denen 21 SA-Wachen, politische Leiter und SA-Lagerkommandanten des Mordes sowie der Misshandlung und Verletzung der Menschenwürde angeklagt waren; der erste Prozess 1945 und der letzte 1954 befassten sich damit, mehrere Todesurteile wurden gefällt. In rund 10.000 Fällen wurde von Volksgerichten auch auf Vermögensverfall erkannt.

Im Herbst 1947 flog in der Steiermark ein riesiger Schleichhändlerring auf, der vor allem in Salzburg und Oberösterreich tätig gewesen war. Viele Ex-Nationalsozialisten waren daran beteiligt, die mit ihren Erlösen auch Gesinnungsfreunde in Not unterstützten. Drei Todesurteile wurden gefällt, drei hohe Kerkerstrafen verhängt – aber alle Verurteilten wurden begnadigt und waren nach vier Jahren wieder frei. In Graz folgten neun weitere Prozesse gegen offenbar unbekehrte NS-Anhänger (Soucek, Rößner, Götz u.a.).

Allzu rasche Begnadigungen sind der Haupteinwand gegen die damalige Justizpraxis. Hellmut Butterweck, der sich durch tausende Aktenseiten jener Jahre durchgekämpft hat, zählte in einem Zeitungskommentar (18) eine Reihe solcher Fälle auf, darunter den eines ehemaligen burgenländischen Gauleiters, der 1949 zu 15 Jahren Kerker verurteilt und schon 1951 wieder begnadigt worden sei. Er erwähnte aber auch umgekehrte Fälle. So seien wegen Teilnahme an der Ermordung entsprungener sowjetrussischer Häftlinge aus Mauthausen knapp vor Kriegsende („Mühlviertler Hasenjagd") mindestens eine 20- und zwei 10-jährige Kerkerstrafen ausgesprochen worden, obwohl immer wieder behauptet wird, das Massaker sei straflos geblieben. Butterweck nennt den Gesamtkomplex der Kriegsverbrecherprozesse ein „verwirrendes Geschehen und überdies ein politisches Minenfeld".

> **Es ist jedenfalls festzuhalten, dass die repressive Seite lediglich ausreicht, neonazistische Auswüchse zu bekämpfen oder es zumindest zu versuchen. Die Wurzeln der Krankheit selbst können nur durch eine zeitgerechte, pädagogisch und didaktisch richtige Aufklärungsarbeit erfolgreich bekämpft werden.**
> **Handbuch des Rechtsextremismus**

Trotzdem ist die Gesamtbilanz alles andere als eine Geringfügigkeit. Zwischen dem ersten Prozess vor einem Volksgericht in Wien im August 1945 und dem Ende dieser Tätigkeit mit 20. Dezember 1955 hatten österreichische Volksgerichte 136.829 Voruntersuchungen eingeleitet. Gegen 28.148 Personen wurde Anklagen erhoben, die in 23.477 oder 17 Prozent zu einem Urteil führten. Das ist kein ungewöhnlicher Prozentsatz, denn auch zwischen 1925 und 1934, so die Argumentation des damaligen Justizministers, haben Jahr für Jahr nur zwischen 19 und 24 Prozent aller Strafanzeigen zu Urteilen geführt; in der Zeit nach dem Krieg war der Eifer von Denunzianten, die oft auch persönliche Rechnungen zu begleichen versuchen, noch größer.

Von den 23.477 Urteilen, die Volksgerichte fällten, waren 13.607 oder 58 Prozent Schuldsprüche und 9870 Freisprüche, die restlichen Verfahren wurden anderweitig zu Ende geführt. Unter den Schuldsprüchen befanden sich 43 Todesurteile, von denen 30 vollstreckt wurden. Zwei der zum Tod Verurteilten begingen Selbstmord, ein Verfahren wurde ein zweites Mal aufgenommen und führte zu einem Freispruch. Von den 34 Verurteilungen zu lebenslänglichem Kerker wurden in der Folge sechs in zeitlich begrenzte Freiheitsstrafen umgewandelt; 229 Freiheitsstrafen lagen zwischen 10 und 20 Kerkerjahren. Ab 1948 wurden die Freiheitsstrafen immer kürzer, ab 1949 lagen die meisten von ihnen unter einem Jahr, so dass in der Schlussbilanz 61 Prozent aller Strafen zwischen einem und fünf Jahren lagen. Der progressive Strafabfall wurde damit begründet, dass die schweren Fälle naturgemäß als Erste erledigt worden waren und zuletzt nur noch „kleine Fische" verhandelt wurden. Immerhin lag gemäß dem Standardwerk von Dieter Stiefel über die Entnazifizierung das Gesamtausmaß der von Volksgerichten verhängten Freiheitsstrafen bei insgesamt 30.000 Jahren.

Eigentlich hatte man schon nach Wiedereinführung der Geschworenengerichte 1950 die Volksgerichte aufheben wollen, aber weil dazu wieder ein Gesetz und damit die (nicht erreichbare) Zustimmung aller vier Alliierten erforderlich waren, kam es erst nach Abschluss des Staatsvertrages dazu. Zu diesem Zeitpunkt waren noch 4742 Verfahren anhängig, die an Geschworenengerichte abgetreten wurden. Von diesen wurden zwischen 1956 und 1972 noch 46 Anklagen wegen in der NS-Zeit begangener Delikte behandelt. Von 18 Verurteilungen lauteten drei auf „Lebenslänglich". Man kann also auch nicht sagen, dass sich nach Wiedererlangung der vollen Souveränität Österreich überhaupt nicht mehr um NS-Verbrechen gekümmert hätte.

Bei einem internationalen Vergleich brauchen sich die österreichischen Urteile gegen NS-Verbrechen nicht zu verstecken. Der Nürnberger Hauptkriegsverbrecher-Prozess vor einem internationalen Militärtribunal, der am 1. Oktober 1946 zu Ende ging,

> **Ich lasse mir nicht nachsagen, dass mein Österreich nie aus der Geschichte gelernt hat. Wir haben mehr getan als manch andere europäische Länder.**
> **Bundeskanzler Wolfgang Schüssel, 15. 05. 2000**

endete mit elf Todesurteilen, drei „Lebenslänglich", vier zeitlichen Kerkerstrafen und drei Freisprüchen. In der Folge gab es zwölf Nachfolgeprozesse, von denen schon die Fachwelt wenig Notiz nahm (19). Dazu kamen einige tausend Personen, die von alliierten Militärgerichten in ihren Besetzungszonen in Deutschland und Österreich abgeurteilt worden. Trotzdem machten alle Verurteilungen durch Gerichte der Alliierten nur einen Bruchteil der Entscheidungen aus, die von der Gerichtsbarkeit in Österreich, Deutschland und in ehemals von Hitler-Deutschland besetzten Ländern gefällt wurden; Schätzungen reichen bis zu 60.000 Fällen, davon rund 15.000 Todesurteile. Zehntausende Verdächtige wurden, vor allem in Italien und Jugoslawien, ohne Prozess erschossen (20); Einzelheiten sind weitgehend noch unerforscht.

Bei einem internationalen Symposium im Sommer 1996 wurde von Helge Grabitz folgende Bilanz vorgestellt (21): Westdeutsche Gerichte ermittelten ab Dezember 1945 (also ein um vier Monate späterer Beginn als in Österreich) gegen 105.000 Personen (österreichische Volksgerichte gegen 136.829) und sprachen 6488 Personen schuldig (13.607 in Österreich); davon waren 12 Todesurteile, drei vollstreckt (43 in Österreich, 30 vollstreckt) und 163 (34) „Lebenslänglich". In den Niederlanden wurden 204 Personen verurteilt, davon 16 zum Tod, in Dänemark 80 (4 Todesurteile), in Norwegen 80 (16 Todesurteile, Baard Hermann Borge spricht im selben Band von 25 vollstreckten Todesurteilen), in Belgien 75 (10 Todesurteile), in Luxemburg 68 (15 Todesurteile).

Ein Sonderfall ist Polen, auf dessen Territorium besonders viele grausame NS-Verbrechen begangen wurden. Dort in wurden Verfahren, die wegen ihrer individuellen Schuldbezogenheit gerühmt wurden, 5358 „deutsche" Kriegs- und Menschlichkeitsverbrecher verurteilt, ohne dass die österreichischen gesondert ausgewiesen worden wären. Experten gehen von 45 verurteilten Österreichern aus; gut dokumentiert die Verfahren gegen den einstigen Auschwitz-Kommandanten Rudolf Höß und gegen Amon Leopold Goeth (22). Zunehmend erfährt man jetzt auch Genaueres von Kriegsverbrecherprozessen in anderen ehemals kommunistischen Staaten wie etwa Tschechien, Ungarn, Slowenien, Kroatien, Jugoslawien und der ehemaligen Sowjetunion. In Slowenien wurde der österreichische Kommunist Josef Martin Presterl auf Grund falscher Anschuldigungen zum Tod verurteilt und hingerichtet. Die ehemalige Deutsche Demokratische Republik (DDR) eignet sich so gut wie nicht für Vergleiche, weil dort ausschließlich nach den Opportunitätserwägungen der kommunistischen Machthaber geurteilt worden ist.

In dem Buch, in dem alle diese und viele andere Beispiele dargestellt werden („Keine ‚Abrechnung'") kommt der Psychologe Ali Al-Roubaie zu dem Schluss, dass ungeachtet aller wünschenswerten Rechtssprechung eine Sühne der Vergangenheit allein oder auch nur vorrangig über das Strafrecht nicht erreichbar ist.

4.4 900.000 neue Stimmen

1945 waren sich die drei von den Alliierten zugelassenen Parteien nach einigen Diskussionen einig, dass die Nationalsozialisten im Sinne des Verbotsgesetzes zunächst nicht an demokratischen Wahlen teilnehmen sollten. Die Alliierten hatten ihre Freude damit, die Österreicherinnen und Österreicher sahen es ein, sogar die ehemaligen Nazis. Als das Jahr 1949 und mit ihm die zweite Nationalratswahl nahte, sah alles dann viel komplizierter aus. Jetzt waren sich alle einig, dass die Entnazifizierung im Großen und Ganzen abgeschlossen, keine Gefahr einer Wiederkehr des NS-Regimes gegeben und daher auch kein Grund mehr vorhanden war, nicht den Großteil der Gemaßregelten wählen zu lassen. Das war schließlich das Ziel aller „Umerziehung" gewesen: aus Anhängern einer Diktatur Demokraten zu machen. Wen aber würden die 487.000 „Minderbelasteten" wählen? (Rund 43.000 Belastete, also der harte Kern der einstigen NS-Gefolgschaft, erhielten auch diesmal das Wahlrecht noch nicht rückerstattet, sondern erst mit der letzten Amnestie 1957.)

Insgesamt waren zur Parlamentswahl 1949 sogar um 961.062 mehr Wähler/innen als 1945 zugelassen. 32 Prozent davon entfielen auf heimgekehrte Kriegsgefangene, 19 Prozent auf inzwischen eingebürgerte Sudetendeutsche und Donauschwaben und drei Prozent auf Jungwähler – das 46-Prozent-Restkontingent der Neuwähler stellten ehemalige Nationalsozialisten. Zu den überwiegend linksorientierten Deutschböhmen hatte die Sozial-

demokratie immer enge Beziehungen unterhalten. Die Donauschwaben waren mehrheitlich christlich-konservativ eingestellt.
Die große Unbekannte waren die „Ehemaligen". Sie hatte ein
SPÖ-Plakat 1945, wie schon er-
wähnt, nach Sibirien gewünscht.
Die Sozialdemokratie hatte also
allen Grund, sich am stärksten um
sie zu bemühen, zumal die Volkspartei als Erste mit persönlichen
Kontakten begonnen hatte.

> Es ist Pflicht aller um das künf-
> tige Schicksal der Demokratie
> aufrichtig Besorgten, diesen
> Menschen (den bisher nicht
> Wahlberechtigten) eine Form zu
> geben, in der sie ohne Gefähr-
> dung der wieder erstandenen
> Demokratie am Aufbau Öster-
> reichs tatkräftig mitwirken kön-
> nen.   Arbeiter-Zeitung 19. 12. 46

Im Rückblick sieht das alles
heute sehr unmoralisch aus: Demokratische Parteien, deren Spitzenpolitiker in KZ und Gestapo-Ge-
fängnissen gesessen waren, buhlten um Nazistimmen! Aber hat
man irgendwo auf der Welt in irgend einer Demokratie je erlebt,
dass eine Partei Stimmen, die gewissermaßen auf der Straße
lagen, nicht aufgehoben hätte, auch wenn die Straße schmutzig
war? Während also die ÖVP hoffte, die „Ehemaligen" würden sie
direkt wählen, wusste die SPÖ, dass dies nicht ihre größte
Hoffnung sein konnte. Ihre größte Hoffnung war eine neue Partei, mit deren Hilfe die SPÖ bei den nächsten Koalitionsverhandlungen die ÖVP unter Druck setzen konnte. Deshalb begann (nach ÖVP-Meinung, wie man sie auch in der Parteigeschichte von Ludwig Reichhold nachlesen kann: (23)), der SPÖ-
Vorsitzende Adolf Schärf schon 1948 eine Diskussion darüber in
der Parteizeitschrift „Die Zukunft". Tatsächlich aber hatte der
junge Abgeordnete Bruno Pittermann schon in der „Arbeiter-
Zeitung" vom 19. Dezember 1946 diese Thematik angeschnitten,
was damals ziemlich unbemerkt geblieben sein dürfte.

Ab 1948 intervenierten Vizekanzler Schärf und Innenminister Oskar Helmer heftig bei ihren Parteifreunden in London und
Paris, um ihnen eine liberale Partei schmackhaft zu machen, die
ehemalige Nationalsozialisten wählen konnten, ohne dass es
sich um eine Nachfolgepartei der NSDAP handelte. In London
machte der angesehene Berufsdiplomat Walter Wodak, der dort
auch als eine Art SPÖ-Gesandter fungierte, dem Labour-
Außenminister Ernest Bevin die Sache schmackhaft, der seiner-
seits den britischen Gesandten in Washington anwies, sie auch

im State Department zu verfechten. Gleichzeitig taten Bundeskanzler Leopold Figl und Außenminister Karl Gruber alles,

> **Die Frage neuer Parteien ist in Österreich ziemlich umstritten. Die Gefahr, dass sich in ihr Nazielemente sammeln könnten, verdient ernsthafte Beachtung. Die österreichische Demokratie fühlt sich aber stark und sicher genug, mit Splitterparteien fertig zu werden, undemokratische Gruppen abzulehnen und Narrenparteien nicht herein zu fallen.**
>
> **Arbeiter-Zeitung, 01. 09. 48**

um ihre jeweiligen Parteifreunde von der Notwendigkeit zu überzeugen, eine vierte Partei zu unterbinden. Deren Hauptargument war allen Westalliierten gegenüber: Die rotschwarze Koalition, die für den Wiederaufbau Österreichs und seine klare antikommunistische Politik unverzichtbar war, dürfe nicht gefährdet, die KPÖ nicht gestärkt werden.

Dem trugen auch die Sozialisten Rechnung, indem sie ihren Gesprächspartnern vorrechneten, wie relativ stabil sich in der Ersten Republik die drei traditionellen Lager in Österreich behauptet hatten (Christlichsoziale zwischen 36 und 45 Prozent, Sozialdemokraten zwischen 36 und 42, Deutschnationale und Großdeutsche zwischen 15 und 25 Prozent), so dass nichts Unkalkulierbares zu erwarten wäre. Bundespräsident Renner versuchte den Amerikanern schon sehr früh auch einzureden, dass Leute wie der Linkssozialist Erwin Scharf, dem die SPÖ zu zahm war, eine vierte Partei wählen würden, um sich nicht für die Kommunisten entscheiden zu müssen. (Scharf lief trotzdem zur KPÖ über.) Schließlich war das Eis gebrochen, das Ziel erreicht: Das Dreiermonopol wurde von allen vier Alliierten aufgehoben, neue Parteien durften kandidieren, der Weg war frei für einen Verband der Unabhängigen (VdU), der sich am 5. Februar 1949 in Salzburg konstituierte. (Das Wort „Partei" wurde, wie ein paar Jahrzehnte später von Jörg Haider, offiziell verachtet.)

In Salzburg hatte der Publizist Herbert Kraus, ein Konservativer mit monarchistischer und liberaler Ader, seit 1947 sein Interesse erkennen lassen, in der Politik mitzumischen. Mit Unterstützung des ähnlich ambitionierten Mitbesitzers, Herausgebers und Chefredakteurs der „Salzburger Nachrichten" (SN), Gustav A. Canaval, versuchte er, in einem „Schutzbund zur Wahrung der staatsbürgerlichen Rechte" ehemalige Groß-

deutsche, Deutschnationale, Liberale und „verführte" Nationalsozialisten zu sammeln, die er mit seiner Zeitschrift „Berichte
und Informationen" auch journalistisch bestens bediente. Nach
Darstellung des Zeitgeschichtlers und späteren Landeshauptmanns Franz Schausberger machten aber die „echten" Liberalen
nicht wirklich mit und Kraus hatte plötzlich nur „eine Partei
deutschnationalen Erbes" an der Hand (24).

Die SPÖ setzte weiterhin ihre Hoffnung auf eine solche
Gruppierung mit dem Ziel einer Schwächung der ÖVP. Am 8.
April 1949 kam es zu einem zunächst geheim gehaltenen Treffen
zwischen Vizekanzler Schärf und den VdU-Exponenten Herbert
Kraus, Viktor Reimann und Gustl Kernmayer. Reimann, damals
ein brillanter Schreiber, hatte eine schillernde Vergangenheit.
Ursprünglich illegales NSDAP-Mitglied, wurde er später zu zehn
Jahren Zuchthaus wegen Mitbe-
gründung der Widerstandsbewegung um Roman Scholz verurteilt
und konnte nach 1945 glaubwürdig als NS-Verfolgter für Versöhnung werben. Echte Nazis in der
Führungsgarnitur der ersten Stunde waren Gustl Kernmayer, Ex-
Pressechef von Gauleiter Bürckl,
und Stefan Schachermayr, NSDAP-
Gauinspektor in „Oberdonau". Oberösterreich aber sollte ein
Kernland des VdU werden, weshalb man die Führung dort nicht
ihm, sondern Gustav Adolf Jakob Neumann, Herausgeber der
stark auf Sensationsmache setzenden Regionalzeitung „Echo der
Heimat" anvertraute, die aber auch eine Artikelserie von Pfarrer
Leopold Arthofer über dessen KZ-Erlebnisse gebracht hatte.

> **Der SPÖ macht man vielfach den Vorwurf, die Bildung einer vierten Partei zu fördern. Die Partei hat aber nur Ratschläge erteilt, es aber kategorisch abgelehnt, finanziell zu helfen oder gar Mandate zuzusichern.**
> **Innenminister Oskar Helmer**
> **03. 02. 49**

Viktor Reimann schildert in seinem Buch „Die dritte Kraft in
Österreich", wie sich Neumann „mit den Sozialisten in einer
Weise einließ, für die er weder die Zustimmung von Kraus noch
die der Bundesparteileitung erhalten hätte" (25). Und er ergänzt
freimütig: „Auf jeden Fall waren die Sozialisten im Wahlkampf
1949 für den VdU Goldes wert" - wegen der Reputation, die sie
der neuen Partei im westlichen Auslands verschafften, aber
auch wortgetreu wegen finanzieller Hilfen, die der VdU dringend brauchte, seit die Geldquellen der Vereinigung österreichi-

scher Industrieller deutlich spärlicher als am Anfang sprudel-
ten. Reimann: „Deshalb unterzeichneten Kraus und ich einen
Wechsel über die Summe von 100.000 Schilling, die uns die
(Firma) Steyerermühl auf Empfehlung der SPÖ-Parteileitung zur
Verfügung stellte" (26).

Das unübersehbare Zusammenspiel zwischen SPÖ und VdU
machte natürlich auch der ÖVP Beine. Am 28. Mai trafen sich im
Schlösschen des späteren ÖVP-Generalsekretärs und Nationalratspräsidenten Alfred Maleta in Oberweis bei Gmunden führende ÖVP-Granden (neben Maleta u. a. auch Julius Raab und der
Gesandte a.D. Theodor Hornbostel) mit Vertretern des deutschnationalen Lagers, das aber nur eine mindere Garnitur entsandte
(u.a. den Univ. Prof. Taras Borodajkewycz, der in den Sechzigerjahren noch eine unrühmliche Rolle als Antisemit spielen sollte, den späteren Chefredakteur der „Oberösterreichischen Nachrichten", Walter Pollak, und Theo Wührer, den früheren Adju-
tanten Ernst Kaltenbrunners). Man ging von der sichtlich von
der ÖVP genährten Vermutung aus, die Sowjetunion würde einer
vierten Partei nicht zustimmen, und sprach auch über National-
ratsmandate, die die Volkspartei für „Ehemalige" reservieren
sollte. Die kolportierte Forderung nach 25 Abgeordnetensitzen
war der ÖVP dann doch zu viel und man ging ohne konkretes
Ergebnis auseinander. Aber der Bann war gebrochen und beide
Großparteien sahen sich als Brautwerber der „Ehemaligen" ent-
larvt. Die ÖVP förderte die Gründung einer „Jungen Front" unter
Willfried Gredler, der später ein Vorzeige-Liberaler bei den
Freiheitlichen werden sollte, und söhnte sich mit SN-Chef Cana-
val aus, der den VdU zunehmend unter Sperrfeuer nahm. Der
Wahlkampf wurde zu einer Schlammschlacht der besonderen
Sorte, kein Schmutzkübel blieb ungeleert, und knapp vor der
Wahl rief ein Personenkomitee von 100 ehemaligen National-
sozialisten zur Stimmabgabe für die ÖVP auf. Das Ergebnis der
Nationalratswahl vom 9. Oktober 1949 überraschte schließlich
alle.

Die neue Partei, der Verband der Unabhängigen, reduzierte
nicht nur die ÖVP von 85 auf 77 Mandate, sondern auch die SPÖ
von 76 auf 67 Nationalratssitze. Der VdU schaffte auf Anhieb 16
Mandate, obwohl er in der sowjetischen Zone kaum Werbemög-
lichkeiten gehabt hatte, brach bei den am selben Tag abgehalte-

nen Landtagswahlen in Oberösterreich, Salzburg und in der Steiermark die absolute Mehrheit der ÖVP und setzte seinen Siegeszug bei den folgenden Arbeiterkammerwahlen vor allem auf Kosten der Sozialisten in deren Hochburgen fort. In Oberösterreich erhielten die VdU-Gewerkschafter mehr Stimmen als die ÖVP- und die KPÖ-Gewerkschafter zusammen, rückten wie auch in der Arbeiterkammer Salzburg nach der SPÖ (60 bzw. 39 Sitze) an die zweite Stelle (33 bzw. 22) und eroberten die Mehrheit der Stimmen und Mandate bei den Angestellten. Im Arbeiterbetriebsrat des Kraftwerks von Kaprun, der Paradebaustelle der Republik, eroberte der VdU die absolute Mehrheit.

> **Einen praktischen Nutzen aus der Gründung neuer Parteien zöge auf keinen Fall das österreichische Volk, sondern allein jene Gruppe von kommunistischen Weltverschwörern, deren Aufgabe es ist, aus dem friedlich-demokratischen Österreich einen volksdemokratischen Staat zu machen.**
> ÖVP-Staatssekretär Ferdinand Graf
> 4. 10. 1948.

Die Folgen waren dramatisch: Die SPÖ hatte auf das falsche Pferd gesetzt, sich selbst mehr noch als die ÖVP beschädigt, und vermehrte ab sofort die Anstrengungen, ehemalige Nationalsozialisten direkt in ihre Reihen zu holen. Gleiches betrieb mit nicht geringerem Elan die Volkspartei. Spätere Analysen ergaben, dass von den über 960.000 zusätzlich Wahlberechtigten etwa 25 Prozent der ÖVP und 20 Prozent der SPÖ zugeflossen waren; die KPÖ stagnierte weiterhin bei vier Prozent. Der VdU aber hatte rund 51 Prozent der neuen Stimmen kassiert. Niemand konnte genau sagen, woher sie im Einzelnen gekommen waren, obwohl die absolute Zahl der VdU-Stimmen (489.273) annähernd mit der Zahl der Nazi-Neuwahlberechtigten (487.000) korrespondierte. Es hatten aber sicher auch Kriegsheimkehrer, Neu- und Jungbürger sowie allgemein mit der Koalitionsarbeit Unzufriedene den VdU gewählt. Das Dilemma war ähnlich wie bei der Wahl 1999: In beiden Jahren konnte man die einzelnen Gruppen nur unscharf auseinander zählen. Die Alliierten beschlossen, künftig besonders auf der Hut zu sein, aber Sanktionen brauchte man damals nicht.

4.5 „Ehemalige" in ÖVP und SPÖ

Jetzt also war jeder zweite „minderbelastete" Ex-Nazi Österreichs ein Wähler oder eine Wählerin der neuen Partei VdU. Aber jede/r dritte hatte sich für die Österreichische Volkspartei und jede/r fünfte für die Sozialistische Partei entschieden. Für wen war das die größere Belastung: für die betreffenden Parteien oder für die Demokratie in Österreich? Beim ersten Hinsehen könnte man meinen, es wäre vorteilhaft gewesen, hätten gleich alle „Ehemaligen" den VdU gewählt. Dann hätte man genau gewusst, wie diese Partei einzustufen war und worauf man die künftige Bobachtung konzentrieren musste. Aber abgesehen davon, dass man Wähler in einer Demokratie nicht gängeln kann, hat eine andere Sicht der Dinge auch ihre guten und wahrscheinlich sogar die besseren Argumente für sich.

Unter den Unterstützern auch einstige NS-Wähler zu haben, die eine demokratische Partei zu einem menschlichen Umgang

> Längst weiß ich, dass eine wirksame Entnazifizierung nicht in Form eines Papierkrieges, sondern nur als individuell-innerlicher Prozess in lebenslanger Selbstverwirklichung stattfinden kann.   **Albert Massiczek**

mit diesen Personen verpflichteten (das hatte man im Wahlkampf versprochen, nicht mehr), zwang keine der beiden Großparteien, von ihrem grundsätzlichen Kurs abzugehen. Ein VdU, der wusste, dass er zur Hälfte auch von Nicht-Nazis gewählt worden war, musste doch einigermaßen auf die Vielfalt seiner Klientel Rücksicht nehmen – alle Ehemaligen bei einer einzigen Partei hätten diese unzweifelhaft auf Abwege gedrängt. Die Ex-Nationalsozialisten in einer Großpartei konnten von dieser neu sozialisiert, also „bekehrt" und in die demokratische Gesellschaft eingegliedert werden. So weit die Theorie. Die Praxis folgte solchen hehren Überlegungen nur zum Teil.

In der damaligen Zeit brauchte jeder irgendetwas, das mit Protektion leichter zu haben war: eine Wohnung, eine Empfehlung für einen Posten, eine Unbedenklichkeitsbescheinigung, einen Opferausweis, eine Rückstufung von „Belastet" auf „Minderbelastet" und hundert Dinge mehr. Das führte automatisch auch einstige Nationalsozialisten den politischen Parteien zu – mit mehr Erfolgsaussicht bei jenen, die an den Schalthebeln von

Macht und Einfluss saßen. Die ÖVP war hier der SPÖ gegenüber im Vorteil, weil sie früher als diese und deutlicher dafür plädiert hatte, die „wirklich Schuldigen" einer gerechten Strafe zuzuführen, unter die Vergangenheit der anderen aber möglichst bald einen Schlussstrich zu ziehen und ihnen einen neuen Anfang zu ermöglichen. Sie traf sich darin als „christlich" deklarierte Partei auch mit Wortmeldungen aus den Reihen der Kirchen.

Es war vor allem der Salzburger Erzbischof Andreas Rohracher, der sich zum Fürsprecher einer großzügigen und menschlichen Lösung der NS-Frage machte und sich mehrfach auch an der Kritik am Nationalsozialistengesetz beteiligte. Wegen seiner Rückwirkung und der Folgenautomatik ohne Rücksicht auf persönliche Schuld oder Nichtschuld war es rechtspolitisch von Anbeginn umstritten. Kritisch bewerteten es auch die „Salzburger Nachrichten", deren Exponent Gustav Adolf Canaval sich als KZ-Häftling zwischen 1938 und 1945 (Flossenbürg und Dachau) Großmut gegenüber „Ehemaligen" leisten konnte. Salzburg galt schon seit Beginn des Jahrhunderts als „ein Zentrum deutschnationaler Gruppierungen", verschaffte der NSDAP schon in ihrer Frühzeit starken Zulauf und katapultierte bei der Gemeinderatswahl 1949 den neu gegründeten VdU mit 30 Prozent vor der ÖVP an die zweite Stelle nach der SPÖ. Spötter buchstabierten den Stadtnamen nach der chemischen Formel für Salz als „NaCl" (Natriumchlorid).

Der Erzbischof dieser Stadt, als Primas Germaniae mit Purpur wie ein Kardinal und hoher Amtswürde ausgestattet, rief schon am 7. März 1947 in einer Rede an der Universität Innsbruck zur Unterscheidung auf: „Die deutschen Kriegsverbrecher, soweit sie wirklich solche sind", verdienten eine gerechte Strafe. Aber am „Blut aller Hingerichteten und an den Seufzern der in den Konzentrationslagern und Kerkern Gequälten" seien nicht alle ehemaligen NSDAP-Mitglieder schuld. In einem Brief an Bundespräsident Theodor Körner, den dieser nie beantwortete, hieß Rohracher, der mit der Gründung eines „Sozialen Friedenswerkes" den Worten auch Taten folgen ließ, Österreich wegen der NS-Gesetze einen „Unrechtsstaat". Der Historiker Ernst Hanisch kommt in den Achtzigerjahren zu dem Schluss, die katholische Kirche habe sich damals „als wahre Gluckhenne für die ‚verlorenen Söhne'" erwiesen (27). Das Beispiel illu-

striert anschaulich, wie unterschiedlich man ein und dieselbe
Sache zu verschiedenen Zeiten bewerten kann. In den ersten
Nachkriegsjahren imponierte Rohracher Kirchgehern wie
Fernstehenden als eine Persönlichkeit, die christliche Werte bei-
spielhaft vorlebte.

Vielleicht wären die Gesten der Versöhnung stärker gerecht-
fertigt worden, wenn deren Nutznießer auch ihrerseits die rechten Worte gefunden hätten. Sie fanden, besser: sie suchten sie
nicht. Dabei darf man nicht vergessen, dass die meisten Nationalsozialisten 1945 auf das Schlimmste gefasst waren. Auch
wenn niemand das ganze Ausmaß der auf das Konto des NS-
Regimes gehenden Verbrechen kannte, wussten alle: Schreckliches ist geschehen, jetzt haben die anderen gesiegt, jetzt sind
wir dran! Als dann das Leben aber durchaus nicht völlig anders
weiter ging, schlug die Stimmung bald um. Nichts wächst
schneller in Menschenherzen als die Hoffnung, es könnte doch
noch alles gut gehen. Dem ersten Aufatmen folgte bald die eine
oder andere Dreistigkeit. In einem Brief vom 27. Juni 1947 an
ÖVP-Generalsekretär Minister Felix Hurdes beklagte Nadine
Paunovic, die Leiterin des ÖVP-Frauenbundes, die „wachsende
Präpotenz der Nazikreise" und die öfter hörbare Klage von Personen, die vor dem Nichts stehen: „Es tut uns Leid, dass wir keine Nazis sind, denn so kümmert sich niemand um uns..." (28)

Von denen, um die man sich wohl kümmerte, sind naturgemäß nur die Namen einiger Prominenter bekannt: Julius Raab
reklamierte Reinhard Kamitz vom Schuttschaufeln weg in die
ÖVP-Parteileitung, die beiden haben zusammen dann die für
den Wirtschaftserfolg entscheidende Währungsreform gemacht.
Egon Hilbert, Leiter der Bundestheaterverwaltung, sagte zu
einem US-Offizier, der den Schauspieler Werner Krauss vom
Burgtheater ausschließen wollte: „Ich war sieben Jahre in Dachau. Wenn Herr Krauss gut genug für mich ist, dann hat er es auch
für Sie zu sein!" (29) Es gab keine Diskussion über die Frage,
wer an welchen Verbrechen Schuld trug. KZ-Greuel wurden gegen die Bombenangriffe auf Dresden aufgerechnet, und einer
denunzierte den anderen, um nachzuweisen, dass man selbst
nur Mitläufer gewesen war: „Der Nationalsozialismus schnitt
quer durch die Familien. Bruder stand gegen Bruder" (30). In
Salzburg ließ sich das wortgetreu belegen: Ein Bruder des ÖVP-

Landeshauptmanns Albert Hochleitner war Illegaler und SSler gewesen, ein Bruder des SPÖ-Landesrats Josef Weißkind war wegen behaupteter Kriegsverbrechen in Polen angeklagt. So wurde der nicht belastete Familienteil zum Schutzschild des belasteten und Vergangenheitsbewältigung oft auch zu einer Frage familiärer Barmherzigkeit.

Zur ÖVP stießen in jenen Jahren ehemalige Nationalsozialisten aus dem Bauernstand, aus Gewerbe, Handel und Industrie, aus den freien Berufen und Teile der höheren Beamtenschaft. Die SPÖ bemühte sich nahe liegender Weise um die Rückgewinnung jener „enttäuschten, verbitterten Sozialdemokraten, die den Nationalsozialisten in die Hände getrieben worden waren," wie es SPÖ-Vorsitzender Alfred Gusenbauer in einer Erklärung im Parlament am 6. April 2000 formuliert hatte. Aber dann sammelte die Partei ganz gezielt auch Fachleute verschiedener Spezialgebiete, die zuvor in der Partei stark unterrepräsentiert gewesen waren: Wirtschaftsmanager und Techniker, Ärzte und Juristen. Immerhin hatten auf Grund des Wirtschaftssäuberungsgesetzes aus 1945 rund zwei Drittel der davon erfassten 100.000 Personen ihre Stellungen verloren: ein paar selbständige Unternehmer und Zehntausende Angestellte in leitender und mittlerer Führungsfunktion. Sie alle fanden im neu gegründeten Bund sozialsitscher Akademiker Aufnahme, so dass dessen Kurzbezeichnung BSA von Spöttern bald als „Bund der SA" gedeutet wurde.

Weil sich die ÖVP mit ihrer bis dahin traditionellen Kaderschmiede CV (Cartellverband farbentragender katholischer Akademiker) und der Vorfeldorganisation Österreichischer Akademikerbund Querverbindungen zum Beamtenapparat und zur Wirtschaft gesichert hatte, griffen die Sozialisten bewusst auf das Reservoir deutschnationaler und auch nationalsozialistischer Führungskräfte zurück, um den Expertenmangel auszugleichen. Immerhin waren gemäß dem Österreichischen Jahrbuch 1947 rund 100.000 Personen aus dem öffentlichen Dienst ausgeschieden, die ersetzt werden mussten – durch seinerzeit

> **Damit war die Mobilisierung der bisher Unzufriedenen zugunsten der Demokratie gelungen. Aber es begann ein Prozess der Verdrängung der ursprünglichen Problematik der Entnazifizierung.**
>
> **Dieter Stiefel**

von den Nazis verjagte Beamte, durch bisher in anderen Berufen Tätige oder auch durch Minderbelastete. Bei der Rückstufung vom Belasteten- zum Minderbelasteten-Status oder bei der Genehmigung einer Weiterverwendung in eigentlich verbotenen Berufen war Parteiprotektion entscheidend. Hier tat sich ein weites Feld für die Schaffung von Abhängigkeits- und Dankbarkeitsverhältnissen auf, obwohl sich nach Jahren oft herausstellte, dass die neuen Parteigenossen nur Karteigenossen geworden waren, heimlich mit den Zähnen knirschten und in der Wahlzelle durchaus nicht immer den SPÖ-Kreis auf dem Stimmzettel ankreuzten.

> Nach 1945 verzieh die SPÖ einem Funktionär eher, wenn er 1938 schwach geworden war, als wenn er nach 1934 umgefallen war. **Ernst Hanisch**

Hier spielten sich in den ersten Nachkriegsjahren bisweilen skurrile Dramen ab, bei denen die Grenze zwischen Tragödie und Komödie nicht immer mit freiem Auge wahrzunehmen war. Da gab es die Fälle der „zweimal Illegalen", wie der schon erwähnte Viktor Reimann einer gewesen war, der vom Nazi zum Widerständler und vom KZler zum Naziverteidiger geworden ist. Ein anderer Fall war der von Albert Massiczek, der sich selbst so schilderte: Aus einer „radikal monarchistisch, daher antimarxistisch, zugleich deutschnationalen Familie" stammend, wurde er zur illegalen SS verführt, dort rasch ernüchtert und wie Reimann von der Widerstandsgruppe um Roman Scholz angezogen. Er verweigerte den ihm von den Nazis anbefohlenen Kirchenaustritt, leistete Kriegsdienst als Sanitäter und wurde nach dem Krieg von Karl Renner als Belasteter „begnadigt". Illegal war er bei der SS und dann im Widerstand gewesen. Er dachte kritisch über das „Schweigen der 1938 so redselig gewesenen Kirchenfürsten" und über die Verweigerung tieferen Nachdenkens über die Entstehungsursachen des Nationalsozialismus nach. Nicht sehr spektakulär beschloss er sein Auftreten in der Öffentlichkeit als Vorsitzender der Arbeitsgemeinschaft Christentum und Sozialismus.

In Oberösterreich waren die Vereinigten Eisen- und Stahlwerke (vormals Hermann-Göring-Werke) ein für den Wiederaufbau so wichtiges Unternehmen, dass die Sicherung ihrer Effizienz allen Entnazifizierungsüberlegungen vorging. Zuerst wurde die reichsdeutsche Führung, die eigentlich sofort hätte abtreten müssen, bis zum Sommer 1945 belassen. Dann wurde ein österreichische Manager eingesetzt, dessen fachliche Kompetenz ebenso wenig bestritten war wie seine NS-Herkunft: Im Oktober musste er auf Verlangen der US-Besatzungsmacht wegen Verdachts der Beteiligung an Kriegsverbrechen wieder abgesetzt werden. In Oberösterreich schienen die Sozialisten überhaupt nicht sehr zimperlich zu sein: Sie versuchten dort, den ehemaligen NS-Gauinspektor Stefan Schachermayer als „geheimen Hintergrund-Obmann" des VdU zu installieren (31).

Die Entnazifizierung entbehrte aber auch in mittleren und kleineren Betrieben nicht gewisser kabarettistischer Elemente. Weil nur Kleinbetriebe von der Entnazifizierung verschont blieben, die Eigentümer und Geschäftsführer von mittleren Betrieben aber ihre Positionen verlieren sollten, definierten Politiker und Beamte so lange an den Kriterien für Betriebsgrößen herum, bis von mehreren hundert Ziegelwerken nur eins größer als ein „Kleinbetrieb" gewesen wäre und insgesamt nur vier Bauunternehmungen und jeweils nur eins von neun Zementwerken und eine von 107 Brauereien und acht von über 2000 Textilfirmen. Dem stimmten die Alliierten einstimmig nicht zu, aber über bessere Definitionen konnten auch sie sich nicht einigen; die Minderbelastetenamnestie 1947 beendete das operettenhafte Spiel.

Am Wettlauf um eine stärkere Einbindung des „dritten Lagers" in die österreichische Politik haben sich beide Großparteien beteiligt. Schon 1953 wollte ÖVP-Obmann Julius Raab zusammen mit der SPÖ und dem VdU eine „Konzentrationsregierung" (also eine Konzentration aller Parteien des Parlaments zu gemeinsamer Regierungsarbeit) bilden: Der Verleger Fritz Molden hatte Viktor Reimann mit Julius Raab zusammengebracht. Da spielte aber Bundespräsident Theodor Körner nicht mit: „Keine Regierung mit dem VdU!" In einer solchen wäre die SPÖ zwei „bürgerlichen" Parteien gegenübergestanden! Dass dies der Hauptgrund der Ablehnung war, bestätigte indirekt Vizekanzler Adolf Schärf, der ein Jahr später zu Reimann sagte: „Wenn ihr damals auch mit uns geredet hättet, wäre alles ganz anders gelaufen und ihr wärt heute in der Regierung!" (32). Das erinnert stark an die Situation nach der Wahl 1999, als die SPÖ die Koalition zwischen ÖVP und FPÖ scharf bekämpfte, obwohl

Bundeskanzler Viktor Klima bei der FPÖ um parlamentarische Unterstützung einer sozialdemokratischen Minderheitsregierung geworben hatte. Wie man las, hatte Klima als Kaufpreis für eine solche Unterstützung den Freiheitlichen unter Jörg Haider ein Bemühen um internationale Akzeptanz der FPÖ in Aussicht gestellt.

Den Fehler von 1953 (später als die ÖVP mit der FPÖ ins Gespräch zu kommen) wollte die SPÖ offenbar nicht wiederholen. Im Wahlkampf 1970, als die SPÖ vor allem die absolute Mehrheit der Volkspartei brechen wollte, ließ die erstmals von Bruno Kreisky in eine Entscheidung geführte Partei die Freiheitliche Partei (FPÖ), Nachfolgerin der VdU, ziemlich ungeschoren. Der Karren war nach der Wahl, die mit relativer SPÖ-Mehrheit endete, ziemlich verfahren. Einerseits hatte eine ihre eigene Stärke überschätzende ÖVP öffentlich gelobt, mit der FPÖ keine Koalition zu bilden, die FPÖ aber hatte ihren Eintritt in eine Regierung unter einem SPÖ-Kanzler ausgeschlossen. Die ÖVP zog in die Opposition, die FPÖ musste wegen ihrer Eigenfesselung dort bleiben, aber Kreisky verstand es, sich durch Zusage einer Wahlrechtsreform ihre parlamentarische Unterstützung zu sichern. Seit dieser von der FPÖ ermöglichten SPÖ-Minderheitsregierung war die immer enger werdende Zusammenarbeit zwischen Sozialdemokraten und Freiheitlichen nicht mehr zu übersehen.

Nur weil Kreisky wider Erwarten bei der nächsten Wahl 1971 sogar die absolute Mehrheit schaffte, brauchte er keinen Partner in die Regierung zu holen. Es blieb aber bei kräftigen Signalen. Die SPÖ, die in früheren Regierungen mit den einstigen KZ-Insassen Josef Gerö, Rudolf Häuser, Franz Olah, Anton Proksch und Josef Staribacher vertreten gewesen war, nominierte unter Kreisky die früheren NSDAP-Mitglieder Erwin Frühbauer, Josef Moser, Hans Öllinger, Otto Rösch und Oscar Weihs für Regierungsämter. (Die ÖVP hatte nur mit Reinhard Kamitz als Finanzminister zwischen 1952 und 1960 einmal diese Schranke durchbrochen.) Öllinger musste sogar, als bekannt wurde, dass er 1938 der SS beigetreten war, nach 28 Tagen aus „Gesundheitsgründen" wieder zurücktreten. Dass der vom Nationalsozialismus zur Emigration gezwungene Jude Bruno Kreisky, der 21 Familienangehörige im KZ verloren hatte, nicht im ent-

ferntesten mit NS-Sympathien in Verbindung gebracht werden
konnte, steht außer Zweifel. Dass er mit seiner Personalpolitik
wie auch mit seinen Ausfällen gegen manche israelische Politiker die Hemmschwelle gegenüber dem früheren System kräftig
senkte, freilich auch.

Das tat zudem der sozialistische Justizminister Christian
Broda, der ungeachtet seiner kommunistischen Vergangenheit
während seiner Amtszeit mehrfach Verfahren gegen der Teilnahme an Kriegsverbrechen verdächtigte Personen, wo es in seiner Rechtsmacht stand, einstellen oder gleich die Anklageerhebung verhindern ließ. Einen spektakulären Höhepunkt erreichte die Debatte über den Umgang mit der NS-Vergangenheit,
als Bundeskanzler Kreisky 1975 der FPÖ neuerlich deutliche
Avancen machte, weil er sie vielleicht nach der Wahl brauchen
würde. Das alarmierte Simon Wiesenthal, der daraufhin Friedrich Peters Zugehörigkeit zur 1. SS-Infanteriebrigade bekannt
machte, die in Russland hinter der Front unter dem Titel Parti-
sanenbekämpfung ein blutiges Handwerk unter der Zivilbevölkerung betrieb. Betrieben hatte. Nun griffen Kreisky und
auch Klubobmann Heinz Fischer Wiesenthal frontal an. Und das
war, was viele als den eigentlichen Skandal ansahen: nicht die
FPÖ-Führungsrolle Peters, an dessen Bekehrung zu einem ehrlichen Demokraten nicht gezweifelt werden muss, sondern die
Beschuldigung Wiesenthals, dem Kreisky andeutungsweise sogar Kollaboration mit der Gestapo unterstellte. (Der ganze Wirbel
wiederholte sich 1983, als Kreisky den FPÖ-Obmann zum
Dritten Nationalratspräsidenten wählen lassen wollte.)

Der gegenwärtige SPÖ-Vorsitzende Alfred Gusenbauer hat in
der schon erwähnten Erklärung vom 6. April 2000 zu allen diesen Fällen Stellung bezogen, Kreisky und Broda ungeachtet ihrer
vielen Verdienste kritisiert und sich „zu den von der SPÖ mit-
verantworteten Fehlern" und deren „rückhaltloser Darstellung"
bekannt. Die Angriffe auf Wiesenthal seien „unfair und daher
inakzeptabel" gewesen. Gusenbauer bat die Opfer und ihre Angehörigen um Entschuldigung und bedauerte auch die Tatsache,
dass der Euthanasie-Arzt Heinrich Gross „in einer Weise Karriere machen konnte, für die man sich zutiefst schämen muss."
Allgemein gestand er: „Wahr ist auch, dass der Elan zur Entnazifizierung von Gesellschaft und Politik wesentlich schwächer

wurde, als die ehemaligen Nationalsozialisten bei den Nationalratswahlen 1949 wieder wahlberechtigt waren ... Auch die
Strafverfolgung wurde ab den Fünfzigerjahren ... mit immer
weniger Nachdruck geführt."

Darüber nachzudenken, hat auch die Volkspartei allen
Grund. Dass aber solche Worte auch heute noch keineswegs
unumstritten sind, zeigten verschiedene Reaktionen aus den
Reihen von Gusenbauers eigener Partei. „In dieser Form überflüssig" fand sie der einstige Innenminister und nunmehrige
SPÖ-Pensionistenobmann Karl Blecha. Simon Wiesenthal aber,
der die ihn selbst betreffende Entschuldigungsbitte für „35 Jahre
zu spät" hält, erläuterte in einem „Standard"-Gespräch die Substanz der Kritik: „Nach dem Krieg war die SPÖ de facto nackt,
ohne Intelligenzleute. Daher wurden Nazis aufgenommen, ohne
zu fragen, wer was gemacht hat." Und ohne Diskussion: „Wenn
einer eine Debatte begonnen hat, war sofort die Antwort: Wir
sind für Versöhnung!" Broda habe immer wieder Verfahren eingestellt, weil die Angeklagten vor Schwurgerichte gekommen
wären „und die befangen waren! Wir hatten einen Prozess in
Salzburg, wo unter acht Geschworenen fünf Ehemalige waren."
Gegen die Schwurgerichtsregelung hat Wiesenthal vergeblich
gekämpft. Trotzdem schätzt er die Neuorientierung Gusenbauers
nicht gering ein: „Das kann etwas bringen für die Zukunft. Wenn
man Wiederholung verhindern will, darf man nicht vergessen."
(33)

4.6 FPÖ im Wandel der Zeit

Der Verband der Unabhängigen
(VdU) starb bald und, im Unterschied
zur Republik des alten Rom, nicht in
Schönheit. Die Nationalratswahl 1953
hatte dem VdU trotz deutlicher Stimmengewinne in der Sowjetzone Verluste im Westen und Süden, einen Mandatsrückgang
von 16 auf 14 und das Misslingen des Versuchs einer Regie-
rungsbeteiligung gebracht. Hart tobte bald der Streit der einzelnen Flügel und Strömungen. Jetzt versuchte Raab, Ordnung in
den gegnerischen Haufen zu bringen, und überredete Anton
Reinthaller dazu, sich an die Spitze einer Nachfolgepartei nach
dem VdU zu setzen. Reinthaller war hochgradig illegaler, wenn
auch gemäßigter Nazi, Landwirtschaftsminister in der Regierung
Seyß-Inquart und SS-Brigadeführer gewesen und hatte 1955 in

Wien eine „Freiheitspartei" als Konkurrenz zum VdU gegründet. Er gab offen zu, er eigne sich für die Demokratie „wie eine Brennnessel zum A.-Auswischen". Raab empfahl ihm, sich mit „demokratischen Auftriebselementen" zu umgeben, und tatsächlich wurde Reinthaller am 7. April 1956 zum ersten Obmann der Freiheitlichen Partei Österreichs (FPÖ) gewählt, die an die Stelle der Freiheitspartei und des VdU treten sollte.

VdU-Gründer Herbert Kraus und Viktor Reimann traten aus der Partei aus, weil diese sich nun einem „kleinen Kreis von Rechtsextremisten und NS-Führern" (O-Ton Kraus) ausgeliefert habe. Hatte das alte VdU-Programm ein Bekenntnis zum „deutschen Volkstum" der Österreicher, aber auch zur Eigenstaatlichkeit Österreichs abgelegt und das noch etwas stärker deutschnational akzentuierte Ausseer Programm 1954 von einer „deutschen Aufgabe Österreichs" gesprochen, so griff das erste Parteiprogramm der FPÖ, von einem Proponentenkomitee formuliert, auf die „deutsche Volks- und Kulturgemeinschaft" zurück. Erst die „Richtlinien freiheitlicher Politik" von 1958 konnten sich auf eine ausführliche Diskussion unter den Mitgliedern berufen. Das ideologische Ergebnis war wieder nicht aufregend: Ziel war nun eine „national-freiheitliche und soziale Politik auf der Grundlage echter Volksgemeinschaft" (34). Auf diesem Parteitag 1958 übernahm nach dem Tod Reinthallers ein neuer Mann die Parteiführung in der festen Absicht, die FPÖ aus der Rolle einer Daueropposition herauszuführen: Friedrich Peter.

Der Sohn eines sozialdemokratischen Lokführers aus Attnang-Puchheim und einer bürgerlichen Bäckermeisterstochter aus dem nahen Wolfsegg wurde gemäß Selbstdarstellung „deutsch-denkend, aber nicht großdeutsch und nicht nationalsozialistisch" erzogen (35), studierte trotz väterlicher Schutzbundaktivitäten im bischöflichen Lehrerseminar in Linz, erlebte in mehreren Fahrten zum Bodensee (Eisenbahner-Vorteilskarte!) die aufstrebende deutsche Zukunft und ging zur Waffen-SS. Erste Desillusionierungen stellten sich ein, als ihnen die Niederlage von Stalingrad als Sieg verkauft wurde. „Führer befiehl, die Folgen tragen wir" murmelten damals sogar schon kecke SSler-Lippen. Normandie, Ardennen, wieder die Ostfront, Ungarn, Wien und Krems waren die nächsten Einsatzorte; das Ende des

Krieges erlebte er in Dresden. „Ich wollte nicht in russische Gefangenschaft kommen und war zu feig, mich zu erschießen." Also schlug er sich über Bayern nach Wolfsegg durch. Er bewarb sich beim Landesschulrat um einen Lehrerposten, füllte den vorgeschriebenen Fragebogen aus (halt „Oberleutnant" statt „Obersturmführer", aber die Frage nach einer NSDAP-Mitgliedschaft konnte er wahrheitsgemäß verneinen) und bekam auch den Posten. Erst am 20. August 1946 wurde der Oberlehrer Peter von zwei Gendarmen verhaftet: Damals gab es noch keine internationale Datenvernetzung...

Verhöre beim US-Geheimdienst CIC verliefen nicht ohne körperliche Gewaltanwendung. Aber im US-Internierungslager Glasenbach bei Salzburg wurde ihm erstmals die Demokratie sympathisch, als nach einer Häftlingsrevolte der verlangte US-General tatsächlich erschien, mit den Revoluzzern einen Pakt aushandelte und ihnen die Wahl einer Lagerleitung zugestand: „Damals zeichnete ich mein erstes Wahlplakat." Ein von der Staatsanwaltschaft Wien unter Beiziehung des Landgerichtes I in München angestrengtes Verfahren wurde im Juli 1976 endgültig eingestellt. Ende 1947 schon war Friedrich Peter wieder Volks-, dann Sonderschullehrer. Und 1958 FPÖ-Obmann. Er bemühte sich redlich, die Partei „rechts von der Mitte, aber nicht am rechten Rand" zu halten – ohne große Entschuldigungen wegen der Vergangenheit, aber auch ohne große Provokationen in der Gegenwart.

1962/1963 gab es erste Annäherungen an die SPÖ, deren heftige Polemiken gegen den Rückkehrwunsch Otto Habsburgs die FPÖ parlamentarisch unterstützte. Der Dank blieb nicht aus: Als „Niedermüller" durfte der FPÖ-Abgeordnete Gustav Zeillinger den Empfang eines Schecks über eine Million Schilling von der sozialistischen Gewerkschaftsfraktion bestätigen: Rettung für die Parteikasse in letzter Stunde. Man war aber auch zur anderen Seite hin nicht untätig geblieben. Vor der Nationalratswahl 1962 schon war mit dem damaligen ÖVP-Obmann Alphons Gorbach eine schwarzblaue Koalition so gut wie fix vereinbart (36) gewesen. Aber es kam nie dazu, weil Gorbach sich nach der Wahl im eigenen Parteivorstand nicht durchsetzte.

Mit Josef Klaus, der nach seinem triumphalen Wahlsieg 1966 vier Jahre lang Bundeskanzler war, kam Peter nie zurecht. (Und umgekehrt.) Andererseits musste Peter den Eindruck verwischen, er schiele nur nach links. So kam ihm die Wahlniederlage der ÖVP bei der oberösterreichischen Landtagswahl 1967 sehr zustatten. Noch in der Wahlnacht vereinbarte der clevere Landesparteisekretär und spätere Landeshauptmann Erwin Wenzl (auch ein Wolfsegger) mit Peter einen 32-Punkte-Pakt, der Heinrich Gleißner die Wiederwahl als Landeshauptmann und der FPÖ viele neue Einflussmöglichkeiten sicherte. Jetzt konnte wieder in Richtung SPÖ Ausschau gehalten werden, und der Flirt mit Bruno Kreisky entwickelte sich zu einer schon beschriebenen Intensivbeziehung. Im Rückblick bezeichnet Peter heute Gleißner als seinen „innenpolitischen" und Kreisky als seinen „außenpolitischen Vater." Das „Politische Manifest" von 1973 wurde zu einem wirklich liberalen, geradezu progressiven Programm, für das sich weder Peter noch Kreisky schämen mussten.

Bei der Nationalratswahl 1975 versuchte der steirische FPÖ-Politiker Alexander Götz hinter dem Rücken Friedrich Peters einen geheimen Deal mit dem damaligen ÖVP-Bundesparteiobmann Josef Taus auf Abschluss einer ÖVP/FPÖ-Koalition. Aber wieder wurde nichts daraus, denn Kreisky konnte sich noch einmal die absolute Mehrheit sichern. Als Friedrich Peter, der an der Seite Kreiskys 1973 das ehemalige Konzentrationslager Auschwitz und 1976 Theresienstadt besucht hatte, 1978 die FPÖ-Führung an Götz übergab und nur die Klubführung beibehielt, war er ein Geläuterter. Er hatte die Partei nicht den einstigen Nazis überlassen, sondern sie deutsch-national-liberal knapp rechts von der Mitte postiert. Dort konnte sie 1983 nach dem Rücktritt Kreiskys Fred Sinowatz als neuer Bundeskanzler ohne Scham abholen. Sein Regierungspartner als Vizekanzler war nun der liberale Wiener Norbert Steger, und es schien, als hätte die FPÖ den Weg von einer Außenseiterpartei zu einer ernst zu nehmenden, konsolidierten Kleinpartei endgültig zurückgelegt.

Schon das Ischler Programm 1968 hatte zum ersten Mal eine stärkere europäische Note („Wir wollen den europäischen Bundesstaat") ins Bild gebracht. Das Manifest 1973, das von den Freiburger Thesen der Freien Demokraten Deutschlands beeinflusst war, bekannte sich zu einem gleichberechtigten, toleranten Nebeneinander aller Völker und forderte ein europäisches

Volksgruppenrecht zum Schutz von Minderheiten. Aber aller Wandel und alle Neuorientierung hatten an einer Tatsache nichts geändert: Die FPÖ hatte noch immer nicht mehr als 12 von 183 Sitzen im Nationalrat. Das ließ einen ehrgeizigen Politiker aus Oberösterreich, der in Kärnten politische Karriere gemacht hatte, nicht ruhen: Im Sommer 1986 entthronte Jörg Haider mit junger Kampfmannschaft und ziemlich rüder Parteitagsdramaturgie den verdutzten Norbert Steger und leitete ein neues Kapitel der schlingernden Parteigeschichte ein.

Bundeskanzler Franz Vranitzky kündigte hierauf die Koalition und rief Neuwahlen aus. Heute fragt man sich, ob es nicht besser gewesen wäre, den ungestümen Karawankenkaiser in die Regierung zu holen und dort zu „zähmen". Die Entwicklung der FPÖ in der Regierung Schüssel scheint der Strategie der Hereinnahme in die Verantwortung mehr Recht zu geben als einer Strategie der Ausgrenzung, wie sie die SPÖ besonders unter Vranitzky verfolgte. Allerdings muss zugegeben werden, dass vermutlich das Eine erst ausprobiert werden musste, um mit dem Anderen vergleichbar zu sein. Tatsache ist, dass Haider stimmenmäßig ständig weiter zulegte und dass die Woge der Volksmeinung, die ihn trug, ihn immer forscher, immer kühner, immer weniger berechenbar erscheinen ließ. Die Liberale Internationale, die 1978 die FPÖ aufgenommen hatte, war zunehmend bestürzt; 1987 kam die Haider-Partei einem Ausschluss durch Austritt zuvor.

Der neue Generalsekretär Norbert Gugerbauer, den Haider sich geholt hatte, verließ ihn wieder, als er sich mit seinen Einsprüchen gegen die Anbiederungen Haiders an den rechten politischen Rand nicht durchsetzte. Andere Weggefährten blieben auf der Strecke, weil er Widerspruch ebenso wenig wie Zeugenschaft in schwachen Stunden duldete. 40 ausgeschaltete Funktionäre an Haiders Wegrand zählte das Handbuch des Rechtsextremismus schon 1996 penibel auf. „Die eigenen Leute hat Haider stets in Schach gehalten," urteilte auch die „profil"-Redakteurin Christa Zöchling, die in ihrem Haider-Buch um ein ausgewogenes, faires Bild bemüht war (37). Laute Kritik an solch autoritärem Vorgehen unterblieb, denn sie wäre Kritik an einem Erfolgreichen gewesen, und nichts macht Erfolgreiche unangreifbarer als ihr Erfolg. Schon bei der Parlamentswahl 1986 verdoppelte Haider österreichweit die Stimmen der FPÖ, bei den Wiener Landtagswahlen konnte er den Mandatsstand der Freiheitlichen vervierfachen.

1989 wurde Haider zum Landeshauptmann von Kärnten gewählt – mit den Stimmen der ÖVP, die der Versuchung nicht widerstehen konnte, eine nicht enden wollende, oft provokant ausgespielte sozialistische Vormachtstellung in diesem Bundesland zu brechen. Zwei Jahre später war er die Aufgabe wieder los, weil ihm der Landtag nach einem Hinweis auf die „ordentliche Beschäftigungspolitik" der Hitler-Regierung mehrheitlich das Vertrauen entzogen hatte. Die Niederlage schmerzte. Als er auch noch auf wachsenden innerparteilichen Widerstand gegen ständige Ermunterungszurufe an den rechten Parteirand stieß, ließ er auch die FPÖ-Generalsekretärin Heide Schmidt seine Macht und Laune spüren. Knapp vor Ende des Wahlkampfes 1992, bei der sie die Kandidatin der FPÖ für das Bundespräsidentenamt war, ließ er Druck und Auslieferung der Wahlkampfplakate stoppen – weil sie sich angeblich zu wenig loyal verhalten hatte.

Heide Schmidt gründete 1993 zusammen mit vier weiteren Parlamentskollegen der FPÖ das Liberale Forum (LIF), legte eine bewundernswerte Leistung als Vorsitzende einer neuen Partei hin und musste nach wenigen Jahren erkennen, wie hart das Brot einer politischen Alleindarstellerin war. Als die Erfolge nachließen, allmählich zu Misserfolgen wurden und sie die Parteiführung abgab, musste sie – späte Anerkennung ihres singulären Kraftaktes – erleben, dass ohne sie die Partei so gut wie keine politischen Überlebenschancen hatte. Auch Friedrich Peter, der sich zunehmend um sein mühevoll erarbeitetes politisches Erbe betrogen sah, verließ 1992 enttäuscht die Partei. Hauptgrund für Freundschaftskündigungen war für viele das Umschwenken der Haider-Partei auf einen Anti-Ausländer- und Anti-EU-Kurs.

Seit Gründung der FPÖ war diese Partei pro-europäisch gewesen, hatte ÖVP und SPÖ immer wieder zu mehr Tempo in den Integrationsschritten bewegen wollen und immer mehr den Deutschnationalismus vergangener Tage durch Europa-Begeisterung ersetzt. Und plötzlich sollte alles anders sein. Zweifel an der Sinnhaftigkeit der Europäischen Union („dieser"

Europäischen Union, sagte Haider oft, als ob es auch eine andere gäbe) wurden genährt, der „Brüsseler Bürokratismus" und
„Zentralismus" heruntergemacht, ein in dieser Partei bisher nie
genährter Österreich-Chauvinismus aber hochgepäppelt. Keine
Frage: Hinter solch politischer Schubumkehr stand kein Programm, keine Ideologie mehr, sondern nur wahltaktisches Kalkül: Von Wahl zu Wahl wollte er mehr dazugewinnen – zuerst
kammermüde Neoliberale von der ÖVP, dann um Arbeitsplätze
besorgte Arbeiter, immer privilegienmüde Anhänger aller übrigen Parteien, und dann eben machte er die EU-Skeptiker als
potentiell größte Oppositionsgruppe aus. Dafür nahm er in Kauf,
dass entsetzte Unternehmer sich von ihm abwandten: Die Besorgten waren zahlreicher als die Entsetzten. Schwere Nieder-
lagen Haiders: Das „Österreich-zuerst"-Volksbegehren von 1993,
von den Kirchen bis zur Linken scharf bekämpft, blieb mit nur
417.000 Unterschriften weit unter dem gesteckten Ziel (nicht
einmal halb so viele Stimmen wie die Volksbegehren für die 40-
Stunden-Woche oder gegen die Fristenregelung beim Schwan-
gerschaftsabbruch), und auch die Zweidrittelmehrheit bei der
Volksabstimmung 1994 über den Beitritt Österreichs zur Europäischen Union konnte Haider nicht verhindern.

Bei regionalen und nationalen Wahlen aber stürmte er
scheinbar unaufhaltsam nach oben. Als die FPÖ bei der Nationalratswahl im Oktober 1999 gleich stark mit der Volkspartei
wurde, stand für politisch Sensible das Dilemma fest: Eine
Einbeziehung der FPÖ in die Regierung würde international zu
erheblichen Irritationen führen, eine nochmalige Fortsetzung
der „Koalition der Verlierer" nach 30 Jahren sozialdemokratischer Regierungschefs würde seine Wähler zu einer Trotz-
reaktion gewaltigen Ausmaßes veranlassen: Bei der nächsten
Wahl wäre Haider höchstwahrscheinlich die Nummer eins. Was
geschah, ist bekannt: Die ÖVP unter Wolfgang Schüssel entschloss sich, nachdem Erstverhandlungen mit der SPÖ gescheitert waren, zu einer Hereinnahme der FPÖ in die Bundesregierung. Wie das Experiment ausgehen wird, kann man im Sommer
2000 bei bestem Willen noch nicht sagen. Die Erfahrung der
ersten Monate ergab: Die FPÖ-Regierungsriege hatte klarerweise
die Anlaufprobleme aller Anfänger, fasste jedoch rasch Fuß und
entwickelte erkennbare Bereitschaft, zusammen mit dem Regie-

rungspartner auch unpopuläre Probleme in Angriff zu nehmen, die eine jahrzehntelange Verschleppung struktureller Lösungen aufgestaut hatte. Gleichzeitig nahm die Vorliebe der Wählerinnen und Wähler für die FPÖ erkennbar ab. Die Frage ist nun: Wird sich in der Partei der Flügel durchsetzen, der sich mit geringerer Stärke, gepaart mit der Möglichkeit aktiver Mitgestaltung, zufrieden gibt? Oder wird Jörg Haider, der Erfolgsgetriebene, die Regierungskoalition platzen lassen, wenn er durch sie zu viele Wähler zu verlieren glaubt?

Das ist die Schicksalsfrage für die Freiheitlichen - nicht die Errichtung einer quasifaschistischen Diktatur. Drei „Weise" des Europäischen Gerichtshofs für Menschenrechte hatten im Sommer 2000 von den 14 EU-Partnern Österreichs den Auftrag erhalten, nicht nur das Wirken der neuen Bundesregierung, sondern auch „die Natur der FPÖ" zu analysieren. Das war deswegen eine für Österreich fragwürdige Vorgangsweise, weil aus der notwendigerweise komplexen Darstellung die EU-Auftraggeber Schlussfolgerungen zu ziehen hatten, die nicht automatisch übereinstimmen mussten.

Aber sicher war von Anbeginn: Vom Programm her ist die FPÖ nicht eine neonazistische, eine neofaschistische oder auch nur eine rechtsextreme Partei. Noch kein Programm der FPÖ war so zahm wie das jetzige aus 1997: Freiheit als höchstes Gut, einzigartige Würde des Menschen, Gleichheit von Mann und Frau, Österreich-Patriotismus, bürgernahe Demokratie, Menschenrechte, keine unbeschränkte und unkontrollierte Zuwanderung, Verteidigung christlicher Werte, institutionelle und nicht geistige Trennung von Kirche und Staat, Europa als Wertegemeinschaft, Volksgruppenrecht, NATO- und WEU-Mitgliedschaft, freie Marktwirtschaft in sozialer Verantwortung, Förderung von Ehe und Familie, ökologische Steuern, Grundrecht auf Bildung... Auch früher von Haider formulierte Zielvorstellungen einer „Dritten Republik" – Abschaffung des Bundeskanzlers, Aufwertung des Bundespräsidenten, Entmachtung von Bundesorganen zugunsten der Länder und der direkten Demokratie, allgemeine Wehr- und Dienstpflicht für junge Männer und Frauen u.a. – würden die Partei noch nicht faschistisch machen, und außerdem ist davon seit längerem schon wieder nicht die Rede.

Freilich haben Haider-Kritiker auch kilometerlange Listen mit zum Teil haarsträubenden Aussprüchen zusammengestellt. Einige darunter sind wieder so unspektakulär, dass sie bei keinem anderen Politiker aufgefallen wären, während in Haider-Worte grundsätzlich Weltgewaltiges hineingedeutet wird. „Ich werde meinen Konkurrenten wie eine Trommel schlagen": Welche Vorwürfe würde eine solche menschenfeindliche Formulierung Haider eintragen? In den USA war sie im Frühjahr 2000 der meistbeklatschte Satz des republikanischen Vorwahlkämpfers John McCain. Die nie verwirklichungs-

Im Dritten Reich haben sie ordentliche Beschäftigungspolitik gemacht, was nicht einmal Ihre Regierung in Wien zusammenbringt. Jörg Haider, 13. 06. 91

verdächtige „Anregung" Haiders, Politiker zu bestrafen, die im Ausland Österreich herabsetzen, wurde wohl über Gebühr ernst genommen. Vielleicht wollte er seine Kritiker nur in eine Falle locken, die das Strafgesetz schon aufgestellt hatte: § 248 sieht eine Freiheitsstrafe bis zu einem Jahr für jene vor, die „in gehässiger Weise die Republik Österreich oder eines ihrer Bundesländer verächtlich machen". Das ist bis heute unbekanntes, totes, also nicht angewandtes Recht gewesen und wird es auch bleiben – mit und ohne einen FPÖ-Justizminister von Haiders Gnaden.

Dass Haider keine dunklen Weltputschpläne verfolgt, darf man wohl auch aus dem häufigen Kurswechsel der letzten Jahre ableiten, der in jedem Fall nur mit Spekulieren auf Wählerstimmen erklärt werden kann. Jörg Haider ließ sich von Deutschnationalen zum Parteiobmann wählen. Plötzlich schwenkte er auf einen in der FPÖ bisher nie heimisch gewesenen Österreich-Nationalismus um, weil der Deutschnationalismus seinen Magnetismus verloren hatte. Dann pirschte er sich an den erzkonservativen Rand der katholischen Kirche heran, wo er zu Recht ein locker gewordenes Stimmpotential vermutete. Schließlich ver-

Stop der Überfremdung! Stop dem Asylmissbrauch! FPÖ-Wahlplakate in Wien 1999

blüffte er die ganze Partei mit dem Radikalschwenk gegen den EU-Beitritt, weil eine starke Gegenströmung im Volk erkennbar geworden war. Als dann 67 Prozent der Abstimmungsteilnehmer doch für den Beitritt votierten und sich eine solide Pro-EU-Mehrheit verfestigte, kehrte er ohne großen Genierer wieder ins Europa-Lager zurück.

Ergänzen muss man wohl, dass Haider diese Manöver im Wesentlichen mit der auflagenstärksten Zeitung des Landes vollzog – genauer gesagt: den Marschrichtungen folgte, die deren politwetterkundige Herausgeber jeweils ausfindig gemacht hatte. In der „Kronenzeitung" („Krone") hatte er einen kongenialen Partner im Populismus gefunden, der dort vor allem von dem legendären Volkskommentator Staberl und dem Alltagspoeten Wolf Martin betrieben wird. Als zur alllgemeinen Überraschung die „Krone" nach der Wahl 1999 die Erneuerung der rotschwarzen Koalition besang, muss das Jörg Haider kurzfristig sehr verwirrt haben. Aber bisweilen passt sich auch die „Krone" der Wirklichkeit an, wenn die Wirklichkeit Umgekehrtes verweigert. In der Sommerhitze 2000 lagen Haider und „Krone" wieder ziemlich auf identischem Kurs. Da insbesondere der aktuelle Tagesreimer Wolf Martin das Lesevolk gern mit Ausländerkritik bedient, bleibt Wachsamkeit Bürgerpflicht.

Ist also Jörg Haider das Problem der FPÖ? Wahr ist: Er ist es nicht allein. Durch ihn sind auch viele hochgekommen, die dumpfen Gefühlen der Ausländerablehnung und immer auch noch nebulosen Gespenstervorstellungen von überlegenen Völkern und Kulturen nachhängen. Das Handbuch für Rechtsextremismus führt Dutzende FPÖ-Funktionäre namentlich an, die es dem Rechtsextremismus zurechnet. Jörg Haider lässt Sprachaggressoren gewähren. Nur Kritiker seiner eigenen Auffassungen macht er blitzartig mundtot. Offener Antisemitismus wird auch in der FPÖ nicht kultiviert, verdecktem begegnet man immer wieder – aber beileibe nicht nur in freiheitlichen Kreisen. Feindbildpflege, Pauschalverdammungen politischer Gegner, rücksichtslose Sprache bei Versammlungen, in Publikationen und auf Wahlplakaten kennzeichnen häufig freiheitliche Kommunikation.

Das Problem der FPÖ ist trotzdem vor allem Jörg Haider. Von ihm hängt es auch ab, ob ungehobelte Elemente seiner Gefolgschaft die Zunge im Zaum halten oder ob sie provozieren zu müssen glauben. Er ist kein Nationalsozialist und kein Faschist. Selbst „Rechtsextremismus" wird man ihm nur bei entsprechender Definition nachweisen können. Aber er stammt aus einer Familie von Nationalsozialisten, wo man mit dem Jargon des verflossenen NS-Regimes offenbar wohl vertraut ist. Sein oft achtloser Umgang mit einer von vielen als maßlos empfundenen Sprache rückt ihn, ob er will oder nicht, immer wieder in die Nähe wirklicher oder scheinbarer Menschenverachtung. Man mag endlos darüber streiten, ob ihm anstößige Formulierungen „passieren" oder ob sie sorgfältig geplant sind. Es dürfte sie nicht geben, und er ist intelligent genug, sie zu vermeiden, wenn er es sich vornimmt. Herkunft begründet keine Sippenhaft. Sie begründet jedoch Verpflichtung zu besonderer Sensibilität. Die aber ist sein Anliegen nicht.

> Freilich hat es in der Vergangenheit auch einige Äußerungen gegeben, die mir zugeordnet werden und die im Zusammenhang mit dem Nationalsozialismus sind, die durchaus unsensibel und missverständlich waren. Mir tut das persönlich leid. **Jörg Haider, 12. 11. 99**

Jörg Haider ist ein maßloser, skrupelloser Rechtspopulist. Wo Stimmen zu haben sind, holt er sie sich. Der Zweck heiligt seine Mittel, und was heute und morgen Zweck ist, bestimmte bisher er allein. Haider ist intelligent und weiß, was er vor diesem und vor jenem Publikum sagen möchte, kann und darf. Daher müsste er auch wissen, was er nicht sagen kann. In sein Buch „Befreite Zukunft jenseits von links und rechts" hat er – nach Anerkennung für die „ehrlichen, aufrechten und bescheidenen Politiker", die Österreich nach 1945 aufgebaut haben – den schönen Satz hineingeschrieben: „Hass und Ausgrenzung gegenüber den Menschen, die aus politischen, rassischen und anderen willkürlichen Gründen verfolgt, vertrieben und ermordet wurden, sollte es nie mehr geben" (38). In der „Wiener Erklärung" vom 7. April 1992 distanzierte er sich von „jeder Form von Chauvinismus...Schaffen wir Klarheit: Da kann es kein Augenzwinkern geben!"

Und dann wieder spricht er unter Bedachtnahme auf Österreichs politische Farbenlehre von „roten und blauen Filzläusen, die mit Blausäure bekämpft werden sollten" (39). Man kann Vernünftiges und Richtiges, man muss Schlimmes und Maßloses von ihm erwarten. Oft trägt ihn der Augenblick und die Stimmung des Ortes fort – sicher bei Attacken auf ausländische Politiker, die ihn gereizt haben. Oft mag es sich bei seinen „Sagern" auch nur um Unbedachtsamkeiten handeln, die allen Politikern unterlaufen, bei ihm aber auf die Goldwaage gelegt werden. Über die „österreichische Nation" haben andere Politiker schon Deftigeres als „Missgeburt" gesagt (vgl. Kapitel 2.4). Aber es gibt auch Unverzeihliches aus seinem Mund. Ein Rednerlob für „Menschen, die einen Charakter haben und die auch bei größtem Gegenwind zu ihrer Überzeugung stehen und ihrer Überzeugung bis heute treu geblieben sind" (40) ist unentschuldbar, wenn unter den Zuhörern auch Angehörige der einstigen Waffen-SS sind. Warum hat er das gesagt, wissend, dass diese Leute ihn auch ohne solche Sprüche wählen würden?

> **Er ist die trivialisierte Variante einer romantischen Figur, rückwärts gewandt und dennoch zu früh gekommen, ein einsamer Wolf, der unbeirrt eine Mission erfüllt. Die Frage ist bloß: welche?**
>
> **Christa Zöchling über Jörg Haider**

Ebenso sicher ist freilich, dass ihn die meisten seiner Wählerinnen und Wähler nicht wegen, sondern trotz oder in Unkenntnis solcher Sprüche wählen. Deutschnationalismus ist zum Beispiel trotz der langen Geschichte dieser politischen Zielsetzung längst nicht mehr mehrheitsfähig: Nur für fünf bis zehn Prozent der österreichischen Bevölkerung bedeutet er noch etwas, und selbst unter den FPÖ-Anhängern wurde der deutschnationale Kern mit nur 22 Prozent geortet (41). Die meisten FPÖ-Wähler (zuletzt ein Viertel der Wahlberechtigten in Österreich) erblicken in der FPÖ eine Partei, die Interessen des „kleinen Mannes" gegen die Mächtigen vertritt – undiplomatisch deutlich, wie es der Vorstellung von Stammtischrunden entspricht, aber die versteckte Verwendung von NS-Begriffen ist den meisten von ihnen gar nicht bewusst. Die zielen auf wenige, und es ist unverantwortlich, um weniger willen so viele mit dem Odium solcher Verhaltensweisen zu belasten. In einer von der Österreichischen Gesellschaft für Europapolitik veröffentlichten Wählerstrukturanalyse des BOAS-Instituts vom April 2000 waren 39 Prozent der FPÖ-Nationalratswähler 1999 Modernisierungsverlierer und Verunsicherte, 22,5 Prozent Yuppie-Feschaks und Neuerungsanhänger, weitere 22,5 Prozent aggressive Protestwähler gegen „die da oben", 10 Prozent Ausländer-Gegner und 5 Prozent schutzbedürftige Schwache, die die Werbung der FPÖ anzog.

Dieses Kapitel darf nicht mit einem Versuch verwechselt werden, die ganze Natur der FPÖ oder gar die ganze Seele des Jörg Haider zu ergründen. Außerdem kann niemand heute mit Sicherheit sagen, ob diese beiden für alle Zukunft beisammen bleiben werden. Eine Rückkehr Haiders an die Parteispitze, von der er sich am 1. Mai 2000 zurückgezogen hat, ist unwahrscheinlich, aber möglich. Das Gegenteil aber auch: dass er den Rückzug der FPÖ-Regierungsfraktion fordert und diese ihn im Regen stehen lässt. Auch der Bericht der drei vom Präsidenten des Europäischen Gerichtshofs für Menschenrechte eingesetzten Experten („Weisen") vom 8. September 2000 erachtet es als „nicht ausgeschlossen, dass sich mit der Zeit neue Richtungen innerhalb der Partei herausbilden. Ob dies tatsächlich geschieht, bleibt abzuwarten" (Punkt 113). Der Partei wird in dem Bericht bescheinigt, dass der österreichische Verfassungsgerichtshof „niemals einen Grund gesehen hat, die Rechtmäßigkeit der FPÖ im Zusammenhang mit dem Verbotsgesetz in Zweifel zu ziehen" (Punkt 75). Dieses Verbotsgesetz aber sichert, dass in Österreich „keine nationalsozialistische Partei rechtmäßig bestehen kann" (Punkt 74).

> Faschismus kommt durch Gewalt ans Ziel: Umsturz durch Putsch und Terror ... Rechtsextremismus ist Faschismus ohne Gewalt.
>
> **Hans-Henning Scharsach**

4.7 Verboten bleibt verboten

Können Neonazis, können Neofaschisten im heutigen Österreich ungehindert ihren politischen Ambitionen nachgehen, weil Österreich ja eine Demokratie ist und eine Demokratie – man denke an die USA – grundsätzlich Meinungsfreiheit gewähren muss? Die Antwort ist zweimal: Nein. Sie können nicht. Und was sich Amerika leisten kann, ohne dass seine demokratische Ordnung gefährdet würde, ist in einem heute unbestritten demokratischen Land mit einer Vergangenheit, wie Österreich sie hat, nicht möglich. Daran hat nie ein Gesetzgeber seit 1945 einen Zweifel aufkommen lassen, und daher ist jede nationalsozialistische Wiederbetätigung auch heute verboten und wird es auch in Zukunft bleiben. Nie hat eine politische Gruppierung eine Änderung verlangt, und deshalb kann auch jede politische Partei, die sich dem Verdacht

einer Wiederbetätigung im NS-Sinn aussetzt, jederzeit vor Gericht dafür belangt werden.

Bis Ende 1955 waren, wie bereits mehrfach erwähnt, Volksgerichte für die Durchführung von Prozessen gegen mutmaßli-
che Kriegsverbrecher und Straftäter gegen die Menschlichkeit
zuständig. Als Kriegsverbrechen galten „vorsätzlich begangene
Taten oder die Veranlassung von Taten gegen Angehörige der
Wehrmacht des Kriegsgegners oder der Zivilbevölkerung im Zusammenhang mit Kriegshandlungen oder Handlungen als Besatzungsmacht, die den natürlichen Anforderungen der Menschlichkeit und den allgemein anerkannten Grundsätzen des Völ-
kerrechtes oder des Kriegsrechtes widersprechen." Das Kriegsverbrechergesetz wurde mit der NS-Amnestie 1957 aufgehoben
und damit auch die darin enthaltene Sonderbestimmung betref-
fend die „natürlichen Anforderungen der Menschlichkeit". Man
ging davon aus, dass auch diese Taten schon bisher nach den
Gesetzen aller Staaten strafbar waren und unmittelbar nach dem
Krieg nur besonders in Erinnerung gerufen wurden.

Nach wie vor in Geltung steht selbstverständlich auch der
Staatsvertrag vom 15. Mai 1955, dessen Artikel 4 den Anschluss
Österreichs an Deutschland verbie-
tet und dessen Artikel 9 Österreich
vorschreibt, alle NS-Organisationen aufzulösen und alle Nazi-Spu-
ren aus dem öffentlichen Leben zu
entfernen. Der Artikel 4 ist im
Übrigen der einzige im ganzen Staatsvertrag, in dem von der
„Nationalsozialistischen" Partei die Rede ist – ansonsten bestanden die Sowjets darauf, durch Verwendung des Wortes „Nazi"
alle Erinnerung daran, dass der Nationalsozialismus auch mit
Sozialismus zu tun hatte, sorgfältig zu meiden (42).

> **Vergangenheit darf nicht verschwiegen werden – dies nicht um der Rache, vielmehr um der Wiedererrichtung der verlorenen Maße willen.** René Marcic

Für 487.067 Personen, die bis dahin als Minderbelastete
eingestuft waren, ging mit dem Amnestiegesetz 1948 jede Sühnefolge für vergangenes Verhalten zu Ende. Übrig blieben rund
43.000 Belastete, deren Zahl sich aber durch Teilamnestien und
Gnadenakte der Bundespräsidenten weiter verringerte. Die Be-
lastetenamnestie 1949 war unter den Parteien und im Alliierten
Rat noch umstritten, aber 1950 liefen auch für die Belasteten
viele Sühnefolgen aus, bis die am 14. März 1957 vom National-

rat beschlossene NS-Amnestie einen endgültigen Schlussstrich
unter alle Entnazifizierung zog.

Ab nun galten in Österreich also auch für Untaten unter dem
NS-Regime das österreichische Straf- und Strafprozessrecht. Im
Strafrecht verankert sind Mord, Totschlag und Körperverletzung
verschiedenen Grades. Die Verjährungsfrist für Mordtaten ist in
den Sechzigerjahren extra mit Rücksicht auf die NS-Zeit aufge-
hoben worden. Sicherheitsorgane können von sich aus bei
Verdacht von Hoch- und Landesverrat sowie wegen strafbarer
Handlungen gegen den öffentlichen Frieden unter besonderer
Berücksichtigung des Verhetzungsparagrafen (§ 283) des Straf-
gesetzes einschreiten, aber auch bei schwerer Störung der
Beziehungen zum Ausland (§§ 316 – 320) und im Fall von
Völkermord. Die Beendigung der Sondergesetzgebung hat im
Übrigen auch die Debatte über die Fragwürdigkeit pauschaler
Verurteilungen beendet. Seit 1956 wird in Österreich nur noch
auf Grund von Beweisen persönlicher Schuld verurteilt.

Das Verbotsgesetz 1945, das die Auflösung der NSDAP und
ihrer Gliederungen enthält, gilt auch heute noch und stellt auch
jede öffentliche Verherrlichung oder Anpreisung der NSDAP,
ihrer Einrichtungen oder Maßnahmen unter Strafe. Schon ein
Lobwort für Hitler etwa in einem von einer Zeitung veröffentlichten Leserbrief fällt unter dieses gesetzliche Verbot, wie eine
Entscheidung des Obersten Gerichtshofs vom 20. Dezember 1968
festhielt. Am 29. November 1989 erging dazu das wichtige
Erkenntnis des Verfassungsgerichtshofes, wonach jede Wiederbetätigung für die NSDAP und ihre Ziele unter das geltende
Verbotsgesetz fällt und jedes staatliche Organ, das nicht dagegen
vorgeht (z.B. ein Polizist, der nicht sofort gegen Hitlergruß oder
Hakenkreuz einschreitet) auch das Gesetz verletzt. „Mit diesem
Urteil konnten wir der nach außen auftretenden Neonazi-Szene
ein Ende bereiten," fand die Österreichische Widerstandsbewegung (43).

Freilich gab es auch danach Kritik am Verbotsgesetz, weil es
nach Meinung vieler zu selten in Anspruch genommen wurde.
„Die vor allem im Ausland mit Recht stark kritisierten Freisprüche durch österreichische Geschworene sind nur dadurch
erklärbar, dass diesen offenbar nicht mehr vorstellbar ist, was
sich vor weniger als drei Jahrzehnten in Mitteleuropa abgespielt

hat," meinte dazu die Zeithistorikerin Erika Weinzierl 1969 (44). Das traf wohl auf spektakulärere Fälle zu, in denen auch Mordverdächtige freigesprochen worden. Aber das Verbotsgesetz wurde zunehmend auch deshalb zu einem Problem, weil die vorgesehenen Mindeststrafen für manche Handlungen einfach zu hoch erschienen und als Alternative nur ein Freispruch übrig blieb. Der Tatbestand etwa, dessen der Neonazi Gottfried Küssel mehrmals angeklagt war, sieht eine lebenslange Strafe vor. Vor der schreckten die Geschworenen zurück. Andererseits schreckten die Politiker lange vor einer Herabsetzung des Strafrahmens zurück, weil sie fürchteten, dies könnte ihnen wieder als Verharmlosungsversuch ausgelegt werden.

> **Die Verfahren nach dem Verbotsgesetz sind ein zu Unrecht vergessenes Kapitel. Aber die Justiz ist wohl kein geeignetes Instrument, um ein Regime zu richten.**
>
> Claudia Kuretsidis-Haider

Die öffentliche Diskussion darüber führte 1992 schließlich doch zu einer Novellierung des Verbotsgesetzes, das in seiner nunmehrigen Fassung auch niedrigere Strafen zulässt: 10-20 Jahre statt lebenslänglich, 5-10 statt 10-20 Jahre und 1-10 statt 5-10 Jahre. Außerdem wurde auch ein neuer Tatbestand eingeführt: die Leugnung, grobe Verharmlosung, Gutheißung oder Rechtfertigung nationalsozialistischer Verbrechen in Massenmedien, Plakaten usw. („Auschwitz-Lüge"). Dafür drohen ein bis zehn Jahre Freiheitsstrafe. Diese Novelle zum Verbotsgesetz fand im Parlament übrigens auch die Zustimmung der Freiheitlichen Partei.

Als die Volksgerichte mit 20. Dezember 1955 ihre Tätigkeit einstellten, waren noch 4742 Fälle bei ihnen anhängig. Dazu gehörten Verfahren wegen NS-Verbrechen in Ostgalizien, die zuerst die Sowjetunion an sich gezogen, später aber an die Volksgerichtsbarkeit abgetreten hatte, die sie Geschworenengerichte zu Ende führen lassen musste. Zwischen 1956 und 1975 wurden 46 Anklagen wegen NS-Verbrechen erhoben und 18 Schuldsprüche gefällt, darunter dreimal ein Lebenslänglich. Nach 1975 wurde keine Anklage mehr wegen eines in der NS-Zeit begangenen Gewaltverbrechens erhoben. Wohl aber gab es viele Anzeigen wegen geringerer Verstöße gegen das Wiederbetätigungsverbot.

Jeder Staatsbürger, jede Staatsbürgerin, jeder Gast in Österreich ist berechtigt und in bestimmten Fällen sogar verpflichtet,
Anzeige zu erstatten, wenn er (sie) glaubt, Spuren einer Neu-
belebung der nationalsozialistischen Vergangenheit zu begegnen. Neben dem Strafgesetz und dem Verbotsgesetz liefern auch
andere Gesetze die Rechtsgrundlagen dafür. Ein verbessertes
Einführungsgesetz zu den Verwaltungsverfahrensgesetzen ermöglicht jetzt schon der Exekutive eine vorläufige Beurteilung
von ausländischen Druckwerken bei der Einfuhr; Beschlagnahmen sind allerdings nur durch Gerichte möglich. Die Gründung
einer politischen Partei ist zunächst durch die bloße Hinter-
legung der Satzung beim Innenministerium möglich, doch informiert dieses dann die Sicherheitsbehörden über allfällige Bedenken. Die Bildung eines Vereins, dessen Statuten dem Verbotsgesetz widersprechen, ist zu untersagen und Anzeige an die
Staatsanwaltschaft zu erstatten. Das Versammlungsgesetz verbietet Neonazi-Treffen. Das Fremdenpolizeigesetz erlaubt Aufent-
haltsverbote gegen bekannte Personen aus der internationalen
Neonazi-Szene. Das Abzeichengesetz verbietet das Tragen von
Odals- und Lebensrunen sowie Vereinsabzeichen oder Gedenk-
münzen mit Hakenkreuzen, Hitler-Bildern und Ähnliches.

Nach allen diesen Tatbeständen wurde schon vielfach abgeurteilt. Eine auszugsweise Bilanz der jüngsten Jahre (45): 1979
und 1980 zweimalige Verurteilung der „Deutschen National-
Zeitung" wegen Gaskammern-Leugnung; 1981 Verfallserklärung
über aus den USA importierten Nazi-Druckwerken, zwei Freisprüche wegen Wiederbetätigung; 1982 mehrere Beschlagnahmungen und Verurteilung zweier rechtsextremer Rowdys; 1983
Haftstrafen gegen fünf Wiederbetätiger, ein Freispruch; 1984
Gründung einer „Nationalen Front" verboten; 1985 ein Freispruch; 1986 18 Verurteilungen wegen Wiederbetätigung, eine
Verfahrenseinstellung, eine Geldstrafe wegen Verhetzung; 1987
Verbot der als neonazistisch eingestuften Nationalistischen
Front (NF), vier Geldstrafen, 23 Verurteilungen; 1988 Verbot der
als neonazistisch eingestuften Nationaldemokratischen Partei
(NDP), 25 Verurteilungen.

Einem Jahreslagebericht des österreichischen Innenministeriums von 1992 ist zu entnehmen, dass es zwischen 1980 und
1992 1147 Anzeigen nach dem Verbotsgesetz und 420 speziell

wegen Verhetzung, 399 nach dem Abzeichengesetz und 54 wegen Verbreitung verbotener Publikationen gab. Im selben Zeitraum wurden 496 ausländische Rechtsextremisten zurückgeschickt. Allein 1992 wurden drei neonazistische Gruppen aufgelöst, 24 Personen in Untersuchungshaft genommen, 764 Hausdurchsuchungen durchgeführt und rechtsextremes Propagandamaterial beschlagnahmt.

Man kann sagen: zu wenig. Man kann sagen: zu wenig größere Fische. Man kann auch sagen (aber das schon weniger): zu viel Aufwertung für ein paar Spinner. Aber man kann nicht sagen: In den letzten Jahren hat sich der österreichische Staat überhaupt nicht mehr gegen Neonazi zur Wehr gesetzt.

4.8 Der scharfe rechte Rand

Im Sommer 2000 ist das Phänomen rechtsextremistischer Gewalttätigkeit wieder in den Vordergrund gerückt: in anderen Ländern mehr als in Österreich. Nicht um aufzurechnen, sondern um den gesamteuropäischen Zusammenhang herzustellen, soll daran erinnert werden, dass in der Bundesrepublik Deutschland seit 1990 rund 12.000 Verbrechen mit rechtsextremistischem Hintergrund registriert worden sind; 30 Menschen kamen dabei ums Leben. In Düsseldorf wurden im Sommer 2000 bei einem Bombenanschlag zehn Osteuropäer verletzt, von denen sechs Juden waren. In Eisenach in Thüringen wurden zwei schwarzafrikanische Asylwerber von 20 Rechtsextremisten überfallen. Die Verfolgungswut trifft nicht nur Osteuropäer oder Dunkelhäutige. In Oranienburg wurden zwei britische Studenten spitalsreif geschlagen, in Eisenhüttenstadt zwei Franzosen, in Trebbin mehrere italienische Bauarbeiter. Bundestagspräsident Wolfgang Thierse: „Es gibt innerhalb der Bevölkerung Zustimmung, es gibt Wegsehen, es gibt Achselzucken, es existiert so etwas wie ein klammheimliches Einverständnis mit den Gewalttätern". Andere große Länder bleiben von solchen Problemen auch nicht verschont: Man denke an Hetzjagden auf Algerier in Frankreich oder den neu entfachten Terror der baskischen Untergrundbewegung ETA in Spanien. Selbst in der demokratiepolitisch so beruhigend gefestigten Schweiz sind in jüngster Zeit „Hammerskins" und „Böse Patrioten" durch öffentliche Manifestationen ihrer Gewalthörigkeit in Erscheinung getreten.

Auch in Österreich wurde ein Ansteigen rechtsextremer
Gewalt sichtbar. Seit die Exekutive durch Novellierung des NS-
Verbotsgesetzes 1992 verschärft gegen Exponenten der rechtsex-
tremen Szene (vertraute Namen: Gottfried Küssel, Gerd Honsik

> **Der Antisemitismus hat Ausch-
> witz überlebt, er existiert auch
> in der Zweiten Republik.**
>
> Anton Pelinka

...) vorgeht, nahmen deren Aktivitäten eher wieder zu. 1999 wurden 717 Anzeigen wegen rechtsextremistischer oder neonazistischer
oder antisemitischer oder fremden-
feindlicher Straftaten erstattet : um 55 Prozent mehr als 1998. Im
ersten Halbjahr 2000 gab es 119 gegenüber 80 Anzeigen im
ersten Halbjahr 1999. Polizeiliche Aufmerksamkeit bleibt geboten. In Deutschland wurde sogar ein Verbot der Nationaldemokratischen Partei (NPD) andiskutiert. In diesem Zusammenhang darf auch die internationale Vernetzung nicht vergessen werden, die durch die Entwicklung der neuesten technischen Kommunikationsmittel immer leichter wird. Über das
Internet kann man Verbindungen knüpfen, Meinungen, Adres-
sen und Erfahrungen austauschen, sich aber auch an einschlägiger Lektüre oder Computerspielen delektieren.

Die erste Erfahrung damit lautete, dass seit 1985 zirkulie-
rende Computer-„Spiele" wie „Clean Germany", „Auschwitz total", „KZ-Manager", „Türkenspiel" oder „Arierfest" nach einigen Jahren wieder verschwanden; die rasante technische Entwicklung verlangt nach immer höherer Perfektion und viel deu-
tete darauf hin, dass die eher primitiv strukturierten Spiele von
Jugendlichen zusammengekleistert worden waren. Die Textur-
heber konnten übrigens so gut wie nie ausfindig gemacht werden; Herstellerspuren wiesen nach Nordamerika, Großbritannien und Australien. 1992 wurde eine Broschüre des österreichischen Unterrichtsministeriums als Aufklärung über solche
Computerspiele herausgebracht. Leider kam die Entwarnung
verfrüht. In den letzten Jahren haben Neonazis vor allem Web-
seiten im Internet besetzt und durch Heranziehung amerikanischer Server die Ermittlungen blockiert: In den USA ist alles
erlaubt, weil nichts die Demokratie gefährden kann. In Europa
könnte solche Großzügigkeit einmal auch gefährlich werden.

Alle diese Erscheinungen sollen nicht bagatellisiert werden.
Sie ändern aber nichts daran, dass die Aktivitäten von Skin-

heads auf eine relativ überschaubare Außenseiterszene be-
schränkt bleiben, von der keine ernste Bedrohung der Demokratie ausgeht. Der ins politische Getto gedrängte „Rechtsextremismus am äußersten Rand des politischen Spektrums",
den es in sehr ähnlicher Form auch in anderen Ländern gibt, ist
nicht das entscheidende Problem, fand auch der Politikwissenschafter Anton Pelinka und zählt dazu etwa die National-
demokratische Partei und die Aktion Neue Rechte, die auf die
österreichische Politik nicht den geringsten Einfluss haben und
andererseits von den Behörden seit Jahren streng beäugt werden.
Sorge bereitet ihm der Rechtsextremismus, „der unter der
Oberfläche in die etablierten Parteien, in die etablierte politische Kultur des Landes reicht" (46). Er nennt ihn auch den „ver-
schämten Rechtsextremismus im Bereich demokratischer Wohl-
anständigkeit". Bevor darauf näher eingegangen werden kann,
sollte der Versuch einer Klärung unternommen werden, was
denn unter Rechtsextremismus zu verstehen ist.

Die meisten der darüber Schreibenden definieren überhaupt
nicht oder beschränken sich auf die Feststellung, dass die Gren-
zen zwischen Faschismus, Neofaschismus, Rechtsextremismus
und Rechtspopulismus fließen. So billig aber darf man, wenn im
Namen dieser Begriffe schwere Anklagen erhoben werden, die
Ankläger nicht aus ihrer Pflicht entlassen. Also schlägt man im
Handbuch des österreichischen Rechtsextremismus nach, das
erstmals 1979 vom Dokumentationsarchiv des österreichischen
Widerstandes herausgegeben worden ist. Dort liefert Willibald J.
Holzer eine „in einen breiten Forschungskonsens eingebettete"
Definition von 85 Druckseiten ab. Die Bitte um Nachsicht für
starke, ja radikale Vereinfachung bleibt keinem erspart, der sich
darauf einlässt. Zur Klärung von „Extremismus": Darunter wollen wir mit Holzer „Kompromisslosigkeit im politischen Konflikt", eine dogmatisch-einseitige, gegebenenfalls auch gewaltsame Orientierung an der eigenen Ideologie verstehen (47).

Jetzt noch ein paar Definitionshappen zu „rechts": tendenzi-
elle Einordnung des Einzelnen in größere, „natürliche" Gemeinschaften, hierarchische Gesellschaftsordnung, natürliche Ungleichheit der Menschen. Dagegen „links": für Emanzipation
und Autonomie des Einzelnen, Partizipation, Freiheit, Gleichheit aller, Rationalität. Jetzt noch eine Klarstellung: „Radikales"

politisches Handeln ist, folgt man dieser Definition, immer noch der Vernunft und der Gewaltfreiheit verpflichtet, „extremes" dagegen ist vergangenheitsorientiert und scheut auch Gewaltanwendung nicht. Daher kann man Neonazis und alle, die irgendwie in diese Richtung tendieren, nur als „rechtsextrem" und nicht als „rechtsradikal" qualifizieren (was freilich auch Politologen und Soziologen immer wieder einmal tun). Gewaltbereite Linke sind nach gleicher Logik „Linksextreme" und nicht „Linksradikale".

Immerhin: Wir kommen langsam zu des Pudels Kern. „Rechtsextremismus" besteht dann etwa aus den folgenden Versatzstücken: Ungleichheit der Menschen und Völker („Rassen" sagt man nicht mehr), natürliche Auslese in der Gesellschaft („Fleißige und Tüchtige" versus „Sozialschmarotzer"), hierarchisch die Ordnung von Individuen, Ständen und Völkern, die Familie als lebender Organismus, mehr Pflichten als Rechte, starkes Wir-Gefühl durch „kulturelle und nationale Identität" („Ethnozentrismus" sagt man heute), Ausgrenzung alles und aller Fremden, starke Staatsführung, starker Staat, „Einheit von Führung und Volk" durch plebiszitäre Elemente, elitäres Selbstbild, Ausbeutung von Protestthemen, Feindbildpflege („völkische Bollwerksmentalität": Wir gegen den Rest der Welt), Demagogie, Gewaltbereitschaft. Nun sind einige dieser Elemente zweifellos auch am äußersten linken Rand der Gesellschaft anzutreffen, andere findet man bei jeder Oppositionspartei, wieder andere sind mehr populistisch als rechtsextrem: Die Grenzen fließen wirklich. Nennen wir das Problem einmal den „scharfen rechten Rand", den es kritisch und wachsam zu beobachten gilt.

Was ist dann unter „populistisch" im engeren Sinn zu verstehen? Die Encyclopedia Britannica verweist nur auf die Populistische US-Partei vor hundert Jahren, die es in politisch unerheblicher Neuauflage auch heute wieder gibt („Alliance for Democracy", gegen die „Diktatur der Großindustrie"). Das Internet spuckt unter dem Stichwort „Right Populism" 20 Seiten über die Freiheitliche Partei Österreichs aus, deren Autor zu dem Schluss kommt: „Die Wähler der FPÖ erinnern in ihrer Politikverdrossenheit an die durchschnittliche amerikanische Wählerschaft ... Jedenfalls lassen die Österreicher keine Unterstützung für einen aufgewärmten Faschismus erkennen...Die von der FPÖ vorgeschlagenen politischen Reformen ('Dritte Republik') sind tatsächlich radikal und kommen vom rechten Flügel, würden aber bei amerikanischen Zukunftskonservativen, von denen sich Haider angeregt und inspiriert fühlt, als politische Mitte ('mainstream') empfunden".

Der Große Brockhaus versteht unter Populismus eine „opportunistische, oft demagogische Politik, die darauf gerichtet ist, durch Überzeichnungen der politischen Lage die Zustimmung der Massen zu gewinnen". Das lateinische „populus" heißt wie das griechische „demos" Volk, und in der Tat war, woran Rudolf Burger jüngst erinnerte, in der Aufklärung des 18. Jahrhunderts der Begriff „Demokratie" ähnlich negativ besetzt wie heute „Populismus" (48). Tun, was das Volk gern sähe, kann nicht schlecht, nur gut sein, sagen die Populisten, während politische Idealisten von Politikern auch die Bereitschaft verlangen, gegen einen Volkswillen zu reden und zu handeln, wenn die Pflicht es verlangt. Genug der grauen Theorie – „grün ist des Lebens gold'ner Baum" (Farbenlehre-Copyright: Goethe). Aus dem Geäst und Laub all dieser goldenen Bäume aber blinzelt Jörg Haider uns an.

Keine Frage: Er ist ein Populist. Er ist zweifellos auch ein Rechtspopulist. Wenn Gewaltbereitschaft zu den Wesensmerkmalen des Rechtsextremismus gehört, ist er kein Extremist: Von Gewaltakten hat sich die FPÖ auch unter seiner Führung immer distanziert. Freilich: Wenn man – wofür vieles spricht – auch Wortgewalt für eine Gefahr hält, ist das einfache Parteimitglied Jörg Haider ein Wiederholungstäter. „Der Übergang vom Wort über Ausgrenzung bis hin zu physischer Gewalt ist fließend", diagnostiziert die Sprachwissenschafterin Ruth Wodak (49). Haiders verbale Exzesse füllen eigene Bücher. Für ein Einschreiten nach dem Verbotsgesetz haben sie noch nie gereicht, obwohl er Prozesse in Ehrensachen schon des Öfteren verloren - aber so manchen auch schon gewonnen hat.

Man darf davon ausgehen, dass in Österreich mit Sicherheit kein Neuaufleben des Nationalsozialismus als Flächenbrand droht. Auch der Faschismus alter Prägung ist tot. Dazu hat immer auch die Abschaffung des Parlaments und ein Drängen nach gewaltsamer Ausdehnung des Territoriums gehört. Da bräuchte man keinen Weisenrat nach Österreich zu schicken, um das Fehlen eines solchen Tatbestandes festzustellen. Auch Neofaschismus ist nicht wirklich ein Thema. Nach der Encyclopaedia Judaica gehören dazu extremer, militanter Nationalismus, der Glaube an eine eher autoritäre als demokratische Regierungsform, eine totale Ablehnung aller Gleichheitsgrundsätze sowie Fremdenangst und Feindschaft gegen Minderheiten, häufig Juden. Elemente davon sind zwar auch in der österreichischen Gesellschaft anzutreffen, aber ein kompakter Neofaschismus-Vorwurf lässt sich an keiner der vier Parlamentsparteien festmachen.

> Der Erfolg der FPÖ ist identisch mit der Krise der SPÖ. Das wird häufig übersehen. Die SPÖ hat aufgehört, im Zuge der Brutal-Modernisierung des Landes das Schutzschild der Modernisierungsverlierer zu sein.
>
> **Paul Zulehner**

Also geht es vornehmlich um den „vordemokratischen Bodensatz" des „unterschwelligen" Rechtsextremismus (Anton Pelinka), der weit in manche Gruppierungen, Verbände und mehrere Parteien hineinreicht. Das Handbuch für Rechtsextremismus verweist hier vor allem auf den Österreichischen Turnerbund und den Österreichischen Kameradschaftsbund – und in dieser allgemeinen Form ist das sicher eine ungerechte Verallgemeinerung. Tausende Eltern (auch „schwarze" und „rote") schicken ihre Kinder zum Sporteln in den Turnerbund, und viele Jungturner/innen bleiben von jeglicher Indoktrination verschont. Tatsache ist freilich auch, dass in gewissen Führungskreisen und in der Zeitung dieser Organisation bisweilen immer noch eine elitäre Deutschtümelei à la „Turnvater Jahn" betrieben wird, der endlich einmal von oberster Vereinsinstanz der Garaus gemacht gehörte.

Ähnlich beim Kameradschaftsbund: Ein paar unverbesserliche Stahlhelmschädel, die vom Krieg als Erziehungsanstalt und von sich selbst als Badewannen-Admirälen träumen, gibt es dort sicher auch. Aber wenn „alte Kameraden" in Dorfwirtshäusern beisammensitzen oder zu Allerseelen ihre Böller krachen lassen, werden keine Komplotte gegen die Demokratie geschmiedet. Da wird – schlimmstenfalls – von Heldentaten geträumt, die ihnen das ganze restliche Leben schuldig geblieben ist, oder – meistens – nur tarockiert. Dem „Kärntner Heimatdienst", der vor allem die Erinnerung an den Abwehrkampf nach Weltkrieg I wach hält, wird von Kritikern eine Art „Vorfeldcharakter" im Hinblick auf Rechtsextremismus nachgesagt. Auch das ist in dieser Form ein simplifizierter Pauschalvorwurf, den sich am besten die Vereinsleitung selbst durch unzweideutige Programmvorgaben vom Hals schaffen könnte.

Die Zeitschrift „Aula" geht dann und wann am äußeren Rand des Verbotsgesetzes spazieren. Aber Österreich ist nun einmal ein Land, in dem erlaubt ist, was nicht ausdrücklich unter gesetzliche Verbote fällt. Deutschnationale Burschenschaften tragen (nicht nur im Liedgut) an einer historischen Last, die ihnen manchmal zu schwer wird. In der Vergangenheit waren die schlagenden Verbindungen Kaderschmiede einer deutschnationalen FPÖ, wie die Mensurnarben vieler Parteifunktionäre bezeugen. Das Umsatteln dieser Partei auf österreichnational auf der einen Seite und das Hinausekeln Liberaler aus der Partei auf der anderen hat auch in den Reihen der Burschenschafter einige Verwirrung gestiftet, sehen sich diese doch gern als Wahrer des liberalen Erbes von 1848.

An der manchmal peinlichen „Körpersprache" (zu) vieler Österreicher haben Repräsentanten dieses äußeren rechten Randes zweifellos entscheidenden Anteil. „Alltagsfaschischmus" (besser noch: „Alltagsrassismus") ist schlimm, wenn Wirtshausgespräche abdriften ins Herbeifabulieren einer „starken Hand" (natürlich nur zur Bekämpfung der Drogenmafia) und wenn beim Erzählen peinlicher Judenwitze niemand „Nein, danke" sagt, „mir reicht's". 1982 wollten in einer Umfrage die Hälfte aller Österreicher/innen keine Gastarbeiter als Schwiegersöhne oder -töchter. Vier von zehn Einheimischen sind gegen jede politische Betätigung von Ausländern, gleich viele fühlen sich zunehmend als „Fremde in Österreich", acht von zehn wünschen sich, dass Ausländer sich mehr dem Lebensstil der Österreicher/innen anpassen sollten.

Dieser eher sektenhaft in Erscheinung tretende Rechtsextremismus zieht erfahrungsgemäß Menschen an, vor allem junge, die sich einsam fühlen, Geborgenheit und Ernstgenommen-Werden in einer Gruppe suchen, wo sie auch Enttäuschungen des Schul- oder Berufslebens leichter überwinden und durch allerlei „Heldentaten" kompensieren können. Oft haben selbst die Eltern wenig Ahnung davon, wo sich ihre Sprösslinge herumtreiben. In anderen Fällen fehlt die Familie oder der Vater überhaupt – oder der überstrenge Vater hat den Sohn aus dem Haus vertrieben. Befürchtungen, einmal keinen „normalen" Beruf ausüben zu können, führen ziemlich direkt in die Seelenlandschaft jener Erwachsenen, die zu Wählern von Rechtsparteien werden. Diese „Sicherheitswähler mit autoritären Werten", wie sie der deutsche Politikwissenschafter Dietmar Loch beschreibt, sind meist Modernisierungsverlierer aus der Arbeiterschaft und den gesellschaftlichen Mittelschichten, die in allen Ländern mit ähnlichen Entwicklungsproblemen von rechtspopulistischen Parteien angezogen werden.

> Wenn wir auftauchen, so 20 bis 30 Mann, dann schlucken die anderen. Es ist irgendwie ein heißes Feeling ... Das Gefühl der Stärke: Die haben Angst vor dir! Das ist stark.   Ein Skinhead

Das ist keine Anklage gegen andere, kein Fingerzeigen auf Unholde (die es überall gibt), kein Ablenken von den Mängeln eigener Gewaltbekämpfung. Es zeigt nur, dass in vielen Ländern ein wachsendes Aggressionspotential vorhanden ist, das von gewissenlosen Angstmachern geschürt und ausgebeutet wird: „Mehrheitlich männlich, jung undiszipliniert, gesellschaftlich isoliert ..., politisch noch nicht festgelegt, anfällig für die schematischen und vereinfachenden Vorschläge, die aus Einwanderern oder Flüchtlingen die Ursache aller Übel machen," beschreibt es die französische Politikwissenschafterin Nonna Mayer. Sorgen wegen wirtschaftlicher und sozialer Benachteiligung sind nach ihrer Darstellung die Voraussetzungen für das Entstehen solcher Gruppierungen auf der einen Seite. Auf der anderen müsste ein entsprechendes „Personalangebot" dazukommen: wie weiland Jean-Marie Le Pen, der die französische Front National für einige Zeit hochriss, oder Christoph Blochers Bedeutung für die Schweizerische Volkspartei oder der Vlaams Blok im belgischen Flandern, während die Front National im belgischen Wallonien nicht viel zustandebrachte. Deshalb beneiden sie alle die Rechten in Österreich um die „charismatische Führerfigur" Jörg Haider (50).

Das Handbuch des österreichischen Rechtsextremismus zählte 1996 die Namen von 83 Personen auf, die zu den Organisatoren, Funktionären und Ideologen der rechtsextremistischen Szene gehörten. Wie viele Länder verfügen über solche Listen?

Im selben Handbuch kann man auch genaue Anweisungen nachlesen, welche Vergehen man in welcher Form bei welchen Dienststellen der Exekutive oder der Justiz anzeigen kann. Auf Einladung der österreichischen Bundesregierung hat die Europäische Union die Europäische Stelle zur Beobachtung von Rassismus und Fremdenfeindlichkeit in Wien angesiedelt. Bei der Eröffnung am 2. April 2000 erinnerte Bundespräsident Thomas Klestil („Auch meine Familie kam aus Böhmen nach Wien") daran, dass in Österreich derzeit rund 800.000 Ausländer lebten, gegen die es aber glücklicherweise noch nie zu gewalttätigen Ausschreitungen gekommen sei.

Die Direktorin der EU-Beobachtungsstelle, Beate Winkler, beklagte in ersten Erklärungen das Anwachsen von Rassismus und Antisemitismus in ganz Europa. Sieben von zehn Franzosen stuften sich selbst als „sehr" oder „ziemlich" rassistisch ein; 63 Prozent meinten, dass es zu viele Araber, und 21 Prozent, dass es zu viele Juden in Frankreich gebe. Dies ergab eine Umfrage, die das Menschenrechte-Komitee der französischen Regierung in Auftrag gegeben hatte. Ein Bericht des Europarates über Belgien bedauert den Wählerzulauf zum Vlaams Blok und wirft der Mitte 1999 gebildeten belgischen Mitte-Links-Regierung vor, dass sie „Delikte und Diskriminierungen mit rassistischem Hintergrund" sowie eine „demütigende, brutale" Behandlung nordafrikanischer Einwanderer durch die Behörden dulde. Österreich, so Beate Winkler, belege „sicher nicht Platz 1 der europäischen Hitliste im Bereich Rassismus, wohl aber Platz 1, was die Regierungskoalition betrifft." Mit der Einbeziehung einer Partei, die mit Fremdenfeindlichkeit den letzten Wahlkampf bestritten habe, sei diese hoffähig gemacht und „Fremdenfeindlichkeit banalisiert" worden (51).

Freilich gibt es dazu auch eine bemerkenswerte Parallele: in Israel. Auch in der dortigen Knesset hätten Likud und Labour, so wie ÖVP und SPÖ im österreichischen Parlament, eine solide Mehrheit. Trotzdem zieht es einmal die konservative Likud-Partei und einmal die Arbeiterpartei vor, sich jeweils mit zum Teil populistischen Kleinparteien zu verbünden, denen dadurch ein überproportionaler Einfluss eingeräumt wird. Die drittstärkste Knesset-Partei, die Schass-Partei, leistet sich einen geistlichen Berater, der im Sommer 2000 die Schoah-Opfer als zur

Erde zurückgekehrte Sünder bezeichnete, die eine ihnen von
Gott zugedachte Strafe durchzumachen gehabt hätten, und der
die Palästinenser als „Schlangen, für deren Erschaffung sich
Gott schämt", bezeichnete (52). Das Beispiel von Rabbi Ovadia
Josef sei nur erwähnt, um aufzuzeigen, dass nicht nur in Österreich eine Regierung mit peinlichen Wortmeldungen von umstrittenen Unterstützern rechnen muss.

Schließlich sei auch nicht verschwiegen, dass auch Mängel
bei der Einhaltung von Menschenrechten Österreich angelastet
werden. Neben immer wieder auftauchender Kritik am Vorgehen
einzelner Exekutivbeamter gegen Festgenommene wird es national und international seit Jahren für die Unlogik im Strafrecht
gerügt, dass heterosexuelle wie homosexuelle Beziehungen für
Mädchen mit 14, homosexuelle Beziehungen unter Burschen
aber erst ab 18 Jahren erlaubt sind. Dem Einwand, hier solle der
Verführung sexuell noch nicht festgelegter junger Menschen vor-
gebeugt werden, wird entgegengehalten, dass Vergewaltigung
und sexuelle Nötigung in jedem Fall strafrechtlich verboten sei-
en. Österreich ist, man nehme alles nur in allem, kein weißes
Schaf unter schwarzen Auslandsböcken. Aber ein einsamer
schwarzer Bock unter weißen EU-Schafen ganz sicher auch
nicht.

5. Entschädigungen: viele Anläufe

5.1 Rückstellung oder Wiedergutmachung?

Das Judenmädchen Elisabeth (jüdisch in der Kultusgemeinde, katholisch bei den Redemptoristen erzogen), dank Anmeldung in der Kultusgemeinde Volljüdin für die Nazis, verbrachte die NS-Zeit bei seiner katholischen Mutter in einer Döblinger Villa, nachdem es 1938 „mit Auszeichnung der Schule verwiesen" worden war (1). Schwestern des göttlichen Heilands in der Kenyongasse riskierten Privatunterricht für Elisabeth. Später wurde jedes Verlassen des Hauses zum Risiko, Stehen am Fenster auch. Ein Nazi-Nachbar erstattete Anzeige gegen den „Schatten", den er gesehen hatte. Das Mädchen konnte aus dem Nachbarzimmer mithören, wie Mutter dem Gestapobesucher erzählte, das Kind sei entlaufen und angeblich bei einem Bombenangriff in München ums Leben gekommen: „Der Gestapomann hat mir das Leben gerettet, weil er die Erklärung hinnahm." Jetzt war sie ein echtes „U-Boot" geworden: nie zum Fenster, nie zur Tür, nie zum Telefon! Ein Priester verschaffte ihr Arbeit, erfuhr erst hinterher, wer sie war, fürchtete sich zu Tode und behielt sie trotzdem: „Das waren für mich die größeren Helden, die solche Angst hatten." Als 1945 der Albtraum zu Ende war und sie eine Lebensmittelkarte beantragte, befand das Bezirksamt Währing: „Wenn Sie bis jetzt nicht existiert haben, existieren Sie auch heute nicht."

Elisabeth musste nicht verhungern. Aber reden über diese ganze Zeit wollte sie viele Jahre lang und ihren Namen preisgeben noch heute nicht. „Ich bin immer noch eine Verschwinderin," sagt sie. „Damals hatten wir überhaupt keine andere Sehnsucht, als endlich wieder ein ganz normales Leben zu führen." Ein Lebensschicksal von vielen, die im Untergrund oder in Haft, im KZ oder im Exil, als Widerstandskämpfer oder im stillen Aufbäumen Benachteiligung und Verfolgung hingenommen hatten. Wie sollte ein Staat, der von Hitler ausgelöscht und auf den rauchenden Trümmern des Krieges wieder errichtet worden

war, auf diese Schicksale „angemessen" reagieren – angemessen
dem geschehenen Unrecht, angemessen der eigenen Mittellosig-
keit, angemessen den Erwartungen der getäuschten und enttäuschten und mit neuer Hoffnung erfüllten Bürgerinnen und
Bürger?

Hier beginnt wahrscheinlich der sensibelste Teil dieser
Buchdarstellung. Er ließe sich einfach, dann aber kontroversiell,
oder auch nur faktenbezogen und ohne Wertung, dann aber herz-
los, beschreiben. Die erste Option ließe wieder zwei Möglichkeiten offen: „Österreich hat getan, was es konnte, hat NS-Opfer
ohnehin schon mit 120 Milliarden Schilling entschädigt, ist
rechtlich zu keiner zusätzlichen Leistung mehr verpflichtet –
gebt endlich Ruhe!" Oder die andere Einfachvariante: „Österreich hat sich schäbig verhalten, die Opferthese als formalrecht-
lichen Vorwand genommen, um sich vor Entschädigungspflichten zu drücken, hat Verfahren verschleppt und unvermeidliche
Rückerstattungen schikanös durchgeführt – eine Schande." Die
erste Variante war bis in die Achtzigerjahre hinein vorherr-
schend, die zweite entsprach dem erwartbaren Pendelrück-
schlag und dominiert heute die Debatte. Beide sind falsch. Eine
gerechte Bewertung wird irgendwo dazwischen liegen, aber es
ist unmöglich, sie durch bloße Faktenaufzählung unangreifbar
zu machen. Eine differenzierte und differenzierende Beurteilung
riskiert Kritik von beiden Extremen. Ihr wird trotzdem das Bemühen dieses Buches gelten.

Da Österreich als Staat zwischen deutscher Besetzung 1938
und alliierter Befreiung 1945 nicht bestand, konnte das Verhalten deutscher Organe Öster-
reich völkerrechtlich nicht zuge-
rechnet und die Republik Österreich daher auch nicht zu einer
Wiedergutmachung von NS-Unrecht im engeren Sinn verpflichtet
werden. Das wurde ausdrücklich
auch in der Moskauer Erklärung
der Alliierten aus dem Jahr 1943
anerkannt und zusätzlich noch
dadurch bekräftigt, dass die Außenministerkonferenz der vier
Signatarmächte, die am 14. Mai 1955 in Wien den Staatsvertrag

> **Die politischen Parteien und
> ihre Vorfeldorganisationen in-
> teressierten sich mehr für eine
> lückenlose Rückgabe ihres eige-
> nen Vermögens ... Die privaten,
> und das heißt größtenteils jüdi-
> schen Besitzer wurden benach-
> teiligt, ihre Ansprüche hintan-
> gehalten.**   **Peter Böhmer**

unterzeichnungsreif machte, auf Antrag von Außenminister Leopold Figl einstimmig den Absatz des Vertragsentwurfs strich, wonach „Österreich eine Verantwortlichkeit, die sich aus der Teilnahme am Krieg ergibt, nicht vermeiden kann."

Der Phönix Österreich erhob sich völkerrechtlich schuldlos aus der Asche. Kein Staatsmann der Welt hätte in einer solchen Situation anders gehandelt. Es war einfach undenkbar, dass Österreichs Regierung, zum Teil aus Hitler-Verfolgten zusammengesetzt, zu den Alliierten gesagt hätte: „Lasst uns nicht so billig davonkommen, wir sind größere Schlawiner, als ihr glaubt, legt uns dafür auch härtere Lasten auf!" Und außerdem waren die Lasten, die wir aufgebürdet erhielten, ohnehin beträchtlich. Für die Vermögenswerte, die während der NS-Zeit in Österreich durch deutsche Investitionen, Beteiligungen usw. entstanden waren und auf die die Besatzungsmächte ihrerseits Anspruch als Kriegsentschädigung angemeldet hatten, mussten wir ohnehin die Sowjetunion kräftig entschädigen; nur die Westmächte verzichteten auf ihre Anteile.

Wohl aber war Österreich verpflichtet, alle unter der NS-Besetzung erfolgten Enteignungen und scheinlegalen Vermögensübertragungen rückgängig zu machen und die Opfer tunlichst zu entschädigen. Das hatte schon 1943 eine Botschafterkonferenz der Alliierten beschlossen („Londoner Deklaration"), weshalb auch schon die Provisorische Staatsregierung im Mai 1945 ein Gesetz zur Erfassung arisierter und anderweitig entzogener Vermögenswerte beschloss. Die eigentliche Rückstellungsgesetzgebung war längst schon in Gang gekommen, als der Artikel 26 des Staatsvertrages 1955 Österreich verpflichtete, „womöglich" enteignete Vermögenschaften, Rechte und Interessen von Minderheiten an diese zurückzugeben – freilich nur „in dem Ausmaß, wie sie bei Kriegsschäden österreichischen Staatsangehörigen jetzt oder späterhin generell gewährt wird." Diese Einschränkung sollte offenbar der geringen wirtschaftlichen Leistungskraft des damaligen Österreich Rechnung tragen und jene beruhigen, die sich sonst gefragt hätten, warum die einen relativ viel und die anderen vielleicht gar nichts an Entschädigung erhielten. Natürlich muss man auch diese Formulierung im Auge haben, wenn man das Gesamtausmaß der Verpflichtung Österreichs halbwegs gerecht beurteilen will.

Der Wert des den Opfern der Nürnberger Gesetze geraubten
Gutes bezifferten Opferverbände Anfang der Fünfzigerjahre mit
etwa 312 Millionen US-Dollar; nach Einrechnung von Einkom-
mensverlusten wuchs dieser Betrag
auf 1,2 Milliarden Dollar. Das den
ausreisenden und ausgewiesenen
Personen geraubte Vermögen belief
sich laut NS-Vermögensverkehrs-
stelle auf rund zwei Milliarden Reichsmark. Das angeeignete
jüdische Betriebs-vermögen machte etwa 321 Millionen Reichsmark aus. 26.000 jüdische Betriebe wurden liquidiert, 4353 von
neuen Besitzern weitergeführt. Außerdem besagen Statistiken,
dass schon Ende 1938 etwa 44.000 der rund 70.000 früher von
Juden benützten Wohnungen „für arische Volksgenossen frei
gemacht" waren. Außer Juden waren von den NS-Behörden aber
auch politisch Verfolgte aller Couleurs, Kärntner Slowenen,
kirchliche Institutionen, aufgelöste Vereine und Unternehmungen sowie der Staat selbst ihres Eigentums beraubt worden.
Auch sie hatten Anspruch auf Rückstellung.

> **Diese Vergangenheit kann zu schnell Gegenwart sein, wenn wir sie hinter uns zu lassen glauben.**   Erhard Busek

Zwischen 1946 und 1949 wurden vom österreichischen
Parlament insgesamt sieben Rückstellungsgesetze beschlossen,
die immer wieder Verbesserungen und Ausweitungen des Krei-
ses der Anspruchsberechtigten bringen sollten. Die SPÖ war von
Anfang an bemüht, auch die Vermögensverluste von 1934 ins
Spiel zu bringen, und die KPÖ war von der Rückerstattung
„kapitalistischen Eigentums" überhaupt nicht sehr angetan. Die
meisten Interessenten erreichten ihr Ziel mit dem 3. Rückstel-
lungsgesetz 1947, das eine Rückgabe erheblicher Vermögenswerte auch an die Gewerkschaftsfraktionen, den Konsumverein
und ähnliche Einrichtungen vorsah. Die 1934 enteigneten Vermögenswerte waren 1938 von der Deutschen Arbeitsfront (DAF)
übernommen worden; mit allen ihren Beteiligungen ergaben sie
einen ansehnlichen Vermögenswechsel bei allerlei Wohnungs-
gesellschaften, Banken, Verlagen, Druckereien, Kinos (90 in Wien!)
und anderen Unternehmungen.

Alle diese Transaktionen wurden über ein eigenes Regie-
rungsressort, das Bundesministerium für Vermögenssicherung
und Wirtschaftsplanung, abgewickelt, das die rückgabepflichti-
gen Vermögen sammelte und an Anspruchsberechtigte wieder

verteilte. Sein Ressortleiter, Minister Peter Krauland, wurde zu einem der mächtigsten Männer jener Jahre; fast kein Wunder, dass er 1954 umstritten aus seinem Amt schied: Er wurde wegen Verpachtung einer Papierfabrik gegen eine Spende an die ÖVP verurteilt, dank einer automatisch wirkenden Amnestiebestimmung aber freigesprochen. Die große Aufgabenpalette des Ministeriums Krauland war auch eine einzige Einladung zu Intervention, Protektion und wohl auch Korruption.

Bald häuften sich die Beschwerden über die lange Dauer von Rückstellungsverfahren und über die häufige Bevorzugung der „Ariseure" gegenüber den Beraubten. Dazu kam es durch die Anwendung des aus dem Allgemeinen Bürgerlichen Gesetzbuch bezogenen Begriffs des „redlichen Erwerbers", dem ein in guter Meinung erworbenes Gut nicht wieder abgenommen werden durfte. Oftmals beteuerten die nunmehrigen Besitzer, sie hätten von der ursprünglichen Eigentümerschaft keine Ahnung gehabt. Gegen Ende 1948 hatte sich ein „Verband der Rückstellungsbetroffenen" gebildet, der in einer eigenen Zeitschrift Mängel der Gesetze aufzeigte und für das Werben aller Parteien um Stimmen der „Ehemaligen" Argumente beisteuerte.

Abänderungsentwürfe, die nicht zurückgekehrten Auswanderern eine Rückstellung verweigert und „redliche Erwerber" aus nicht beanspruchtem erbenlosen Eigentum entschädigt hätten, scheiterten am Alliierten Rat. Gleiches widerfuhr einem „Wiedererwerbsgesetz", wonach bei Überschuldung des Eigentümers vor 1938 keine Rückgabepflicht bestanden und der Ariseur sogar ein Recht auf Wiedererwerb schon zurückgestellter Vermögenswerte gehabt hätte. Zu den Verlierern der Rückstellungsgesetzgebung zählten auch die Bauern aus Döllersheim, dem heutigen Truppenübungsplatz Allentsteig im nördlichen Niederösterreich, die vom NS-Regime enteignet und mit „arisiertem" Grundbesitz entschädigt worden waren. Den mussten sie nun selbst entschädigungslos zurückgeben, ohne dass der Staat ihnen half.

„Wer konnte, griff zu," titelte Peter Böhmer sein 1999 erschienenes Buch über die damaligen Rückstellungspraktiken. Ende Oktober 1945 standen rund 6000 Unternehmungen unter öffentlicher Verwaltung, davon allein 3600 unter der Gemeinde Wien. Das Krauland-Ministerium verwaltete 1946 um die 2500 und 1949 schon mehr als 13.000 Firmen; bei der Auflösung des Ministeriums waren es 29.000. Oft wurden Unternehmen verpachtet, um höhere Erträge zu erzielen: Die Wahl des Pächters war Privilegienmacht. Manchmal hatten in der Tat Vorbesitzer und Ariseur 1938 einen von beiden Seiten ehrlich gemeinten Vergleich geschlossen, weil der rechtmäßige Besitzer seine Firma etwa bei einem früheren Mitarbeiter besser aufgehoben sah als bei einem Fremden. Manchmal war die Vorgaukelung einer Abmachung eine freche Provokation. So kam es im Zug der „Wiedergutmachung" auch zu ähnlichen Bereicherungsszenen, wie sie zu der Zeit geschehen waren, deren Unrecht wieder gutgemacht werden sollte. Damals herrschte ein wahrer „Taumel des Besitzenwollens" (Dieter Stiefel), der auch kleine Leute ergriff. Jetzt lag neuerlich herrenloses Gut auf der Straße.

Wer konnte in alle Herzenstiefen sehen? Wer sollte den Unternehmenserlös der letzten sieben Jahren einstreifen dürfen – oder für den Ruin eines Unternehmens gerade stehen müssen? Bei den Rückstellungsfragen gab es nicht nur absichtlich herbeigeführte, sondern auch echte Probleme. Man muss auch die Position der Regierung verstehen, die zuerst mit zahlreichen Beschlagnahmen von Betrieben, Unternehmensanteilen, Erdölschurfrechten, der Autobahntrasse in Niederösterreich und Immobilien aller Art fertig werden musste. Was insbesondere die Sowjetunion als „deutsches Eigentum" beanspruchte, schloss auch Handwerksbetriebe, kleine Geschäftslokale und Wohnungen ein. Die großen Brocken, die das Krauland-Ministerium zu erledigen hatte, waren „Entjudungen", die von den Nazis über die Kontrollbank abgewickelt worden waren: Diese kaufte die Vermögenswerte zu einem Spottpreis an, verkaufte sie zu einem höheren Preis und musste die Differenz an einen Fonds abführen, der auch durch die „Reichsfluchtsteuer" und die „Vermögensabgabe" gespeist wurde. 1945 waren dann früher jüdische Betriebe oft Konkursreste oder verwahrloste Bombenruinen. Oft traten Erben der Vorbesitzer in der Absicht auf, schnell abzuschließen und nie wieder in den Staat zurückzukehren, in dem sie solches erlebt hatten: ein freiwilliger Verzicht? Oder war ein solches Verhalten hinterher anfechtbar wegen psychischen Drucks? Bis 1949 war selbst eine erzwungene Flucht kein Opfertatbestand.

Bis 1966 wurden 42.096 Verfahren durchgeführt. Eine Aufschlüsselung nach Art der Erledigung gibt es nur bis 1957. Nach dieser wurden von den bis dahin abgewickelten 39.7766 Verfahren 12.544 durch Vergleich abgeschlossen und 8113 Anträgen wurde stattgegeben; 7539 wurden von den Antragstellern zurückgezogen und 4752 abgewiesen; der Rest wurde anderweitig erledigt. Viele Vermögenswerte wurden überhaupt nicht zurückverlangt; nach einer Schätzung von 1952 waren dies Grundstücke im damaligen Wert von 127 Millionen Schilling und Unternehmen im Gesamtwert von 33,5 Millionen Schilling. Im Artikel 26 des Staatsvertrags wurde Österreich auch verpflichtet, nicht beanspruchtes Vermögen in geeigneter Weise den Opfern der NS-Verfolgung zugute kommen zu lassen. Ein eigenes Gesetz richtete zu diesem Zweck 1957 die Sammelstellen A (für Juden) und B (für Nichtjuden) ein. Von der Sammelstelle A wurden 173,2 Millionen, von der Sammelstelle B 50,3 Millionen Schilling an Opfer ausbezahlt – im Einzelfall zwischen 2000 und 22.800 Schilling.

International bekannt geworden ist der Satz „Ich bin dafür, die Sache in die Länge zu ziehen." Er gab einem Buch des US-Historikers Robert Knight über die Regierungsdebatten jener Jahre den Titel und stammt vom damaligen sozialistischen Innenminister Oskar Helmer, der ihn am 9. November 1948 aussprach. Robert Knight, der alle Ministerratsprotokolle der Nachkriegszeit durchstöbert hat, gibt einen Großteil der damaligen

> Wer das österreichisch-jüdische Verhältnis nach 1945 beobachtet, weiß spätestens seit den wissenschaftlichen Untersuchungen des britischen Historikers Robert Knight, wie schäbig sich das offizielle Österreich in den ersten Nachkriegsjahren verhalten hat. **Andreas Mölzer (FPÖ)**

Debatte wieder. Schon ein Auszug daraus verrät Bemerkenswertes aus der Gedankenwelt damaliger Politiker. Es ging um das Drängen amerikanischer Kreise auf die Schaffung eines Fonds für verarmte jüdische Rückwanderer und Minister Krauland (ÖVP) gab zu bedenken: „In Wien leben derzeit 9000 Juden. Ihre Lage ist ärmlich. Die Angelegenheit ist außerdem auch als staatspolitische zu werten. Dass ihnen geholfen werden soll, soll nicht bestritten bleiben, wenn es notwendig ist..."

Handelsminister Ernst Kolb (ÖVP) meinte dazu: „Das Unrecht, das den Juden zugefügt wurde, hat nicht Österreich zugefügt. Österreich und das Großdeutsche Reich, das ist ein Unterschied." SPÖ-Innenminister Oskar Helmer: „Was den Juden weggenommen wurde, kann man nicht auf die Plattform ‚Großdeutsches Reich' bringen. Ein Großteil fällt schon auf einen Teil unserer lieben Mitbürger zurück. Aber auf der anderen Seite muss ich sagen, dass das, was im Antrag steht, richtig ist. Ich sehe überall nur jüdische Ausbreitung wie bei der Ärzteschaft, beim Handel vor allem auch in Wien. Eine Separataktion kann man aber nicht durchführen. Die Sache ist aber auch eine politische. Auch den Nazis ist 1945 alles weggenommen worden. Und wir sehen jetzt Verhältnisse, dass sogar der nationalsozialistische Akademiker auf dem Oberbau arbeiten muss..." Krauland: „Morgen fährt (der Judenvertreter) Trobe nach Amerika und da heißt es, welche Antwort erhält er?" Helmer: „Wir leben nicht mehr im Jahr 1945. Die Engländer bekämpfen jetzt die Juden, die Amerikaner haben auch ihre Verpflichtungen nicht eingehalten...Ich wäre dafür, dass man die Sache in die Länge zieht...Die Juden werden das selbst verstehen ... Man sollte ihnen ganz einfach sagen, wir werden schon schauen." Bundeskanzler Figl (ÖVP): „...Wir müssen sagen, dass wir momentan in Budgetberatungen stecken ..." (2)

Wenige Jahre vor dieser Ministerratssitzung hatte der Wiener Bürgermeister Theodor Körner (SPÖ) in der „Wiener Zeitung" vom 9. Februar 1946 einen Artikel geschrieben, in dem es u.a. hieß: „Aus Briefen und Zeitungsproben der letzten Zeit entnehmen wir, dass in einigen Staaten in gewissen Kreisen die Meinung besteht, dass Österreich auch nach der Niederlage des Nationalsozialismus und nach der Loslösung vom Deutschen Reich noch immer dem Antisemitismus verfallen sei ... Man fabelt, dass aus den KZs oder aus der Emigration zurückkehrende Juden vergeblich die Wiedergutmachung des ihnen von den Nazis zugefügten Schadens anstreben... Ein für alle Mal sei festgestellt, dass es außer den von den Nazis in der Zeit ihrer Herrschaft über Österreich organisierten Ausschreitungen in Wien Judenpogrome überhaupt niemals gegeben hat..."

Solche Diskussionen und Enunziationen sind zum Genieren. Kein politischer Spitzenpolitiker in verantwortlicher Stellung würde heute mehr so formulieren. Die politische Feinfühligkeit hat doch ein höheres Niveau erreicht. Trotzdem kann man auch diese Passagen nicht einfach so deuten, als wären Österreichs Nachkriegspolitiker herzlose Hohlköpfe gewesen, die nichts anderes im Sinn hatten, als den Juden ihren rechtmäßigen Besitz vorzuenthalten. Die meisten von ihnen hatten selbst nationalsozialistische Verfolgung erlitten. Alle waren sicher von der Absicht beseelt, ein unabhängiges, lebensfähiges Österreich aufzubauen. Dazu fehlte der Republik wirklich hinten und vorne das nötige Geld. Auf vielen von ihnen lastete immer noch das beschämende politische Marschgepäck von Generationen: ein „wirtschaftlicher" Antisemitismus. Das wies sie als recht unvollkommene Menschen mit politischem und ethischem Nachholbedarf aus. Aber sie waren mit Sicherheit keine Verbrecher, wie es die „gnadenlos Guten" (Gabriele Holzer) im Nachhinein bisweilen darzustellen versuchen.

Vom Parlament wurden auch in den späten Fünfziger- und frühen Sechzigerjahren Gesetze beschlossen, mit denen NS-Opfer entschädigt werden sollten. Das Kriegs- und Verfolgungs-Sachschädengesetz von 1958 räumte Anspruch auf Entschädigungen für Hausrat und Berufsinventar ein, freilich nur bis zu einer bestimmten Höhe und abhängig vom Einkommen der Begünstigten. Für rassisch Verfolgte wurden insgesamt 150 Millionen Schilling aus diesem Titel ausbezahlt. Aus dem 1961 errichteten „Abgeltungsfonds" wurden 8335 Antragsteller mit 185 Millionen Schilling für den Verlust von Bargeld, Bankkonten, Wertpapieren oder den Juden abgepressten Vermögensabgaben entschädigt – kleinere Verluste zu 100 Prozent, größere knapp zur Hälfte.

Offen geblieben ist bis heute die schwierige Frage einer Entschädigung jener Juden, die 1938 aus ihren Mietwohnungen geworfen worden waren, um in schäbigen Sammelwohnungen einen Zwischenaufenthalt vor dem Abtransport in die „Endlösung" zu finden. Die Wohnungen waren zwar nicht ihr Eigentum gewesen, aber in einer Stadt wie Wien mit dem traditionellen Mieterschutz gegen Kündigungen und hohe Mietzinse war eine solche Wohnung eine Bleibe-Garantie fürs Leben und der Hinauswurf ein traumatisches Erlebnis. Wenn dann zurückgekehrte frühere Mieter nach Kriegsende wieder vor ihrer Wohnung standen, kann man sich die peinlichen Szenen vorstellen: Saß etwa noch der Arisierungsgewinnler drinnen? Oder Nachfolger, die

von der „Arisierung" wirklich keine Ahnung hatten? Wie sollte
das Mieterschutzrecht der Hinausgeworfenen mit dem Mieterschutzrecht der Nachfolger in Einklang gebracht werden, wenn
es nur die eine Wohnung für beide gab? Und wegen der großen
Bombenschäden insgesamt viel zu wenige Wohnungen für viel
zu viele Bedürftige in Österreich?

Ein Memorandum der im Claims Committee zusammenar-
beitenden jüdischen Organisationen wies 1953 darauf hin, dass
nach wie vor 800 Jüdinnen und Juden in „unerträglichen Un-
termieten oder Rückkehrerlagern oder gar in Obdachlosen-Her-
bergen" untergebracht waren. Gerade die Wohnungsrückstellung
war ein zu haariges Thema für die damaligen Politiker. SPÖ-
Justizminister Otto Tschadek fürchtete „eine unbedingte Beunruhigung unter der Bevölkerung" (3). Was für die Regierung
1950 „eine absolute Gefahr" war, ist für die Regierung 2000 eine
absolute Chance. Das Thema Mieter-Entschädigung wird Gegen-
stand des nächsten Zwischenberichtes der 1998 eingesetzten
Historikerkommission sein.

5.2 Opferfürsorge schleppend

„Rückstellung":
Das ist alles das,
was jenen zurück-
gegeben wird (oder werden sollte), denen es weggenommen worden ist. „Opferfürsorge": Hier geht es um staatliche Hilfen für
jene, die als NS-Opfer eine solche brauchen. Eine Sozialmaß-
nahme für Hilfsbedürftige – nicht etwa eine „Wiedergutmachung". Für eine Gutmachung des vom NS-Regime verursachten Schadens kann nicht die Republik Österreich herangezogen werden, die es zwischen 1938 und 1945 nicht gab. Die
Republik erbringt freiwillig Leistungen für Menschen, für die sie
verantwortlich ist. Am Anfang ging es beim Opferfürsorgegesetz
vom Juli 1945 um eine Sicherung des Lebensunterhalts jener, die
aus Gefängnissen und Konzentrationslagern in den Alltag der
neu gewonnen „Normalität" zurückkehren konnten.

Anspruchsberechtigt waren alle, die „mit der Waffe in der
Hand" oder „rückhaltlos in Wort oder Tat" gegen den Nationalsozialismus gekämpft und dabei das Leben verloren oder einen
dauernden Gesundheitsschaden davongetragen hatten. Dabei
wurde die Höhe der ihnen zugedachten Renten mit der Höhe der
Renten für Kriegsopfer verkoppelt (1947 auch gesetzlich), was

wieder zu Kritik führte: gleich viel Geld für NS-Opfer und Wehrmacht-Soldaten? Als Mindestabsicherung war eine solche Lösung wohl vertretbar.

Eine andere Kritik war dagegen nicht überzeugend zu widerlegen. Das Opferfürsorgegesetz deckte nur Anträge von politisch Verfolgten. Die weitaus größte Gruppe der NS-Opfer – die aus rassischen Gründen ermordeten oder drangsalierten Juden – waren davon nicht erfasst. Erst mit der dritten Novelle zum Opferfürsorgegesetz wurden 1949 auch die Opfer rassischer, religiöser und nationaler Verfolgung den Opfern politischer Verfolgung gleichgestellt. Damit fielen neben Juden auch Slowenen, Roma und Sinti sowie Zeugen Jehovas und Bibelforscher unter die Bestimmungen des Gesetzes. Zu den Versorgungsleistungen kamen im Lauf späterer Jahre auch echte Entschädigungsansprüche dazu. Am 1. Jänner 1998 bezogen noch 2626 Personen eine Opfer – und 1075 eine Hinterbliebenenrente.

Grundlage aller Ansprüche war der Besitz einer Amtsbescheinigung, wie sie das Gesetz seit der Novelle 1947 vorsah. Nur dieses viel begehrte Papier verschaffte Zugang zu Renten und Fürsorgeleistungen. Aber auch Tabakverschleißgeschäfte, Lottokollekturen und Geschäftsstellen der Klassenlotterie wurden bevorzugt an Besitzer von Amtsbescheinigungen und Opferausweisen (der weniger „wertvollen" Mini-Variante der Amtsbescheinigung) verpachtet. Außerdem verschaffte die Amtsbescheinigung Privilegien bei der Vorsprache vor Ämtern (kein Anstellen in Schlange, möglichst auch beschleunigte und positive Erledigung), machte aber deren Inhaber nicht immer sehr beliebt: Amtsschlangen beißen in Österreich gern zu, wenn sie umgangen werden. Den weniger privilegierten Opferausweis bekamen nur die passiven Opfer des NS-Regimes, die ohne eigenen aktiven Beitrag zum Widerstand unter die Räder gekommen waren.

Als mit dem Gang der Jahre die Bereitschaft zu weiteren Verbesserungen der Opferfürsorge erlahmte, wurden die Klagen der Opferverbände wieder lauter. Diese hatten von Anfang an gehofft, beim Wiederaufbau Österreichs eine größere Rolle zu spielen, als dies dann tatsächlich der Fall war. Der einzige Vertreter einer Widerstandsorganisation in der ersten Nachkriegsregierung, ÖVP-Staatssekretär Raoul Bumballa im Innenministerium, wurde bald wieder aus der Regierung hinausintrigiert. Große Kritik fand auch die Tatsache, dass Zwangssterilisierungen durch kein Opferfürsorgegesetz als Tatbestand der Verfolgung aus politischen oder rassischen Gründen anerkannt waren. Erst die Opferfürsorgegesetz-Novelle 1995 schuf die Voraussetzungen auch dafür. Dass es insgesamt 40 Änderungen des Opfergesetzes gab, mag als Streben nach besonderer Perfektion, vor allem aber auch als Beweis besonderen Nachbesserungsbedarfs gedeutet werden.

Entschädigungsansprüche für im Ausland wohnende politisch Verfolgte, wie sie der Staatsvertrag 1955 im Artikel 26 vorschrieb, schuf das Hilfsfondsgesetz 1956; insgesamt 23.375 Antragsteller erhielten einmalige Zuwendungen zwischen 5000 und 60.000 Schilling. Der Neue Hilfsfonds 1962 löste 42.706 Anträge aus, die bis auf wenige Ausnahmen alle positiv erledigt wurden. Die nochmalige Mittelaufstockung 1976, die mit einem Spendenaufruf verbunden war, ermöglichte neben den Zahlungen an Verfolgte auch einmalige Zuwendungen an die Verwaltung der Gedenkstätte Theresienstadt, an die Errichter einer Theresienstadt-Gedenkstätte in Israel und an die Zeremonienhalle des jüdischen Friedhofs in Wien.

In den Gedenkjahren 1975 und 1985 bezogen die Empfänger von Opferleistungen einmalige Zahlungen von 1000 bzw. 1300 Schilling. Das Ehrengaben- und Hilfsfondsgesetz 1988 baggerte 25 Millionen Schilling in einen gemeinsamen Topf, aus dem 3885 im Ausland lebende Widerständler von einst einmalige Zuwendungen zwischen 2500 und 5000 Schilling erhielten. Hohn gab es für die komplizierte Antragstellung und die Verknüpfung des Anspruchs mit dem Einkommen: In Ländern mit hohem Preisniveau war der Anwert auf eine Ehrengabe gering. Vielleicht war da die Verteilung von Ehrenzeichen für einstige Widerstandskämpfer, die 1976 beschlossen worden war, noch attraktiver gewesen. Detail am Rand: Der Kärntner Landeshauptmann Jörg Haider lehnte die Verteilung dieser „Ehrenzeichen für Verdienste um die Befreiung Österreichs" ab.

Dafür verdient es eine andere prominente Stimme aus dem Lager der Freiheitlichen Partei, in diesem Zusammenhang zitiert zu werden. Der Vertraute Jörg Haiders und Berater in kulturpolitischen Fragen, Andreas Mölzer, hat in der „Neuen Freien Zeitung" der FPÖ 1993 im Zusammenhang mit dem Israel-Besuch des damaligen Bundeskanzlers Franz Vranitzky über eine ganze Zeitungsseite Gedanken über das Verhältnis der Österreicher/innen zum Judentum ausgebreitet. Darin bedauert er das Unrecht, das den Juden von den Nationalsozialisten zugefügt wurde, weil es so groß war, „dass es zweifellos bis heute gewaltige Lücken im Bereich der materiellen Wiedergutmachung gibt, die Österreich nunmehr hoffentlich füllen wird." (4) Mölzer „stimmt vorbehaltlos zu", dass Österreich laut Vranitzky keine Kollektivschuld treffe, wohl aber eine „kollektive Verantwortung im Sinne des Nichtvergessens".

Mölzer bejaht in diesem Artikel sogar den überproportionalen Anteil von Österreichern an den Tätern des NS-Unrechts und sympathisiert mit Gedanken des „dezidiert linksorientierten" Innsbrucker Politikwissenschafters Andreas Maislinger, wonach gerade die besondere Pflicht für Österreicher zum Erinnern und Gutmachen ein Beweis dafür sei, „dass die Österreicher Anteil an dieser deutschen Geschichte haben." Mitgefangen, mitgehangen sozusagen. Das passt auch konsequent zu der These, die Freiheitliche immer vertreten haben: Die Mehrheit der Österreicher habe 1938 den Anschluss begrüßt, also habe Österreich auch keinen Anspruch auf die Berücksichtigung einer besonderen Opferrolle. Über die Frage, ob es sich bei solchen Annäherungen linker und rechter Positionen um ein Phänomen der sich berührenden Extreme („Les extrèmes se touchent") oder um einen raffinierten Versuch einer künstlichen Beatmung des alten Deutschnationalismus durch Mölzer handelt, darf spekuliert werden.

5.3 Raubgold und Raubgemälde ...

Die Familie des Döblinger Judenmädchens (vgl. 5.1) hat einmal 200 Dollar als Entschädigung für alle Unbill der NS-Zeit erhalten: „Ich weiß nicht, woher." Der Sohn des in Belgrad erschossenen jüdischen Buchhalters und seiner nach England vertriebenen Frau erhielt 70.000 Schilling aus dem Nationalfonds der Republik Österreich.

Der 1995 beschlossene Fonds ist vor allem für jene Österreicher/innen mit Österreich-Wohnsitz im März 1938 geschaffen worden, die als Juden, politische oder religiöse Gegner, Homosexuelle, Behinderte, „Asoziale" oder aus anderen Gründen „Minderwertige" vom NS-Regime verfolgt worden sind und aus welchen Gründen immer aus keinem anderen Titel bisher eine Entschädigung erhalten hatten. In den ersten vier Jahren seines Bestehens haben knapp 30.000 Personen Anträge gestellt und 27.000 von ihnen je 70.000 Schilling erhalten. Die meisten leben heute in den USA (9879), in Österreich (5896), in Israel (3628), in Großbritannien (3035) oder in Australien (1362), je ein paar hundert auch in Kanada, Frankreich, Argentinien, Schweiz, Deutschland, Schweden, Brasilien und Belgien. Ältere Antragsteller werden vorgezogen, um ihre Chancen zu erhöhen, noch Nutznießer des Fonds zu werden.

> Im Gegensatz zu den Achtzigerjahren wurde die neuerliche Diskussion ab 1998 in der Öffentlichkeit vielfach als eine Chance begriffen, am Ende des 20. Jahrhunderts noch einmal den Versuch einer umfassenden Aufarbeitung der eigenen jüngeren Geschichte zu unternehmen.   **Helmut Wohnout**

Der Fonds hat Zustimmung im In- und Auslands gefunden, weil er sich durch seine Ansiedlung beim Parlament (den Kuratoriumsvorsitz führt der Nationalratspräsident) und eine unbürokratische Arbeitsweise von ähnlichen Einrichtungen unterscheidet. Der Fonds ist aber auch innerösterreichisch als Anlaufstelle für Informationen geschätzt, weil er über ein großes Namen- und Adressenmaterial von NS-Opfern verfügt. Schließlich ist er auch für die Verteilung jener Mittel zuständig, die Österreich in den internationalen Raubgold-Fonds eingebracht hat. Bekanntlich hatten sich die NS-Machthaber gleich nach der Besetzung Österreichs 1938 ansehnliche 78.267 Tonnen Währungsgold der Österreichischen Nationalbank nach Berlin geholt. Ähnlich erging es auch anderen von Hitler besetzten Ländern. Eine Tripartite Gold Commission entschied 1946 über die Rückgabe dieser Goldguthaben. Österreichs Gesamtanspruch wurde anerkannt, und in den Folgejahren wurden bis 1958 in Raten insgesamt 50.283 Tonnen Währungsgold an Österreich rückerstattet.

Dann schlugen die USA und Großbritannien vor, das noch im Goldpool verbliebene Restgold im Wert von 70 Millionen Dollar über einen internationalen Fonds Überlebenden der Schoah (also des Holokaust) zukommen zu lassen. Eine interna-

tionale Konferenz („Londoner Raubgold-Konferenz") , an der 40
Staaten (auch Österreich) teilnahmen, richtete den Nazi-Ver-
folgten-Hilfsfonds (Nazi Persecutee Relief Fund) ein, in dem
jetzt diese Goldreste liegen. Mögliche Empfänger sind wieder
solche, die bei bisherigen Entschädigungsleistungen zu kurz
gekommen sind – daher auch die Zuständigkeit des Nationalfonds für die Verteilung. Natürliche Personen können damit
bedacht werden, aber auch bestimmte Projekte zur Aufhellung
bisher unbekannter Verfolgungsschicksale. Eine Studie des in
der US-Regierung Clinton mit Restitutionsfragen beauftragten
Vizefinanzministers Stuart Eisenstat, war mit dieser Vorgangsweise im Hinblick auf Österreich einverstanden. Dagegen erhob
Marvin Hier vom Simon Wiesenthal Center in Los Angeles Einspruch und argumentierte, Österreich habe als „Täterland", weil
so viele 1938 für den Anschluss stimmten und dann in der
Deutschen Wehrmacht und NS-Organisationen tätig waren,
überhaupt keinen Anspruch auf eine Rückerstattung von
Währungsgold gehabt. Auch einer Reihe anderer Staaten wurde
die Goldrückgabe streitig gemacht. Rechtlich ist dieser Anspruch jedoch undurchsetzbar.

Nun wird der Ausdruck „Raubgold" aber nicht nur auf das
einem Staat geraubte Währungsgold bezogen. Man versteht darunter auch die vielen Tonnen Zahngold, die Juden nach der
Vergasung bzw. Verbrennung abgenommen worden sind. Im weitesten Sinn denkt man aber auch an nie ausbezahlte Lebensver-
sicherungen, vorenthaltene Sparbuch- und Wertpapierkonten,
Schließfachinhalte aller Art. Die Thematik ist durch Sammelklagen amerikanischer Rechtsanwälte zuerst gegen Schweizer
und deutsche Geldinstitute, dann auch gegen österreichische
Unternehmen ins Blickfeld gerückt. Von 1997 gegen 16 europäische Großversicherer eingebrachten Sammelklagen betreffen
zwei auch österreichische Versicherungen: die Allianz Elemen-
tar und Anker. Die Verhältnisse sind bei Versicherungen besonders kompliziert und die (längst verjährten) Ansprüche ohnehin
nur noch auf dem Kulanzweg einzutreiben.

Ähnlich ist es bei den Banken. Mit der Creditanstalt Bank-
verein AG ist der am lautstärksten auftretende US-Anwalt Edward Fagan über 45 Millionen Dollar schon handelseins geworden, nachdem er sich auch mit Schweizer Banken über eine

Summe von umgerechnet 17,5 Milliarden Schilling außerge-
richtlich verglichen hatte. Die Österreichische Postsparkasse hat
vor Abschluss eines Vertrages eine eigene Historikerkommission
unter Oliver Rathkolb eingesetzt, um die komplizierten Hintergründe bloßlegen zu lassen, und dann einer Entschädigungs-
leistung im Wert von 2,4 Millionen Schilling für 7000 „schla-
fende Konten" zugestimmt. Die Argumentation ist in so gut wie
allen diesen Fällen ähnlich: US-Anwälte erheben Ansprüche.
Die Adressaten im Bereich von Banken, Versicherungen oder anderen Unternehmen bezeichnen sich als eigentlich nicht zuständig, weil während der NS-Zeit andere Eigentums- oder zumindest Führungsverhältnisse galten, wollen aber freiwillig doch
etwas zahlen und verlangen im Gegenzug eine Versicherung,
dass keine weiteren Ansprüche mehr gestellt werden.

Ein anderes umstrittenes Gebiet betrifft die Transaktion von
Kunstwerken in der NS-Zeit. Aufsehen in der Öffentlichkeit
erregte die einstweilige Verfügung eines US-Gerichtes gegen
zwei Gemälde von Egon Schiele aus der Privatsammlung
Leopold, die 1998 im Museum of Modern Art in New York ausgestellt waren und die Heimreise nicht antreten durften, weil sie
von amerikanischen Erben der Vorbesitzerin reklamiert wurden.
Eins von den beiden („Tote Stadt III") ist nach zwei Jahren rechtmäßig nach Wien zurückgekehrt, das zweite („Bildnis Wally")
will sich das US-Justizministerium noch sehr genau ansehen.
(Ist das Bild auch wert.) Der Fall ist nicht untypisch für das, was
heute noch passieren kann. Die beiden Gemälde wurden von
österreichischer Seite nach dem Krieg auf dem Vergleichsweg
erworben, aber nun stellen Nachfolger der Verkäufer fest, diese
hätten sich auf ein unverhältnismäßiges Geschäft eingelassen,
das sie nun anfechten.

Die Rückstellungsgesetze galten natürlich auch für Kunstgegenstände. Das Bundesdenkmalamt erhielt in jenen Jahren viele
Bilder und andere Kunstwerke angeboten, deren Eigentümer gar
nicht festgestellt werden konnte. Auch übergaben die westlichen Alliierten der österreichischen Regierung Kunstwerke, die
sie in Depots der NS-Machthaber auf österreichischem Boden
sichergestellt hatten. Bei 13.000 von 18.500 auf solche Weise
erworbenen Objekten gelang es, die Eigentümer herauszufinden
und ihnen ihren Besitz zurückzugeben. In einer Anzahl von

Fällen wurde zwischen den Erben, die alle ihre Kunstwerke ausführen wollten, was aber das Ausfuhrverbotsgesetz für Kulturgut verbietet, und österreichischen Staatsmuseen ein Deal gemacht: „Du überlässt uns dieses und jenes Kunstwerk, und dafür darfst du die anderen exportieren!" 72 von 132 beanspruchten Kunstwerken wurden auf diese Weise rückerstattet.

Der Bund überwies in der Folge fünf Millionen Schilling an die 1969 geschaffenen Sammelstellen und betrachtete sich fortan als Eigentümer von Kunstwerken, die von niemandem beansprucht wurden. Als wieder der Vorwurf wegen zu kurzer Fristen erhoben wurde, eröffnete ein zweites Kunst- und Kulturbereinigungsgesetz 1985 noch einmal die Möglichkeit, Ansprüche für bisher erbenlos gebliebene Kunstgüter anzumelden. Das betraf auch die unter dem Stichwort „Mauerbach" bekannt gewordenen 8000 Gegenstände, die in den Räumlichkeiten der aufgelassenen Kartause Mauerbach bei Wien gelagert waren. Nach jahrelanger Untätigkeit wurde Folgendes festgelegt: Die Israelitischen Kultusgemeinden Österreichs sollten diese Gegenstände versteigern lassen und den Erlös unter bedürftigen NS-Verfolgungsopfern verteilen. Die Versteigerung durch das renommierte Londoner Auktionshaus Christie's fand 1996 in Wien statt und erbrachte die unerwartet hohe Summe von 155 Millionen Schilling. 88 Prozent davon erhielten die Kultusgemeinden, 12 Prozent die drei KZ-Opferverbände. Die Holokaust-Vermögenskonferenz in Washington hat im Dezember 1998 die österreichische Vorgangsweise bei der Kunst- und Kulturgüter-Rückerstattung ausdrücklich gutgeheißen.

Ende der Affäre(n)? Keine Spur! „War damit der vom Bundesdenkmalamt verwaltete Bestand an ‚herrenlosen' Kulturgütern einer auch im Ausland gewürdigten Lösung zugeführt worden, so befanden sich in den Sammlungen der österreichischen Bundesmuseen nach wie vor zahlreiche Kunstgegenstände, deren Erwerb als problematisch angesehen werden musste" (5). Jetzt aber war Schluss mit dem sittenwidrigen Geschäft des „Lass mir was zurück, dann kannst du das Meiste ausführen." Die Kulturministerin Elisabeth Gehrer setzte 1998 eine Kommission für Herkunftsforschung in allen Museen und Sammlungen ein. Jetzt sollen alle Kunstobjekte, deren frühere „Arisierung" eindeutig belegt und deren Einverleibung in österreichischen

Besitz zweifelhaft ist, den Erben der ursprünglichen Eigentümer rückerstattet werden. Darunter fallen auch die ehemaligen Sammlungen Alphonse und Louis Rothschild, die Sammlung Lederer und die Sammlung Bloch-Bauer. Mit der Verwirklichung wurde unverzüglich begonnen.

Schon zu Beginn des Jahres 1999 konnte die Ministerin Gehrer dem Parlament mitteilen, dass die Herkunft der umstrittenen Gemälde zu 90 Prozent erforscht war; eine rasche Abwicklung sei nun „ein Gebot der Stunde". Taten folgten den Worten. Schon im Sommer 1999 waren die Erben Rothschild im Besitz des Versteigerungserlöses (1,2 Milliarden Schilling). Umstritten blieben nur fünf Schiele-Gemälde aus der Sammlung Bloch-Bauer, die Adele Bloch-Bauer in ihrem Testament 1923 für die Österreichische Galerie bestimmt hatte. Dort sind sie nun, doch machen die Erben geltend, dass Adele in ihrem letzten Willen nur eine „unverbindliche Bitte" geäußert habe. Wem gehören die Bilder nun wirklich von Rechts wegen? Wieder einmal sind Anwälte am Zug.

5.4 „Emigranten" vergessen

In der Zweiten Republik gab es kein zweites Jahr, in dem in Österreich ein so großer Bevölkerungsaustausch stattgefunden hätte wie 1945. Die Alliierten ordneten sofort an, dass die „Reichsdeutschen", also die aus dem „Altreich" von der NS-Regierung in die „Ostmark" beorderten Personen, in ihr Herkunftsland zurückkehren mussten. Rund 104.000 Personen waren davon betroffen. Aber während hunderttausend gingen, kamen zweimal so viel neu ins Land. Hunderttausende Menschen aus den deutschsprachigen Gebieten des „Protektorats Böhmen und Mähren", wie Hitler Tschechien nach der Besetzung umbenannt hatte, waren vor den sowjetischen Truppen geflohen oder von den Machthabern der neuen Tschechoslowakei vertrieben worden. Aber auch viele „Volksdeutsche" aus Ungarn („Donauschwaben") und Rumänien („Siebenbürger Sachsen"), „Karpatendeutsche" aus Rumänien und Russland, aber auch NS-freundliche Ustascha-Anhänger aus Kroatien waren in dieser Statistik enthalten. Unter allen diesen Menschen befanden sich freilich nur ganz wenige, die unmittelbar vor oder nach dem Einmarsch Hitlers Österreich verlassen hatten.

Wenn man ehrlich formulieren will, muss man auch in diesem Fall sagen: die aus Österreich vertrieben worden waren. Aus purer Wanderfreude hat niemand damals das Weite gesucht. Etwa 130.000 Menschen fanden es ratsam oder anbefohlen, so rasch wie möglich Österreich zu verlassen. Ein Viertel von ihnen fand Zuflucht in den USA (neun von zehn davon waren Juden), ein weiteres Viertel in Großbritannien, die zweite Hälfte verstreute sich über nahezu 90 weitere Länder der Erde. Nur ein Bruchteil von ihnen organisierte sich in Vereinen und Verbänden. Es gelang ihnen auch nicht, in irgend einem Staat eine wirksame politische Rolle zu spielen, weil sie zu unterschiedliches politisches Marschgepäck mit sich trugen und weit und breite keine charismatische Führungspersönlichkeit auszumachen war, der zuzutrauen gewesen wäre, von Otto Habsburg bis Ernst Fischer alle leidlich unter einen patriotischen Hut zu bringen.

Die Österreicherinnen und Österreicher brachten keine Exilregierung und keine noch so symbolische österreichische Kampfeinheit auf alliierter Seite zusammen, wenn man von den vier Bataillonen österreichischer Kommunisten auf Seite der jugoslawischen Partisanen absieht. „Der Versuch der Aufstellung eines österreichischen Bataillons in den USA geriet zum Trauerspiel," formulierte der Geschichtswissenschafter Günter Bischof bei einer Historikertagung im Mai 1995 in Wien (6). Derselbe Historiker mahnte aber auch dazu, die Zehntausende österreichischer Kriegsgefangener nicht zu vergessen, die erst in Gefangenenlagern der „Feindländer" über das, was „Heimat" und „Österreich" für sie bedeutete, ernsthaft nachzudenken begannen. Das Wachsen der Desillusionierung in ihnen und das, was diese auslöste, ist nie genau erforscht worden, aber einige amerikanische Untersuchungen in Nordafrika ergaben, dass im Vergleich zu „Reichsdeutschen" Österreicher ähnlich wie Russen, Südslawen und Tschechen häufiger gewaltsam ausbrachen, um früher heim zu kommen. Auch wollten Österreicher in Kriegsgefangenenlagern möglichst von Deutschen separiert werden, was ihnen selten (und erstmals von den Briten) erfüllt wurde.

Aber das war auch nur das etwas unerwartete Apropos eines Historikers zum Thema Emigration, und schon die erste Verwendung dieses Begriffes erfordert eine Klarstellung: Unter Emigration versteht man eine zumindest überwiegend freiwillige Auswanderung und nicht das, was die meisten Auswanderer von damals traf, weshalb die Anführungszeichen im Titel dieses Abschnitts wohl begründet sind. In der österreichischen Öffentlichkeit herrschte wohl lange und teilweise noch heute eine Vorstellung vor, wonach es sich bei den damaligen „Emigranten" durchwegs um wohlhabende Juden gehandelt habe, denen es leicht fiel, sich im Ausland wieder eine Existenz aufzubauen. Aber allem Vorurteil zum Trotz gibt es auch bei den Juden Arme und Reiche, und so wie in der Gesamtbevölkerung eines Staates mehr relativ Arme als absolut Reiche. Und selbst die reichen Juden durften ja bei der Ausreise aus Nazi-Deutschland nichts als eine Hand voll Bargeld mitnehmen.

Wie schwer es selbst für Intellektuelle war, deren „Kapital" nicht in Silberlingen bestand, die man rauben konnte, bezeugten viele Dichter in ihren Schriften. Einer von ihnen, der als Fritz Mandelbaum Wien-Hernals verließ und sich anfangs als Bäckerlehrling durchschlug, bis er es an US-Universitäten schaffte und als der erfolgreicher Autor Frederic Morton nach Wien zurückkehren konnte, erzählte davon in der Sonderausgabe „2000" der „Presse": „Ich habe nie Blue Jeans getragen. Ich habe nie Baseball gespielt. Ich habe mich nie als Amerikaner gefühlt. Als Emigrantenritual ist mir in New York die Jause geblieben. Mit Kaffee. Das ist eine Kindheitserinnerung..." Der Lyriker Guido Zernatto, zuletzt im ständestaatlichen Österreich Generalsekretär der Vaterländischen Front, floh vor Hitler über Frankreich in die USA und starb 1943 in New York, noch keine 40 Jahre alt, mehr als an einem organischen Leiden an einem gebrochenen Herzen. In einem seiner letzten Gedichte bekannte er: „Dieser Wind der fremden Kontinente / hat den Atem einer anderen Zeit. / Andere Menschen, einer anderen Welt geboren, / mag's erfrischen. Ich bin hier verloren / wie ein Waldtier, das in Winternächten schreit" (7).

> Es hat mir nicht geholfen, dass ich fast durch ein halbes Jahrhundert mein Herz erzogen habe, weltbürgerlich als das eines „citoyen du monde" zu schlagen. Nein, am Tage, da ich meinen Pass verlor, entdeckte ich mit 58 Jahren, dass man mit seiner Heimat mehr verliert als einen Fleck umgrenzter Erde.
>
> Stefan Zweig

In London ging es dem Arbeiterdichter Theodor Kramer, Sohn eines jüdischen Dorfarztes in Niederösterreich, nicht anders. „Mein Arzt sagt nach wie vor, dass ich gemütskrank bin, doch ist dies fürchterlich, und es ist nicht allein getan, achten zu lernen und vielleicht ein Verhältnis zu Gott gewinnen oder doch eins zur Humanität und zu wirklicher menschlicher Größe," schrieb er in einem seiner letzten Briefe an seine langjährige Vertraute (8). Schon Stefan Zweig hatte, ehe er im amerikanischen Exil 1942 seinem Leben selbst ein Ende setzte, die Erkenntnis zu Papier gebracht: „Jede Form von Emigration verursacht an sich schon unvermeidlicherweise eine Art von Gleichgewichtsstörung. Man verliert – auch dies muss erlebt sein, um verstanden zu werden – von seiner geraden Haltung, wenn man nicht die eigene Erde unter sich hat, man wird unsicherer, gegen sich selbst misstrauischer" (9).

Thomas Mann bedrängte 1939 den britischen Innenminister, Theodor Kramer als „einen der größten Dichter der jüngeren Generation" in England aufzunehmen, und Hilde Spiel legte ihn 1957 dem Staatssekretär Bruno Kreisky ans Herz, weil es scheine, „dass das Unterrichtsministerium allein – oder vielmehr in Verbindung mit dem Finanzministerium – Kramers Leben in Österreich nicht wird garantieren können," und vielleicht könnte doch auch die Stadt Wien mit einer Wohnung oder einer kleinen Rente aushelfen... Theodor Kramer konnte im selben Jahr nach Wien zurückkehren, ab Jänner 1958 noch drei Monate lang eine Ehrenpension des Bundespräsidenten beziehen und dann in einem Ehrengrab der Gemeinde Wien Ruhe finden.

Eine späte Genugtuung. Warum so spät? Man glaubt nicht, wie viele so und ähnlich gelitten haben. Man glaubt nicht, wie wenige davon etwas wissen wollten. Warum so wenige? Von den rund 125.000 österreichischen Jüdinnen und Juden, die nach dem März 1938 Österreich verlassen hatten (weil sie genau so wenig wie alle übrigen glauben wollten, dass ihnen ein schreckliches Schicksal bevorstand), kamen bis Ende 1948 an die 2700 nach Wien zurück (10). 15.000 waren schon auf dem Weg in die Freiheit von Hitlers Armeen und

> Alfred Polgar hat einmal gemeint, ein Emigrant verliert seine Heimat und bekommt dafür zwei Fremden. Genau so ist es mir ergangen.
>
> Frederic Morton

damit von der Schoah eingeholt worden. Die 2700 wurden nicht mit offenen Armen aufgenommen. Das muss man nicht gleich dem alten Antisemitismus zuschreiben. Menschen, die selbst Schweres mitmachen, stellen sich im Regelfall vor, dass es anderen besser und nicht noch schlechter als ihnen ergangen ist.

Als Frederic Morton nach dem Krieg in seine alte Wiener Gasse zurückkehrte, sprach ihn die einstige Gemischtwarenhändlerin durchaus nicht unfreundlich, aber doch deutlich an: „Sind Sie der Herr Mandelbaum? Ja, so was! Natürlich! Schön, Sie zu sehen? Wie geht's der Familie? Ihr Herr Vater, das ist so ein intelligenter Mann, der hat das alles vorausgeahnt und ist noch rechtzeitig weg. Das ist sonst keinem eingefallen." Das Unausgesprochene, das Mitgedachte: Ihr schlauen Juden habt einen Ausweg gefunden, und wir mussten all das Schwere hier mitmachen! Sie war erstaunt über die Antwort: „Mein Vater ist nicht freiwillig gegangen. Der musste weg. Der musste da draußen das Pflaster putzen und war dann in Dachau."

Die Frau Gemischtwarenhändlerin in Hernals war noch relativ sensibel im Umgang mit ihrem unerwarteten Gesprächspartner. Politiker gingen unter ihresgleichen nicht immer zartfühlend mit dieser Thematik um. Vizekanzler Adolf Schärf empfahl 1946 seinem Parteifreund Josef Hindels, der der SPÖ wegen seiner ziemlich linken Positionen schon bisweilen peinlich auf die Nerven ging, er solle doch wieder ins Ausland gehen, woher er gekommen war, und auch Innenminister Oskar Helmer äußerte sich „nicht glücklich" über seine Rückkehr. Karl Renner, Adolf Schärf, Oskar Helmer hatten die ganze NS-Zeit relativ unbehelligt in Österreich verbringen können, während „die Juden" Otto Bauer, Oscar Pollak, Julius Deutsch, Otto Leichter und Bruno Kreisky im Ausland bleiben mussten. Das hat ihre spätere Zusammenhalt nicht erleichtert, sondern erschwert. Man ließ die Emigranten deutlich wissen, dass ihre Rückkehr zu einer gewissen „Beunruhigung" geführt habe (11). Sehr kritisch beschreiben Josef Haslinger in seinem Essay „Politik der Gefühle" und auch Gerhard Roth in seiner „Geschichte der Dunkelheit" den Umgang mit heimkehrenden Juden.

Auch die von Robert Knight durchgearbeiteten Ministerratsprotokolle der ersten Nachkriegsjahre verraten bei den meisten Regierungsmitgliedern eine Grundstimmung, die man etwa so beschreiben kann: Wir müssen dem Volk täglich erklären, warum es nicht mehr Lebensmittel und noch lange nicht genug Wohnungen gibt, warum es am Notwendigsten für viele fehlt - in dieser Situation wäre es unmöglich, eine große Debatte über die Entschädigung der vertriebenen Juden zu führen, von denen die anderen glaubten, sie hätten sich rechtzeitig für ein besseres Schicksal entschieden! Dass 65.000 österreichische Juden in der nationalsozialistischen Vernichtungsmaschinerie den Tod gefunden hatten, sickerte erst allmählich ins Bewusstsein der Mensch ein. In den Jahren, in denen Zehntausende Österreicher in fremder, vor allem sowjetischer Kriegsgefangenschaft ausharren mussten, würde eine große Einladung an die Adresse der „Auswanderer" zur Rückkehr ins hungernde Österreich nicht verstanden werden.

Wahrscheinlich hatten die Politiker mit solchen Überlegungen sogar recht. Sie waren zumindest plausibel und mussten nicht von Judenfeindschaft getragen sein, obgleich auch diese bei vielen mit am Werk war. Mehr noch: Vielleicht hätten manche der zur Rückkehr Eingeladenen einen solchen Aufruf sogar als Zynismus oder doch als Zumutung empfunden: Jetzt wollt ihr uns wieder haben, weil alles kaputt ist in dem Land, aus dem ihr uns hinausgeworfen habt? Gleich nach Kriegsende haben sogar Funktionäre der Israelitischen Kultusgemeinde ihre Glaubensgenossen vor einer Rückkehr nach Österreich gewarnt. Am 13. Mai 1946 berichtete Bruno Kreisky, der als Angestellter der österreichischen Botschaft in Stockholm arbeitete und auf Besuch in Wien weilte, der SPÖ laut Parteivorstandsprotokoll: „Ein Großteil der Emigranten will gar nicht zurückkehren. Etwa 10 bis 15 Genossen Funktionäre haben jedoch den Wunsch, unter allen Umständen und obwohl sie die ungünstige wirtschaftliche Lage Österreichs kennen, zurückzukehren..."

Gekommen wären allenfalls nicht jene, die in der neuen Heimat Wurzel geschlagen und neue Existenzen begründet hatten, sondern jene, denen das Unglück auch in der Fremde die Treue gehalten hatte. Hätte Österreich damals wirklich Tausende Zuwanderer mit dem Versprechen, sie für erlittenes Unrecht ehrlich zu entschädigen, zurücklocken dürfen? Schwarz und oftmals unergründlich sind die Tiefen der menschlichen, nicht nur der österreichischen Seele. Verdrängte Schuld und gut gemeinte

Absicht, versuchtes Rationalisieren irrationaler Verhaltensweisen der Vergangenheit, Vorurteils- und Vorteilsdenken, Bedachtnahme auf Stimmungen und Stim-
men – oder auch schlichte Unbe-
lehrbarkeit oder Unbedachtheit
mochten an damaligen Entscheidungen beteiligt gewesen sein.
„Wenigstens die politisch Interessierten hätte man wieder rufen
müssen," meint Wolfgang Neugebauer, der Präsident des Dokumentationsarchivs des österreichischen
Widerstands (12); Desinteresse und
unverhohlene Abneigung haben
diese Personengruppe am schwersten getroffen. Viktor Matejka,
der unermüdlich auf eine bessere Welt hoffende Wiener KPÖ-
Stadtrat von 1945, hat eine solche Einladung als Einziger ausgesprochen, ohne dass deren Wirkung je untersucht worden wäre.

> **Gleich wie ich meine Funktion bezogen habe im 45er Jahr im Rathaus war eine meiner ersten Sachen, den Kollegen in der Landes- und in der Bundesregierung vorzuschlagen, alle Österreicher, die, aus welchem Grund immer, Österreich wegen Hitler verlassen mussten, einzuladen zurückzukehren.**
>
> Viktor Matejka

Eins ist sicher: Man hätte mit den unfreiwilligen „Emigranten" von 1938 sieben Jahre später in dem Geist reden müssen, in dem Bundeskanzler Figl zu Weihnachten 1945 mit den
Österreichern redete: „Wir beklagen, was euch angetan worden
ist! Wir können euch nichts bieten als unseren festen Willen,
dieses arm gewordene Land aus seinen Trümmern neu erstehen
zu lassen! Wir sind zum Neubeginn auch unter harten Bedingungen bereit! Wer zu denselben Bedingungen mittun möchte,
ist uns herzlich willkommen! Wer eine neue Heimat gefunden
hat und bleiben will, kann mit Verständnis und unseren guten
Wünschen rechnen! Wir hoffen, euch bald wenigstens als Gäste
zu begrüßen..." Wir aber haben geschwiegen. Was immer uns
den Mund verschlossen hat: Pure Demut war es nicht.

5.5 Zwangsarbeiter: Späte Musterlösung

Zivile „Fremdarbeiter" aus
vielen Ländern Europas, vor
allem aus dem Osten, aber
auch Insassen von Konzentrations- und „Arbeitserziehungs-
lagern" wurden von Hitler-Deutschland zur Stärkung der Rüs-
tungswirtschaft im weitesten Sinn herangezogen. „Freiwillige
Anwerbung, Nötigung, strafweise Verschickung, Arbeit von
Kriegsgefangenen, Abstellung von KZ-Häftlingen – das alles

gehörte zu den Spielarten der Zwangsarbeit im Dritten Reich"
(13). Diese Menschen waren häufig erbarmungswürdig untergebracht, mussten unter menschenunwürdigen Bedingungen ra-
ckern, waren strengen disziplinären Bedingungen unterworfen
und einem rigiden Fraternisierungsverbot ausgesetzt: Arbeiten
durften sie, krank sein und hungern auch, aber nicht mit der heimischen Bevölkerung ein Brot teilen oder gar einen Scherz am
Wirtshaustisch. Viele der Ausgebeuteten waren Frauen, manche
von ihnen hatten Kinder, die man ihnen wegnahm und in Kin-
derbewahreinrichtungen steckte; nicht wenige schwangere
Frauen wurden zur Abtreibung gezwungen. Auf dem Gebiet des
heutigen Österreich waren nach Meinung von Historikern im
Herbst 1944 rund 580.000 Fremd- und Zwangsarbeiter aus etwa
20 europäischen Nationalitäten (14) im Einsatz; die Regierung
nimmt heute an, dass es zuletzt knapp 240.000 waren (15). Viele
Einheimische mussten sie gesehen haben: bei der Feldarbeit, am
Fließband eines Industriebetriebs, beim Straßenbau, aber auch
in Gastbetrieben und privaten Haushalten von Günstlingen des
Regimes.

Dennoch waren sie die Ersten, die vergessen wurden – bis in
die späten Sechzigerjahre auch von der Zeitgeschichte (16).
1999 wurde die Öffentlichkeit in Deutschland und in Österreich
durch Sammelklagen amerikanischer Anwälte aufgeschreckt.
Sie hatten wenig oder keine Aussicht auf Durchsetzbarkeit, aber
allen wurde rasch die Peinlichkeit bewusst, die sie als perma-
nente Diskussionsthemen in der Weltöffentlichkeit darstellten.
Daher hat sich sowohl eine rotgrüne Regierung in der Bundesrepublik Deutschland wie auch eine schwarzblaue in Österreich
zu raschen Erledigungen entschieden: keine Anerkennung eines
formalen Rechtsanspruchs, wohl aber eines moralischen Gut-
habens, und eine Lösung in Form freiwilliger materieller Zuwendungen unter der Voraussetzung eines Verzichts auf weitere
Ansprüche.

Für Österreich verhandelte die in der Politik ebenso wie im
Industriemanagement und im Bankfach hervorragend qualifi-
zierte Nationalbankpräsidentin i.R. Maria Schaumayer und prä-
sentierte nach wenigen Monaten ein Lösungspaket, das als Ini-
tiativantrag aller vier im Nationalrat vertretenen Parteien ins
Parlament kam und dort auch einstimmig angenommen wurde.

Man geht davon aus, dass auf Grund von Angaben von Opferverbänden heute noch etwa 150.000 Personen leben, die Ansprüche geltend machen können, und beschloss die Einrichtung eines „Versöhnungsfonds", der mit sechs Milliarden Schilling ausgestattet wird. Etwa die Hälfte davon soll die öffentliche Hand (also Bund und Bundesländer), die zweite Hälfte die private Wirtschaft aufbringen. Im Sommer 2000 tauchten erstmals Meldungen auf, dass eine geringe Zahl von Fremdarbeitern auch in Betrieben der katholischen Kirche und einzelner Stifte beschäftigt gewesen seien. Kirchenobere sprachen sich für eine genaue Prüfung aus und ließen eine gewisse Bereitschaft erkennen, in diesem Fall auch in den „Versöhnungsfonds" einzuzahlen. Weil so viel Zeit verflossen ist, kann man auf individuelle Unterschiede nicht mehr eingehen. Sicher hatten es jene, die bei Bauern arbeiteten, nicht so schwer wie Industriearbeiter, und am schwersten traf das Los gewiss die KZ-Insassen.

Ob die einzelnen Unternehmen oder der Staat mehr von der Zwangsarbeit profitierten, mag umstritten sein, aber die vereinbarte Lösung geht davon aus, die Kosten der Landarbeiter dem Staat zuzurechnen, weil mit dieser Arbeit zum Überleben der Gesamtbevölkerung und nicht nur zum Vorteil eines bestimmten Bauernbetriebs beigetragen worden war. In der Wirtschaft wurden alle Unternehmungen mit mehr als 250 Mitarbeitern und Standort in Österreich (also auch solche mit Mutterbetrieben in Deutschland) zur Leistung eines freiwilligen Beitrags in Höhe von 0,2 Prozent des Umsatzes 1999 eingeladen, ob sie nun Zwangsarbeiter beschäftigt hatten oder nicht. Begründung: Sie würden alle einen Nutzen haben, wenn österreichische Exportunternehmungen künftig keine Boykottdrohungen zu fürchten hätten. Ohne eine solche Gewissheit, das war allen Beteiligten von Anbeginn klar, würde das Geld nicht aufzubringen sein. Der dahinter stehende Rechtsmechanismus blieb in der öffentlichen Diskussion einigermaßen unklar.

Dieser Mechanismus sieht so aus: Anwälte bringen bei US-Gerichten so genannte Sammelklagen (class acts) im Namen einiger Opfer des NS-Regimes gegen bestimmte Firmen in einem europäischen Land ein. Gewinnen sie das Verfahren, gilt das Urteil auch für alle vergleichbaren Fälle. Der amerikanische Rechtsanwalt Edward Fagan etwa reichte im Namen von acht

Klienten eine solche Sammelklage auf 18 Milliarden Dollar oder rund 260 Milliarden Schilling ein. Allerdings wären in dieser Summe auch Opfer von Vermögensentzügen durch „Arisierung" und ähnliche Maßnahmen enthalten. Österreich trennte die Ansprüche der Zwangsarbeiter von jenen anderer NS-Opfer und fand für diese Vorgangsweise auch die Unterstützung der US-Regierung, in der zu diesem Zeitpunkt Stuart Eisenstat, der stellvertretende Finanzminister, für die Regelung von Ansprüchen von NS-Opfern zuständig war. Dass die Regierung Clinton die Opferentschädigung in der Schlussphase ihrer Amtszeit zu einem Schwerpunkt machte, hat relativ umgehende positive Reaktionen nicht nur in Österreich, sondern auch in der Schweiz und in Deutschland ausgelöst.

> **Wenn wir über die Zukunft der Jugend reden, dann müssen wir ihr auch etwas ganz Wesentliches mit auf den Weg geben: das Wissen um die Geschichte dieses Landes. Österreichs NS-Vergangenheit erfordert eine besonders wache und kritische Auseinandersetzung und die notwendige Sensibilität für die Strukturen und Mechanismen des nationalsozialstischen Unrechtssystems.**
>
> Bundeskanzler Wolfgang Schüssel

In keinem wichtigen Fall ist es bisher zu einem Urteilsspruch gekommen. Die bloße Einreichung der Klagen löst bei den Beklagten die Befürchtung aus, dass dieses Thema lange Zeit die Berichterstattung und Kommentierung in international wichtigen Medien beherrschen könnte, was niemand sich wünscht. Also sucht man möglichst rasch einen außergerichtlichen Vergleich, und genau darauf sind die Anwälte aus, die sehr wohl um die minimalen Erfolgsaussichten solcher längst verjährter Klagen wissen, aber auch um die Image-Sorgen der Beklagten. Wie aber schaltet man die Drohung mit ständig neuen Klagen aus? Wenn ein Staat eine Lösung trifft, die der US-Regierung fair und vertretbar erscheint, dann schließt die US-Regierung mit diesem Staat ein „Executive Agreement" ab, in dem anerkannt wird, dass damit die Ansprüche der betreffenden Gruppe ein für alle Mal erfüllt worden sind.

Im Gefolge eines solchen Abkommens teilt die US-Regierung den Justizbehörden der USA in einem „Letter of Interest" mit, dass die Antragsteller an den Fonds des betreffenden Staates verwiesen werden sollten und es nicht im Interesse der USA läge, wenn ein amerikanisches Gericht weitere Sammelklagen annähme („legal closure").

Eine solche Verquickung von exekutiver und judizieller Staatsgewalt ist für Europäer nicht ganz leicht vorstellbar, obwohl es nirgendwo eine ganz strenge Trennung der Gewalten gibt. Nach US-Praxis kann man aber mit hoher Wahrscheinlichkeit davon ausgehen, dass kein amerikanisches Gericht mehr solche Sammelklagen annehmen würde, zumal schon bei der jetzigen Gesetzeslage klar ist, dass ein US-Urteil nicht in einem anderen Land, sondern nur in den USA, also etwa bei Firmen mit Betriebsorten in den Vereinigten Staaten, vollzogen werden könnte. Aber das Entscheidende ist ja, wie geschildert, dass das Thema nicht in Form eingereichter Klagen medial am Köcheln gehalten wird. Nun ist es freilich auch nach Einlangen eines „Letter of Interest" nicht hundertprozentig sicher, ob nicht ein US-Gericht eine bestimmte Klage doch auch in Zukunft annimmt. Deshalb kann sich auch immer wieder einmal ein Anwalt versucht sehen, eine solche Klage einzureichen.

Von einer absoluten Sicherheit, dass ein Schlussstrich auch wirklich ein Schlussstrich ist, kann man also nicht ausgehen.

> **Man kann über die Methoden Fagans geteilter Meinung sein. Tatsache ist, dass er vieles bewegt ...**
>
> **Ariel Muzicant**

Auch der Regierungswechsel in den USA im Jänner 2001, sei es von der Demokratischen zur Republikanischen Partei, aber sei es auch nur von einer demokratischen zu einer anderen demokratischen Administration, schafft gewisse zusätzliche Unsicherheiten. Trotzdem ist nicht zu bezweifeln, dass ein Arrangement zwischen einer europäischen Regierung mit jener der USA von großem Gewicht und daher einige Anstrengung wert ist. Dieser Anstrengung haben sich zuallererst Banken in der Schweiz unterzogen, die sich den Vergleich mit Fagan & Co knapp 18 Milliarden Schilling kosten ließen, aber auch die Bundesrepublik Deutschland, deren Regierungsbeauftragter Otto Graf Lambsdorff über 10 Milliarden Deutsche Mark abgeschlossen hat.

Die österreichische Lösung, die sich stark am deutschen Beispiel orientiert, dieses aber nicht sklavisch nachgeahmt hat, sieht nicht einen pauschalen Geldtransfer an Opferorganisationen vor, die dann nach eigenem Ermessen die Verteilung besorgen, sondern die Befriedigung individueller Ansprüche. So genannte Sklavenarbeiter, das waren Zwangsarbeiter aus kleineren Konzentrationslagern auf österreichischem Gebiet, aber auch von Zigeuner-Sammellagern wie Lackenbach und Salzburg-Maxglan, erhalten pro Person einen einmaligen Betrag von 105.000 Schilling. Ausgenommen sind ehemalige KZ-Insassen von Mauthausen einschließlich der Nebenlager sowie der Nebenlager des KZ Dachau; diese werden auf Grund der internationalen Abmachung von der analogen deutschen Stiftung „Erinnerung, Verantwortung und Zukunft" entschädigt. Je 35.000 Schilling erhalten die Zwangsarbeiter aus Industrie, Gewerbe, Bau- und Elektrizitätswirtschaft sowie aus öffentlichen Unternehmungen wie Bahn und Post. Für Zwangsarbeiter/innen in der Land- und Forstwirtschaft, in Hotels und Haushalten gibt es je 20.000 Schilling, für Frauen, deren Kinder weggenommen oder abgetrieben wurden, eine wirklich nur als höchst symbolisch anzusehende Geste: je 5000 Schilling. Ausgenommen von den Entschädigungen sind ehemalige Kriegsgefangene, weil dafür wirklich keine österreichische Regierung zuständig sein kann.

Alle Geldbeträge entsprechen im Sinn einer Gleichbehandlung jenen der deutschen Lösung. Alle Leistungen werden persönlich ausbezahlt, sind also nicht pfändbar oder verpfändbar, und unterliegen keiner Steuerpflicht. Für den ziemlich formlosen Antrag innerhalb von zwei Jahren (in Deutschland nur acht Monate!) genügt formlose Glaubhaftmachung. Alle Begünstigten müssen schriftlich auf weitere Forderungen in der Zukunft verzichten. Die Regierungsbeauftragte hat mit Opferorganisationen aus Russland, Polen (von wo besonders viele Zwangsarbeiter in Österreich Frondienste leisten mussten), Belarus (Weißrussland), der Ukraine, Tschechien und Ungarn verhandelt. Mit diesen Ländern wurden nach dem Muster der USA schon im Sommer 2000 Regierungsübereinkommen unterzeichnet, die künftigen „Rechtsfrieden" sichern sollen.

In die österreichische Fondslösung wurden freiwillig auch die ungarischen Juden einbezogen, die 1944 und 1945 aus Ungarn entweder direkt nach Auschwitz oder in KZ-ähnliche Lager in der Umgebung von Wien deportiert und vorwiegend zum Bau des „Südostwalls" herangezogen worden waren. 4000 bis 5000 von ihnen sind noch am Leben, wurden aber vom Wortlaut der deutschen Stiftungslösung nicht erfasst und auch von der Jewish Claims Conference (einer Dachorganisation jüdischer Opfervereine) bis zum Jahr 2000 nicht vertreten. Beim Nationalfonds, über den die Auszahlungen vorgenommen werden sollen, können aber nicht nur Personen aus Ländern, mit denen es Regierungsübereinkommen gibt, sondern Bürger/innen aus jedem Land, die sich für anspruchsberechtigt halten, Ansuchen stellen. Dem für alle wichtigen Entscheidungen zuständigen Kuratorium gehören neben Vertretern der österreichischen Regierung, der Bundesländer, der Parlamentsparteien und der Wirtschaft auch Repräsentanten der KZ-Verbände und Widerstandskämpfer, des Bundes jüdischer Verfolgter, eines Roma-Vereins und auf Wunsch auch Regierungsvertreter der erwähnten Länder (einschließlich der USA) an.

> Nach der deutschen Stiftungslösung erhalten ehemalige Zwangsarbeiter in der Landwirtschaft nur etwas von dem, was übrig bleibt. Bei der österreichischen Lösung ist das ein eigener Leidenstatbestand.
>
> Maria Schaumayer

Die österreichische Lösung für frühere Zwangsarbeiter kam spät, aber nach erfolgtem Regierungsbeschluss am 15. Februar 2000 sehr rasch zustande und darf als gerechte, faire und sogar großzügige Lösung angesehen werden. Wenn also einzelne Anwälte nach der Beschlussfassung massiv dagegen polemisierten und neue Sammelklagen ankündigten (Ed Fagan: „Shame on Mrs. Schaumayer! Shame on Austria!"), dann war zu befürchten, dass damit höchstens das Gegenteil des angestrebten Ziels erreicht würde: nämlich die Verweigerung von Geldern für den „Versöhnungsfonds", weil eine Verweigerung der Versöhnung zu befürchten sein könnte. „Nach Fagans Provokationen ist die Besonnenheit der Österreicher eigentlich bewundernswert", schrieb der Magazinjournalist Christian Rainer (17). Die Hoffnungen konzentrierten sich daher von Anbeginn auf US-Vizeminister Stuart Eisenstat, den die Österreicher als entschlossenen, aber fairen Verhandlungspartner schätzen gelernt hatten und der auch Mitvorsitzender der international beschickten „Versöhnungskonferenz" in der Wiener Hofburg im Mai 2000 gewesen war.

Hinter der vorgesehenen Lösung für die Zwangsarbeiter stehen nicht nur alle Parteien des österreichischen Parlaments, sondern auch klare Mehrheiten der österreichischen Bevölkerung, wie eine professionelle Meinungserhebung Ende Mai und Anfang Juni 2000 ergab. 59 Prozent der befragten Österreicher/innen waren für eine Entschädigung aller noch lebenden einstigen Zwangsarbeiter; 74 Prozent wollten jene, die Gesundheitsschäden davongetragen hatten, besonders begünstigt sehen. 68 Prozent bejahten die Entschädigung von Juden, die in Konzentrationslagern gewesen waren, und 64 Prozent die von Roma-KZlern, wobei noch hinzukommt, dass viele der Befragten davon ausgingen, dass ehemalige KZ-Insassen schon Entschädigungen bekommen haben. Vergleiche mit einer ähnlichen Umfrage im Jänner 2000 zeigten, dass sich die Zustimmungsraten seither noch verbessert hatten, was wohl auch der klugen Verhandlungsführung zuzuschreiben war. Vorteile für die österreichische Wirtschaft erwarten sich 70 Prozent der Befragten nicht, was zeigt, dass für die Bevölkerung dieser Gesichtspunkt offenbar nicht im Vordergrund steht. 51 Prozent der Befragten erwarteten als Hauptnutznießer von Zahlungen vor allem die Anwälte und nur 35 Prozent die Zwangsarbeiter. Dabei wurde freilich übersehen, dass die Anwälte bei dieser Lösung eine deutlich untergeordnet Rolle gespielt hatten, was zu deren Unmut beigetragen haben könnte.

Längst hat die Diskussion auch andere Länder erfasst. Frankreich wird umgerechnet drei Milliarden Schilling an Juden zahlen, die von der mit Hitler-Deutschland kollaborierenden Vichy-Regierung um ihr Vermögen gebracht worden sind. Vor allem aber sieht sich nun auch Japan massiven Forderungen nach Entschädigung der Zwangsarbeiter aus vielen Ländern Asiens gegenüber (18). „Wenn es wo stinkt – Deckel drauf!" lautet ein japanisches Sprichwort. Nach diesem hat die Politik jahrelang gehandelt. Jetzt aber haben US-Anwälte auch den großen japanischen Interessentenmarkt entdeckt, dem ein ungestörter Welthandel viel bedeutet. Wie viel, das möchten Edward Fagan & Co jetzt erfahren. Die Sammelklage, am Jahrestag des japanischen Angriffs auf Pearl Harbor im Dezember 1999 überreicht, verlangt von japanischen Firmen Entschädigungszahlungen für Sklavenarbeit im Namen einiger alliierter Kriegsgefangener und vieler asiatischer Zwangsarbeiter. Zu diesen gehörten auch die koreanischen Frauen, die zur Prostitution für japanische Soldaten gezwungen worden waren.

Japanische Politiker haben in den letzten Jahren schon wiederholt öffentliche Entschuldigungen abgegeben. Jetzt sollen Worte in Dollars und Yen umgewechselt werden. Im Repräsentantenhaus der USA liegt bereits ein Gesetzentwurf, der von Japan nebst Entschädigungszahlungen auch eine Entschuldigung verlangt. Die ersten Reaktionen der Regierung Japans und der geklagten Firmen waren Hinweise auf den Friedensvertrag von San Francisco aus 1951, in dem die USA auch namens ihrer Bürger auf Reparationsforderungen an Japan verzichteten, weil die Alliierten gleichzeitig das Recht eingeräumt bekamen, japanische Vermögenswerte in ihren Ländern für Entschädigungsleistungen heranzuziehen. 90 Millionen Dollar daraus hat die US-Regierung 1952 den Soldaten zugeführt, die in japanischer Kriegsgefangenschaft gewesen waren. Ob Japan auch gegen die neuerlichen Forderungen mit diesem Argument durchkommen wird, ist noch nicht abzusehen. Jedenfalls braucht sich Österreich nicht als alleiniger Schurke auf weiter diplomatischer Flur zu sehen.

> Der Holokaust ist so schrecklich, dass auch nur der Anschein einer Geschäftemacherei mit den Opfern der NS-Gewaltherrschaft in der Rechtsordnung zivilisierter Staaten keinen Platz haben sollte.
>
> **Roman Sandgruber**

5.6 24 Millionen Vertriebene

Als die im Februar 2000 gebildete neue österreichische Bundesregierung eine rasche Lösung der Entschädigung für ehemalige Zwangsarbeiter ankündigte, fehlte auch ein Hinweis auf die Massenvertreibung Deutscher aus der Tschechoslowakei nach Ende der NS-Schreckensherrschaft nicht. Die so genannten Benesch-Dekrete hatten dafür die Grundlagen geschaffen. Das Stichwort beunruhigte Österreichs nördlichen Nachbarn. Zwar hatte die österreichische Diplomatie die Benesch-Dekrete immer wieder in bilateralen Gesprächen thematisiert, aber nie konkrete politische Forderungen daran geknüpft. An materielle Entschädigungen durch den neuen tschechischen Staat denkt auch jetzt kaum jemand im Ernst. Aber eine vorurteilslose und möglichst emotionsfreie Erörterung von Unrechtstatbeständen, die das NS-Regime gesetzt hat, ist nicht möglich, wenn das mit neuem Unrecht vergoltene Unrecht nicht als Gesamtkomplex erörtert werden darf. Wahrheit muss immer die ganze Wahrheit sein, wenn sie wirklich frei machen soll.

Zu dieser ganzen historischen Wahrheit gehört, dass nach Ende des Ersten Weltkriegs auch die deutschsprachigen Siedler in den Gebieten entlang der schlesisch-böhmisch-mährischen Grenze zwischen Lausitzer Neiße und Mährischer Pforte – Sudeten genannt – zu Deutschland kommen wollten und ebenso wie die „Deutschösterreicher" von den Siegermächten daran gehindert wurden. Schon im 12. Jahrhundert hatte das Herrschergeschlecht der Przemysliden deutsche Siedler zur Kolonisierung von Urwald und Ödland eingeladen. Acht Jahrhunderte lebten sie friedfertig im sprachlichen Grenzland und machten, als die österreichisch-ungarische Monarchie zusammenbrach, rund dreieinhalb Millionen Menschen aus, die nun zur neu geschaffenen Tschechoslowakischen Republik (CSR) gehörten. Gemäß Volkszählung 1910 waren sie im nunmehrigen CSR-Gebiet immerhin nach den 6,2 Millionen Tschechen die zweitstärkste Volksgruppe, stärker als die Slowaken (knapp 1,8 Millionen) und die Ungarn (knapp 900.000), denen 1918 gleichfalls das Selbstbestimmungsrecht vorenthalten worden war.

> **Die Sudeten- (und Karpaten-) Deutschen wurden für die Auflösung der ersten Tschechoslowakischen Republik und die Begünstigung der NS-Herrschaft als Kollektiv für schuldig erklärt und sollten dafür auch kollektiv mit dem Verlust der Heimat büßen.**
>
> **Univ. Prof. Arnold Suppan**

Es erging ihnen nicht sehr gut: Ihre Schulen wurden geschlossen, Staatsbeamte entlassen, Tschechisierung betrieben. Natürlich waren sie überwiegend zufrieden, als Frankreich und Großbritannien im Münchner Abkommen vom 29. September 1938 zum Zweck der Beschwichtigung Hitlers die CSR zwangen, die Sudetengebiete ans Deutsche Reich abzutreten. Eine offizielle tschechische Lesart lautet nun, viele Tschechen seien hierauf gewaltsam aus ihren Heimen vertrieben worden. Die dagegen gehaltene deutsche Lesart besagt, nur Staatsbeamte und solche, die nicht freiwillig unter Hitler leben wollten, seien damals freiwillig in die CSR rückgewandert. Jedenfalls wurde das Rad der

Geschichte nunmehr in die Gegenrichtung in Gang gesetzt.
Schon 1944 hatte Edvard Benesch, der von 1918 bis 1935
Außenminister der CSR und zeitweise auch Ministerpräsident
gewesen war, als Chef der tschechoslowakischen Exilregierung
in London einen 10-Punkte-Plan zur Ausweisung der Deutschen
ausgearbeitet. Als Benesch, der lange vor Hitlers NSDAP eine
(tschechisch-) nationalsozialistische Partei mitbegründet hatte,
1945 wieder Staatspräsident der CSR wurde, setzte er seine alten
Pläne um: in den später zu notorischem Ruhm gekommenen
„Benesch-Dekreten."

Ein Dekret vom 19. Mai 1945 enteignete jene, die sich bei
Volkszählungen als Deutsche und Ungarn bekannt hatten. Das
zweite Dekret vom 19. Juni 1945 setzte Volksgerichte zur
Bestrafung von NS-Verbrechern ein. Das Dekret vom 21. Juni
1945 konfiszierte das landwirtschaftliche Vermögen der Deutschen und Ungarn, das vom 20. Juli 1945 übertrug diesen Boden
an Tschechen und Slowaken. Mit Dekret vom 2. August 1945
verloren Deutsche und Magyaren die Staatsbürgerschaft; sie
wurden mit Dekret vom 19. September 1945 zu Pflichtarbeit verurteilt. Weitere Benesch-Dekrete lösten deutsche Hochschulen
auf (18.Oktober 1945), beschlagnahmten Privatvermögen (25.
Oktober 1945), verpflichteten zu Zwangsarbeit ohne Entlohnung
(27. Oktober 1945) und legalisierten ziemlich willkürliche Verhaftungen (27. Oktober 1945). Regierungsbeschlüsse (z. B. 15.
Februar 1946: Ausweisung deutscher Antifaschisten) und
Gesetze (z. B. 6. Mai 1946: Liquidierung der Rechtsverhältnisse
der Deutschen Evangelischen Kirche) vollendeten dieses Werk.
Die drastischen Staatsbürgerschaftsbestimmungen wurden
schon 1948 und 1949 teilweise wieder zurückgenommen, 1968
auch das Recht der verbliebenen Deutschen auf eine eigene kulturelle Entwicklung wieder anerkannt.

Alle diese Maßnahmen hatten zum Teil Auswirkungen, die
in den Rechtsgrundlagen nicht so vorgesehen gewesen waren. So
hatte das Potsdamer Abkommen der siegreichen Alliierten, das
im August 1945 ein umfassendes Umsiedlungsprogramm in
Europa absegnete, von einer „Umsiedlung der Volksdeutschen
in geordneter Weise" gesprochen. Als sehr geordnet stellte sich
die Weise freilich nicht heraus. In Fußmärschen, mit Pferde-
fuhrwerken und in Güterwaggons wurden die Deutschen abge-

schoben. Reguläre Soldaten, Sicherheitsorgane unter kommunistischer Führung, Freiwilligenorganisationen und „revolutionäre Nationalausschüsse" halfen dem Abtransport gewaltsam nach. Alle Deutschen mussten eine weiße Scheibe mit einem schwarzen „N" (für nemec = Deutscher) an ihrer Kleidung tragen. Zwischen Jänner und Oktober 1946 wurden 1,8 Millionen Sudetendeutsche in die amerikanische und gegen 800.000 in die sowjetische Besatzungszone Deutschlands abgeschoben. In Österreich verblieben von den etwa 600.000, die als Flüchtlinge angekommen waren, rund 180.000. Die Neubürger aus Böhmen und Mähren waren sehr bald in der heimischen Bevölkerung integriert.

Ein Blick in die Parteivorstandsprotokolle der SPÖ, die zu den sozialdemokratischen Arbeitern in Nordböhmen traditionell gute Beziehungen unterhielt, verrät die Hilflosigkeit gegenüber dem neuen Zuzugsstrom. „Genosse Helmer teilt mit, dass die Flüchtlingsmenge aus der CSR ein unerhörtes Ausmaß annimmt," lesen wir schon am 7. Jänner 1946. „In Wien und Niederösterreich befinden sich bereits 200.000 Volksdeutsche aus der CSR. Was soll mit diesen Leuten geschehen?" Genosse Maisel (Sozialminister) meinte dazu, „dass wir sie einfach nicht abschieben können" und es am besten wäre, „sie mit kurzfristigen Aufenthaltsbewilligungen auszustatten und zur Arbeit bei den Bauern etc. unterzubringen." Davor warnte Genosse Hackenberg, weil „ein Großteil der Ausgewiesenen Henlein-Leute waren, also für uns absolut untragbar sind." Genosse Krones gab ihm Recht und plädierte dafür, Ausschüsse aus vertrauenswürdigen Genossen zu bilden, „die den Flüchtlingsstrom durchsieben."

Andererseits gingen der SPÖ aber auch Hilferufe zu, aus denen hervorging, dass nicht nur Anhänger des Nazikollaborateurs Konrad Henlein abgeschoben worden waren: „Wir glaubten", schrieb ein Sozialdemokrat schon am 29. Oktober 1945 aus Bodenbach an die SPÖ, „dass die Tschechen für das in den Jahren 1935 bis 1938 geführte Verhalten uns eine andere Behandlung einräumen würden als den Nazis. Diese 300.000 sozialdemokratisch orientierten Menschen erleben nun die bitterste Enttäuschung. Sie werden genau so wie die Mitglieder der SDP und NSDAP behandelt." Nur politische Widerständler würden von

den Tschechen als gleichberechtigt gewertet. „Durch die Gleich-
schaltung unserer übrigen Genossen mit den Nazis ist bereits ein
hasserfüllter Nationalismus, der von den Nazis geschürt wird,
erkennbar..." (19)

In einer Reihe von Dokumenten wurden Tiefpunkte dieser
Vertreibungsaktion festgehalten. Einer war das Massaker von
Aussig an der Elbe, wo am 31. Juli 1945 über 2500 Arbeiter der
Firma Schicht ums Leben kamen. Nahe dem Bahnhof von Prerau
in Mähren wurden rund 250 Karpatendeutsche erschossen.
Besonders in die kollektive Erinnerung eingegraben hat sich der
„Brünner Todesmarsch" Ende Mai 1945, als zwischen 20.000
und 30.000 Deutsche binnen weniger Stunden auf den Fußmarsch in Richtung Österreich geschickt wurden; viele fanden
dabei den Tod. Insgesamt haben nach übereinstimmenden
Schätzungen tschechischer, slowakischer und deutscher Historiker rund 30 000 Deutsche die gewaltsame Vertreibung nicht
überlebt. Vertriebenenverbände geben weitaus höhere Zahlen
an. Die 30.000 stehen rund 360.000 Kriegs- und Besatzungs-
opfern auf tschechischer Seite gegenüber, von denen allein
200.000 Juden waren (20).

Tschechische Intellektuelle strebten 1996 einen Strafprozess
gegen die Verantwortlichen am Brünner Todesmarsch an. Die
Untersuchungsbehörden erklärten nach einigen Monaten, es
gäbe nicht genügend Beweise für eine Anklageerhebung. Aber
im April 2000 wurde die Angelegenheit neuerlich thematisiert,
als Studenten eine Gedenkfeier abhielten und von der Stadtver-
waltung die Zusage erreichten, man werde sich konstruktiv an
einer Aufarbeitung dieses Teils der Stadtgeschichte beteiligen.
Auch das Massaker von Aussig wird in Tschechien heute zunehmend offen thematisiert.

Es ist bekannt, dass auch der Staatspräsident der
Tschechischen Republik, Václav Havel, eine ehrliche Aufarbeitung der gesamten Problematik rund um die Benesch-Dekrete
begrüßen würde, sich aber in der tschechischen Innenpolitik
damit bisher nicht durchsetzen konnte. In diesem Zusammenhang darf freilich nicht die Gefühlslage und auch nicht das
Gerechtigkeitsempfinden vieler Bewohner Tschechiens bagatellisiert werden, die von den Besatzern Hitler-Deutschlands wie
eine Kolonie behandelt worden sind und mit Lidice ein beson-

ders traumatisches Erlebnis aufgebürdet bekamen. Die Ortschaft Lidice (Liditz) östlich von Kladno wurde am 10. Juni 1942 als Rache für die Ermordung des stellvertretenden Reichsprotektors Reinhard Heydrich in Prag von der SS dem Erdboden gleichgemacht und die Bevölkerung niedergemetzelt oder verschleppt. Für Tschechien sei eine Haltung unannehmbar, „die nicht zwischen den Millionen Opfern des Nazi-Überfalls auf Europa und der Vergeltung, und sei diese oft auch unangemessen gewesen, unterscheidet," erklärte der tschechische Außenminister Jan Kavan am 9. Februar gegenüber Journalisten in Prag (21).

Es steht Österreichern nicht zu, tschechische Nachbarn an ihre Erinnerungspflicht zu gemahnen. Wir haben alle eine Nachholschuld, und es ist erfreulich, dass das Bewusstsein hiefür allerorten wächst. Niemand wird von einem Staat, der erst vor zehn Jahren aus dem Schatten Jahrzehnte langer Unterjochung und Demütigung zuerst durch nationalsozialistische, dann durch kommunistische Gewaltherrscher herausgetreten ist, große materielle Rück-

> **Es genügt nicht, wenn nur einige Völkerrechtler und Fachhistoriker mit diesen Dingen (Benesch-Dekrete) vertraut sind. Es muss auch die breitere Öffentlichkeit mit den Fakten der jüngeren europäischen Geschichte konfrontiert werden.**
>
> **Univ. Prof. Heinrich Koch**

erstattungen erwarten. Daher ist auch nicht anzunehmen, dass irgend ein Land eine solche Forderung im Zusammenhang mit der von der Tschechischen Republik angestrebten Aufnahme in die Europäische Union ernsthaft erheben wird. Womit aber viele rechnen, ist eine auch vom österreichischen Nationalrat 1999 einhellig empfohlene Aufhebung wenigstens der menschenrechtswidrigen Teile der Benesch-Dekrete, die gleichzeitig auch das Eingeständnis enthalten würde, dass es solche gibt. Ähnliches sollte man wohl auch hinsichtlich der Beschlüsse des „Antifaschistischen Rates zur Volksbefreiung Jugoslawiens" (AVNOJ) erwarten dürfen, die 1943 und 1944 die Vertreibung der Deutschen aus den Ländern der späteren Volksrepublik Jugoslawien proklamierten.

Die Welt aber sollte sich auch daran erinnern, dass sich niemals wiederholen darf, was im Gefolge des Münchner Abkommens 1938 geschehen ist: eine Aus- und Umsiedlungs-, Flucht- und Vertreibungswelle sondergleichen, von der 24 Millionen Menschen erfasst worden sind: Deutsche, Polen, Ukrainer, Russen, Tschechen und Slowaken in Millionenzahl, dazu aber auch noch viele Tausende Südslawen, Magyaren, Italiener, Litauer, Finnen, Esten, Letten, Bulgaren, Griechen, Rumänen und Albaner, ganz abgesehen von den Millionen deportierter und ermordeter Juden. Die „ethnischen Säuberungen", die in den Neunzigerjahren Serben und im Gegenzug auch Kroaten und Albaner praktizierten, waren keine Neuerfindung, sondern nur die Neuauflage eines alten Verbrechens. „Massenmorde und Massenerschießungen, Folterungen und Vergewaltigungen, Raub und Plünderung" (22) begleiteten die Vertreibung. 600.000 Tote säumen die Straßen dieses Leids, das aus der Chronik neuzeitlicher Barbarei nicht ausgespart werden darf.

5.7 Anders als Deutschland

Darin war man sich (sogar mit Deutschland) immer einig: Österreich und Deutschland waren rechtlich unterschiedlich zu beurteilen. Die 1949 durch Zusammenschluss der westlichen und südlichen deutschen Länder gegründete und am 5. Mai 1955 mit voller Souveränität ausgestattete Bundesrepublik Deutschland hatte sich von Anfang an bereit erklärt, die Teilrechtsnachfolge nach dem Deutschen Reich anzutreten. Das heißt: Sie identifizierte sich selbstverständlich nicht mit allen Taten und Untaten der Hitler-Vorgänger, aber wo von diesen eingegangene Verpflichtungen völkerrechtlich weiter Bestand hatten, übernahm diese die demokratische Republik. Sie sagte also nicht (und konnte es auch nicht sagen): Wir haben mit den Nazis nichts zu tun, unser Deutschland war nicht ihr Deutschland, also treffen uns auch keine Entschädigungspflichten! Österreich aber sagte (und konnte, ja musste es sagen): Die Republik Österreich hat es zwischen März 1938 und April 1945 nicht gegeben, es gab in dieser Zeit keine Staatsorgane, die Verpflichtungen hätten eingehen können – also müssen wir auch nicht „wieder gutmachen", was damals verbrochen worden ist!

> **Tatsache ist, dass die Republik Österreich den Personenkreis der Täter, Mitläufer und Mitschuldigen deutlich besser behandelt als deren Opfer.**
>
> **Brigitte Bailer**

Dieser für viele Nichtjuristen nicht ganz zwingende Sachverhalt ist unter Völkerrechtlern unbestritten. Zwar gab es innerösterreichisch jahrelang den Streit, ob Österreich von Hitler-Deutschland „besetzt" oder „annektiert" worden war, aber er hatte vornehmlich nur einen innenpolitischen Zweck. Lag eine „Annexion" vor, war Österreich samt allen seinen Gesetzen und internationalen Verträgen ausgelöscht worden – also war auch das 1934 in Kraft getretene Konkordat mit dem Heiligen Stuhl tot! Hatte es sich hingegen um eine „Okkupation" gehandelt, dann war das Land besetzt, die Ausübung staatlicher österreichischer Gewalt unterdrückt, aber alle Gesetze und Verträge lebten wieder auf, sobald die Besetzung zu Ende war – also auch das Konkordat! Als sich die Koalition in den frühen Sechzigerjahren endlich dazu durchringen konnte, das Konkordat prinzipiell anzuerkennen, aber einige Abänderungen auszuhandeln, löste sich das theoretische Problem in der politischen Luft auf.

In beiden Fällen aber blieb es dabei: Deutschland existierte die ganze Zeit über als Völkerrechtssubjekt, Österreich sieben Jahre lang nicht. Alles, was Österreich an Entschädigungen leistete, geschah in dieser Sicht der Dinge also freiwillig und ohne Rechtspflicht. Das anerkannte auch Deutschland, auch wenn es in der Praxis immer wieder zu Reibereien kam, weil eben die Regierung in Wien doch ein wenig inkonsequent handelte und einiges unternahm und Bonn die Wiener gerne dazu gebracht hätte, noch ein bisschen mehr inkonsequent zu sein. Aber schon in der Gesetzessprache wurde der prinzipielle Unterschied zum Ausdruck gebracht: Deutschland bemühte sich um „Wiedergutmachung", Österreich sprach von „Rückstellung". Den NS-Opfern widmete Österreich ein „Opferfürsorgegesetz", weil es sich um bedürftige Opfer sorgen wollte, ohne dass diese darauf einen Rechtsanspruch gehabt hätten.

Seit 1952/53 wurde die österreichische Regierung immer stärker gedrängt, sich auch zu einer über bloße Fürsorge hinausgehenden Wiedergutmachung zu entschließen. Die Bundesregierung war nun zu Verhandlungen mit dem Committee for Jewish Claims on Austria, der jüdischen Opferverbände-Organisation, bereit, war aber weiterhin peinlich auf die Wahrung der Grundthese bedacht: Auch wenn Österreicher an NS-Untaten mitwirkten, geschah dies nicht im Auftrag staatlicher österreichischer Behörden, weil es solche nicht gab. Dabei vertraten auch die österreichischen Opferverbände, und zwar nicht nur die jüdischen, die Auffassung, dass Österreich Wiedergutmachungspflichten habe. „Wir haben als ÖVP-Kameradschaft der politisch Verfolgten nie in das Horn der ewig Unzufriedenen geblasen," ließ sich diese Organisation 1955 vernehmen. „Wir kennen die Möglichkeiten unseres Staatswesens, wir wissen um seine finanzielle Question... Aber wir sehen viele unserer Kameraden, die noch immer an den Folgen erlittener Haft besonders leiden. Daher haben wir die verdammte Pflicht, diesen zu helfen" (23).

> **Wir fühlen uns zwar nicht als Nachfolger Hitlers, aber wir fühlen, dass das deutsche Volk eine ungeheure moralische Verpflichtung gegenüber den Juden hat. Wir können Tote nicht mehr lebendig machen; aber an den Lebenden wollen wir gutmachen, soweit dieses möglich ist.** Konrad Adenauer

Als der deutsche Bundestag 1956 ein Gesetz zur „Entschädigung von Opfern nationalsozialistischer Verfolgung" beschloss, es aber auf Bewohner Deutschlands in den Grenzen von 1937 beschränkte, begann ein neues diplomatisches Ringen mit Bonn. Österreich konnte sich auch darauf berufen, dass es auf alle Reparationsforderungen an Deutschland verzichtet hatte. Die Opferverbände hatten schon 1947, als Außenminister Karl Gruber erstmals davon sprach, heftig dagegen protestiert, weil sie mit Recht davon ausgingen, dass sie es in Bonn noch schwerer haben würden als in Wien, Entschädigungen durchzusetzen. Immer wieder drängte Österreich die deutsche Bundesregierung, auch für österreichische NS-Opfer etwas zu tun, so dass Bundeskanzler Konrad Adenauer schon sehr ungehalten über die „unmöglichen Leute" in Wien gewesen sein soll, deren Landsleute an den Untaten des NS-Regimes genau so beteiligt gewesen waren und die nun auch noch Forderungen stellten: „Mauthausen liegt schließlich in Österreich". (Bruno Kreisky berichtete uns darüber unter Berufung auf Österreichs Bonn-Botschafter Schöner.)

Mit der 12. Opferfürsorgegesetz-Novelle 1961 tat Österreich endlich de facto den Schritt von bloßer Fürsorge zu echter Entschädigung für viele Opfergruppen, aber da winkte schon eine Einigung mit Bonn über eine deutsche Beteiligung. Diese kam nun tatsächlich 1961 mit dem Abkommen von Bad Kreuznach zustande: Die Heilquellen dieses deutschen Kurortes taten auch

dem österreichischen Finanzminister gut. De facto zahlte nun
die Bundesrepublik Deutschland bei österreichischen Entschädigungsleistungen ein knappes Drittel mit: insgesamt 600 Millionen Schilling bis 1967. Im Übrigen brauchte Österreich deswegen nicht gleich beschämt in Sack und Asche zu schlüpfen:
Die Bundesrepublik Deutschland hat keineswegs eine Extra-
regelung für den Nachbarn im Süden gebraut, sondern zwischen
1959 und 1964 ähnliche Verträge mit Belgien, Dänemark,
Frankreich, Griechenland, Großbritannien, Italien, Luxemburg,
den Niederlanden, Norwegen, Schweden und der Schweiz abgeschlossen; Österreich war sogar eines der letzten Länder in dieser Reihe. Insgesamt 977 Millionen Deutsche Mark hat Bonn für
NS-Geschädigte in den genannten Staaten locker gemacht.

Schon 1947 und 1949 hatten die drei Westmächte für ihre
Besatzungszonen (dieser „undankbare" Ausdruck gehört zur deutschen Amts- und Umgangssprache genau so wie zur österreichischen) Rückerstattungsgesetze zur Entschädigung für Vermögensverluste erlassen. 1952 bekräftigte die Bundesrepublik
Deutschland in einem Vertrag mit den Westmächten und in
Sonderabkommen mit Israel und der jüdischen Claims Conference ihr Ja zu einer umfassenden Wiedergutmachungsgesetz-
gebung.

Das Bundesentschädigungsgesetz 1956 wurde – wie in
Österreich die Rückstellungsgesetze und das Opferfürsorgegesetz – bis 1965 mehrfach ergänzt, obwohl es von Anbeginn
großzügigere Leistungen an einen größeren Personenkreis vorsah. Aber dass sich auch in Deutschland so etwas wie ein
Verpflichtungsüberrest ergab, beweist die Tatsache, dass in der
zweiten Hälfte der Neunzigerjahre noch einmal eine ganze Reihe
von Verträgen abgeschlossen wurde: 1995 ein Globalabkommen
mit den USA, dann Vereinbarungen mit Polen, Russland, Weißrussland, der Ukraine und den baltischen Staaten, 1997 die
Gründung eines „Zukunftsfonds" mit der Tschechischen Republik und zusätzliche Vereinbarungen mit der jüdischen Claims
Conference. Internationale Abmachungen sind auch der Grund
dafür, warum für die Entschädigung von Insassen bestimmter
Konzentrationslager (auch Mauthausen) Deutschland zuständig
ist, was nicht etwa österreichischer Feilscherei bei den Verhandlungen über die Zwangsarbeiterlösung zuzuschreiben ist.

Natürlich liest sich die Bilanz der deutschen Wiedergutmachungszahlungen eindrucksvoll (24): 68 Millionen Deutsche Mark bis Ende 1998 für rassisch Verfolgte nicht jüdischen Glaubens, 67 Mill. DM für nicht jüdische Verfolgte, 186 Mill. DM für Opfer pseudo-medizinischer Menschenversuche. Nach allen gesetzlichen Grundlagen wurden bis Ende 1998 insgesamt fast 104 Milliarden Mark geleistet, davon 79 Milliarden nach dem Bundesentschädigungsgesetz; mit 20 weiteren Milliarden wird gerechnet. Zu diesen Bundesleistungen kommen 2,5 Milliarden Mark von den Bundesländern. Ansprüche haben auch wegen „Wehrkraftzersetzung" oder Kriegsdienstverweigerung oder Fahnenflucht Verurteilte. Dagegen gilt die Bestrafung Homosexueller für die deutsche Regierung „weder als NS-Unrecht noch als rechtsstaatswidrig", weshalb es dafür vom Bund auch in Deutschland keine Entschädigung gab. Aber wer das Dossier „Enteignung der Juden" von Wolfgang Mönninghoff aus dem Jahr 2000 durchblättert, findet auch dort Hinweise auf bürokratische Entschärfungen und Verschleppungen von Rückerstattungsprozessen.

Diese insgesamt sicher respektgebietende Bilanz wird aber auch vom deutschen Finanzministerium mit einem ehrlichen Zusatz versehen: „Alle an der Gesetzgebung und der Durchführung der Wiedergutmachungsgesetze Beteiligten waren sich stets bewusst, dass eine vollständige ‚Wiedergutmachung' im Wortsinn nicht möglich ist. Das unermessliche Leid, das den überlebenden Opfern von NS-Unrecht zugefügt wurde, kann nicht durch Geld- oder andere Leistungen aufgewogen werden. Angesichts des völligen Zusammenbruchs des Deutschen Reiches 1945 und der Unmöglichkeit, für sämtliches während der NS-Herrschaft verübte Unrecht in vollem Umfang eine finanzielle Entschädigung zu gewähren, musste der Gesetzgeber von Anfang an auch bei der Regelung der Entschädigung für Opfer der NS-Verfolgung Differenzierungen hinsichtlich des Personenkreises, der Art und des Umfangs der Leistungen vornehmen" (25). Eine solche Argumentation sollte auch Österreich nicht verwehrt sein.

> **Angesichts einer in Deutschland zu vererbenden Summe von geschätzten zwei Billionen DM allein zwischen 1997 und 2002 drängt sich die Frage nach den Quellen dieses Reichtums auf... Der sprichwörtliche deutsche Fleiß allein war es jedenfalls nicht.** Wolfgang Mönninghoff

Das österreichisch-deutsche Verhältnis darf heute – von gewissen Irritationen im Zusammenhang mit den „Maßnahmen" der 14 EU-Partner abgesehen – als im Wesentlichen problemlos angesehen werden. Eine kurze, aber relativ heftige Konfrontation löste 1985 ein deutscher Versuch aus, in dem geplanten „Museum der deutschen Geschichte" in Berlin auch die österreichische Geschichte des 19. und 20. Jahrhunderts als Teil der deutschen darzustellen. Obwohl sich das auch einige österreichische Historiker vorstellen konnten, wandten sich die meisten entschieden gegen diese „Tendenz zu einer Wiedervereinnahmung Österreichs" (Gerald Stourzh). Gabriele Holzer erinnert in ihrem Band „Verfreundete Nachbarn" daran, dass die „gnadenlos Guten" in Österreich durch ihre Behauptung, der österreichische Nationalismus der Nachkriegszeit sei gewissermaßen zum Zweck der Verdrängung der NS-Vergangenheit erfunden worden, zu diesem Vereinnahmungsversuch beigetragen habe. Wer ohne Vorurteile die tatsächliche Situation betrachtet, wird einräumen müssen, dass es überall in Österreich eine Anerkennung deutscher Tüchtigkeit und keine irrationale Angst vor wirtschaftlicher Unterjochung durch deutsche Großunternehmungen, aber auch „keine reale ‚deutsche Sehnsucht' der Österreicher" mehr gibt (26).

5.8 Historiker prüfen weiter

Am 19. Dezember 1961 schrieb Nahum Goldmann, Präsident des Jüdischen Weltkongresses, auf dem Briefpapier des Committee for Jewish Claims on Austria in 3 East 54th Street, New York, dem „sehr geehrten Herrn Minister" Josef Klaus in Wien, dass das Komitee „keine Schritte gegenüber der österreichischen Regierung unternehmen wird, um weitere gesetzgeberische Maßnahmen zugunsten von in Österreich durch das Naziregime verfolgten jüdischen Opfern zu verlangen." Der Brief war sicher ein hübsches Weihnachtsgeschenk für den österreichischen Finanzminister, auch wenn er sich im Rückblick als ziemlich wertlos herausstellen sollte. Aber fairer Weise muss man nicht nur zur Kenntnis nehmen, dass keine Einzelperson je das Recht haben wird, auf Ansprüche einer großen Gruppe von NS-Opfern zu verzichten, sondern auch, dass Goldmann nur auf „weitere gesetzgeberische Maßnahmen" verzichten wollte. An-

liegen hinsichtlich einer anderen Durchführung bestehender
Gesetze führte er schon in diesem Brief an.

Zufällig oder nicht waren die nach Erhalt dieses Briefes
beschlossenen neuen Maßnahmen nicht zuletzt solche, die
Juden betrafen: 1966 wurden für ein Bauvorhaben des israelischen Gewerkschaftsverbandes Histadrut 3,5 Millionen Schilling zur Verfügung gestellt, für die Israelitischen Kultusgemeinden Österreichs gab es ab 1990 drei Jahresraten von je 10
Millionen Schilling zum Um- und Ausbau eines Altenheims und
für das jüdische Claims Committee 300 Millionen Schilling im
Rahmen eines 5-Jahre-Programms gleichfalls für Wohlfahrts-
einrichtungen in Israel, die österreichischen Emigranten zugute
kommen. Außerdem waren für die Unterbringung und Versorgung jüdischer Flüchtlinge bis zur Weiterreise zwischen 1945
und 1956 gut 100 Millionen Schilling zur Verfügung gestellt
worden. Der Erlös aus der „Mauerbach-Auktion" auf Grund des
2. Kunst- und Kulturbereinigungsgesetzes 1985 in Höhe von 155
Millionen Schilling, der zu 88 Prozent den Israelitischen Kultusgemeinden Österreichs zufloss, ist schon erwähnt worden;
die Verwendung dieses Erlöses für bedürftige NS-Opfer entsprach übrigens einer Verpflichtung aus dem Staatsvertrag.

Ein besonderes und besonders umstrittenes Kapitel sind
österreichische Pensionsleistungen für NS-Verfolgte. 1997
erhielten immerhin noch 21.104 Angestelltenpensionisten, 3457
Arbeiter- und 278 Gewerbepensionisten Ruhegehälter in einer
jährlichen Gesamthöhe von 2,25 Milliarden Schilling. Solche
Leistungen in Opferentschädigungen einzurechnen, empört viele, denn sie hätten in sogar größerer Höhe auch erbracht werden
müssen, wenn die Bezieher in Österreich geblieben wären. Das
Gegenargument lautet, dass in vielen dieser Fälle Pensionen
ausgezahlt werden, obwohl die Voraussetzungen nach den entsprechenden Sozialversicherungsgesetzen (ASVG usw.) nicht
vorliegen: Die Begünstigung bestehe im Verzicht auf den Besitz
der Staatsbürgerschaft, in der Anrechnung von Zeiten ohne
Beitragszahlung, in sehr günstigen Nachkaufmöglichkeiten usw.
Voraussetzung ist allerdings, dass die heutigen Pensionsbe-
zieher vor ihrer Verfolgung Sozialversicherte waren.

Je vier von fünf solcher Begünstigtenpensionen gehen an
Empfänger, die im Ausland leben: 9011 in den USA, 3154 in

Israel, 2679 in Großbritannien, 1180 in Australien, 470 in Kanada, 367 in Argentinien, der Rest in anderen Ländern. Zu den Pensionsleistungen kommen auch noch Pflegegelder für 3268 Personen sowie Hilflosenzuschüsse oder Hilflosenzulagen. Zwischen rassisch und nicht rassisch Verfolgten unterscheidet diese Statistik nicht. Der Vollständigkeit halber ist auch noch auf eine nichtmaterielle Entschädigungsmaßnahme hinzuweisen: Der Wiedererwerb der Staatsbürgerschaft, gleich nach Ende der NS-Herrschaft in bürokratisch etwas mühsamer Weise ermöglicht, wurde 1993 stark vereinfacht: Bloße Anzeige eines Interesses genügt, kein Wohnsitz in Österreich ist mehr erforderlich. Mehr als 1200 Personen haben davon bis zum Jahr 2000 Gebrauch gemacht, davon rund 800 in Israel.

Wenn man alle diese Leistungen zusammenzählt, dann kommt ein ansehnlicher Schillingbetrag zusammen. Aber wie hoch konkret? Wie ansehnlich? Da hat es in jüngsten Jahren korrekte und auch peinliche Berechnungen gegeben. Aus den Titeln Opferfürsorge, Ehrengaben und erneuerter Hilfsfonds wurden bis 1997 nominell 7,4 Milliarden Schilling aufgewendet - auf das Preisniveau 1994 umgerechnet: 15,2 Milliarden. Die 101,8 Millionen Schilling für die Versorgung jüdischer Flüchtlinge in aller Welt wären 1994 800 Millionen wert gewesen. Haftentschädigungen ergaben 264 oder nachberechnet 1132 Millionen. Nach dem frühen Hilfsfondsgesetz wurden 1,6 Milliarden ausgeschüttet, valorisiert 3,7 Milliarden. Für Kriegs- und Verfolgungsschäden gab es 150 (nachgerechnet 600) Millionen. 1960 bekam Israel 30 (das wären jetzt rund 130) Millionen Schilling. Zusammen mit Beiträgen der Gebietskörperschaften und Sozialversicherungsträger sowie Subventionen und Zuwendungen zu bestimmten Projekten kommt man bei dieser Rechnung auf rund 24 Milliarden Schilling. Diese Summe steht in keinem Verhältnis zu den Verlusten und Schäden, die das NS-Regime verursacht hat, aber diese zur Gänze oder auch nur annähernd zu ersetzen - daran hat auch die Bundesrepublik Deutschland nie gedacht.

Die vorstehende Rechnung entstammt einer Zusammenstellung des Bundesministeriums für auswärtige Angelegenheiten, die 1997 angestellt worden ist. Die grundsätzliche Richtigkeit ist unbestritten. Damals wurden aber auch noch die Begünstigtenpensionen nach dem ASVG und Pflegeldleistungen dazugerechnet, großteils auf Grund von Schätzungen, und auch noch der

Den „Vermögensentzug auf dem Gebiet der Republik Österreich während der NS-Zeit sowie Rückstellungen bzw. Entschädigungen (sowie wirtschaftliche und soziale Leistungen) der Republik Österreich ab 1945" zu erforschen und darüber zu berichten:

Das Mandat der Historiker-Kommission

Steuer- und Abgabenverzicht nach den Rückstellungsgesetzen addiert – und der dabei errechneten Gesamtsumme von nominell 77 Milliarden und valorisiert fast 120 Milliarden Schilling konnte man den Hauch eines großen Abenteuers nicht streitig machen. Daher hat das Außenministerium diese Berechnung kluger Weise zur Gänze zurückgezogen, um nicht zu provozieren. Aber jetzt hat man halt gar keinen festen Anhaltspunkt mehr, um die österreichischen mit den deutschen Leistungen zu vergleichen. Vergleichen kann man nur mit dem, was an Forderungen allein im Jahr 2000 noch geltend gemacht worden ist.

Die Sammelklagen des US-Anwalts Edward Fagan auf umgerechnet 260 Milliarden Schilling wurden schon erwähnt. Der Präsident der Israelitischen Kultusgemeinde, Ariel Muzicant, hat auf die Frage, ob er Fagans 80 Milliarden Schilling, die er allein als Arisierungsäquivalent fordert, für angemessen halte, in dankenswerter Zurückhaltung gemeint: „Die Frage des Geldes und dessen Höhe ist eine Frage der Historiker-Kommission und der darauf fußenden Verhandlungen." Dankenswert ist eine solche Zurückhaltung deswegen, weil nicht bestritten werden kann, dass in keinem Land der Erde wirklichkeitsferne Maximalforderungen, in anmaßendem Ton vorgetragen, den gewünschten Effekt haben. Wer will, dass noch etwas geschieht, wird den Gestus der Forderungen mäßigen. Unbestritten ist, dass die österreichische Bundesregierung bereit ist, über die Entschädigung der Zwangsarbeiter hinaus noch einmal die ganze Palette unerledigter Ansprüche aufrollen zu lassen. Zu diesem Zweck hat die damalige Regierung Klima/Schüssel zusammen mit dem Nationalratspräsidium Fischer/Neisser am 1. Oktober 1998 eine unabhängige, weisungsfreie Historiker-Kommission unter Vorsitz des Präsidenten des Verwaltungsgerichtshofes, Clemens Jabloner, eingesetzt.

Der Kommission gehören sechs Mitglieder an; eins davon hat ein inernationaler Fachmann zu sein, für den das Institut Yad Vashem in Jerusalem, das Holocaust Memorial Museum in Washington und Simon Wiesenthal einen Dreiervorschlag machen können. Nach gewissen persönlich bedingten Anlaufschwierigkeiten wurde der bekannte anglo-österreichische Historiker Robert Knight („Ich bin dafür, die Sache in die Länge zu ziehen"...) dafür nominiert. Wirtschafts- und Sozialhistoriker haben weitere Vorschlagsrechte. Die Zusammensetzung der Kommission ist unbestritten. Die Mitglieder nahmen unverzüglich ihre Arbeit auf, beschlossen ein Arbeitsprogramm mit konkretem Zeitrahmen und wollen die Ergebnisse ihrer Untersuchungen in Etappen vorlegen, so dass schrittweise mit deren Umsetzung begonnen werden kann. Alle Archive stehen ihnen offen – auch jene, die bis vor kurzem ungestört in den Kellern der Finanzlandesdirektion in Wien schlummerten, obwohl sie auch wichtiges Material über finanzielle Transaktionen im Zusammenhang mit der „Arisierung" enthielten. Ihre „Wiederentdeckung" wurde im Juni 2000 als Sensation gefeiert, aber es war eine echt österreichische Sensation: Nie waren die Materialien geheim erklärt worden. Nur daran gedacht hat anscheinend niemand, dass es sie noch gab...

Die Verhandlungen über die Zwangsarbeiter schlossen die erste Etappe der Kommissionsarbeit ab. Der für Oktober 2000 in Aussicht genommene Bericht über die bisher nicht erfolgte Entschädigung von Mietern, die 1938 aus ihren Wohnungen vertrieben wurden, wird der nächste Schritt sein. So theoretisch schwierig es erscheinen mag, wie man geprellte Mieter entschädigen kann, so relativ einfach dürfte sich die Lösung in der Praxis entpuppen – jedenfalls im Vergleich zu dem, was dann noch zu tun bleibt. Die Historiker-Kommission will im weiteren Verlauf ihrer Arbeit noch folgenden Fragen nachgehen: Welchen Personen, Gruppen und Institutionen haben die NS-Behörden Vermögen entzogen? Wer waren die Nutznießer der „Arisierungen" – im privaten Bereich, aber nicht zuletzt bei Banken, Versicherungen, Auktionshäusern, Wirtschaftsunternehmen? Besonders die kleinen und mittleren Betriebe sollen unter die Lupe genommen werden. Es geht ja insgesamt um eine hohe Summe: Die Israelitische Kultusgemeinde schätzt sie auf rund

drei Milliarden Reichsmark oder 1,2 Milliarden Schilling des
Jahres 1938. Weitere Themenbereiche: Wie steht es mit den
„Euthanasie"-Opfern? Was wurde den Zigeunern angetan, die
man mit der bloßen Umbenennung in Roma und Sinti nicht für
erlittenes Unrecht entschädigen kann? Wie sind die Nazis mit
den ethnischen Minderheiten wie Slowenen, Tschechen, Kroaten und Magyaren umgesprungen?

Bei den politischen Regimegegnern und Widerstandskämp-
fern werden die alten Problemfragen wieder auftauchen, welche
Gruppierungen von wem 1934 und 1938 enteignet worden sind.
War die von der Regierung Schuschnigg verfügte Rückgabe des
Vermögens an die Familie Habsburg-Lothringen oder deren
Aufhebung durch NS-Behörden das größere Unrecht? Was kann
allenfalls für die seinerzeitigen „Optanten" aus Südtirol und
dem Kanaltal, für Umsiedler aus der Dobrudscha und der Bukowina noch getan werden? Wie könnte man Unrecht an Homosexuellen gut machen und dem Umstand Rechnung tragen, dass
sich dieser Tatbestand besonders gut für die Verfolgung politisch
missliebiger katholischer Priester eignete? Sind die Kirchen, vor
allem die katholische, für die umfangreichen Enteignungen und
Beschlagnahmen schadlos gehalten worden – und welchen Beitrag leisteten sie zur nachträglichen Entschädigung von Zwangsarbeitern? Was ist mit dem ausländischen („feindlichen")
Vermögen auf österreichischem Boden nach der Besetzung
Österreichs geschehen?

Nicht zuletzt gilt die Frage der Beraubung von Staat und
Land Österreich als untersuchungswürdig. Das Gold der Nationalbank, die Devisenreserven, die ausgebeuteten Rohstoffe und
Wasservorräte, die Industrien und ihre Arbeitskräfte auf der
einen Seite und auf der anderen die deutschen Investitionen in
Österreich, die sich nach 1945 zum Großproblem des „deutschen Eigentums" auswuchsen: Gibt es da noch offene Fragen?
Zum Zweck der Erarbeitung seriöser Entscheidungsgrundlagen
will die Historiker-Kommission auch Staatenvergleiche anstellen und österreichische Lösungen mit jenen vergleichen, die in
der Bundesrepublik Deutschland, in der kommunistischen DDR
und in den von Hitler besetzten Niederlanden praktiziert worden sind. Die Kommission hat sich viel vorgenommen. Auch
wenn man davon ausgehen kann, dass Einzelne der erwähnten

Themen nur kurz beäugt und dann als im Wesentlichen abgehakt zur Seite gelegt werden dürften, bleibt genug übrig, auf das man sich am besten rechtzeitig gefasst macht.

Kommissionsvorsitzender Jabloner geht von einigen Fixpunkten aus. Die Nichtexistenz Österreichs als Völkerrechtssubjekt in sieben Jahren ist so einer – die Opfertheorie pur nicht. Ein Neuaufrollen aller Arisierungsfälle ist unvorstellbar. Erstens versichern auch Opferanwälte jener Zeit, dass die Verfahren über eine Entschädigung der Arisierungsopfer zumindest formalrechtlich ziemlich einwandfrei und unter Ausschöpfung aller Rechtsmittel abgewickelt worden seien. Zweitens gäbe es heute viel weniger Unterlagen und erinnerungsfähige Zeugen als damals. Aber es gibt noch manch ungeklärte Frage aus der Arisierungszeit. „Vor allem das Schicksal der kleinen Leute interessiert mich," sagt Jabloner, „mehr als ein großer spektakulärer Fall" (27). Man hat die kleinen Leute, wie wir uns erinnern, sowohl bei den Opfern wie auch bei den Tätern angetroffen.

Den sechs Mitgliedern und drei ständigen Experten der Historiker-Kommission stehen 90 Mitarbeiter/innen zur Verfügung, um die geplanten Forschungsprojekte durchzuführen: jüdischer Mobilien- und Immobilienbesitz 1938, Eigentumsänderungen in Banken und Industriebetrieben, Berufsverbote und Entlassungen als Verfolgungsformen, die Zentralstelle für jüdische Auswanderung als Beraubungsinstitution, Rückstellungen und Entschädigungen im Bundesländervergleich, Vermögensentzug und Restitution bei der katholischen Kirche und bei den Minderheiten, Beraubung von Vereinen, Stiftungen und Fonds u.a. Aber auch die Entstehung und Praxis der Rückstellungs-, Entschädigungs- und Opferfürsorgegesetzgebung sowie die völkerrechtlichen Verpflichtungen der Republik Österreich im Licht des Staatsvertrags sollen noch einmal aufgerollt werden. Gegen Ende des Jahres 2001 will die Historiker-Kommission mit den Großprojekten fertig sein (28).

Auf Grund der in Etappen fertig gestellten Zwischenberichte kann der mit der Umsetzung von Kommissionsberichten beauftragte Sonderbotschafter Ernst Sucharipa unverzüglich an die Arbeit gehen. Das Modell der Zwangsarbeiterlösung wird nicht einfach nachvollziehbar sein. Sucharipa wird sich der direkten Konfrontation mit den Anwälten der Opferverbände sowie deren

Repräsentanten (hauptsächlich der Jewish Claims Conference) nicht entziehen können, andererseits aber nicht so sehr auf Rechtssicherheit als Ergebnis seiner Arbeit angewiesen sein. Alle wissen: Rechtsansprüche bestehen nicht, könnten auch nicht mehr durchgesetzt werden. Was noch geleistet wird, ist eine freiwillige Geste der Regierung wie bei den Zwangsarbeitern. Noch keine Bundesregierung seit 1945 hat in Sachen Aufarbeitung der Vergangenheit in so kurzer Zeit freiwillig so viel in Gang gesetzt wie die im Jahr 2000 ins Amt gekommene. Es hat auch noch keine eine positive internationale Resonanz so dringend notwendig gehabt. Dass auf diese moralische Zwangslage mancher der Anwälte spekuliert, die heute mit einer gewissen Forschheit Forderungen stellen, ist bei der ersten substanziellen Verhandlungsrunde in Washington im September 2000 sichtbar geworden und macht die Sache aller Beteiligten nicht leichter.

Niemand weiß, wie viel es kosten würde, wenn alle Anregungen der Historiker-Kommission zustimmend aufgegriffen würden. Aber alle ahnen, dass es für die Regierung schwer sein dürfte, deutlich unter der Gesamtsumme der Zwangsarbeiter-Regelung, also sechs Milliarden Schilling, abzuschließen. Alle wissen freilich auch, dass ein zweiter Betrag in dieser Größenordnung in einer Zeit rigoroser öffentlicher Haushaltsdisziplin äußerst schwer nur aufzutreiben sein wird, zumal in der zweiten Etappe die Einbeziehung der Wirtschaft kaum zu begründen wäre. Politische Problemwolken sind nicht zu übersehen. Chancen auf spürbare Imageverbesserungen freilich auch. Warum überhaupt erst jetzt geforscht wird, erklärt Jabloner mit einem „Bündel von Motiven": Bei den Eliten in Bürokratie und Wirtschaft hätten sich ebenso wie bei den Opfern Bewusstseinsänderungen eingestellt, und auch die Öffnung der Archive in den ehemals kommunistischen Staaten erlaube heute eine umfassendere Erörterung.

Schließlich sollte man bei der Berechnung dessen, was der Staat zur Beseitigung von Unrechtsfolgen aus der NS-Zeit geleistet hat, auch die Abgeltung des so genannten Deutschen Eigentums nicht vergessen. Sühnezahlungen an die Siegermächte („Reparationen") sind Österreich ja erlassen worden, obwohl darüber auch unter den Westmächten vor Kriegsende diskutiert

worden war. „Weniger als Deutschland, aber nicht gar keine",
war zuerst die Linie Großbritanniens, die dann aber (auf
Drängen des
Wirtschaftswissenschafters John
M. Keynes!) fallen gelassen wurde,
um Österreichs
Wiederaufbauwillen nicht zu

> Das Schlimme ist: Es wird wieder nur über das Geld geredet.
> **Ariel Muzicant**

schwächen. Schließlich waren sich alle Signatarmächte des
Staatsvertrags über den Artikel 21 einig: „Von Österreich werden
keine Reparationen verlangt, die sich aus dem Bestehen eines
Kriegszustandes in Europa nach dem 1. September 1939 ergaben."

Aber schon der nächste Artikel hielt das Recht aller vier
Großmächte fest, „über alle ehemaligen deutschen Vermögenswerte in Österreich ... zu verfügen." Was immer also zwischen
1938 und 1945 von NS-Deutschland in Österreich an Vermö-
genswerten geschaffen worden war, stand den Siegermächten als
Kriegsbeute zu. Wenn man wollte, konnte man nahezu die
gesamte Schwerindustrie dazu zählen. Die USA, Großbritannien
und Frankreich verzichteten auf ihr Beuterecht zugunsten Österreichs, nicht aber die Sowjetunion, die ihre hohen Ansprüche
mit ihren hohen Kriegsverlusten und den Anteil vieler Österreicher an der deutschen Kriegsführung begründete: eine klare
Aushöhlung der Moskauer Erklärung von 1943, wonach Österreich nur ein Opfer Hitlers gewesen sei! Die Sowjetunion beschlagnahmte in den zehn Jahren viele Unternehmungen in
Österreich und führte sie im Industriekomplex der USIA (Uprav-
lenje Sovetskovo Imunshchestva v Avstrii) zusammen.

Beim Abzug ihrer Truppen verlangte die Sowjetunion, weil
sie diese Firmen ja nicht mitnehmen konnte, eine pauschale
Ablöse von Österreich, die im Staatsvertrag wie folgt verankert
wurde: 30 Jahre lang Eigentumsrechte an 60 Prozent der österreichischen Ölfördermenge von 1947 und an 60 Prozent aller in
Ostösterreich gelegenen Schurfgebiete. Für alle übrigen ihr als
Kriegsbeute zustehenden Werte, insbesondere auch Ölraffineri-
en und Ausrüstungen sowie die Donaudampfschifffahrts-
gesellschaft (DDSG), erhielt sie in Ratenzahlungen insgesamt
150 Millionen Dollar. In späteren Verhandlungen wurden gewisse Erleichterungen erreicht, aber was aus dem noch immer ziem-

lich ausgebluteten Österreich jahrelang für die Sowjetunion ab-
gezweigt wurde, war keine Kleinigkeit. Was immer heraus-
kommt, wenn man alle unter unterschiedlichsten Titeln von der
Republik Österreich erbrachten Leistungen zusammenzählt –
eins lässt sich wirklich nicht behaupten: dass sich Österreich
unter Strapazierung seiner Opferrolle aus allen Verpflichtungen
davongestohlen habe!

6. Der geistige Neubeginn

6.1 Wiederaufbau: Nur ein Mythos?

Als der Zweite Weltkrieg und mit ihm die nationalsozialistische Herrschaft zu Ende gingen, lag Österreich in Trümmern: geistig und materiell. Alle spürten aber einen großen Druck von sich genommen: Ein Spuk war vorbei, der die einen begeistert, die anderen entsetzt und sehr viele fasziniert hatte. Niemand von denen, die jene schicksalhaften Tage des Jahres 1945 bewusst erlebt haben, hat sie vergessen können. Allen war klar, dass damals mit mächtigen Lettern Geschichte geschrieben wurde. Der Versuch, mit Gewalt die Vorherrschaft einer „Herrenrasse" über angeblich minderwertige Völker zu errichten, war in einem Meer von Blut erstickt. Menschentum hatte über Übermenschentum gesiegt und dafür einen großen Preis bezahlt. Die Verlierer wussten: Sie mussten auf harte Vergeltung gefasst sein! Die sich zu den Siegern zählten, ahnten: Der Neubeginn würde das Werk von Generationen sein!

Was immer einzelne gewusst oder nicht gewusst hatten: Allen war klar, dass die Repräsentanten des in Schimpf und Schande untergegangenen Regimes in ihren Methoden nicht zimperlich gewesen waren. Jetzt konnten sie auf keine Milde zählen. Viele Nationalsozialisten wurden von Ängsten heimgesucht, die Zahl der Selbstmorde schnellte nach oben. Bald stellte sich heraus, dass die militärischen Sieger zwar das alte System ausrotten, die Menschen aber, die ihm gedient hatten, nicht demütigen, sondern eher „umerziehen" wollten. Verbrecher sollten bestraft, Verirrte korrigiert werden. Vermutlich war diese Lehre, die sich rasch aus der Praxis der Besatzungsmächte ziehen ließ, schon die stärkste und wirksamste Form der Umerziehung. Immer wieder stieß man auf Menschen, die zugaben, mit dem Schlimmsten gerechnet zu haben und angenehm von der Wirklichkeit überrascht zu sein. Die erste Begegnung mit einer demokratischen Staatsform, die nicht

> Nun verfestigten sich endgültig die Bilder in der Öffentlichkeit: der brave amerikanische Nikolaus, der gibt, und der böse russische Krampus, der nimmt.
>
> Ernst Hanisch

Rache, sondern Menschenwürde ins Blickfeld rückte, nahm für sich ein. Wahr ist freilich auch: Nach dem Schock der Niederlage machte die Erkenntnis der meisten, noch einmal glimpflich davongekommen zu sein, bald auch wieder dreist. Viele gaben rasch zu verstehen, dass sie eigentlich nie mit dem System wirklich sympathisiert hatten, was im einen Fall richtig, im anderen schon Ergebnis einer ersten Verdrängung sein mochte.

Tatsache ist aber auch: So gut wie alle waren froh und dankbar, dass der Schrecken zu Ende war. So gut wie niemand, von ein paar hoffnungslosen Fanatikern vielleicht abgesehen, wollte den Neubeginn in einem demokratischen Staat ver- oder auch nur behindern. Niemand wünschte sich Hitler zurück, der in seinem notorischen Pathos am 29. April 1945 in seinem „Testament" den selbstgewählten Tod damit begründete, dass „der eigene Widerstand durch ebenso verblendete wie charakterlose Subjekte allmählich entwertet wird" (1). Und das traf zu: Niemand wollte mehr den „Feinden" Widerstand leisten. Alle waren für einen neuen Anfang. War das charakterlos?

Wenn man heute bei jüngeren Zeitgeschichtlern nachliest, bekommt man fast den Eindruck, als wären sie in diesem Punkt auf Hitlers Seite. Österreich habe sich, so lesen wir Band auf Band ab in den Historienbüchern, förmlich in einen „Mythos" des Wiederaufbaus geflüchtet, nur um nicht über die unmittelbare Vergangenheit und den eigenen Schuldanteil daran nachdenken zu müssen. Wer die damalige Zeit selbst erlebt hat, wird wohl kaum zu solchen Schlüssen kommen. Das Erste, woran man dachte, war das Überleben. Auf dem Land war es leichter als in der Stadt, im Westen chancenreicher als im Osten. Ein Honiglecken war es nirgendwo. Gab es zu Kriegsende noch Lebensmittel im Nährwert von rund 2000 Kalorien, so sank die Tagesquote im Mai 1945 auf 500 und weniger.

In der Fernsehserie „Österreich II" berichtete Hugo Portisch über die damalige Situation (2): Der Bauernbunddirektor Leopold Figl – zu Weihnachten wird er Bundeskanzler sein – fährt in seiner niederösterreichischen Heimat von Dorf zu Dorf, um Kartoffeln und Getreide für die hungernden Wiener zu erbetteln. Staatskanzler Renner bittet – nicht vergeblich – den „hochverehrten Genossen Stalin" um Lebensmittelhilfe. Für die Versorgung der Kranken in Wien gibt es kein Rettungsfahrzeug; Trag-

bahren auf Rädern und händisch gezogene Leiterwägen beför-
dern Alte und Kranke. Für die Tiere im Schönbrunner Zoo werden russische Armeerationen zur Verfügung gestellt und es wird
die Genehmigung erteilt, elf Kamele einer bei Gmünd stationier-
ten kaukasischen Einheit an die Raubtiere zu verfüttern: Alltag
im ersten Friedenswinter.

Bundeskanzler Leopold Figl hielt seine berühmte Weih-
nachtsrede 1945: „Ich kann euch für den Christbaum, wenn ihr
überhaupt einen habt, keine Kerzen geben, kein Stück Brot, keine Kohlen zum Heizen, kein Glas zum Einschneiden (in Fenster)... Ich kann euch nur bitten: Glaubt an dieses Österreich!"
Und der Glaube wuchs in der Tat – obwohl ein Drittel des Eisen-
bahnnetzes und zehn Prozent der Wohnungen zerstört waren
und der Ertrag der Ernte nur die Hälfte des Wertes von 1937
erreichte. Fast jeden dritten Schilling des Staatshaushalts ver-
schlangen die Besatzungskosten. Die Regierung musste die Politik der strengen Bewirtschaftung fortsetzen, Löhne und Preise
festbinden, den Leuten zur Sanierung der Währung zum zweiten
Mal in ihrem Leben die Ersparnisse streichen. Wer Beziehungen
zu Bauern hatte, fuhr „hamstern" zu ihnen, tauschte Familien-
schmuck gegen Eier und Milch oder machte in den Städten die
Schleichhändler reich, die zu gehassten Pionieren des freien
Marktes werden sollten.

Wahr ist: In diesen Monaten wurde wenig „Vergangenheitsbewältigung" betrieben. Die Erinnerung an die letzten Jahre war
in jedem lebendig, die „Sühnefolgen" für Nazis in vielen Familien zu spüren, von allen zu sehen. Über die Untaten des verflossenen Regimes las man täglich in den Zeitungen, die großen
Missetäter aber waren verschwunden und die kleinen Mitläufer
hatten die meisten als „anständige Menschen" in Erinnerung.
Also konzentrierten sich alle auf den materiellen Wiederaufbau
und erlebten, wie dieser – ganz anders als nach dem Ersten
Weltkrieg – erstaunlich rasch gedieh, auch wenn der Winter
1946/47 noch einmal einen Tiefpunkt an Stimmung und Entbeh-
rungen bescherte. Aber schon 1950 hatte das Bruttonationalpro-
dukt das des Traumjahrs 1913 überschritten. Der neue Schilling
füllte zwar den Sparstrumpf nicht, wohl aber die Regale der
Geschäfte. Der wirtschaftliche Aufbruch riss mit, erzeugte Begeisterung: Der „Mythos" war eine reale Lebenserfahrung.

Über die große Verstaatlichungswelle von 1946 und 1947 wurde nicht prinzipiell, sondern nur graduell gestritten: Die ÖVP wollte ein bisschen weniger, die SPÖ ein bisschen mehr, aber beide wollten sie die Schlüsselindustrien, Großbanken und Energiebetriebe nicht nur den Megakapitalisten, sondern auch dem Zugriff der sowjetischen Besatzungsmacht entziehen. Dass Christdemokraten und Sozialdemokraten, die im Februar 1934 noch auf einander geschossen hatten, jetzt einträchtig in der Regierung zusammensaßen, erfüllte die Menschen mit Dankbarkeit und Stolz: Wir haben aus der Geschichte gelernt! Dankbar wurde auch zur Kenntnis genommen, dass Österreich das einzige mehrfach besetzte Land der Erde war, das sich am Europäischen Wiederaufbauprogramm (European Recovery Program, ERP) beteiligen durfte: Wir bekamen sogar 137 Dollar pro Kopf der Bevölkerung, die Westdeutschen nur 19 Dollar. Auch innerhalb Österreichs wurde ein Kontrast spürbar: Die Westzonen mit 50 Prozent der Bevölkerung wurden Nutznießer von vier Fünfteln der ERP-Gelder – Ostösterreich kassierte ein Fünftel, und die Sowjets beschlagnahmten fleißig Betriebe. Aber österreichweit zeigte der „Marshall-Plan" Wirkung: Produktion und Produktivität stiegen, die Inflation fiel, steigender persönlicher Wohlstand brachte das einstige Gerede von der angeblichen Lebensunfähigkeit Österreichs endgültig zum Verstummen.

Und wieder redete auch niemand viel von der Vergangenheitsbewältigung. Alle hatten das Gefühl: Wenn wir zupacken und uns Mühe geben, bewältigen wir die Herausforderungen von heute und morgen – „arbeitsfroh und hoffnungsreich", wie es die neue Bundeshymne verhieß. Und so fanden die muskulösen Männer mit nackten Oberkörpern und glühenden Hämmern ihren Weg auf die Plakat- und Kinoleinwände, die später die Historiker zu ihren abschätzigen Urteilen über den „Wiederaufbaumythos" verleiten sollten, weil sie, „zwischen Banalität und Erhabenheit schwankend", ihre Bildbotschaften in die Hirne und Herzen der Menschen hämmerten: Österreich ist schön, „wohl wert, dass man sich sein unterwinde", und daher sollten Maurer und Politiker, Bauarbeiter und Lehrer zu Spaten und Eisenzangen greifen. „Sozialer Drill für einen neuen Patriotismus" und „Heimat-Idyllen", hören wir heute das Urteil der strengen Nachbetrachter (3).

Sie verstehen nur schwer, warum die Menschen damals das Heldenepos auf die „Trümmerfrauen" mit Würgen in der Kehle verfolgten, das Loblied auf die „Tauernbüffel" nicht als Verherrlichung der beim Kraftwerksbau in Kaprun untergekommenen Ex-Nazis empfanden und auf das österreichische Bild einer bäuerlichen Großfamilie in der großen US-Ausstellung „The Family of Man" auch noch stolz waren, statt sofort seinen reaktionären Charakter zu erkennen. Aber der Wiederaufbaumythos ist damals wirklich nicht dazu erfunden worden, um von der Mitschuld an Weltkrieg und Judenmorden abzulenken, sondern weil man in der Tat davon überzeugt war, die Vergangenheit am besten durch gemeinsames Werken an der Zukunft zu „bewältigen". Natürlich entwickelten sich im Zug dieser Suche nach neuer Identität auch Stammtischprovinzialismus und Selbstgefälligkeit. Der begnadete Satiriker und Kabarettist Helmut Qualtinger hat uns diese Abwege immer wieder wahrnehmen und spüren lassen.

Es wird schon sein, dass der Stolz darauf, an einem großen Wiederaufbauwerk mitzuwirken und gemeinsam dessen Früchte zu genießen, auch zum Überdecken und Verdrängen unangenehmer Erinnerungen beigetragen hat. Aber es war kein absichtsvoller strategischer Meisterplan, mit dem sich ein ganzes Volk bewusst und voller Häme an Schuld und Sühne vorbeigeschlichen hat. Dass der neu gewählte Nationalratspräsident Leopold Kunschak am 19. Dezember 1945 dazu aufrief, sich die Freude am neuen Österreich „nicht durch eine Rückschau im Detail vergällen zu lassen", sondern diesen Rückblick „den Geschichtsschreibern einer kommenden Zeit zu überlassen", haben ihm diese mit strengen Zensuren gelohnt: „Nicht Aufarbeitung und Offenlegung, sondern Verdrängung und Verschweigen hat die österreichische Auseinandersetzung mit der Vergangenheit geprägt" (4).

Natürlich haben die späten Kritiker auch nicht Unrecht, wenn sie diese Bewusstseinsentwicklung an extremen Folgen exemplifizieren. Wenn Bundeskanzler Julius Raab bei einer Feier von ÖVP und SPÖ 1953 für den Satz, „dass wir für den Krieg Hitlers überhaupt keine Verantwortung getragen haben", demonstrativen Beifall erhielt, deutet das schon auf eine gewisse Realitätsverweigerung hin. Und blumig formulierte es Karl Renner in

einer Festschrift 1955: „Der Krieg gehorcht seinen eigenen Gesetzen ... und der gewaltige Kriegsgott schreitet über schuldige
und schuldlose Opfer hinweg" (5): Bei so viel Schuldverweisung
auf einen Kriegsgott und die Eigengesetzlichkeit seiner Werke
braucht man sich über eigene Schuldanteile nicht mehr den
Kopf zu zerbrechen. Aber deswegen gleich abschätzig von der
„Wiederaufbaugesellschaft" der „Anpasser, Beuger und Wende-
hälse" zu sprechen, in der sich „die Typen der Zweiten Republik
herausbildeten: der angepasste, dankbare Bürger ohne politische
Ansprüche und der seine Macht kennende und oft auch zeigen-
de Funktionär, der die Regeln selbst bestimmt" (6) – das ist denn
doch eine noch schlimmere Verkürzung der Wirklichkeit, als
sich die damaligen „Wiederaufbauer" zu Schulden kommen ließen.

Die Zeit des Wiederaufbaus brachte Idealisten und Karrieris-
ten, ehrliche Patrioten und ebenso ehrliche Opportunisten hervor, von der ersten vielleicht doch mehr als von der zweiten
Sorte, am meisten aber wohl Mischtypen von dem allen – aber
doch halt immer mehr Demokraten und immer weniger von
denen, die ihr Heil in „starken Männern" suchten. Ein Volk, das
mit Erinnerungen an Bürger- und Weltkrieg, an zweierlei politische Gefängnisse und vier oder fünf Verfassungen befrachtet
war, lernte eine funktionierende Demokratie, eine Menschen
und Gesellschaftsklassen verbindende Sozialpartnerschaft und
den Bodengewinn von Menschenrechten in einer freien Gesellschaft kennen. Es bewährte sich im neuen Regelsystem. Dass es
dabei auch zu Missbildungen im Bewusstsein und im Charakter
kommen konnte, ist schwer zu bestreiten, aber auch leicht zu
übertreiben.

6.2 Neue Zeit – neue Schule

Die erste Aufgabe,
einer neuen Zeit eine
neue Orientierung zu ver-
leihen, fiel der Schule zu: In der Schule fällt die Vorent-
scheidung über die Zukunft eines Volkes. Sind Österreichs
Schulen dieser Schlüsselrolle nach Ende der NS-Herrschaft
gerecht geworden? Hier lauern viele Fragezeichen. Aber das
Rufzeichen am Anfang ist unbestritten: kein Geschichts- oder
Deutschbuch war mehr brauchbar, manch andere auch nicht
mehr! Noch wichtiger: Viele Lehrerinnen und Lehrer waren in

dieser Situation auch nicht mehr brauchbar! Der Nationalsozialismus hatte die Wichtigkeit der Schulen auch nicht übersehen und den Lehrerapparat mit verlässlichen Parteigängern durchsetzt. Die meisten mussten jetzt wieder raus. Rund 4000 Lehrer verschiedener Schultypen wurden 1945 in ganz Österreich entlassen, weitere 10.000 suspendiert, also vorläufig vom Dienst enthoben, bis eigens eingesetzte Kommissionen ihre weitere Verwendbarkeit überprüft hatten.

Von den 7907 Lehrern aller Schulgattungen in Wien waren 1662 oder 21 Prozent Mitglieder oder Anwärter der NSDAP oder einer ihrer Gliederungen gewesen. In den anderen Bundesländern war der Prozentsatz zum Teil erheblich höher. Bei den Wiener Pflichtschullehrern waren es nur 18 Prozent, bei den Gymnasial- und anderen Mittelschullehrern 29 Prozent. In beiden Gruppen waren mehr Männer als Frauen Nazis gewesen, und in beiden Gruppen überwogen altersmäßig die Jahrgänge um und vor 1900, aber das hing wohl nicht nur mit dem deutschnationalen Bazillus älterer Österreicher, sondern vor allem auch damit zusammen, dass die jüngeren Jahrgänge zum Kriegsdienst eingezogen worden waren.

Unbrauchbare Schulbücher wurden eingestampft; allein in Wien fielen dadurch 100 Tonnen Altpapier an. Aber so willkommen solches war, so wenig konnte damit der Bedarf an Ersatzbüchern befriedigt werden. Erst 1948 konnten die Letzten der erforderlichen fünf Millionen neuer Schulbücher ausgeliefert werden. 1945 fehlten dafür nicht nur Papier und Druckkapazitäten, sondern vor allem erfahrene demokratische Schulbuchautoren. Aber ihre Werke hätte man schon ab September 1945 gebraucht. (In den Monaten Mai und Juni 1945 war in ganz Österreich kein Unterricht mehr gehalten worden.) Die rechtlichen Grundlagen für die Neuorientierung schufen die „Allgemeinen Richtlinien für Erziehung und Unterricht an den österreichischen Schulen" vom 3. September 1945, ein Erlass des Staatsamtes für Volksaufklärung, für Unterricht und Erziehung und für Kultusangelegenheiten, was ungefähr dem heutigen Bildungsministerium entspricht.

Ein Jahr später erst, am 28. Juni 1946, forderte der Alliierte Rat „die Aufstellung eines fortschrittlichen Erziehungsprogramms auf lange Sicht", ohne dass sich Amerikaner und Sowjets leichter als ÖVP und SPÖ auf dessen Details geeinigt hätten. Da waren die provisorischen Lehrpläne für Haupt- und Mittelschulen, die weitgehend auf jenen von 1928 beruhten, aber schon „Zeitgeschichte" als Pflichtfach aufnahmen, bereits fertig. Im Schuljahr 1949/50 stand erstmals ein völlig neues Geschichtsbuch für die Oberstufe der Gymnasien zur Verfügung, drei Jahre später erst für Hauptschulen. Intensive „Zusatz"-Zeitgeschichte erfuhren Schülerinnen und Schüler aller Schultypen am jährlichen Nationalfeiertag (ursprünglich „Tag der Fahne"), dem 26. Oktober, in weiterer Folge aber auch bei den 50-Jahre-Gedenkveranstaltungen zu 1918 (Gründung der Ersten Republik), 1927 (Justizpalastbrand), 1933 (Hitler-Machtergreifung in Deutschland), 1934 (österreichischer Bürgerkrieg), 1938 (Hitler-Machtergreifung in Österreich), 1939 (Beginn des Zweiten Weltkriegs) und 1945 (Ende der NS-Herrschaft).

An die Stelle der nationalsozialistischen Ideologie sollten laut Richtlinien-Erlass 1945 „österreichisches Volks- und Staatsbewusstsein" treten, statt einem Führerprinzip „die Überlegenheit echter Demokratie" und an Stelle der Idee der Gewalt „Humanität als Ziel österreichischer Erziehung" gelehrt werden (7). Eine völlige Neuorientierung in Deutsch (jetzt „Unterrichtssprache" genannt, so keusch ging man mit dem Kernbegriff der letzten sieben Jahre um!), in Geschichte, Biologie, Philosophie, aber auch in Fremdsprachen und in körperlicher Erziehung war zur Pflicht gemacht. Ausdrücklich wurde schon in diesem Erlass allen „Geschichtslügen und -legenden" der Kampf angesagt. Aber was waren Geschichtslügen? „Die Geschichte sollte nicht mehr nachweisen, dass die Österreicher die besten, tüchtigsten, wahrsten Deutschen waren, sondern dass sie entweder immer nur – vielleicht sogar höher entwickelte – Nachbarn der Deutschen waren oder schon seit langem nationalpolitisch und kulturell ihre eigenen Wege gingen" (8). Mehr noch: „In den Schulen wurde zum ersten Mal bewusst Österreich thematisiert" (9) und die gesamt europäische Geschichte nach Spuren österreichischer Identität abgeklopft: Maria Theresia kontra Friedrich II. war, verkürzt gesagt, eine Art Leitmotiv.

Auf der Suche nach Untermauerung der Besonderheit Österreichs war die mehrhundertjährige Geschichte Habsburgs naturgemäß unverzichtbar, was den traditionell Habsburg-kritischen

Sozialdemokraten schon wieder einige Opfer abforderte und in der öffentlichen Debatte noch dadurch überraschend akzentuiert wurde, dass der Kommunist Ernst Fischer die Habsburg-Monarchie relativ fortschrittlich im Vergleich zum Deutschen Reich fand und volkstümlichen Gestalten wie Prinz Eugen oder Maria Theresia durchaus einiges abgewinnen konnte. Am meisten (und am meisten berechtigt) klagten die Sozialdemokraten aber über die Nichteinbeziehung der vier Ständestaatsjahre 1934-1938 in die Geschichtsrevision: Diese seien in den neuen Geschichtsbüchern ziemlich unkritisch vor allem zur Begründung der Opferrolle Österreichs herangezogen worden. „Diese Österreich-Ideologie hatte meiner Meinung nach vor allem auch eine Entlastungsfunktion; sie sollte die Auseinandersetzung mit dem Nationalsozialismus verdecken und verdrängen," sagt noch heute in prominenter sozialdemokratischer Schulmann (10).

Warum aber wollte man sich dieser Auseinandersetzung nach dem Ende des Nazispuks entziehen? Gleich nach dem Krieg sicher nicht, um das Weiterleben dieser Ideologie oder gar eine Restauration des Nationalsozialismus offen zu halten, was so gut wie niemand ernstlich wollte, sondern aus ganz praktischen Gründen: Es fehlte an Lehrern, die über Nacht das neue Geschichtsbild vermitteln konnten – oder wollten. Am 8. August 1945 meldete der Wiener Stadtschulrat: „Alle Nazilehrer entlassen!" Das konnte er leicht tun, denn im August gab es noch keinen Unterricht. Einen Monat später wusste man: Es gab nicht genug Lehrer! Deshalb mussten 345 Lehrer/innen mit NS-Vergangenheit und ein Jahr später weitere 500 eingestellt werden. Die Alliierten nahmen es widerwillig, aber einsichtig hin.

Wie im Fall anderer öffentlich Bediensteter war man also bald auch bei Lehrern zu vorzeitiger Entnazifizierung bereit. Diese Lehrer (und auch die unbelasteten) erzählten dann in der Schule über die jüngste Vergangenheit wenig oder nichts. Flucht vor der Verantwortung, die sie im Sinn der neuen Unterrichts-Richtlinien sehr wohl gehabt hätten? Oder im Gegenteil: Zeichen von Verantwortung, weil sie lieber nichts als das Verkehrte sagten, das ja nicht aus ihren Geistern und Seelen hinausgebombt oder hinausbefohlen werden konnte? Wahrscheinlich wird man auch das verbreitete Schweigen vieler Lehrer in den ersten Nachkriegsjahren nur aus einem Bündel von Motiven heraus einigermaßen erklären können. Tatsache ist, dass zunächst einmal niemand viel Interesse an einer gründlichen Aufarbeitung der jüngsten Vergangenheit zu haben schien. Hunger und Überlebenssorgen, aber auch Existenzkrisen in Nazifamilien und Orientierungskrisen bei geistig Entwurzelten verschlossen den Menschen den Mund. Es gab zu viele und zu große Wunden.

„War denn alles falsch, was ich zuerst geglaubt habe? Bin ich blindlings Scharlatanen und Verführern auf den Leim gegangen?" fragten sich Eltern ebenso wie die Lehrpersonen. Die meisten von ihnen waren weder Täter noch Opfer im engeren Sinn, sondern die berühmten Mitläufer: dem System nicht mit Haut und Haar verschworen, aber im Interesse der eigenen Berufskarriere nahe und lange genug angestreift.

> **Nur bedeutsame Vergangenheit wird erinnert, nur erinnerte Vergangenheit wird bedeutsam.**
> **Jan Assmann**

Selbst jene, die bereit waren, das Schweigen zu brechen, wurden von den Eltern ihrer Schüler/innen eingebremst, die nicht die Frage nach Verantwortlichen von der Schule in die Familie transportiert sehen wollten. Mehr noch: Immer wieder stößt man selbst auf Opfer des Nationalsozialismus, auch auf Juden, die allen Grund zu haben schienen, ihre Erfahrungen in die Welt hinauszuschreien. „Aber wir wollten gar nicht darüber reden," sagen sie heute noch. Niemand schien richtig zu wollen. Hätten die Lehrerinnen und Lehrer da eine große Ausnahme darstellen können oder müssen? Dass es auch die Minderheit der anderen gab, die bereit war, den Finger auf schwärende Wunden zu legen, Rede und Antwort zu stehen und ein Bekenntnis abzulegen, darf freilich gleichfalls nicht unerwähnt bleiben.

Das betretene Schweigen in den meisten österreichischen Familien markiert einen wesentlichen Unterschied zur Situation etwa in der Schweiz. Auch dort ist erst im Zusammenhang mit Restitutionsforderungen in den Neunzigerjahren eine umfassende öffentliche Debatte zur Zeitgeschichte in Gang gekommen. Nie aber ging es dort um eine Reinwaschung des NS-Regimes; tabuisiert war allenfalls der schweizerische Anteil an Kollaboration. „Unsere Väter haben mit uns immer offen über die Ereignisse der Aktivdienstgeneration erzählt," erinnert sich der Schweizer Zeitgeschichtler Urs Altermatt (11). Mit „Aktivdienst-

generation" meinen die Schweizer, was hierzulande als „Kriegs-
dienstgeneration" bezeichnet wird; am Krieg war das Land ja
nicht beteiligt. Dargestellt wurden die Verhältnisse „immer im
antideutschen Sinn", denn vor einer weiteren „Germanisierung"
der Schweiz hatte man mehr Angst als vor dem aberwitzig an-
mutenden Ideologie-Gebäude des Nationalsozialismus. Heute
überlässt man auch in der Schweiz die Klärung der komplexen
Zusammenhänge den Historikern. Auf familiäres Schweigen
stoßen sie heute so wenig wie vor 50 Jahren.

Zwischen den Absichten der Schulbehörden und der Verwirklichung ihrer Direktiven im Schulalltag bestand in Österreich damals also eine „beträchtliche Diskrepanz", wie schon
der seinerzeitige Wiener Stadtschulratspräsident Hermann
Schnell einräumte (12). An Willenskundgebungen von oben
fehlte es nicht. 1946 wurde von der Unterrichtsbehörde die
Erziehung zu „bewussten Republikanern und treuen Bekennern
des österreichischen Volksstaates" als Ziel von „Bürgerkunde"
proklamiert. 1949 nannte das Unterrichtsministerium in einem
Erlass über staatsbürgerliche Erziehung als Erziehungsziel
„treue und tüchtige Bürger der Republik", auch „in Herz und
Gemüt". 1955 wurde aus „Bürgerkunde" dann „Staatsbürger-
kunde" ohne viel inhaltliche Änderung. Das Schulunterrichts-
gegesetz 1962, noch heute in Kraft, verlangt eine Erziehung
„nach sittlichen, religiösen und sozialen Werten und Werten des
Wahren, Guten und Schönen". Mit der Lehrplanreform 1970
wurde Politische Bildung als Unterrichtsfach in verschiedenen
Schultypen eingeführt. Nach jahrelangen Diskussionen über das
Risiko, dass über ein solches Fach reine Parteipolitik in den
Schulen Einzug halten könnte, einigten sich 1978 alle Parlamentsparteien darauf, Politische Bildung als „Voraussetzung
sowohl für die persönliche Entfaltung des Einzelnen wie für die
Weiterentwicklung des gesellschaftlichen Ganzen" als „Unter-
richtsprinzip" einzuführen.

Ab nun musste also „die Erziehung zu einem demokratisch
fundierten Österreich-Bewusstsein, zu einem gesamteuropäischen Denken und zu einer Weltoffenheit, die vom Verständnis
für die existenziellen Probleme der Menschheit getragen ist,"
alle Unterrichtsfächer durchwirken. Ein Jahr später, also 1979,
zeigten Testumfragen an einzelnen Schulen, dass die Lehrer/

innen diesen Erlass kannten (80%), ihm zustimmten (64%), praktisch schon bisher danach gehandelt hatten (74%) und optimistisch hinsichtlich seiner Verwirklichung waren (76%). Und die Schüler/innen? 1996 kam das Meinungsforschungsinstitut Fessel & GFK zu dem Schluss, dass die Zustimmung der Vierzehn- bis Vierundzwanzigjährigen groß war, ihr „Wissen über politische Prozesse und individuelle Handlungsmöglichkeiten" jedoch „eher mäßig ausgeprägt" (13). Wieder fragt man sich bei dieser Gelegenheit, ob etwa die Bundesrepublik Deutschland zu besseren Resultaten gelangte. Dazu eine Aussage des aus Wien gebürtigen Schauspielers Hermann Beil bei einer Burgtheater-Diskussion 1988: Ein Lehrer habe ihn und seine Mitschüler in den Fünfzigerjahren so gut über die NS-Zeit aufgeklärt, „dass ich später auf einem Gymnasium in Hessen meine Lehrer manchmal in Verlegenheit brachte mit Hinweisen auf Fakten, die sie in ihrem Unterricht unterschlagen oder vergessen hatten" (14).

> **Was wir wissen, ist ein Tropfen. Was wir nicht wissen, ist ein Ozean.**   Isaac Newton

Das Thema ist anscheinend nirgendwo ganz ohne Verlegenheiten zu bewältigen. „Die deutsche Gehorsamsneigung, die Beamtenfrömmigkeit und das Beamtenethos, das zum Merkmal des staatsbürgerlichen Volkscharakters wurde", entpuppten sich auch in der Bundesrepublik Deutschland als Hemmschwellen für rasche politische Erziehungserfolge (15). Der Schriftsteller Franzobel führt unbefriedigende Ergebnisse der Politischen Bildung auf die vorherrschende Wirtschaftsideologie zurück, die nicht Mitgefühl, sondern Neid fördere, räumt aber ein, dass wir 50 Jahre später „um Quantensprünge weiter" seien (16). Dass sich in den Siebzigerjahren „erstmals die im Großen und Ganzen proösterreichische und demokratieorientierte Erziehungsarbeit an Schulen und Hochschulen auszuwirken begann," führen „Achtundsechziger" natürlich auf das damalige Zurückweichen des Rechtsextremismus zurück (17). Tatsächlich gingen von der Studentenrevolte des Jahres 1968 Impulse auf das politische Bewusstsein breiter Bevölkerungsschichten aus und schlugen sich auch in einer stärkeren Politisierung der Jugend nieder.

Auch die Geschichtswissenschaft begann sich zunehmend der jüngeren Vergangenheit anzunehmen und stattete Bildungsinstitutionen mit Forschungsergebnissen und Argumenten aus. In der Reihe „Schulheft" wurden für eine „kritische Auseinandersetzung mit bildungs- und politikwissenschaftlichen Themenstellungen" viele Anregungen geliefert: wie man Feste gestalten und „kritisch Jubiläen feiern" sollte, was sich zur Gestaltung des Nationalfeiertages empfiehlt, was Musikunterricht zur politischen Bildung beitragen kann („mehr als nur Feierverbrämung"), wie wichtig „Geschichte als Erinnerungsarbeit" ist und wie man KZ-Gedenkstättenbesuche ins Gegenteil der beabsichtigten Wirkung verkehren kann („Schlechte Fotos von Leichenbergen überzeugen häufig nicht"). Peter Malina fasste in „Schulheft" 49/1988 prägnant zusammen, was Österreichs Schuljugend über das Jahr 1938 wissen sollte. Immer wieder gab es auch konkrete Schulbuchkritik, etwa daran, dass die Judenvernichtung häufig allein auf Hitler ohne Erwähnung antisemitischer Strömungen im Volk zurückgeführt werde. Leider hat bisher niemand ernsthaft die abstrakte, fachwortgespickte Sprache auch mancher moderner, inhaltlich guter Schulbücher aufs Korn genommen, die alle lustvolle Neugier tötet.

Eins ist sicher: Spätestens seit Mitte der Achtzigerjahre wird politische Gegenwart auch in den Schulen nicht mehr ausgespart. Der „Fall Waldheim", der rasch über die apostrophierte Person hinausgewachsen war, hat auch hier den Stöpsel aus der Flasche getrieben. Heute diskutieren Lehrer/innen auch offen, wie man Zeitgeschichte den Schülern wirkungsvoll beibringt. Der sozialdemokratische Bildungswissenschafter Oskar Achs macht auf eine Schwierigkeit aufmerksam, die schon manche Verlegenheit schuf: In Israel kann man Zeitgeschichte ausschließlich aus dem Blickwinkel der Opfer, in Deutschland muss man sie unvermeidlicher Weise weitgehend aus der Perspektive der Täter betreiben; in beiden Fällen ist es immer „unsere Geschichte". Österreich als Opfer- und Täterland habe es sich zu lange zu leicht gemacht, indem man statt einer Sowohl-als-auch-Linie eine Weder-noch-Politik betrieb und den Nationalsozialismus als Unglück beschrieb, das 1938 von außen über das Land gekommen und 1945, ein unschuldiges Volk zurücklassend, wieder verschwunden sei.

Seit 1988 beginnt der Geschichtsunterricht in der achten Schulstufe mit dem Ende des Ersten Weltkriegs. Es gibt also keine Ausreden mehr: „Wir sind leider nicht bis zum Zweiten Weltkrieg gekommen." Nationalsozialismus und Zweiter Weltkrieg bleiben nicht ausgeklammert, Verfolgung und Arisierung bleiben keine theoretischen Begriffe. Seit 1980 kommen noch lebende Zeitzeugen in Schulklassen und erzählen aus eigener Erfahrung, was es hieß, aus einer Wohnung geworfen oder ins KZ eingeliefert worden zu sein. Häufig begleiten Historiker die Zeitzeugen und leuchten in den Debatten die geschichtlichen Hintergründe aus. Auch alle Schulbücher müssen auf Anordnung von Bildungsministerin Elisabeth Gehrer nun von Historikern begutachtet werden. Ein Kulturabkommen mit Israel sieht seit kurzem vor, dass die Darstellung kritischer Sachverhalte in österreichischen Schulbüchern mit der in israelischen Büchern kritisch verglichen wird.

In allen diesen Fällen spielt der didaktische Aspekt eine wichtige Rolle: Wie bringe ich, was ich vermitteln will, Schülerinnen und Schülern nahe? Das Institut für internationale Schulbuchforschung in Braunschweig bringt dazu Schulbuchvergleiche aus mehreren Ländern und veranstaltet Seminare für Schulbuchautoren; Verfasser und Verlage zeigen wachsendes Interesse. Immer mehr gehen Lehrer auch dazu über, an Stelle von Frontalunterricht Projekte zu begleiten, die Schüler selbst entwickeln und durchführen: Junge Menschen sammeln als „Bettler" Erfahrungen, stellen Situationen mit Ausländerproblemen nach, diskutieren mit Türkenkindern den Alltag in ihren Familien oder warum Leute nicht ins „Tschuschenbad" gehen wollen. Auch zur grenzübergreifenden Zusammenarbeit mit Schulen in anderen EU-Ländern ist es längst gekommen. Zu den bewegendsten Projekten gehört die Suche der Schüler des Schottenbastei-Gymnasiums Wien nach den noch lebenden der 330 Juden, die 1938 der Schule verwiesen wurden; 62 haben sich aus vielen Ländern gemeldet, als sie angeschrieben wurden, und acht kamen tatsächlich im Juni 2000 zu einer Gedenktafelenthüllung in ihre alte Schule nach Wien. Selbstverständlich gehört der Abbau von Vorurteilen gegenüber Menschen aus fremden Ländern heu-

> **Aufklärung ist kein fugenlos doktrinäres Konstrukt, sondern das immerwährende erhellende Gespräch, das wir mit uns selbst und mit dem anderen zu führen gehalten sind.**
>
> **Jean Améry**

te wesentlich zur Politischen Bildung in Österreichs Schulen: „Es muss einfach eine öffentliche Meinung und einen Konsens darüber geben, was öffentlich nicht erlaubt sein kann," fordert Elisabeth Morawek vom Bundesministerium für Bildung, Wissenschaft und Kultur (18).

Ein katholisches Religionsbuch erzählt heute biblische Geschichten in der Sprache unserer Zeit: „Allmählich wurden die Israeliten, einst rechtlose Fremde und Flüchtlinge, selbständig. Sie konnten Häuser bauen, Weinberge und Äcker anlegen, Feste feiern...Bald aber kam es zu Konflikten, die es in jeder Gruppe und jeder Gesellschaft gibt. Wer entscheidet, wenn zwei sich um ein Gut streiten? Was geschieht mit Dieben? Nun mussten die einst Rechtlosen selbst für ihr Recht sorgen. Wie würden sie mit denen umgehen, die den Weg aus der Armut nicht geschafft hatten?" Und dazu Bibelzitate zu Fremden, Sklaven, Witwen und Waisen, Minderheiten und Verarmten (19). In einem anderen katholischen Religionsbuch erzählt eine Jüdin („Shalom – ich heiße Miriam") in Wort und Bild von jüdischen Festen und Essbräuchen (20).

Geschichtsbücher behandeln heute ausführlich, konkret und trotzdem leidlich unparteiisch Anschluss, Arisierungen und Konzentrationslager (21), Österreichs Rolle im Zweiten Weltkrieg (22), aber auch Faschismustheorien, Massenproaganda und verführte Jugend, Exil und Widerstand (23), die österreichische Nation und den Herrn Karl, Kunst als Schock und Protest sowie Gentechnik, Euro und neue Medien, Kurden und Bevölkerungsexplosion (24). Die Autoren des zuletzt genannten Schulbuches kommen zu dem Schluss: „Der Wille zum bewussten und verantwortungsvollen Leben in der Gegenwart und Zukunft braucht daher auch die Analyse der Vergangenheit." Es wäre halt alles viel einfacher und überzeugender zu argumentieren, wenn es diesen unfruchtbaren Durchhänger in den zwei Jahrzehnten des überwiegenden Schweigens in den Fünfziger- und Sechzigerjahren nicht gegeben hätte.

6.3 Denkmäler und Denktage

Gehen wir einmal davon aus, dass die Schulen das Thema NS-Zeitgeschichte eine gewisse Zeit lang zu wenig gründlich oder gar nicht behandelt haben. Konnten Wissbegierige dann überhaupt nichts über die Schandtaten des verflossenen Regimes erfahren? Das trifft mit Sicherheit nicht zu. Eine der Informationsquellen waren Ausstellungen, die es vom Jahr 1945 an schon an vielen Orten gab. Die erste große wurde am 14. September 1946 im Wiener Künstlerhaus eröffnet. „Niemals vergessen!" war das Motto (nachdem man den ursprünglichen Titel „Antifaschistische Ausstellung" wegen Begriffsmissbrauchs durch die Sowjetunion fallen gelassen hatte), und die Wiener Philharmoniker spielten die Egmont-Ouvertüre – auf Drängen von Bundeskanzler Leopold Figl, denn „eigentlich" waren sie ja schon zu Plattenaufnahmen mit Herbert von Karajan verpflichtet. Karajan hatte zu dieser Zeit wegen seiner Nähe zum Nationalsozialismus noch Auftrittsverbot.

Diese Erinnerung entbehrt nicht einer gewissen Pikanterie, denn als die Philharmoniker im Mai 2000 bei einer Gedenkveranstaltung im Steinbruch des ehemaligen Konzentrationslagers Mauthausen unter Simon Rattle freudig Beethovens Neunte zelebrierten, gab es öffentliche Kontroversen um die Frage, ob man der NS-Barbarei an einem Ort des Grauens mit der „Ode an die Freude" angemessen gedenken könne. Verteidiger des Projekts erinnerten daran, dass die heutige Europa-Hymne in manchem KZ als auch den Nazis unverdächtiges „Lied der Hoffnung" gesungen worden sei und dass man damit Vertrauen in die Zukunft signalisieren könne. Von dieser Zukunft hielten manche dieser Musiker gleich nach dem Krieg offenbar noch nicht sehr viel. Fast die Hälfte der 112 Philharmoniker waren NSDAP-Mitglieder gewesen, davon wieder fast die Hälfte Illegale. Das vom Kriegsdienst befreite Orchester gab 83 „Propagandakonzerte", während fünf jüdische Orchestermitglieder in Lagern ermordet wurden.

Damals kamen sie widerwillig, um unter Josef Krips, dem einzigen unbelasteten Dirigenten jener Tage, zu spielen. Bundeskanzler Figl aber erinnerte daran, dass die ermordeten Juden „Österreicher wie wir" gewesen seien und sich um der Zukunft willen solches Grauen nie mehr wiederholen dürfe. Der starke Zukunftsakzent in seiner Rede wurde dem Ex-KZler Figl von späteren Zeitgeschichtlern schon wieder übel genommen, aber Leon Zelman, der wie Figl, aber ungleich seinem Bruder das Martyrium Mauthausen überlebt und sich später als Leiter des

Jewish Welcome Service ganz in den Dienst der österreichisch-israelischen Begegnung gestellt hat, meinte dazu als Konzert-verfechter 2000: „In Mauthausen ist der Europagedanke geboren worden" (25).

260.000 Besucher konnte die Wiener Ausstellung 1946 in 14 Wochen verbuchen, bis zu 5000 an manchen Tagen. Rund um die historische Schau gab es schon damals Kontroversen. Ein eigener „Judenraum" war in der letzten Vorbereitungsphase hin-einreklamiert worden. Die Auflistung von Namen österreichi-scher Widerständler im „Weiheraum" kam nicht zustande, weil die Sozialisten auch ihre Ständestaatsopfer dabei haben wollten. Kompromiss war ein aufgelegtes „Gedenkbuch", und da stand dann „Engelbert Dollfuß", der Name des von Nazis ermordeten Kanzlers, genau so wie „Karl Münichreiter", den das Dollfuß-Re-gime als Schutzbundkommandanten von Wien nach dem Bürger-krieg hatte hängen lassen.

Der Konflikt schwelte weiter. 1946 beschloss der Wiener Stadtsenat die Errichtung eines „Denkmals für die Opfer für ein freies Österreich 1934–1945". Als das Mahnmal auf dem Zen-tralfriedhof 1948 enthüllt wurde, stand wieder nur „1938–1945" darauf. Die Ausstellung im Künstlerhaus begleitete eine Vortragsreihe, die vornehmlich Alfred Missong und Karl Lug-mayer für die ÖVP, Rosa Jochmann für die SPÖ und Viktor Matejka für die KPÖ bestritten. Zeitzeugen wurden zu Diskus-sionen geladen – aber nicht, wie heute, nur Opfer, sondern auch einstige Parteigänger der NSDAP. Gleichzeitig wurden „Ehema-lige" zum Besuch der Ausstellung und zweier Filme, die in den Kinos liefen („Lager des Grauens" und „Die Todesmühlen") ein-geladen; nach Schätzungen des Ausstellungsorganisators Viktor T. Slama kamen um die 50.000 tatsächlich hin. In der Sicht nachgeborener Zeithistoriker war es trotzdem ein fragwürdiger Erfolg, denn für viele sei die Ausstellung zu einer Schleuse zurück ins normale Leben geworden: Man ging hin, sah sich alles an und fühlte sich von allem losgesprochen.

Im Staatsvertragsjahr 1955 wurde von einem der SPÖ nahe stehenden Team der Band „Österreich – Land im Aufstieg" her-ausgebracht, in dem die vergangenen zehn Jahre in einem „mil-den, belehrenden Ton" und „fröhlichem Optimismus" gefeiert wurden: eine „Kanonisierung der Erinnerungen", die erneut vor den Augen späterer Historiker wenig Gnade fanden. „Mit den Modellbildern der nationalen Eintracht wurde reales Vertrauen in die Zukunft projiziert" (26), hieß es tadelnd – aber ist das wirklich erstaunlich oder gar verwerflich in einem Land, in dem Jahrzehnte lang wenig Zukunft produziert worden war? Auch eine Dokumentation des Unterrichtsministeriums („Freiheit für Österreich") feierte im selben Jahr die neu gewonnene Einheit des Volkes. Dann kam der „Tag der Fahne"; sollte „bekanntlich daran erinnern, dass am 26. Oktober 1955 der ‚letzte fremde Soldat' österreichisches Territorium verlassen hatte" (27) – eine bemerkenswerte Formulierung, weil heute immer wieder behauptet wird, die Beschlussfassung über das Neutralitätsgesetz sei alleiniger Grund für die Wahl dieses späteren Nationalfeiertags gewesen.

„Die eifrig propagierte Formel des ‚Nie wieder!' war nicht Ergebnis methodischer Selbstanalyse, sondern entsprang dem schlichten Wunsch, katastrophalen Störungen der Normalität für alle Zukunft zu entgehen" (28): wieder die mit apodiktischer Gewissheit vorgetragene Behauptung in einem 1994 erschienenen Buch, die eine an sich unanfechtbare Formel ausschließlich negativ beurteilt. Immerhin erfahren wir aus solcher Beurteilung, dass die Parole „Nie wieder!" damals allgegenwärtig war. Sie steht auch über einem Gelöbnis, das auf einer Tafel des heutigen Leopold-Figl Hofs auf dem Wiener Morzinplatz eingraviert ist. „Niemals vergessen wollen wir die Schrecken des Faschismus, immer denken an Krieg und Zerstörung, und in diesem Gedanken unentwegt arbeiten am Frieden und Fortschritt der Menschheit." Morzinplatz: An dieser Stelle stand das in der Schlussphase des Krieges zusammengebombte Hotel Metropol, das in der NS-Zeit als Gestapo-„Leitstelle" gedient hatte. Heute beherbergt es eine Gedenkstätte; im Boden eingelassene Fußabdrücke führen in sie hinein – und keine mehr heraus. So haben es ungezählte Menschen erfahren, die als freie Menschen hineingingen und von dort in Gefängnisse, KZ oder in „Strafkompanien" abgeschoben wurden. Der spätere ÖVP-Gene-

> Wer kein Zeichen setzt, setzt auch ein Zeichen. Damit aber verletzt er den Anspruch der Opfer auf Solidarität, auf eine Gerechtigkeit der Erinnerung, in der die Rechte der Ermordeten rückwirkend anerkannt werden.
> **Thomas Assheuer**

ralsekretär und Nationalratspräsident Alfred Maleta, auch ein
Ex-KZ-Insasse, erinnerte in der Eröffnungsansprache die Jugend
daran, dass in Österreich die Angehörigen sämtlicher politischer
Richtungen schon einmal im Gefängnis saßen...

Als „öffentliches Denkmal und Museum" wurde bald nach
dem Krieg das einstige Konzentrationslager Mauthausen eingerichtet. Tausende Schülerinnen und Schüler haben die Stätten
des Todes besichtigt, wo Gräueltaten übelster Art mit kühnen
Verschönerungsvokabeln verniedlicht wurden: Formulierungen
wie „Freitod durch Elektrizität" oder „akute Herzschwäche",
„auf der Flucht erschossen" und „Kuss des Hundes" galt es,
richtig zu deuten... Auf knapp 15.000 wird die heutige Zahl der
Mauthausen-Überlebenden geschätzt. Viele Hunderte von ihnen
fahren Jahr für Jahr mit Angehörigen und Freunden Anfang Mai
zum Befreiungsgedenken. Aus Polen, Russland, Serbien, Italien
und anderen Herkunftsländern kommen Kommunisten, Priester,
Eisenbahner, Juden, spanische Freiheitskämpfer, Klosterschwes-
tern, Homosexuelle. Auch in Nebenlagern von Mauthausen wurden in weiterer Folge Mahnmale eingerichtet: das Widerstands-
museum in Ebensee zum Beispiel oder die Gedenkstätte im ehemaligen Krematorium des KZ Melk.

Seit 1994 gibt es in Österreich den gemeinnützigen Verein
„Niemals vergessen", der Holokaust-Gedenkstätten unterhält
und die Entsendung junger Menschen ins Ausland fördert, wo
sie die Erinnerung an jene Jahre wach halten helfen. Der internationale Gedenkstättendienst wird in Österreich seit 1992 als
Wehrersatzdienst („Zivildienst") anerkannt und daher auch vom
Innenministerium gefördert. Junge Menschen betätigen sich als
Bibliothekshelfer und Ausstellungsführer/innen in Holokaust-
Gedenkstätten in Argentinien, Belgien, Großbritannien, Frankreich, USA, Kanada, Israel, Niederlande, Litauen, Polen, Tschechien, Ungarn und Österreich selbst, wo sie z.B. eine Datenbank
mit den Namen aller Mauthausen-Opfer aufbauen helfen: „damit
Nummern einen Namen und ein Gesicht erhalten" (29). Es wäre
traurig, wenn diese starke Geste des Versöhnungswillens einem
staatlichen Sparprogramm geopfert würde.

Freilich hat in den letzten Jahren die Zahl der Stimmen zugenommen, die eine Neukonzeption dieser Art von Denkmalkultur anregen, die vom Staat für die Opfertheorie instrumenta-

lisiert oder durch Animationen und Konzerten zu sehr zu einer „Eventkultur" gemacht worden sei. Andererseits wird von Zeitgeschichtlern auch beklagt, dass so gut wie alle Orte in Österreich ein Kriegerdenkmal, aber nur ganz wenige ein Denkmal für NS-Opfer errichtet hätten. Das hängt natürlich auch damit zusammen, dass aus jedem Ort Soldaten ins Feld ziehen mussten und ein Teil von ihnen nicht zurückkehrte, aber viele Landgemeinden keine Widerstandsopfer zu verzeichnen hatten. Fragwürdig sind häufig die Inschriften auf Kriegerdenkmälern, wenn sie „unsere Helden" preisen, die „für das Vaterland" ihr Leben gaben. Aber auch da hat die Sensibilisierung erkennbar zugenommen. Jetzt gedenkt man häufig schon „aller Opfer des Krieges" und da und dort auch schon der „Opfer politischer Gewalt."

Eine immer noch große Empfindlichkeit gibt es bei der Beurteilung von Untaten, die von der Deutschen Wehrmacht begangen wurden. Bei der Gestapo oder SS waren verhältnismäßig wenige, bei der Wehrmacht 1,2 Millionen Österreicher. Psychologisch ist es verständlich, wenn sich viele gegen den Vorwurf wehren, einer verbrecherischen Einrichtung angehört zu haben.

> Erinnerung also ist das Schlüsselwort, das Vergangenheit und Gegenwart, Vergangenheit und Zukunft verbindet.   Elie Wiesel

Die in mehreren Städten Österreichs gezeigte Ausstellung „Vernichtungskrieg – Verbrechen der Wehrmacht 1941–1944", die den Nachweis dafür antrat, dass sehr wohl auch gewisse Wehrmachtseinheiten auch an nicht vom Kriegsrecht gedeckten verbrecherischen Aktionen beteiligt waren, wurde daher von vielen ehemaligen Soldaten als „Pauschalverunglimpfung" abgelehnt, obwohl sich die Veranstalter glaubwürdig gegen den Vorwurf der Verallgemeinerung zur Wehr setzten. Dass sich ein Teil der darin verwendeten Fotos auf Verbrechen des sowjetischen Geheimdienstes und nicht der Deutschen Wehrmacht bezog, hat im Sommer 2000 ja auch zu einer Trennung des Kurators der Ausstellung vom Veranstalter, dem Hamburger Institut für Sozialforschung, geführt. Mit Recht plädierte Ulfried Burzschon bei den 3. Österreichischen Zeitgeschichtetagen 1997 dafür, „die Kritik, methodisch und quellenkritisch unsauber gehandelt zu haben, ernst zu nehmen" (30). Freilich gab es auch einige couragierte Bekenntnisse hoher österreichischer Bundesheeroffiziere zu der Notwendigkeit, sich unangenehmen Tatsachen zu stellen.

An einem Ort, wo in der NS-Zeit Verbrechen an so genanntem „unwerten Leben" begangen worden waren, im Schloss Hartheim bei Eferding in Oberösterreich, fanden in den letzten Jahren regelmäßig Gedenkfeiern des Landes mit Beteiligung von Mitgliedern der Landesregierung statt. Im Jahr 2000 wurde auf Grund eines neuen Verwendungskonzepts mit der Generalsanierung der Lokalität begonnen. 2003 soll hier eine Lansdessonderausstellung zum Thema „Wert des Lebens" gezeigt werden. Auch anderswo beginnt man, vergessene und verdrängte Vergangenheit zu exhumieren. Im steirischen Römersteinbruch Wagna wird 2002 die Landesausstellung „Die Römer in der Steiermark" stattfinden. Da dieser Steinbruch eine Außenstelle des KZ Mauthausen war, wo Zwangsarbeiter unter der Erde Flugzeug- und Panzermotoren zusammenbauen mussten, wird man bei dieser Gelegenheit auch jener Ereignisse gebührend gedenken. In Graz hat ein ambitionierter Historiker im Mai 2000 das erste audiovisuelle Museum eröffnet, „das Stellung bezieht, ohne den pädagogischen Zeigefinger zu erheben" (31). Im Stockholm International Forum on the Holocaust war Österreich im Jänner 2000 mit einem Ausstellungsstand beteiligt, der neben viel beachteten Videoprojektionen vor allem mit einer „Souvenir Box Israel" aufwarten konnte. Die multimediale Verknüpfung von Text und Bildern erfuhr viel Zuspruch. Jahrelang wurde und wird in Österreich auch das Projekt eines „Museums der Zeitgeschichte" oder „Museums der Toleranz" diskutiert; die Entscheidung ist noch nicht gefallen. Auch ein Museum allgemeiner österreichischer Geschichte mit Schwerpunkt Neuzeit und Zeitgeschichte im Schloss Neugebäude in Wien-Simmering ist im Gespräch.

Aus den vielen Denk-, Gedenk- und Bedenktagen und -jahren, die Österreichs Bevölkerung mit der jüngsten Vergangenheit in Berührung brachten, stach naturgemäß das Jahr 1988 heraus, als des halben Jahrhunderts gedacht wurde, das seit der Besetzung Österreichs verstrichen war. Es fiel noch dazu auf den Höhepunkt der Waldheim-Debatten. Deutlich waren neue Akzente festzustellen: weniger Betonung der ausschließlichen Opferrolle, mehr Differenzierung im Urteil, mehr Bescheiden-

heit im Anspruch. Die politischen Akademien aller vier Parlamentsparteien warteten mit hochgrädigen Veranstaltungen auf.
Die Medien beteiligten sich ausgiebig an den Diskussionen. Bei
einer Gedenkmatinee in der Wiener Staatsoper hielt Kardinal
Franz König die Festansprache: „Eine Kollektivschuld gibt es
nicht. Schuld ist etwas, was den Kern der Person betrifft. Da
steht jeder Einzelne vor seinem Gewissen und vor seinem persönlichen Richter. Wohl aber gibt es eine Schuldverwobenheit.
Sie anzuerkennen, bedeutet auch die Verpflichtung zur Solidarität der Reue – nicht nur in schönen Worten, sondern zur
Solidarität in der Bereitschaft zur Wiedergutmachung" (32).

Nicht zu übersehen ist, dass kaum eine Stadt so zeitge-
schichtsbewusst agiert wie Wien. Das gilt nicht nur für die Bun-
des-, sondern auch für die Landeshauptstadt. Die Stadt Wien,
Schauplatz des ersten jüdischen Museums der Welt, das 1938
wieder zugesperrt wurde, hat 1997 mit der Schaffung des
Jüdischen Museums, für das sich besonders Bürgermeister Helmut Zilk eingesetzt hatte, einen deutliches Signal gesetzt. Neben
anspruchsvollen Wechselausstellungen und museumspädagogi-
schen Programmen sowie einer Bibliothek mit 25.000 Bänden
bietet es eine historische Dauerausstellung, die neue Wege geht:
Nicht Ausstellungsgenstände in Vitrinen, sondern Hologramme
erzählen die wechselvolle Geschichte der Juden in Wien vom
Mittelalter bis zur Schoah. Nahe davon, über einer Bomben-
ruine, die für hunderte Menschen zum Friedhof geworden war,
schuf der Bildhauer Alfred Hrdlicka zwischen 1988 und 1991
ein „Mahnmal gegen Krieg und Faschismus", das in einem Figu-
renensemble zum Thema Orpheus und Euridyke jüngste Vergangenheit zurückruft und auch der Erniedrigung der Juden
gedenkt - mit der Figur eines Juden, der dazu verhalten ist,
kniend die Straße mit einer Zahnbürste zu säubern. Die figurale
Erinnerung an diese Demütigung stieß auch bei Juden auf ein
sehr geteiltes Echo (Wolf Biermann wünschte dem Schöpfer „die
Nürnberger Rassengesetze an den Hals") und entflammte auch
die Diskussion über die Notwendigkeit eines separaten Holo-
kaust-Denkmals in Wien.

Über dieses Denkmal wurde jahrelang heiß diskutiert, nachdem Simon Wiesenthal es für den Judenplatz vorgeschlagen hatte. Standort und Ausführung reizten wiederum Juden wie

Nichtjuden zur Weißglut. Dann siegte der erste Vorschlag für beide: ein Stahlbetonquader, in dessen Bodenplatten die Namen jener Orte eingraviert sind, wo österreichische Juden zu Tode gemartert wurden, auf dem Judenplatz. Entgegen verbreiteter Meinung stellt das Mahnmal der britischen Bildhauerin Rachel Whiteread nicht eine „nach außen gestülpte" Bibliothek, sondern den Innenraum einer Bibliothek dar, aus der alles Leben ausgetrieben worden ist. „Nur die beschriebenen Buchseiten kleben noch an dem toten Leben, aber die Lettern sind mit der ihnen anhaftenden Sprache im Beton verschwunden. Was vom Monument nach Außen ragt, sind die Seiten der Bücher, die früher in den Raum zur Entnahme ragten" (33). Kulturstadtrat Peter Marboe hat die lange umstrittene Entscheidung durch kluge Steuerung aller notwendigen Gefühlsentladungen letztlich zu überwiegender Zufriedenheit getroffen.

Die Eröffnung gegen Ende 2000 hatte sich auch deshalb verzögert, weil Grabungsarbeiten auf dem Judenplatz die Überreste einer mittelalterlichen Synagoge zu Tage gefördert hatten, die nun Teil des Gedenkensembles geworden ist. Zu diesem gehörte 1935 - 1938 und gehört wieder seit 1968 auch eine Statue von Gotthold Ephraim Lessing, Schöpfer des weisen, Religionen verbindenden Juden Nathan. Die Synagogenreste sind über das nahe „Misrachi-Haus" zugänglich, dessen Informationsräume die Geschichte der jüdischen Gemeinde in Wien erschließen. Die Vertreibung und Vernichtung der jüdischen Stadtbewohner, von denen viele den Freitod suchten, um 1420/21 („Erste Wiener Gesera") wurde in einer lateinischen Inschrift auf einem anderen Haus des Judenplatzes „begründet": weil „die furchtbaren Verbrechen der Hebräerhunde" durch das „Wüten des Feuers" getilgt werden mussten. Kardinal-Erzbischof Christoph Schönborn enthüllte 1998 daneben eine neue Tafel, auf der die Hetze christlicher Prediger jener Tage verurteilt und die Tatsache beklagt wird, dass der Rassenhass der Nationalsozialisten von „zu wenigen Gläubigen" bekämpft worden sei.

So könnte der neugestaltete Judenplatz in Wien zu einem „Gesamtkunstwerk" ethischer und ästhetischer Aufarbeitung von Vergangenheit und einem Beispiel geglückter Denkmalsprache werden.

6.4 Kirchen beknirschten sich

Viel kann man den heutigen Kirchen vorwerfen – aber eins können sie alle Mal noch besser als andere: über eigenes Fehlverhalten nachdenken. Wenn es um Sünde geht, sind sie noch immer die erste Adresse. Sogar in eigener Sache. Und wer wollte bestreiten, dass es beim Aufarbeiten der NS-Vergangenheit um Sünde geht? Parteien und Organisationen aller Farben und Spielarten haben bei diversen 50-Jahre-Jubiläen Diskussionsrunden und Festkundgebungen, Symposien und Matineen veranstaltet. Begonnen hat man damit 1984, also ein halbes Jahrhundert nach dem Bürgerkrieg, den viele mindestens so intensiv wie den Nationalsozialismus aus dem öffentlichen Erinnern hatten verbannen wollen.

„Was immer auch geschieht in diesem Land – eines darf es nie wieder geben: dass Bruder gegen Bruder steht!" rief der damalige Erzbischof von Wien, Kardinal Franz König, bei einem Februar-Gottesdienst im Wiener Stephansdom. Österreich habe einen langen und schweren Weg der Selbstfindung zurückgelegt, „getränkt von Blut, benetzt von Tränen, gesäumt von Opfern" (34). Was müssten Österreicher daraus lernen? Dass es nicht darum gehen darf, „den eigenen Weg bestätigt zu sehen, die eigene Gerechtigkeit zu suchen." Dass „Gemeinschaft nur bestehen kann, wenn ein Mindestmaß an gemeinsamen Überzeugungen, gemeinsamen Werten vorhanden ist." Und dass „zum Reden auch das Anhören gehört" und man „dem Schwächeren nie die Würde rauben darf." Praktische Konsequenzen aus den bitteren Erfahrungen der Ersten Republik hatte Kardinal König schon bald, nachdem er Erzbischof von Wien geworden war, gezogen. Er beendete den Bund der Herrscher von Partei- und Kirchenthronen, bekannte sich nachdrücklich und glaubwürdig als Bischof aller Katholiken und überbrückte durch Wort und Beispiel den Graben des Hasses zwischen katholischer Kirche und überwiegend sozialdemokratischer Arbeiterschaft.

> Jeder in diesem Volk hat einmal nach anderen Bildern ausgeschaut, hat andere Lieder gesungen, ist anderen Fahnen gefolgt. Es hat der Bruder nicht den Bruder gesucht, um ihm zu helfen. Die Kirche aber hatte damals die Kraft der Durchsäuerung verloren...
> **Kardinal Franz König**

In einer Diskussionsrunde vor katholischen Journalisten in Wien 1984 erörterten Zeitzeugen von 1934 die Ursachen, die zur Katastrophe geführt hatten. Die Sozialdemokraten hätten das Koalitionsangebot von Bundeskanzler Seipel 1931 nicht ablehnen und die Ausschaltung des Parlaments 1933 nicht hinnehmen, die Christlichsozialen in der Regierung nach dem „Sieg" im Bürgerkrieg nicht übermütig werden dürfen, resümierte der einstige Gewerkschaftsbund-Präsident Franz Olah (35). Die „Dummheit und Brutalität", mit der gegen die geschlagenen Schutzbündler vorgegangen wurde, rügte auch Kathpress-Chefredakteur Richard Barta. Caritas-Präsident Leopold Ungar verurteilte das Schüren von Hass selbst durch katholische Priester, aber auch die in kirchlichen Kreisen verbreitete Überzeugung, der Nationalsozialismus könne ein wichtiger Bundesgenosse bei der Abwehr des Kommunismus werden.

Besonders intensiv wurde im „Bedenkjahr" 1988, obwohl die davor liegende Waldheim-Debatte schon viele erschöpft hatte, das „Anschluss"-Gedenken von 1938 begangen. Alle römisch-katholischen Bischöfe Österreichs feierten im Wiener Stephansdom einen Wortgottesdienst, an dem auch führende Vertreter anderer christlicher Kirchen teilnahmen. Der Salzburger Erzbischof Karl Berg, der dem mittlerweile pensionierten Kardinal König als Vorsitzender der Bischofskonferenz nachgefolgt war, gab das mit dem biblischen Schulderlassjahr begründete Motto aus: „Schuld bekennen, Reue empfinden, um Vergebung bitten und die Anklagen begraben" (36). Er fragte namens der Kirche kritisch: „Haben wir zu wenig für den geistigen Wiederaufbau getan?" und rief in Erinnerung, dass sein Salzburger Amtsbruder Sigismund Waitz am 21. März 1938 in sein Tagebuch geschrieben hatte: „Heldentaten haben wir Bischöfe keine vollzogen."

Einer, der „das näher kommende Schlüsselrasseln in der Gestapo-Zelle" ebenso wie „das Näherkommen der rasselnden Panzer" erlebt hatte, der Tiroler Bischof Reinhold Stecher, warnte vor einer Überforderung der Menschen: „Ich gebe zu, dass ich alles andere als ein Held war und bin..." (37) Daher plädierte Stecher auch für einen Schlusspunkt unter dem „Präsentieren von alten Rechnungen, von echten Schwerverbrechern abgesehen." Viele seien auf Betrug und Verführung hereingefallen, was sie erst allmählich merkten. „Wer allerdings heute noch von großen Zeiten träumt, wenn er an 38 bis 45 denkt, dem vermag ich nicht zu helfen. Da vermöchte ich Entschuldigungsgründe nur noch in der Psychopathologie zu sehen." Nachdrücklich warnte der Innsbrucker Bischof vor dem „christlichen Antijudaismus, der Jahrhunderte bei uns da war und bei manchen noch da ist und der dem Rassenwahn und dem Holokaust emotionale Vorarbeit geleistet hat." Stecher hat sich durch die gegen starken Widerstand durchgesetzte, vom Rom genehmigte Beseitigung des Kults um „Anderl von Rinn" großen Respekt auch von jüdischer Seite zugezogen, weil er die Ritualmordlegende als das entlarvte, was sie immer war: eine Fälschung. 1999 traf auch Diözesanbischof Egon Kapellari Vorkehrungen, dass der Wolfsberger „Judenstein" in Kärnten nicht länger für einen erfundenen mittelalterlichen Hostienfrevel herhalten muss.

Auch der Wiener Weihbischof Helmut Krätzl setzte sich 1988 und immer wieder für einen Abbau christlicher Feindseligkeitsgefühle gegenüber den Juden durch Bekämpfung des Übels an der Wurzel ein. Er gehört auch dem Arbeitskreis der Katholischen Aktion (KA) für christlich-jüdische Verständigung an, der regelmäßig das Gespräch mit jüdischen Persönlichkeiten pflegt und durch die Herausgabe einer Faltprospekt-Reihe „Was Christen vom Judentum wissen sollten" Informationen über jüdisches Leben und Glauben in kirchlichen Kreisen fördert. In öffentlichen Veranstaltungen, die 1986 und 1988 auch mit Broschüren unter dem Titel „Schalom für Österreich" dokumentiert wurden, wird konsequent für ein besseres wechselseitiges Verständnis geworben.

> **Man kann, von wem immer dies geschehen mag, nicht einem ganzen Volk permanent und kollektiv ein schlechtes Gewissen verordnen.**
>
> **Hanns Sassmann**

Paul Schulmeister, der als Präsident der Katholischen Aktion Initiator dieses Arbeitskreises wurde, beklagte „das Schweigen der Christen angesichts der Judenverfolgungen vor 50 Jahren" und lud Christen wie Juden zu „gemeinsamer konkreter Arbeit für Gerechtigkeit und Frieden, gegen Antisemitismus, Ausländerfeindlichkeit und jede Ausgrenzung von Minderheiten" ein (38). Von mehreren Kirchen und beiden Religionen beschickt ist der seit vielen Jahren bestehende Koordinierungs-

ausschuss für christlich-jüdische Zusammenarbeit, der im Juli
2000 in den Internationalen Rat der Christen und Juden aufgenommen wurde, wo 34 Organisationen aus 31 Ländern kooperieren. Zitierenswert auch die Mahnung des Wiener Weih-
bischofs Karl Moser, der 1988 davor warnte, die Bekämpfung
einer judenfeindlichen Haltung an die Politiker abzutreten:
„Sowohl die ‚Endlösung' von gestern wie die Verhinderung
einer ‚Endlösung' von morgen ist nicht das Werk eines Einzelnen, sondern das Werk aller" (39).

Häufig bieten kirchliche Veranstaltungen auch eine Plattform für das Gespräch nichtkirchlicher Personen und Gruppen
miteinander. Bei der Bundeskonferenz 1988 der Katholischen
Aktion fand Hugo Portisch Beifall für seine Analyse: Der Widerstand in Österreich, wo beim Einmarsch deutscher Truppen
rund 30 Prozent der Bevölkerung mit Hitler sympathisierten, sei
„erheblich größer" als der in Deutschland gewesen und keineswegs sei in Österreich nach 1945 das ganze Problem unter den
Teppich gekehrt worden. Aber die automatische Gruppierung
der Nazis in Kriegsverbrecher, Belastete und Minderbelastete
habe vielen das Nachdenken über Schuld und Ursachen erspart,
und keinerlei Motivforschung habe die „Konditionierung" der
Österreicher durch Anschluss-Ideologie und Antisemitismus
herausgearbeitet: „Es wäre schrecklich ehrlich gewesen, wenn
Männer wie Renner, Kunschak oder auch Innitzer nach 1945
gesagt hätten: ‚Wir haben mit euch geirrt, wir haben euch konditioniert!'" (40).

Eine Gedenkveranstaltung („Grüß Gott und Heil Hitler") des
Verbands katholischer Publizisten Österreichs im Februar 1988
führte auch zu einer denkwürdigen Begegnung zwischen Vertretern der zwei Strömungen im Katholizismus der Dreißigerjahre: Anton Böhm, einst illegaler Nazi und Verfechter deutsch-
national-katholischer Parolen, stand dem Sohn von Alfred
Missong gegenüber, dessen Vater für sein leidenschaftliches
Österreich-Bekenntnis von der Gestapo verfolgt worden war.
Böhm bekannte sich zu einer fälligen „Kollektivscham" der Ver-
irrten (41). Aber die meisten Zeitzeugen waren sich einig: Man
konnte, wenn man wollte, auch schon vor 1938 den verbrecherischen und gefährlichen Charakter des Nationalsozialismus erkennen! Vizekanzler a. D. Fritz Bock erinnerte sich der Wirkung

des Innitzer-Ja auf die damaligen KZ-Häftlinge: „Ich habe eine
Nacht lang geweint" (42). Wer wollte, konnte also aus den Über-
legungen des „Bedenkjahres" 1988 durchaus konkrete
Ergebnisse mitnehmen, zu denen auch die anderen christlichen
Kirchen wesentlich beitrugen.

Jüngstes Ereignis dieser Art war eine Beratung des Öku-
menischen Rates der Kirchen in Österreich mit der Konferenz
europäischer Kirchen in Wien im Mai 2000 zum Thema Rechtspopulismus in Europa. Immer wieder, so ein Konsens, haben
sich in den letzten Jahren christliche Kirchen mahnend und kritisch zu Antisemitismus, Rassismus, Fremdenfeindlichkeit und
Rechtspopulismus zu Wort gemeldet. Aber der Dogmatiker
Ulrich Körtner von der Evangelisch-theologischden Fakultät der
Univcrsität Wien vermisste eine tiefere inhaltliche Auseinandersetzung. Zu den „verführerischen Argumenten" der Rechtspopu-
listen gehörten die angebliche Verteidigung „christlich-abend-
ländischer Grundwerte" gegen eine drohende „Islamisierung
Europas" (43). Der evangelisch-methodistische Bischof Heinrich
Bolleter räumte ein, dass die Rattenfänger des Rechtspopulismus auch in Kirchenkreisen Erfolge einfahren, und warnte vor
einer Verwechslung von Politik und Moral: „Nicht die Politik
muss moralischer, sondern die Moral muss politischer werden!"

Auf solche kirchliche Veranstaltungen – wenige Beispiele
nur von vielen – war aus mehreren Gründen etwas ausführlicher
einzugehen. Erstens scheinen politische Parteien weitaus nicht
so selbstkritisch und lernbereit wie die Kirchen zu sein, wenn es
um die Aufarbeitung von Vergangenheit geht. Zum Zweiten wurden bei diesen Veranstaltungen, wie schon eingangs erwähnt,
aus der Geschichte nicht nur Zitate für Sonntagsreden, sondern
konkrete Lehrergebnisse gewonnen. Und zum Dritten haben die
Medien oft wenig und die meisten Zeitgeschichtler so gut wie
gar nicht Notiz davon genommen. Auch das ist eine – seltsame –
Lehre der Geschichte.

6.5 Zeitungen und Fernsehen

Gehen wir also noch einmal davon aus, dass sowohl das Elternhaus
wie auch die Schule bei der Vermittlung der jüngsten Vergangenheit stre-
ckenweise stark versagt haben. Konnten jüngere Staatsbürger/-
innen dann wenigstens in Zeitungen und Radioberichten, Fern-

sehsendungen und Kinofilmen etwas über die NS-Zeit erfahren? Die Pauschalantwort ist einfach: Sie konnten! Und zwar ausgiebig! Über die unmittelbare Nachkriegszeit liegen keine systematischen Untersuchungen vor. Aber wer sich noch erinnern kann, hat keinen Zweifel: Es wurde regelmäßig und ausführlich über den verbrecherischen Charakter der vergangenen Epoche berichtet, auch wenn von 1945 bis 1947 naturgemäß die Hungers- und allgemeine Wirtschaftsnot die Schlagzeilen beherrschte. Schließlich hatten in allen Bundesländern die Alliierten dafür gesorgt, dass verlässliche Antinazis die Lizenzen für die Herausgabe parteiunabhängiger Zeitungen erhalten hatten. (Parteiblätter waren anfangs grundsätzlich nicht zugelassen.) Alle Tageszeitungen lebten zudem von internationalen Agenturen, die verlässlich keine Anti-NS-Meldung zurückhielten. Aber auch lokale und regionale Wochenzeitungen brachten gleich nach Kriegsende oft lange Fortsetzungsgeschichten über die Schrecknisse der zu Ende gegangenen Ära.

Was an Gräuelfakten Stück für Stück herauskam, wurde in den Medien wiedergegeben und auch entsprechend kommentiert. Es ist kein Fall bekannt, dass Kommentare in einer Tageszeitung versteckte Nazisympathien hätten erkennen lassen, auch wenn es das breite Spektrum zwischen dem „Neuen Österreich", dessen proösterreichische Linie gleichzeitig auch eine koalitionsnahe war, und den „Salzburger Nachrichten" gab, die verhältnismäßig früh die antinazistische Gesetzgebung (aber nie das demokratische System) zu bekämpfen begannen. Das blieb auch so, als die Zeitungsherausgabe nicht mehr lizenzpflichtig war. Flaggschiff der parteiunabhängigen Presse in Wien und darüber hinaus wurde der von Ludwig Polsterer geschaffene „Neue Kurier", von dem ein Wirtschaftsmagazin in einer großen Rückblickreportage 1987 schrieb: „Hugo Portisch machte den ‚Kurier' zu einer Qualitätszeitung mit wenig Rücksicht auf Lesererwartungen: Trotz Niveau, trotz viel Außenpolitik, trotz Verzicht auf Anbiederung an alte und neue Nazis stieg die Auflage" (44).

Sicher spiegelten mit dem Einsetzen der Parteienwerbung um die 1949 erstmals wieder verfügbaren Stimmen minderbelasteter ehemaliger Nationalsozialisten auch die Medien die neue Situation wider. Außerdem drängte sich die Berichterstattung über die Staatsvertragsverhandlungen in den Vordergrund, die

von Anbeginn durch heftige Kontroversen zwischen den Westmächten und der Sowjetunion gekennzeichnet waren, und Kontroversen sind nun einmal Berichtsanlässe. „Jedes Thema hat
seine Konjunktur" (45): Der sich unaufhaltsam aufschaukelnde
Kalte Krieg schuf natürlich neue Schwerpunkte. Die Kriegsverbrecherprozesse im In- und Ausland wurden aber in allen
Medien ausführlich wiedergegeben.

Nach längeren Ausblendungen der NS-Zeit in den Jahren
unmittelbar vor und dann nach Abschluss des Staatsvertrages
sorgten die Sechzigerjahre wieder für genug Anlassfälle zu zeit-
historischer Berichterstattung. Festnahme und Entführung, Prozess, Verurteilung und Hinrichtung von Adolf Eichmann zwischen 1960 und 1962 waren der Auftakt. Die Ereignisse rund um
den Wiener Universitätsprofessor Taras Borodajkewycz sorgten
1965 neuerlich für eine ausführliche Erörterung der NS-
Vergangenheit. Dass ein Hochschullehrer öffentlich antijüdische
Ressentiments zu verbreiten trachtete, veranlasste nicht nur
viele Studenten, sondern auch die meisten Medien zum Protest.
Es kam zu öffentlichen Demonstrationen, in deren Verlauf ein
alter Teilnehmer, der ehemalige kommunistische Widerständler
Ernst Kirchweger, von einem Neonazi zu Boden gestoßen wurde
und dabei ums Leben kam: Die österreichweite Erregung darüber
wurde ausnahmslos auch von allen wichtigen Medien geteilt.

Eine neuerliche Welle anhaltender öffentlichen Erregung
löste die studentische Revolte von 1968 aus, die rasch über den
Universitätsboden hinaus um sich griff, im In- und Ausland
stark politisierte, auch polarisierte und zu heftigen Diskussionen über autoritäre Elemente in den demokratischen Gesellschaften der Gegenwart führte. Die Medien waren voll davon,
beurteilten die Entwicklungen naturgemäß sehr unterschiedlich,
verharmlosten aber die Grundsatzfragen nicht.

Ab den Siebzigerjahren gab es dann in immer kürzeren Ab-
ständen wiederkehrende Anlassfälle für zeitgeschichtliche Diskurse in den Medien, die zumeist zu großer Heftigkeit gediehen.
Als 1974 in der „Kronenzeitung" eine Serie „Die Juden in Österreich" aus der Feder von Viktor Reimann erschien, gingen die
Wogen alsbald hoch. Die meisten Zeitungen waren sich darin
einig, dass ein solches Thema zwar behandelt werden sollte,
„nicht aber in dieser Form" (46). Unsensible Wortwahl und die

Förderung antisemitischer Vorurteile durch die Verwendung bekannter Klischeebilder, vor allem aber der Abdruck antisemitischer Leserbriefe waren die häufigsten Vorwürfe, die besonders scharf „Kleine Zeitung", „Kurier" und „Arbeiter-Zeitung" erhoben (47).

1975 kam der scharfe Konflikt zwischen Bundeskanzler Bruno Kreisky und Simon Wiesenthal über den von Kreisky protegierten FPÖ-Obmanns Friedrich Peter, dem Wiesenthal seine Militärzeit in der 1. SS-Infanteriebrigade und deren Spezialaufgabe, die Liquidierung von Partisanen, Juden und Zigeunern, vorhielt. Aber schon nach wenigen Tagen war Peter nicht mehr die Hauptperson, sondern der Konflikt zwischen den beiden jüdischen Persönlichkeiten Kreisky („Ich kenne

> Die sachliche Kritik muss am Menschen orientiert bleiben und kann, darf und soll nicht dazu dienen, gruppenweise Feindbilder aufzubauen, den so genannten Buhmann der Nation zu schaffen.
>
> **Karl Heinz Ritschel**

Herrn Wiesenthal..., das ist eine Mafia, die hier am Werk ist!") und Wiesenthal („Wir sind für Kreisky die gleichen ‚Ostjuden', die wir für manche Wiener sind, er will mit uns nichts gemein haben"). Nach längerem Prozessieren siegte Wiesenthal beim österreichischen Gericht („Verleumdung") und beim Europäischen Gerichtshof für Menschenrechte. Als Kreisky 1983 Friedrich Peter zum Dritten Nationalratspräsidenten machen wollte (dieser schließlich jedoch verzichtete), kam die ganze Sache noch einmal hoch. Die Medien gingen ausführlich und überwiegend Kreisky-kritisch darauf ein.

Zusammenfassend fand der sehr kritische Zeitgeschichtler Heinz P. Wassermann: Der Rückgriff auf die NS-Zeit sei außer beim „Kurier" in den Siebzigerjahren auf „wenig Gegenliebe" gestoßen, doch sei dies 1983 anders gewesen: Jetzt schrieben auch „Salzburger Nachrichten" und „Kleine Zeitung" entschieden gegen die geplante Ernennung Peters an (48). Derselbe Autor lässt aber Bedauern durchklingen, dass über die Präsidentschaftskandidatur des rechtsextremen Norbert Burger im Wahljahr 1980 außer im Nachrichtenmagazin „profil" fast gar nicht berichtet worden sei (49). Dabei dürfte eines mit Sicherheit feststehen: dass Verschweigen die wirksamste Waffe gegen das Auftreten Rechtsextremer ist, die man zwar nicht in allen Fällen einsetzen kann, im Fall Burger aber wohl zu Recht verwendet hat.

Um die Jahreswende 1984/85 machte der ehemalige SS-Obersturmbannführer und Major Walter Reder von sich reden, weil wieder einmal das ganze offizielle Österreich, von den Regierungsspitzen bis zum Wiener Kardinal, für die gnadenweise Freilassung des „letzten österreichischen Kriegsgefangenen" bei Italiens Staatspräsident interveniert hatte. Am 24. Jänner 1985 war es so weit: Der wegen eines Kriegsverbrechens zu Lebenslänglich verurteilte, aber begnadigte Reder traf mit Flugzeug in Graz ein und wurde von Verteidigungsminister Friedhelm Frischenschlager mit Handschlag begrüßt. Das Echo auf diese Geste war wieder gewaltig, obwohl dem damals liberalen Freiheitlichen und späteren Liberales-Forum-Mitbegründer Frischenschlager wirklich keine NS-Vergangenheit angehängt werden konnte. Ein Misstrauensantrag der damals oppositionellen ÖVP blieb ohne Mehrheit in Parlament und Volk. Aber wer Medien konsumierte, hatte wieder einmal eine Menge Zeitgeschichte vorgesetzt bekommen.

Gegen Ende desselben Jahres 1985 begann auch schon die erste Berichterstattung über einen „Fall Waldheim", der sich im folgenden Wahljahr gewaltig ausweiten sollte. Auch hier ging es bald nicht mehr nur oder auch kaum noch um die Person des schließlich erfolgreichen Präsidentschaftskandidaten Kurt Waldheim, sondern darum, wie er und wie nach Meinung vieler viele mit der Vergangenheit umgingen. Die Diskussionen wurden mit großer Leidenschaft geführt. Die Fronten gingen mitten durch Parteien, Familien, Medien und manchmal durch ein und dieselbe Person. „Salzburger Nachrichten," „Kurier" und „Arbeiter-Zeitung" sprachen Waldheim die moralische Qualifikation für das höchste Staatsamt ab. Nach der Watch-List-Entscheidung des US-Außenamtes hätte auch die „Kleine Zeitung" seinem Rücktritt etwas abgewinnen können. „Presse", „Kronenzeitung" und ÖVP-Blätter fanden die Anschuldigungen maßlos überzogen, aber auch die „Kleine Zeitung" wandte sich gegen „Austromasochismus" (50).

Jedenfalls beschäftigte eine zeitgeschichtliche Thematik Österreichs Medien jetzt so gut wie pausenlos bis zum „Gedenkjahr" 1988, das kirchliche Kreise lieber als „Bedenkjahr" sehen wollten, weil es die Auslöschung Österreichs vor 50 Jahren zu „bedenken" und sicher nicht zu feiern galt. Die Historikerin Heidemarie Uhl registrierte eine „kaum überblickbare Fülle der Veranstaltungen – Ausstellungen und Symposien, Vorträge und Diskussionen, Theateraufführungen, audiovisuelle Medienbeiträge, ganz zu schweigen von der Artikelflut der Printmedien"; von denen hat sie allein im Zeitraum von Ende Jänner bis Anfang April 1988 mehr als 5000 Beiträge gezählt (51). Immerhin hatte auch Außenminister Alois Mock einer vorbereitenden Arbeitsgruppe seines Ministeriums den Auftrag zu „absoluter Offenheit" gegeben: „Diesbezüglich darf es kein Schweigen oder Verschweigen geben..." (52) Das wirkte sich auch in dem aus, was es zu berichten gab.

In der zusammenfassenden Beurteilung der Medienaktivitäten dieses Jahres kommt Uhl zu dem Schluss, dass es bei „den meisten unabhängigen Blättern" doch zu einer „wesentlichen Revision der Auffassung vom ‚Opfer' Österreich" in Form einer „Kenntnisnahme der historischen Wahrheit" gekommen sei. Man habe den „Anschluss von innen" (Botz) bzw. „von unten" (durch große Volksteile) ins Blickfeld gerückt und dabei den „Anschluss von außen" (Eroberung durch Hitler-Deutschland) in seiner Bedeutung zurückgedrängt. Immer noch aber sei der „Anschluss von oben" als „organisierte Mitwirkung der österreichischen NS-Bewegung" ebenso wie das brutale Vorgehen der Nationalsozialisten gegen die entmachteten Ständestaatsfunktionäre und die Juden (außer in der „AZ" und im „Kurier") weitgehend ausgeblendet geblieben (53).

Annähernder Vollständigkeit halber sei noch daran erinnert, dass 1988 auch das Mahnmal von Alfred Hrdlicka bzw. vor allem dessen Standort sowie ein sehr Österreich-kritisches Interview von Burgtheater-Direktor Claus Peymann in der Hamburger „Zeit" und Thomas Bernhards Drama „Heldenplatz" ausgiebiges Medienfutter lieferten. Die Frage ist: Wie groß ist der Einfluss der Zeitungen auf die Meinungsbildung, nicht zuletzt bei der jungen Generation? „In Anbetracht u.a. starker familiärer Vorprägung

> Eines ist klar: Gerade das Jahr 1988 wird uns keine Erleichterung der Situation bringen, wir können uns nicht der Illusion hingeben, dass sich alles wieder beruhigen wird...
>
> **Hugo Portisch**

eher gering", mutmaßt Heidemarie Uhl (54), während Heinz
Wassermann auf eine Fessel-Meinungsumfrage verweist, wonach als Informationsquellen für Zeitgeschichte Printmedien
mit 62 Prozent hinter Fernsehen (77 Prozent) an zweiter Stelle
lägen (55). Noch mehr Schärfe ergab das Bild bei einer lokalen
Schüler/innen-Umfrage: Hier lagen politische Zeitschriften und
Tageszeitungen „weit abgeschlagen" hinter dem Fernsehen, dem
70 Prozent Vertrauen bekundeten.

Was aber hat das Fernsehen für die politische Bildung der
Österreicherinnen und Österreicher getan? Hier wird man nur
schwer eine schlechte Note verteilen können. Zum Ersten hat
der Österreichische Rundfunk (ORF) nicht erst in den Achtzigerjahren mit einer systematischen Aufarbeitung zeitgeschichtlicher Themen begonnen. Schon in den Sechzigerjahren gab es
zwischen zwei und sechs größere Beiträge pro Jahr – über
Kriegsverbrecherprozesse, aber auch über den österreichischen
Widerstand und über Antisemitismus. Die Zahl der NS-bezoge-
nen Themen nahm in den Siebzigerjahren zu (fünf 1973, je sechs
1977 und 1979) und schwoll in den Achtzigerjahren beträchtlich
an: elf 1982, 30 dann im „Bedenkjahr" 1988, aber noch einmal
18 im Jahr darauf. Dann gab es zweistellige Zahlen in jedem der
Neunzigerjahre: 19 NS-Themen 1990, und 11 im folgenden Jahr,
je 20 in den Jahren 1992, 1993 und 1994, schließlich 25 (1995),
20 (1996), 18 (1997), 25 (1998), 23 (1999) und schon wieder 13
bis Mitte 2000.

Die dem Autor zur Verfügung gestellte Zusammenstellung
des ORF weist nicht weniger als 107 themenbezogene Beiträge
in den Achtziger- und 214 in den Neunzigerjahren aus, zusammen also 321 Berichte, Reportagen, Interviews, Kommentare,
Diskussionen, Theateraufführungen, Dokumentations- und Spielfilme in 20 Fernsehjahren, über Politik- und Religionsschienen
transportiert, und das keineswegs zu manchmal auch an den
Haaren herbeigezogenen Themen, sondern nur zu solchen, die
ausdrücklich mit Nationalsozialismus, Weltkrieg und Rassismus
zu tun hatten. Eine siebenteilige Fernseh-Diskussionsreihe
„Feindbilder – wie Völker miteinander umgehen", die der ORF
Salzburg 1987/88 in Zusammenarbeit mit der Universität Salzburg produziert hat, ist hier gar nicht mitgezählt, weil es dabei
nicht um NS-Themen im engeren Sinn, wohl aber nachhaltig um

den Abbau nationalistischer Vorurteile ging. Ähnliches gilt von der Serie „Österreich II". Wenn man bedenkt, dass sich ORF-Eigenproduktionen zum Unterschied von möglichen Einseitigkeiten in Zeitungen an die Gebote von Fairness und Ausgewogenheit zu halten haben, also kein völlig irreführendes Bild vertreten können, muss man dem ORF wirklich eine Vorbildfunktion in der Aufarbeitung jüngster Vergangenheit zuerkennen, auch wenn Zeitgeschichtler selbst an vielgerühmten Serien etwas anzumerken haben – zum Beispiel zu viel Klischee-Bestätigung durch Zeitzeugen oder zu viel Antikommunismus.

Freilich: Selbst strenge Kritiker billigen der Doku-Serie „Österreich II" zu, dass sie „der umfassendste und aufwendigste Versuch in der Geschichte des österreichischen Fernsehens" war, „die neuere österreichische Geschichte breitesten Publikumsschichten nahezubringen"(56). Wenige dürften daher Gerhard Botz widersprechen, wenn er zu dem Schluss kommt: „Das Geschichtsbewusstsein der jungen Österreicher und Österreicherinnen von der Ersten und Zweiten Republik wurde davon wahrscheinlich stärker geprägt als von allen Lehrervorträgen, Schulbüchern und Geschichtsdarstellungen von Zeitgeschichtlern. Das Fernsehen machte in diesem Sinn mehr Zeitgeschichte als die ganze wissenschaftliche Zeitgeschichte der Jahre zuvor" (57). Was lediglich noch den ergänzenden Hinweis auf den Hörfunk zur Pflicht macht, dessen Leistungen und Verdienste in einer vergleichbaren Weise nicht dokumentiert vorliegen, aber unter keinen Umständen unerwähnt bleiben dürfen.

Jetzt aber kann der Zuruf aus dem Volk, der bei solchen Belehrungen immer kommt, nicht länger unterdrückt werden: Und was ist dabei herausgekommen? Die gründlichste Forschung wurde diesbezüglich vom ORF selbst anhand des amerikanischen TV-Vierteilers „Holocaust" betrieben, in dem Stephen Spielberg „die Geschichte der Familie Weiss" in Form eines Doku-Dramas beschreibt, das im österreichischen Fernsehen 1979 und 1997 gezeigt wurde. Beide Male wurde seine Wirkung professionell untersucht. Dabei ergaben sich u.a. folgende Erkenntnisse (58): 1979 hielten 89 Prozent der Befragten die Darstellung für „glaubwürdig", 1997 sogar 94 Prozent. Trotzdem bezeichneten 1979 nur 67 Prozent, also gut zwei Drittel, den Film als „notwendig" und 26 Prozent als „überflüssig". 1997 machten die „Notwendig"-Antworten immerhin 79 und die „Überflüssig"-Reaktionen nur noch 13 Prozent. Die vorgegebene Antwort, dass „in der Zeit des Nationalsozialismus Millionen Juden umgebracht wurden", stimmten 1997 um vier Prozent mehr (81 gegenüber 77 Prozent) zu, vor allem die jüngeren Jahrgänge (91 Prozent).

Bemerkenswert noch die Frage nach einer österreichischen Mitverantwortung am Massenmord an Juden: 1979 sagten 47 Prozent Ja, 1997 aber schon 71 Prozent; eine Abschiebung aller Schuld auf „die Deutschen" praktizierten 1979 noch 38, 1997 nur noch 13 Prozent. Im Licht solcher Ergebnisse ist das ständige Wehklagen mancher Zeitgeschichtler, all ihre Mühe erweise sich als ergebnislos, wirklich nicht zu begründen. Das gilt auch von der Frage, ob man die Vergangenheit endlich Vergangenheit sein lassen oder immer wieder thematisieren sollte: Schon 1979 waren 53 Prozent für ein Thematisieren und 44 Prozent für „Gras drüber wachsen lassen", 1997 aber 69 Prozent für ein Bewusstmachen und nur 24 Prozent für ein Ruhenlassen. Ganz deutlich wurde die Wirkung der „Holocaust"-Serie bei der Mitschuld von Österreichern und der Weiterverfolgung von NS-Verbrechen: Die Zustimmungsraten fielen nach dem Filmerlebnis entschieden höher als zuvor und in beiden Fällen bei Filmbetrachtern höher als bei Nichtzuschauern aus.

> **Sind wir allesamt dem Irrtum und der Macht des eigenen und des fremden Vorurteils ausgeliefert? Die Antwort liegt offenkundig in der erkannten Notwendigkeit ständiger Fragestellung.**   Alfred Payrleitner

Die Wirkungen dieser Serie hängen wohl auch mit der Begleitpublizistik zusammen. Bei der ersten Ausstrahlung wurden 1099 Zeitungsmeldungen, davon 505 in Form von Leserzuschriften, registriert, das zweite Mal nur noch 48 Zeitungserwähnungen. Ähnlich der Vergleich der Telefonanrufe beim ORF: 8227 Anrufe das erste, nur 65 das zweite Mal, obwohl die Wiederholung von einer Bevölkerungsmehrheit gewünscht worden war. Die Eigenerklärung des ORF hat wohl einiges für sich: Die meisten Österreicher/innen waren der Meinung, der Film sollte von möglichst vielen gesehen werden, hielten sich selbst aber für mittlerweile voll informiert, weil gerade das Fernsehen mit Aufklärungsbeiträgen in den vergangenen 18

Jahren nicht gegeizt hatte. Andererseits wollte und will sich ein „hartnäckiges antisemitisches Residuum in der Größenordnung von acht bis zehn Prozent" nicht überzeugen lassen. Die ORF-Medienforschung unter Peter Diem zog aus gründlicher Durchleuchtung aller Ergebnisse den Schluss, dass der TV-Vierteiler im Zusammenwirken mit einer positiven Begleitpublizistik schon 1979 bei rund fünf Prozent (300.000 Österreicher/innen) eine messbare Einstellungsänderung bewirkt hat.

Fazit: Österreichs Massenmedien mögen Vergangenheitsbewältigung in höchst unvollkommener, anfechtbarer Form betrieben haben – aber sie haben sie betrieben. Und zwar in den Achtziger- und Neunzigerjahren so intensiv, dass die Warnung vor Übertreibungen nicht als neuerlicher Ablenkungs- und Beschwichtigungsversuch abgetan werden kann: Die Gefahr kontraproduktiver Wirkungen ist ernst zu nehmen. Auch sind keine Blitzwirkungen von Medien zu erwarten: Auch Zeitungsblätter welken rasch, aber sie düngen den Boden. Daher ist Hoffnung vor allem auf die Aktivitäten des Vereins „Zeitung in der Schule" zu setzen, den der Verband österreichischer Zeitungen 1995 gegründet hat und an dem sich fünf Jahre später bereits 1800 Schulen mit 5500 Lehrern aller Schultypen beteiligen: eine Langzeitstrategie für politische Bildung.

6.6 Literatur, Kunst, Film

Am Anfang war auch hier das Wort, und das Wort hieß „Literaturreinigungsgesetz" und es hatte zum Ziel, untragbar gewordenen Schriftstellern das Wort in Österreich zu entziehen. Viel davon war bereits spontan, freiwillig und schneller, als Bürokraten Gesetzestexte formulieren können, geschehen; jeder Misthaufen verriet den Eifer der Säuberer, die blitzartig ihre anstößigen Bücher dorthin geschleppt hatten. Schon bevor die vom Alliierten Rat verlangte Liste der verbotenen Bücher fertig (August 1945) und offiziell-endgültig war (Jänner 1946), hatten z.B. schon die Wiener städtischen Büchereien rund 92.000 Bände zur Vernichtung angeboten. Der Streit über die Frage, welche Bücher Politiker und Bibliotheken behalten dürften, entzweite Parlament und Alliierten Rat die längste Zeit, bis 1949 keiner mehr damit zu tun haben wollte. Bekannte Namen wie Brehm, Fussenegger, Jelusich, Kernmayer, Landgrebe, Perkonig, Rainalter,

Schreyvogel, Springenschmid, Tumler und Weinheber standen mit allen oder einigen Werken darauf. Trotzdem (und obwohl niemand so recht weiß, ob das Gesetz nicht noch heute gilt) kamen Forscher zu dem Schluss, dass „die gesetzlich vorgesehenen Maßnahmen in der Literatur von seltener Folgenlosigkeit gewesen sein dürften" (59).

Durchgesetzt hat sich in der willkommen geheißenen neuen Literatur und Kunst zunächst eine konservative Linie: Heimito von Doderer repräsentierte sie als Parade-Staatspreisträger in der Literatur, Hans Sedlmayr in der Kunstkritik (moderne Kunst sei oft „Infrahumanismus"), Herbert von Karajan in der Musik: „ein wahres Leitbild der Epoche" nach Ernst Hanisch, „musikalische Backhendlzeit", wenn man Theodor Adorno folgt (60). Der Kalte Krieg überschattete bald auch die Künste, und Friedrich Torberg wurde führender Anwalt der „westlichen" Lebensform, die er in der von ihm 1954 gegründeten Zeitschrift „Forum" freilich auf hohem Niveau verteidigte. Bert Brecht wurde wacker der Einzug auf österreichische Bühnen versperrt und das von Kommunisten geführte Neue Theater in der Scala ins Out geekelt: Der dort 1948 aufgeführte „Bockerer" von Peter Preses und Ulrich Becher (eine Art Austro-Schwejk, der Despotie mit patriotischer Einfalt überwindet) sollte später als Filmerfolg Triumphe feiern.

Ilse Aichingers „Aufruf zum Misstrauen" und „Die größere Hoffnung" blieben eine leise Stimme. Michael Guttenbrunner spottete der „Bodenständlinge" („Wenn's aber vorbei ist, dann singen sie wieder, als ob nichts gewesen wäre, die Sau am Spieß und Kraut und Rüben der Heimat"), als Bruno Brehm, Mirko Jelusich, Max Mell und Karl Heinrich Waggerl auf den Büchermarkt zurückkehrten. Fritz Wotruba, der Meister archaischer Wucht, kam aus der Schweiz nach Österreich zurück, hatte aber nur einen winzigen Bruchteil der Ausstellungsbesucher im Vergleich zu Josef Thorak, dessen geglättete Schönheit auch dem Kunstgeschmack des Dritten Reiches zugesagt hatte. Die Wende setzt der Historiker Ernst Hanisch mit Gerhard Fritsch an, der in seinem Roman „Fasching" 1967 das elf Jahre jüngere „Moos auf den Steinen" widerrief und mit dem österreichischen Opportunismus abrechnete (61). Ab nun trat Zeitgeschichte die Regentschaft auch in der zeitgenössischen Literatur an.

Eine wichtige Ausnahme darf freilich nicht vergessen werden: die Satirikerlegende Helmut Qualtinger. Schon in den späten Vierzigerjahren bestritt er zusammen mit Carl Merz, in der Folge auch mit Gerhard Bronner, Peter Wehle und Georg Kreisler Kabarettprogramme („Dachl überm Kopf", „Brettl vorm Kopf", „Glasl vorm Aug"), die scharf und würzig österreichische Schwächen aufs Korn nahmen. In Couplets („Der g'schupfte Ferdl", „Der Papa wird's schon richten") und den „Travnicek"-Dialogen, vor allem aber in der international bekannt gewordenen TV-Produktion „Der Herr Karl" (1961) hielt der „dämonische Seelenfiaker" (Hilde Spiel) seinen Landsleuten einen Spiegel vors Gesicht, aus dem eine Maske scheinbarer Harmlosigkeit abgrundtiefe Bosheit nur äußerlich verbarg. Mitleidlos geißelte er Austro-Opportunismus. Die Massenwirkung seiner Theater- und Fernsehauftritte ist jenen, die sie erlebten, noch heute unvergessen. Das österreichische Kabarett hat seither nie mehr diese Höhe, wohl aber in jüngster Zeit eine neue quantitative Intensität erreicht. Seit Frühjahr 2000 gibt es in Graz ein eigenes Kabarettarchiv.

> In den finsteren Zeiten, wird da noch gesungen werden?
> Ja, da wird gesungen werden von den finsteren Zeiten,
> da wird gesungen werden von den finsteren Zeiten!
>
> **Bertolt Brecht**

Im Sommer 2000 hat der österreichische Literaturwissenschafter Wendelin Schmidt-Dengler eine Dissertation von Günther Scheidl approbiert, in der auf über 300 Seiten mit Umsicht und Gewissenhaftigkeit allen Spuren von Vergangenheitsaufarbeitung in der zeitgenössischen Literatur nachgegangen wird (62). Auch Scheidl notiert: Harmonie, Stabilität, Versöhnung hatten zunächst Konjunktur. Der „Hofrat Geiger" wurde zum Kultfilm des wieder erstandenen Österreich, und der Film „1. April 2000", der Österreich als Opfer einer veritablen Weltverschwörung zeigte, zum Darling aller Patrioten von 1952 und weit darüber hinaus. Ernst Lothar, jüdischer Rückkehrer aus US-Emigration, hatte in dem schon 1944 fertig gestellten Roman „Der Engel mit der Posaune" Österreich-Begeisterung entfacht und den Nationalsozialismus als unösterreichisch hingestellt. Kaum anders übrigens der Moskau-Heimkehrer Ernst Fischer: Auch er bestätigte schon 1945 den Österreichern „Mangel an nationalistischer Rechthaberei", während Nazigeist dem deutsch-preußi-

schen Charakter entspräche. Auch Hans Weigel mobilisierte mit
Hingabe „Trotzdem"-Liebe zum alten-neuen Vaterland. Dutzende Altösterreich- und Heimatfilme sprachen dieselbe Gefühlslage der Fünfzigerjahre an. Gertrud Fussenegger, ähnlich wie die
große Schauspielerin Paula Wessely wegen einer einzigen Sünde
in der NS-Zeit immer wieder verfemt, schrieb für das neue
Österreich an.

Heute hagelt es Kritik für diese „Realitätsverweigerung".
Aber warum schrieben Autoren damals, wie sie schrieben,
obwohl kein Diktator sie zwang, kein Zensor ihnen die Feder
führte? War es nicht doch das Aufwallen eines bezwingenden Ge-
fühls der gewaltigen Erleichterung, die Sehnsucht nach neuer Identität
und Normalität – und nicht eine finstere Absicht, Wahrheit zu ver-
schleiern und von Diktaturver-
brechen abzulenken? Auch Scheidl
wertet Gerhard Fritsch als eine Art
Zeitenwende: „Es mussten eineinhalb Jahrzehnte vergehen, bis eine
kritische Aufarbeitung der faschi-
stischen Vergangenheit Österreichs beginnen konnte" (63).
Entscheidende Impulse dafür gingen von den damaligen
Kriegsverbrecherprozessen und der „Affäre Borodajkewycz" aus.
Zur Initialzündung wurden die Romane „Die Wolfshaut" von
Hans Lebert und „Fasching" von Gerhard Fritsch, wo es um
Vergessen, Verdrängen, Anpassung und Läuterung geht.

Josef Haslingers Novelle „Der Tod des Kleinhäuslers Ignaz
Hajek" ermöglicht eine Mehrzahl von Zugängen – einer davon
ist, in den drei Generationen „eine Art Abbreviatur der österreichischen Geschichte" zu sehen (64): Dragonerschicksal, Selbstmord, Desertion, politisches Lagerdenken werden thematisiert.
Dann kommt Thomas Bernhards Suche nach Sinn und Wert der
menschlichen Existenz, die Geißelung der katholischen und
nazistischen Erziehung, die immer schärfer und immer häufiger
werdenden Attacken auf das österreichische Volk „ohne Vision,
ohne Inspiration, ohne Charakter, Intelligenz und Phantasie"
(65). Zwei Werke sind in diesem Zusammenhang besonders rele-

> **Am Tage des Synagogensturms hätte die Kirche schwesterlich neben der Synagoge erscheinen müssen. Es ist entscheidend, dass das nicht geschah. Aber was tat ich selbst? Als ich von den Bränden, Plünderungen, Gräueln hörte, verschloss ich mich in mein Arbeitszimmer, zu feige, um mich dem Geschehenden zu stellen und etwas zu sagen.** Reinhold Schneider

vant: „Auslöschung", vielleicht „der" Österreich-Roman der
letzten zwei Jahrzehnte, und „Heldenplatz". Opportunismus
und Charakterlosigkeit werden in „Auslöschung" scharf unter
Beschuss genommen, ähnlich wie später durch Josef Haslinger
im Essay „Politik der Gefühle", wo die Züchtung dieses Opportunismus verstehbar gemacht wird: Erste Republik, Ständestaat, NS-Zeit, Zweite Republik. Um die Herkunft einer Familie
geht es auch in der Erzählung „Die Wiederholung" von Peter
Handke, der das Schicksal der Slowenen in Kärnten thematisiert
und Versöhnung auf dem Weg über die Sprache empfiehlt.

Bernhards „Heldenplatz" wurde 1988 im Wiener Burgtheater uraufgeführt und erregte zuletzt weniger Wirbel als verein-
zelte Vorveröffentlichungen von Textstellen, die aus P.R.-Grün-

> **Gegen Nazis oder Kommunisten zu sein, ist keine Kunst. Ich bin gegen die Feiglinge und Lügner.**
> **Friedrich Torberg**

den Zeitungen zugespielt worden
waren. Zwei Brüder klagen einander den Irrtum ihrer Rückkehr
nach Wien, wo der Antisemitismus
immer schlimmer werde. Dafür
werden aber keine Belege angeführt – weder im Stück und oft
auch nicht im realen Leben, wenn diese Anklage erhoben wird.
(Das ist der eine Vorwurf, den man dem Stück machen kann. Der
andere lautet schlicht: Es ist kein zupackendes Theaterstück,
sondern überwiegend Monologisieren.) „Der Skandal um den
‚Heldenplatz' gilt als Höhepunkt und bleibendes Muster der
Bernhardschen Taktik, durch Provokationen die Öffentlichkeit
zur Reaktionen zu bewegen, die den Inhalt des Textes, statt zu
widerlegen, affirmieren" (66). In späteren Jahren hat man erlebt,
wie der deutsche Regisseur Christoph Schlingensief diese
Methode strategiegetreu kopiert. Stoff und Anlässe für zeitgeschichtliche Diskurse bot Bernhard jedenfalls mehr als andere
Dichter dieser Zeit.

„Kunst ist nach ‚Heldenplatz' nur mehr schwer skandalisier-
bar," bemerkt Scheidl. „Die Österreich-Kritik verliert (seit 1989)
zusehends an Treffsicherheit, als neue Feindbilder treten Jörg
Haider und die FPÖ dazu" (67); die zunehmende Radikalisierung und Polarisierung mache aber eine differenzierte Auseinandersetzung mit Österreich immer schwieriger. 1992 wurde
Robert Schindel mit seinem Roman „Gebürtig" entdeckt, wo der
„irreversible" Riss zwischen Juden und Nichtjuden thematisiert

wird. Und eine neue Erzähltendenz wird erkennbar: viele verschiedene Schicksale an Stelle eines allwissenden Einzelerzählers. Die Frage, ob man eine traumatische Vergangenheit „bewältigen" kann, und wenn ja, wie, greift Christoph Ransmayr in seinem 1995 erschienenen Roman „Morbus Kitahara" auf. Schlussfolgerung: „Es scheint sich herauszukristallisieren, dass die besten didaktischen Maßnahmen sinnlos sind, wenn den Adressaten der Wille fehlt, die Vergangenheit aus freien Stücken von sich aus aufzuarbeiten" (68). Als testwürdiger Weg zeichnet sich das persönliche Gespräch zwischen den Nachgeborenen der Opfer und Täter ab.

Die neue „Anti-Heimat-Literatur" hat schon zwischen 1979 und 1982 Josef Winkler mit seiner Trilogie „Das wilde Kärnten" eröffnet. Im „Friedhof der bitteren Orangen" zeigt Winkler, wie faschistoide Gesinnungen auch auf die Generation übertragen werden, die den Faschismus nicht mehr erlebt hat. Robert Menasse meldet sich mit einschlägiger Thematik nicht nur in Romanen („Schubumkehr"), sondern auch in Essays, Zeitungs- und Magazinbeiträgen zu Wort: immer als Anwalt gleicher Menschenwürde. 1995, als Österreich Schwerpunktland auf der Frankfurter Buchmesse und Bernhard schon tot war, erschienen drei wichtige Texte: „Der See" von Gerhard Roth (Suche nach verlorener Vergangenheit), „Die Kinder der Toten" von Elfriede Jelinek (Verdrängung hilft nicht) und „Opernball" von Josef Haslinger (rechtsextremer Terror kann zu faschistoider Regierung führen). Zu Jelineks „Kinder der Toten" merkte ein Rezensent an: „Die bloße Tatsache, dass Jörg Haider auftritt und mit Hitler verglichen wird, schwört die österreichischen Intellektuellen auf ihren kleinsten gemeinsamen Nenner ein..." (69). Der charismatische Führertyp kommt auch bei Haslinger vor.

Günther Scheidl kommt zu dem Schluss: Während in Deutschland die Achtzigerjahre vom „Historikerstreit" geprägt waren, „brach in Österreich eine wahre Flut von wissenschaftlichen, autobiografischen, literarischen Veröffentlichungen zum Thema ‚Österreich und der Nationalsozialismus' los. Die These, wonach hierzulande im Vergleich zur Bundesrepublik Deutschland ein Aufholbedarf bestanden hätte, scheint mir jedoch nur bedingt zutreffend zu sein" (70). Auch in Deutschland gab es den Verdrängungsmechanismus in Form einer Rollenumkehr von Opfern und Tätern. Auch in Deutschland lief die Entnazifizierung zunächst ähnlich wie in Österreich ab: Amnestien und Begnadigungen, Verdrängen und Vergessenwollen. Aber die Notstandsgesetze rund um die Revolte von 1968 heizten die Debatten neu an, und Schriftsteller vom Kaliber eines Günter Grass, Heinrich Böll oder Peter Weiss, die in Österreich fehlten, verliehen ihnen Wirkung und Gewicht. Aber auch von Österreich gilt: je größer der Abstand zur NS-Vergangenheit umso schärfer die Kritik. Vergessen worden ist diese Vergangenheit von Österreichs Literaten sicher nicht.

Österreichs Theater standen dem Eifer der Autoren nicht nach. Es ist unmöglich, an dieser Stelle einen Streifzug durch die Spielpläne aller österreichischen Theater zu unternehmen. Aber schon ein kleiner Blick auf die Bundestheater der letzten Jahre erweist sich als beweiskräftig. Thomas Bernhard erhielt nicht erst unter Claus Peymann Heimatrecht auf Österreichs führender Bühne: 1974 schon wurde seine „Jagdgesellschaft" aufgeführt. Die tschechischen Charta-77-Autoren Pavel Kohout, Jan Pavel und Václav Havel regten die Wiener zum Nachdenken über totalitäre Herrschaftssysteme an. 1981 wurde Arthur Schnitzlers „Professor Bernardi" aufgeführt: eine Demonstration auch für behindertes Leben! Fünf Jahre, bevor Claus Peymann aus Bochum kam, war er zu einem Gastspiel mit Bernhards Stück „Der Schein trügt" eingeladen. 1982 folgten „Jagdszenen aus Niederbayern" von Martin Sperr, Franz Werfels „Jacubovsky und der Oberst" (Flüchtlingsdrama), 1984 „Das weite Land" von Klaus Pohl (Heimkehrerthematik), 1984 die Janacek-Oper „Aus dem Totenhaus."

> Das System des monarchisch-bürokratischen Staates hat eine biegsame Lebensklugheit, einen gewitzten Praktizismus, eine opportunistische Geisteshaltung erzeugt, die im Negativen leider oftmals bis zur Charakterlosigkeit reicht. **Ernst Fischer**

Die Peymann-Ära am Wiener Burgtheater begann 1986 mit zwei Bernhard-Stücken, machte mit der „Hermannschlacht" (von Heinrich Kleist „in tyrannos" geschrieben) von sich reden und brachte den „Herrn Karl" sowie „Mein Kampf", eine politische Farce von Georges Tabori, auf die Bühne. „Aus dem Tagebuch der Anne Frank" war 1987 eine Lesung mit Julia von Sell. Im selben Jahr führte die neu geschaffene Studiobühne der Staatsoper im Künstlerhaustheater die „Weiße Rose" (über die Widerstandsbewegung der Geschwister Scholl) auf. 1987 und 1988 waren die Spielpläne randvoll mit Vergangenheitsbewältigung: „Der deutsche Mittagstisch" von Bernhard, „Der Stellvertreter" („ein christliches Trauerspiel") von Rolf Hochhuth, das für die Bühne eingerichtete Film-drehbuch „Anna und Anna" von Hilde Spiel, „Ödipus, Tyrann" von Heiner Müller (ein aktualisierter Hölderlin), „Sommer" von Edward Bond, „Die Minderleister" von Peter Turrini. Auch andere Wiener Theater berücksichtigen seit Jahren in ihren Spielplänen immer wieder die Tragödien der jüngeren Vergangenheit – besonders oft Topsy Küppers' Freie Bühne Wieden.

Am 13. März 1988 stand auch eine große Matinee in der Staatsoper zur Erinnerung an den 13. März 1938 auf dem Programm, bei der Kardinal Franz König die schon früher zitierte Festrede hielt. Bereits 1983 war eine Akademietheater-Matinee dem ätzenden österreichischen Seelendiagnostiker Friedrich Heer gewidmet gewesen, 1984 eine der sehr politisch gesehenen Frage „Wagner heute: Wonne, Wagnis oder Wahnsinn?". 1985 gab es eine „Patriotische Feierstunde" zum Generalthema Wiederaufbau. Eine Publikumsdiskussion in der Volksoper stand 1985 unter dem Motto „Ein Wiener kehrt zurück": Es handelte sich um die Asche des von den Nazis vertriebenen Opernschaffenden Alexander Zemlinsky und bot Anlass zur Erörterung des Themas „Nichtheimholung der Emigranten".

Ein Blick noch auf das österreichische Filmschaffen – beiläufig wieder, nicht lückenlos. Auch hier eine bemerkenswerte Bilanz, vom Österreichischen Filminstitut jederzeit abrufbar. Seit den Achtzigerjahren bringt die Österreichische Filmkommission jährlich einen Rechenschaftsbericht „Austrian Films" heraus, der die Jahresproduktion – nach Kinofilmen, Dokumentarfilmen, Kurzfilmen, Fernsehproduktionen und ausländischen Filmen mit österreichischen Regisseuren geordnet – auflistet. Mindestens 17 österreichische Spielfilme haben sich in den letzten beiden Jahrzehnten mit der Thematik der NS-Vergangenheit auseinandergesetzt. Den wahrscheinlich bekanntesten hat Franz Antel, der während des Krieges Theaterdirektor in Lemberg war, produziert: die berührende Tragikomödie „Der Bockerer" mit Karl Merkatz in der Titelrolle – seit 1981 in den Kinos, mehrfach international ausgezeichnet und nun auch mit Nachfolgern („Der Bockerer II" und „Der Bockerer III ") versehen. Unvergessen auch die sechsteilige Fernsehserie „Alpensaga", in der zwischen 1976 und 1980 Peter Turrini und Wilhelm Pevny die österreichische Geschichte in den Schicksalsjahren 1914, 1918, 1933/34, 1938 und 1945 aus der Sicht von Klein- und Mittelbauern zu kraftvollem Leben erweckten.

Zu den bemerkenswerten Spielfilmen gehören auch einige Streifen, die das delikate Verhältnis zwischen Juden und Nichtjuden berühren („Kieselsteine" 1984, „Welcome in Vienna" 1986, die Verfilmung des Lebensschicksals der Architektin Margarete Schütte-Lihotzky 1986 und Axel Cortis „Wohin und zurück" 1987). Nicht zu vergessen schließlich Andreas Grubers „Hasenjagd"-Filmepos („Vor lauter Feigheit gibt es kein Erbarmen", 1994), das der Flucht sowjetischer Offiziere aus dem KZ Mauthausen im Februar 1945 ein beindruckendes Denkmal setzte: Kritik, internationale Preise und Publikumszuspruch bezeugten gleichermaßen die Qualität dieses Streifens.

Dasselbe Thema griff im selben Jahr Bernhard Bamberger auch in einem Dokumentationsfilm („Aktion K") auf. Die Doku-Produktion der letzten zwei Jahrzehnte befasste sich immer wieder mit Flüchtlings- und Auswanderungsschicksalen, mit dem Leben von Minderheiten (häufig Roma und Sinti), mit bedeutenden Persönlichkeiten (Simon Wiesenthal 1994, Leon Askin 1997 oder dem österreichischen Widerstandskämpfer in der Wehrmacht, Carl Szokoll, der wie durch ein Wunder der Vollstreckung des SS-Todesurteils entging und nach der Befreiung selbst Anti-Kriegsfilme wie „Die letzte Brücke" und „Der letzte Akt" produzierte). Auch den menschenverachtenden Experimenten mit „unwertem Leben" wurde 1961 eine Gruber-Dokumentation gewidmet („T 4 – Hartheim 1"). Insgesamt haben sich in den letzten zwei Jahrzehnten mindestens 26 Dokumentations-, 17 Spiel- und 10 reine Fernsehfilme mit einschlägiger Thematik befasst.

Zum Schluss sei noch daran erinnert, dass sich selbstverständlich auch die bildende Kunst mit Fragen einer Aufarbeitung zeitgeschichtlicher Ereignisse beschäftigt und die Öffentlichkeit damit konfrontiert hat. Dazu nur ein paar Beispiele aus der jüngsten Vergangenheit. Im burgenländischen Seewinkel-

Schloss Halbturn wurde 1988 in einer Ausstellung an „die verlorene Moderne" erinnert: den Künstlerbund Hagen, dessen NS-
kritischen Mitglieder sich bei einem Gastwirt gleichen Namens
in der Wiener Gumpendorferstraße zu treffen pflegten. Im Thea-
termuseum in Wien war die Ausstellung „Fluchtpunkt Zürich"
Anfang der Neunzigerjahre der Emigration von Künstlern gewidmet. „Kunst und Diktatur" lautete der Titel einer Ausstellung im
Wiener Künstlerhaus, die Spielarten des Totalitarismus deutscher, italienischer und österreichischer Prägung widerspiegel-
te. Über die gewaltsame Entsiedelung des späteren Truppen-
übungsplatzes Döllersheim in der NS-Zeit wurde im Museum
Allentsteig eine Ausstellung gezeigt. Unter dem Motto „Europa
nach der Flut" konnte man in den späten Neunzigerjahren im
Künstlerhaus Wien Werke zeitgenössischer europäischer Maler
aus der Zeit zwischen 1945 und 1965 vergleichen. Die Ausstellungen „In einem anderen Land" und „Unheimliche Heimat"
waren der Exilbewältigung gewidmet. Im Naturhistorischen
Museum Wien wies die Anti-Rassismus-Ausstellung „Alle verwandt – alle verschieden" 1997 auf die fundamentale Gleichheit
aller Menschen hin. Das Museum moderner Kunst in Wien zeigte im Sommer 2000 aus aktuellem politischem Anlass zusam-
mengestellte Kunstwerke aus den letzten 40 Jahren, die als
Reaktionen auf Verfolgung, Vernichtung, Krieg und Terror entstanden sind.

Literatur, Dramaturgie, Kabarett, bildende und darstellende
Kunst, das Filmschaffen und auch die Musik sind zeitgenössischen Themen nicht ausgewichen. Vielleicht lohnt es sich in der
Tat, über einen Satz von Oswald Oberhuber nachzudenken, dessen Wiener Hochschule für angewandte Kunst 1985 den Band
„Die Vertreibung des Geistigen aus Österreich (Zur Kulturpolitik
des Nationalsozialismus)" herausgebracht hat: „Es ist interessant zu sehen, dass genau jene, die den Faschismus nicht am
eigenen Leib verspürt haben, in einer Kampfstellung erstarren
und zum Widerstand aufrufen. Das spricht dafür, dass die Väter
doch mehr Aufklärungsarbeit geleistet und nicht nur mit dem
Kopf im Sand gelebt haben" (71).

6.7 Wissenschaft Zeitgeschichte

Jede Zeit hat ihre Geschichte, jede Geschichte hat ihre Erforscher, und doch war Zeitgeschichte nicht immer ein selbstverständlicher Bestandteil der Geschichtswissenschaft. Lange Zeit glaubte man, dass erst ein gewisser Abstand zu den Ereignissen eine objektive Erforschung ermögliche, zumal ja auch die meisten Archive erst nach einer Anzahl von Jahren ihre Bestände zugänglich machen. Dann aber kam man drauf, dass es auch ein Vorteil ist, wenn man mit handelnden und erlebenden Personen noch sprechen kann.

In anderen Ländern hat sich die Zeitgeschichte früher als in Österreich etabliert, aber sie setzte sich auch in Österreich rasch durch. Erika Weinzierl, selbst eine ihrer Pionierinnen, führt ihre Anfänge schon auf die zweite Hälfte der Vierzigerjahre zurück, als Historiker gebeten wurden, für die ersten Prozesse gegen die Hauptkriegsverbrecher Material zu liefern. In der US-Zone in Deutschland wurde 1947 ein „Institut zur Erforschung der NS-Politik" gegründet. In Österreich kam es erst 16 Jahre später über Initiative von Herbert Steiner mit der Gründung des Dokumentationsarchivs des österreichischen Widerstandes zu einer Institutionalisierung, „um vor allem durch dokumentarische Beweise der zeitgeschichtlichen Erziehung der Jugend zu dienen" (72). Im selben Jahr wurde unter Ludwig Jedlicka das Österreichische Institut für Zeitgeschichte (seit 1966: für internationale Zeitgeschichte) an der Universität Wien eingerichtet.

Die ersten Schwerpunkte der österreichischen Zeitgeschichtswissenschaft lagen in der Ersten Republik, aber bald wurde auch die NS-Judenpolitik in Österreich (ein Verdienst vor allem Karl Stadlers) ins Blickfeld gerückt, wofür das Standardwerk „Die Vernichtung der europäischen Juden" des gebürtigen Österreichers Raul Hilberg natürlich Impulse lieferte. Gerhard Jagschitz, würdigte die Archivverschließung durch die Regierungen Klaus und Kreisky als wichtige Schubhilfe (73). Erika Weinzierls Band „Zuwenig Gerechte" setzte 1969 einen weiteren Meilenstein.

> Es gab viele Gründe, 1933 Hitler an die Macht zu bringen bzw. seinen Machtantritt zu bejubeln; die Vernichtung des europäischen Judentums spielte dabei keine Rolle.
>
> Christof Dipper

Oberösterreichs Landeshistoriker Harry Slapnicka hat jüngst „500 Stichworte zur Zeitgeschichte" herausgebracht. Ohne Frage haben Österreichs Zeitgeschichtler für die Aufarbeitung der NS-Vergangenheit Entscheidendes geleistet.

Brigitte Bailer rügte bei den 3. Zeitgeschichtetagen 1997, dass die offizielle Regierungslinie der „Kollektivunschuld" Österreichs zunächst auch von der Zeitgeschichte übernommen worden sei. Auch wurde anfangs vor allem über die Erste Republik geforscht. Gerhard Botz versetzt die Durchbrechung der zeitgeschichtlichen „Schweigespirale" aber schon in die späten Sechzigerjahre. Jedenfalls ist Zeitgeschichte seit 1975 Wahlfach an den Universitäten und seit 1993 verpflichtendes Prüfungsfach in den Studienplänen für das Lehramt Geschichte. Professoren für Zeitgeschichte lehren an fast allen Universitäten Österreichs, eine Fachzeitschrift „Zeitgeschichte" und verwandte Publikationen berichten laufend über neueste Forschungsergebnisse. Seit 1993 finden regelmäßig Österreichische Zeitgeschichtetage statt; Wissenschaftsminister Erhard Busek hatte dazu den Anstoß gegeben, weil er nach vielen Waldheim- und Haider-Debatten unzufrieden mit der heimischen Zeitgeschichtsforschung und -lehre war. Mit dem 1. Zeitgeschichtetag in Innsbruck 1993 hat nach Meinung von Gerhard Botz „die österreichische Zeitgeschichte die deutsche überholt" (74).

Was ist Zeitgeschichte ganz präzise? „Die Geschichte jener Zeit, die von denen, die sich jeweils über die Geschichte Vorstellungen machen, als ihre eigene Zeit...wahrgenommen wird", definierte Botz (75) auf der Innsbrucker Tagung und fügte hinzu, dass Zeitgeschichte nicht nur von Historikern betrieben werde, sondern auch von Journalisten, Erwachsenenbildnern, Lehrern, Laienhistorikern und Politikern. Er freute sich über das „ungebrochen hohe Interesse", das die Massenmedien der Zeitgeschichte entgegenbringen, und vermerkte die im internationalen Vergleich starke Österreich-Zentriertheit der

> **Die österreichische Zeitgeschichte moralisiert mehr, als sie analysiert.** Ernst Hanisch

österreichischen Zeitgeschichte. Ernst Hanisch teilte seinen Enthusiasmus nicht und beklagte ein Manko an strukturgeschichtlichen, problemorientierten und sozialgeschichtlichen Studien. Maximilian Liebmann vermisste eine allgemein anerkannte Aufarbeitung der Ständestaatszeit, aber auch des Antiklerikalismus und des Austromarxismus. Weitere Themen der Innsbrucker Gelehrtenrunde waren: Juden in Wien, Antisemitismus, Südtirol, Wanderbewegungen, Zwangsarbeit.

Beim 2. Zeitgeschichtetag („Österreich und 50 Jahre Zweite Republik"), der 1995 in Linz stattfand, wurden von Erika Weinzierl Pioniere der österreichischen Zeitgeschichte noch aus den Fünfzigerjahren in Erinnerung gerufen: Walter Goldinger, Heinrich Benedikt, Adam Wandruszka, Friedrich Thalberg, Stephan Verosta, Ludwig Jedlicka, Herbert Steiner, Rudolf Neck. In den Sechzigerjahren wurden viele zeithistorische Institute eingerichtet, 1972 die Wissenschaftliche Kommission des Theodor-Körner-Stiftungsfonds und des Leopold-Kunschak-Preises zur Erforschung der österreichischen Geschichte 1928-1938 ins Leben gerufen. Die nationale Frage in Kärnten, Kunstpolitik nach 1945, der Umgang mit Fremden und Minderheiten, der Anteil von Österreichern am Völkermord und an Wehrmachtseinsätzen sowie Denkmalkultur waren weitere Themen (76).

Die 3. Zeitgeschichtetage 1997 („Zeitgeschichte im Wandel") beschäftigte unter anderem der Streit um die von Martin Broszat geforderte „Historisierung des Nationalsozialismus", wonach man dieses Phänomen in die Geschichtlichkeit der Gesamtsituation eingebettet sehen müsse. Broszat plädierte dafür, mehr auf historische Erklärung als auf dämonologische Deutung zu setzen und auf ständige moralische Aufgeregtheit zu verzichten, weil man damit die neu dazugekommenen Generationen nicht mehr so leicht erreiche. Die Broszat-Richtung, der auch andere Historiker wie etwa Hans Mommsen oder Fritz Fellner in Österreich zuneigen, geht von drei Voraussetzungen aus: 1) Weltanschauung habe im Nationalsozialismus eine geringere als die oft angenommene Rolle gespielt. 2) Terror und Einschüchterung hätten zur Gefolgschaft der Mitläufer weniger beigetragen als versprochene und zum Teil auch erbrachte Leistungen des Regimes. 3) Die geforderte strenge Grenzziehung zwischen Tätern und Opfern sei eine Ausnahme – die meisten waren das eine wie das andere.

Der Referent zu diesem Thema, Christoph Dipper, kam zu dem Schluss: „Wer sich ernsthaft auf dieses Verfahren (der Historisierung als eines methodischen Zugriffs auf den Nationalsozialismus) einlässt, hat genügend Kriterien für eine moralische Urteilsbildung zur Hand" (77). Noch deutlicher gesagt: Nehmen wir endlich das Seziermesser statt des ständig bluttriefenden Schlachtmessers zu Hand, wenn wir vom Nationalsozialismus reden! Es bleibt auch dann noch genug moralischer Gehalt für Urteilen und Handeln übrig! Dieser Überlegung soll anhand eines Zitats aus dem 1. Zeitgeschichtetag noch kurz nachgegangen werden. Dort hat Wilhelm Katzinger gesagt: „Nachgewiesenermaßen gibt es über kein Thema so viele wissenschaftliche Werke wie über die Zeit des Nationalsozialismus. Und trotzdem ist die Aufarbeitung...dieser Epoche noch nicht bis zur Bevölkerung durchgedrungen" (78). Warum? Der Frage darf nicht ausgewichen werden.

Dieses Buch ist kein wissenschaftliches Werk, sein Autor maßt sich nicht an, Wissenschafter zu benoten. Aber insofern auch nach Meinung von Gerhard Botz nicht nur Wissenschafter Zeitgeschichte betreiben sollen, darf jeder kritische Zeitgenosse sich seine Gedanken darüber machen. Und da kann man mit seinen Gedanken schon in die Nähe von Martin Broszat kommen: Warum kann man über Nationalsozialismus, um eigene Moral glaubhaft zu machen, nicht auch ohne ständige hochgradige Erregung reden? Österreichs Zeithistoriker sind früher als seine Politiker und weit früher als das Volk zur Erkenntnis gekommen, dass es in der NS-Zeit in und aus Österreich nicht nur Opfer, sondern auch Täter gab. Das war wichtig. Weil öffentliche Zustimmung nur mühsam zustande kam, wurden die Wissenschafter ungeduldig, legten in den Formulierungen an Schärfe zu, setzten sich da und dort Vorwürfen der Einseitigkeit und Übertreibung aus – und machten damit für sich und die anderen ihre Sache noch schwerer.

Der Nationalsozialismus war als Ganzes ein monströses Verbrechen. So gehört er auch beschrieben. Aber er bestand aus tausend Elementen. Nicht jeder Nazi hatte mit ihnen allen zu tun. Zu Führer-Allmacht und Kriegsgeschehen, Rassenhygiene und Redeverbot, Religionsbekämpfung und Feindvernichtung gab es auch unter Anhängern und Sympathisanten viele nuancierte Einstellungen, die sich noch dazu im Lauf der Kriegsjahre ziemlich deutlich zu Ungunsten Hitlers verschoben. Wenn nun in einer wissenschaftlichen Abhandlung so getan wird, als wären

Nationalsozialismus und alle Nationalsozialisten zusammen ein einheitlicher Block, der nicht genug beschimpft werden kann – muss man da nicht mit Widerspruch und Widerwillen rechnen?

> Der historische Moralismus, das Beharren auf moralischer Überlegenheit der eigenen Position, die man nicht relativieren möchte, ist weltweit im Vormarsch.
>
> Egon Matzner

Kann sich wirklich jemand vorstellen, ein Volk, dem ständig eingeredet wird, es verschließe sich borniert der historischen Wahrheit, laufe beharrlich seiner Verantwortung davon, müsse sich endlich zu seiner Täterrolle bekennen und stets neue Entschädigungen zahlen, sei mit solcher Methode zur Einsicht zu bringen? Ein Lehrer, der ständig ganze Klassen dumm und verstockt schilt und sie jeden zweiten Nachmittag nachsitzen lässt, würde von jeder Schule verjagt. Warum müssen nicht auch Erzieher einer ganzen Nation nach pädagogisch zeitgemäßen Methoden vorgehen, also Tadel und Lob einfühlsam verteilen, Argumente differenziert einsetzen, Einsichten zusammen mit den Betroffenen erarbeiten?

Zeitgeschichtler kennen den Nationalsozialismus. Kennen sie alle auch die menschliche Natur? Zu ihr gehören alle Eigenschaften, die Mann und Frau nach dem Menschenbild der hebräisch-christlichen Bibel zum Abbild Gottes machen: Wahrheitssuche, Güte, Weisheit, selbstlose Liebe. Es gehören aber auch alle niedrigen und hässlichen Eigenschaften zur Gebrochenheit der menschlichen Natur, die jeden und jede von uns anfällig machen für schlimmste Untaten: Arroganz, Gleichgültigkeit, Hass und Grausamkeit. Krisensituationen bringen beides hervor: das heldenhaft Gute und das dämonisch Böse. Um in dieser gewaltigen Spannung auch der charakterlichen Ambivalenz bestehen zu können, entwickelt der Mensch Überlebensstrategien. Ohne opportunistische Anpassung würde kein Lebewesen in der Natur überdauern.

Nun ist der Mensch sicher mehr als ein biologisches Agglomerat. Aber das Zuwachsen von mehr Intelligenz, mehr Einsicht, mehr Moral braucht seine Zeit. Epochen des Totalitarismus sind grässliche Rückschläge in diesem Prozess, freilich auch Impulsgeber für neue Schübe der Moralität. Wer wollte zweifeln, dass bei den meisten von uns heute mehr Verständnis für das Anderssein der Anderen, mehr Sensibilität für Vielfalt, mehr Sinn für Menschenwürde vorhanden sind als noch vor 50 Jahren? Diesen Prozess beschleunigt aber nicht, wer mit Pauschalvorwürfen unentwegt ein ganzes Volk in Schuldgefühle zwingt oder zumindest diesen Anschein erweckt.

6.8 Statt Antifa bald Antiko

Ein häufiger Vorwurf, den Zeitgeschichtler gegen Regierende und Medien in den Fünfzigerjahren erheben, bezieht sich auf den politisch-moralischen Schwerpunktwechsel, der damals vollzogen wurde: immer weiter weg vom Antifaschismus, immer stärker hin zum Antikommunismus. Dieser wird nicht selten als veritable Ablenkungsstrategie aus der Trickkiste politischer Spurenverwischer gesehen: Hauen wir die Kommunisten, damit wir die Nazis schonen können! „Antifa": Das ist aktueller denn je! Sitzen uns nicht die Neufaschisten schon wie Killerhunde im Nacken? Aber „Antiko" auch noch? (Zu einer so populären Abkürzung hat es der Antikommunismus im realen Leben im übrigen nie gebracht – muss der ungeliebt gewesen sein!)

Kein Wunder, wenn man den Kommunismus nur mehr als Ablagerung auf einer Mülldeponie der Weltgeschichte erlebt hat. Aber das sollte ein Privileg der ganz jungen Generation bleiben. Für jene, die die damalige Zeit erlebt haben, war der Kommunismus kein Hirngespinst, vor dem sich niemand zu fürchten brauchte.

Die Österreicher/innen hatten von 1945 an schlechte Erfahrungen mit der Roten Armee gemacht. Diese hatte zwar große Teile Österreichs von der NS-Diktatur befreit, was kein vernünftiger Mensch vergessen sollte, aber die folgenden Begleitumstände der Befreiung – ständige Beschlagnahmungen von Betrieben und Anlagen, Vergewaltigungen, Beraubungen, Entführungen – waren keine Sympathiebringer. Bei den Staatsvertragsverhandlungen widersetzten sich die Sowjets jahrelang jedem großzügigeren Vorschlag der Westmächte, verlangten von Österreich Reparationen und unterstützten die jugoslawischen Gebietsforderungen gegen Kärnten

> **Mit den Wahlen 1945 hatten die Kommunisten die Hoffnung, auf parlamentarischem Weg Einfluss zu bekommen, aufgegeben. Und sie verlegten ihre Tätigkeiten auf außerparlamentarische Wege, in die Betriebe und Gewerkschaften.**
>
> **Franz Olah**

und Steiermark. Hätte die Bevölkerung unter solchen Umständen ihr Hauptaugenmerk weiterhin auf eine vergangene Gefahr richten und die drohende missachten sollen?

Die Gefahren waren deutlich sichtbar und nicht nur Ausgeburt einer antikommunistischen Propaganda. In Jugoslawien, das es mit Rückendeckung aus Moskau auf österreichisches Gebiet abgesehen hatte, regierte seit der Wahl 1945 nur eine kommunistische Einheitspartei, die die Monarchie abschaffte und 1946 eine an der Sowjetunion orientierte neue Verfassung beschloss. Als sich Tito 1948 aus der tyrannischen Moskauer Umarmung befreite, war lange Zeit nicht klar, was gespielt wurde – ein Theater zur Verwirrung des Westens oder ein Existenzkampf auf Leben und Tod? Als sich allmählich herausstellte, dass der Bruch echt war, wusste lange Zeit niemand, ob sich Moskau damit abfinden oder nicht doch bei passender Gelegenheit eine gewaltsame Rückeroberung des verloren gegangenen Einflusses versuchen würde. In Polen hatte die konservative Bauernpartei bei den Wahlen 1947 nach kräftigem kommunistischen Druck und Terror eine schwere Niederlage erlitten und Parteiführer Mikolajczyk musste im selben Jahr nach London fliehen. Das Land, das Stalin 1939 an Hitler verraten hatte und das nun ganz bestimmt nicht mehrheitlich für eine enge Bindung an Moskau war, war fortan fest in der Hand der Moskauhörigen Kommunisten.

Mit besonderer Besorgnis aber verfolgten die Österreicher/innen die Entwicklung in den beiden Nachbarländern, die ihnen am nächsten standen: in der Tschechoslowakei und in Ungarn. In Prag erzwangen die Kommunisten, nachdem sie bei den Wahlen 1946 nur eine bescheidene relative Mehrheit errungen hatten, 1948 einen Rücktritt der nichtkommunistischen Regierungsmitglieder, knüppelten Studentendemonstranten nieder, brachten freie Zeitungen zum Schweigen, zwangen die Sozialisten zur Vereinigung mit der Kommunistischen Partei, erreichten den Selbstmord von Außenminister Jan Masaryk und den Rücktritt eines desillusionierten Staatspräsidenten Benesch, stellten Kardinal-Erzbischof Beran unter Arrest – und waren Ende der Vierzigerjahre Alleinherrscher auf dem Hradschin!

In Ungarn hatten die Kommunisten bei freien Wahlen 1945 nur 17 Prozent der Stimmen ergattert, die konservative Partei der Kleinen Landwirte aber 60 Prozent. Die Kommunisten erzwangen trotzdem Koalitionsverhandlungen und sicherten sich dabei einflussreiche Regierungspositionen. Der Reihe nach wurden die Kleinen Landwirte und andere bürgerliche Parteien gezwungen, „faschistische" Personen und Gruppen auszuschließen – und siehe da, bei den Wahlen 1947 schafften die Kleinen Landwirte nur noch knappe 15 Prozent! Aber immer noch hatten Kommunisten und Sozialisten zusammen erst 37 Prozent der Stimmen. Als Nächstes wurden die Sozialisten zu einer Säuberung ihrer Reihen und dann zu einer Fusion mit den Kommunisten gezwungen. Bei den Wahlen 1949 gab es nur noch ein Ja oder ein Nein zur kommunistischen Einheitsliste, auf der auch ein paar hörige Platzhalter aufschienen, und die kommunistische Alleinherrschaft unter Mátyás Rákosi war gesichert.

So also sah es bei Österreichs Nachbarn aus. Aber auch in Italien und Frankreich, zwei eindeutig im westlichen Regierungs- und Lebenssystem verankerte Staaten, unternahmen die Kommunisten mehrfach Versuche, auf revolutionärem Weg an die Macht zu kommen. Wer konnte da noch zweifeln, dass Moskau an einer ähnlichen Entwicklung auch in Österreich interessiert war? Als daher als Reaktion auf das vierte Lohn- und Preisabkommen Österreichs Kommunisten im September 1950 zu einem Generalstreik aufriefen, zweifelten wenige daran, dass diese versuchen würden, mit sowjetischer Rückendeckung die Regierung zu stürzen und ähnliche Verhältnisse wie in Polen, in der Tschechoslowakei und in Ungarn zu erzwingen. Der Gewerkschaftsbund stellte sich geschlossen dagegen, und ein Gewerkschaftsobmann redete nicht nur, sondern handelte auch: Franz Olah führte seine Bau- und Holzarbeiter auf die Straße und setzte sie gegen die gewaltbereiten Streikenden ein. Diese marschierten ja nicht, friedlich singend, durch die Straßen, sondern setzten, vom bewaffneten Betriebsschutz mehrerer USIA-Unternehmungen begleitet, brutale Gewalt gegen „Streikbrecher" ein, bedrohten Gewerkschafts-

> **Es ist ehrenhaft, unter einem faschistischen Regime Antifaschist zu sein und unter einem kommunistischen Regime Antikommunist. Wer aber das Glück hat, in einer bürgerlichen Demokratie, d.h. in einer Demokratie arbeitender Bürger zu leben, muss sagen, wofür er/sie ist. Wer das nicht tut, ist nicht glaubwürdig.** Walter Simon

und Arbeiterkammerfunktionäre und forderten den Rücktritt der gesamten Regierung. Von bürgerlicher Seite gab es rhetorische Schützenhilfe für die Gewerkschafter, ein paar wackere Studenten machten auch auf der Straße mit.

Niemand wusste im Voraus, ob die Sowjets mit Panzern eingreifen würden. Sie taten es nicht. Die Demokratie in Österreich behauptete ihre Stellung. Aber am „Putschversuch" wurde Jahrzehnte später immer wieder gerüttelt, weil Historiker nach Beweisen für kommunistische Umsturzpläne suchten und keine fanden. Man darf auch in der Tat annehmen, dass es kein schriftliches Konzept dafür in irgend einer Schreibtischlade gab. Aber ebenso sicher darf man annehmen, dass die Kommunistische Partei damals testete, wie weit sie gehen konnte, ohne in die Schranken gewiesen zu werden. Wäre die Regierung zurückgetreten, dann ist nicht anzunehmen, dass sich die Kommunisten mit geringfügig erhöhten Löhnen hätten abspeisen lassen. Natürlich hätten sie einen Regierungseintritt verlangt, um nach dem Muster anderer Länder zumindest von innen die Regierung weiter unterminieren zu können. Es besteht also kein Grund, sich im Nachhinein für den entschlossenen Widerstand zu entschuldigen. Und es besteht auch kein Grund, sich für die sich damals weiter festigende antikommunistische Haltung zu schämen.

Franz Olah sieht sich bis zum heutigen Tag dem Vorwurf ausgesetzt, den damalige „Generalstreik" überschätzt und die Gefahr übertrieben zu haben. In jüngster Zeit berichtete er davon, dass er nach dem Zusammenbruch des kommunistischen Systems 1989 in der ehemaligen Zentralbuchhandlung der KPÖ in Bücherkörben gewühlt und einen alten Band der kommunistischen Parteiakademie aus dem Jahr 1952 gefunden habe, in dem eine nie veröffentlichte Rede des ehemaligen KPÖ-Zentralsekretärs Friedl Fürnberg abgedruckt war. Dort hieß es wörtlich: „Wir wollen die Volksdemokratie. Es ist nur die Frage, wie wir es machen können und wann wir es machen können. Aber sie wird kommen" (79). Das war zwei Jahre nach dem ersten ernsthaften Versuch, dem Ziel entscheidend näher zu kommen. Und alle wussten damals, was unter der „Volksherrschaft des Volkes" (Volksdemokratie) zu verstehen war: eine brutale kommunistische Diktatur!

In der Fernsehserie „Österreich II" schilderte auch der einstige Sekretär der Sozialistischen Jugend und spätere Chefredakteur der „Arbeiter-Zeitung", Paul Blau, warum auch der relativ starke linke Flügel der SPÖ klar antikommunistisch war: Vom „Trauma der russischen Besatzung" abgesehen, „ist natürlich bekanntgeworden, dass die Schutzbündler, die nach der Niederlage im Februar 1934 in die Sowjetunion geflüchtet sind, praktisch samt und sonders, mit ganz wenigen Ausnahmen, liquidiert wurden... Dann erfuhr man natürlich sehr bald von den grauenhaften Schauprozessen... Für uns war damals (auch) die Gefahr einer Zerreißung und Teilung Österreichs noch real... Deshalb waren wir damals unerhört stark antikommunistisch" (80).

Zu bedenken ist in diesem Zusammenhang auch, dass der Oktober-"Generalstreik" wenige Monate nach dem Beginn des Korea-Krieges aufgeflammt war, seit dessen Ausbruch im Juni 1950 die Welt lange Zeit am Abgrund eines neuen Weltkriegs wandelte. Damals solidarisierte sich Österreichs Regierung nicht nach außen, sondern im Geheimen, noch enger mit der westlichen Allianz, wie der britische Historiker und hervorragende Österreich-Kenner Gordon Brook-Shepherd 1995 in seinem Buch „The Austrians" (deutsch 1998) genauer beschrieb (81). Geheimpläne der Alliierten für Österreich im Fall eines Kriegsausbruchs in Europa gab es seit 1945. Zuerst waren nur wenige Personen aus der Regierung eingeweiht, später auch Offiziere des Bundesheeres und der Sicherheitsorgane. Ausweichpläne für eine Verteidigung Westösterreichs entlang der Enns-Linie wurden ausgearbeitet und die Kontakte zur Nordatlantikpakt-Organisation intensiviert. Alle – auch die Sowjetunion – gingen davon aus, dass im Ernstfall einer kommunistischen Aggression die NATO, zu deren Operationsfeld im Kriegsfall mit stillschweigender Akzeptanz der Sowjets auch Tirol gehört hätte, im Weg stehen würde und nichts sonst. Daran hat auch die 1955 beschlossene immer während Neutralität nichts geändert.

Der Kommunismus war kein Kinderspiel. Der Antikommunismus war keine Propaganda-Hysterie, auch wenn er in der parteipolitischen Propaganda („rote Katze") oft auch einseitig übertreibend eingesetzt worden ist. Der Weltkommunismus hat mehr als 100 Millionen Tote auf dem Kerbholz. Der Antikom-

munismus in Österreich hat keinem Kommunisten ein Haar
gekrümmt. Aber er hat ihnen die Hoffnung geraubt, in diesem
Land widerstandslos die Macht an sich reißen zu können. Daher irritiert es, wenn man fachhistorischem Missfallen begegnet, weil in Lehrbüchern Faschismus und Kommunismus gleichermaßen als „totalitäre Systeme" abqualifiziert würden, obwohl diese Gleichsetzung „ihre Bedeutung für den wissenschaftlichen Diskurs längst verloren hat" (80). Die Wissenschaft

> Es war für meinen Vater ganz
> klar, dass man einen selbstständigen, eigenen Weg gehen
> muss und dass die Verbindung
> einer sozialdemokratischen Partei mit einer kommunistischen
> Partei absolut nicht im Sinne
> jener sein konnte, die die
> Sozialistische Partei wieder aufgerichtet hatten.
>
> Martha Kyrle geb. Schärf

lehnt undifferenzierte Pauschalurteile ab. Diese intellektuelle
Redlichkeit verdient Anerkennung. Aber dann darf man von solcher Redlichkeit auch Logik und Konsequenz einfordern. Wer
(mit Recht!) verlangt, dass man die Gefährlichkeit des
Nationalsozialismus auch 50 Jahre nach seiner Überwindung
noch ohne Beschönigung beim Namen nennt, darf mit dem erst
vor zehn Jahren überwundenen Kommunismus nicht nachsichtiger verfahren.

7. Orientierung an Europa

7.1 Unverkrampfte Nation

Mit dem Ende des Nationalsozialismus war auch das Ende der Orientierung am Nationalstaat als Endziel staatlicher Entwicklung gekommen. Der Nationalstaat ist damit nicht überflüssig, nicht entbehrlich geworden. Aber er ist kein Götze mehr. Das spürten alle, die sich 1945 dem Neubeginn stellten. Wo Nationalismus als Mittel der Identitätsfindung historischer Schicksalsgemeinschaften gewaltsam unterdrückt wurde, brach er nach Wegfall der Gewalt eruptiv hervor: Die Ereignisse im ehemaligen Jugoslawien liefern eines von vielen Beispielen dafür. Wo man den Nationalismus der Entwicklung in demokratischen Rechtsordnungen überließ, entfaltete er sich maßvoll und ohne Bedrohung für andere: Deutschland und alle von Hitler besetzten und nun für die Demokratie befreiten Staaten bewiesen es. Auch Österreich. Und von Anbeginn stand bei vielen die rasch wachsende Erkenntnis dem neuen Nationsbewusstsein Pate, dass die Nation nicht das letzte und höchste Ziel sein konnte, sondern eingebettet sein sollte in ein größeres Ganzes, das zunächst der eigene Kontinent und in weiterer Folge die ganze Menschheitsfamilie war.

Ein geeinigtes Europa und die Weltorganisation der Vereinten Nationen genossen bei vielen Österreicherinnen und Österreichern schon von der Wiederbegründung der Republik Österreich an hohen Anwert. Aber in größere Gemeinschaften muss ein Volk hineinwachsen. Niemand kann ein Land in eine größere Einheit hineinbefehlen. Auch mit der neuen Verfassungslage mussten sich die Österreicher neu anfreunden. Es war zwar die Verfassung von 1920 und 1929, aber der Rechtsrahmen, der damals zu Streit und Bürgerkrieg einlud, musste auf seine Gebrauchsfähigkeit für Kooperation und Konsens getestet werden. Man darf nicht vergessen, dass ein Österreicher in einem Jahrhundert fünf verschiedene Verfassungen erlebt haben konnte; die monarchistische, die der Ersten Republik, die ständestaatliche, die Hitlerische und die der Zweiten Republik. Daneben nehmen sich die USA mit ihrer mehr als zwei Jahrhunderte alten

Verfassung schon als recht alte Nation aus. Neue Verfassungen setzen, sollen sie wirksam werden, zwar nicht gleich neue Menschen, aber Menschen mit neuem Veränderungswillen voraus. Die Vermutung ist erlaubt, dass ein und derselbe Mensch nicht so viel Verwandlungskraft in sich trägt, um jedes Mal ein ganz anderer zu werden.

Aber natürlich gehen politische Umbrüche an Menschen nicht spurlos vorüber. Sie rücken andere Akzente des kollektiven Selbstbewusstseins und Selbstverständnisses nach vorn, machen Menschen-Natur (nicht nur Österreicher-Natur) sichtbar: das in der Natur des Menschen mögliche selbstlos Heldenhafte genau so wie das in der Gebrochenheit seiner Natur schlummernde gewissenlos Gemeine. Den Österreicherinnen und Österreichern stand nach dem Anschluss an Deutschlands 1938 sicher der hundert Jahre alte Traum der Zusammenführung aller Deutschen in einem Reich stark im Bewusstsein. Und 1945 erinnerten sie sich wieder ihrer österreichischen Besonderheit, die ihnen unter wechselnden Vorzeichen schon eingebläut worden war. Und dann mobilisieren solche Umbrüche jene Charaktereigenschaften, die in Krisenzeiten besonders gebraucht werden. Beide Male aber war Anpassungsfähigkeit gefragt – Opportunismus, wenn man es hässlicher ausdrücken will. Opportunismus (also „Anpassung an die sich bietende Gelegenheit") ist eine Überlebensstrategie der Evolution, ohne die es den heutigen Menschen nicht gäbe. Freilich ist der Mensch mehr als ein biologisches Agglomerat. Aber tritt er nicht umso „biologischer" auf, je größer die Bedrohlichkeit einer Krise ist, die ihn erfasst?

Dass Großdeutschland ihnen nicht gut bekommen hatte, war eine 1945 von so gut wie allen Österreichern geteilte Meinung. Jetzt wollten alle Österreicherinnen und Österreicher sein, „deutsch" galt fast so viel wie „nationalsozialistisch" oder bedeutete zumindest „preußisch". Später erfuhr die Öffentlichkeit, dass führende Politiker der nachmaligen ÖVP und SPÖ noch vor Kriegsende Gesprächspartnern der deutschen Christdemokraten und Sozialdemokraten klar gemacht hatten, dass keine österreichische politische Partei mehr die Vereinigung mit Deutschland anstreben würde.

Die neuen Geschichtsbücher konzentrierten sich wieder auf „österreichische Geschichte", fast unter Ausblendung ihrer Ver-

wobenheit mit der deutschen, und legten allen deutschtümelen-
den Heroismus ab. „Die Geschichte sollte nicht mehr nachweisen, dass die Österreicher die besten, tüchtigsten, wahrsten Deutschen waren, sondern dass sie entweder immer nur – vielleicht
sogar höher entwickelte – Nachbarn der Deutschen waren oder
seit langem nationalpolitisch und kulturell ihre eigenen Wege
gingen" (1). Selbst das Schulfach, das nie anders als „Deutsch"
geheißen hatte, mutierte im Schulzeugnis für einige Jahre zu
„Unterrichtssprache". Für eine eigenständige „österreichische
Nation", von der in der Ständestaatszeit nur einzelne Kommunisten (Rudolf Klahr) und ein paar konservative Außenseiter fabu-
liert hatten (auch Richard Coudenhove-Kalergi, Joseph Roth und
Nikolaus Hovorka) warb in den „Österreichischen Monatsheften"
der Volkspartei Chefredakteur Alfred Missong mit leidenschaftli-
chem Engagement, und die frühere sozialdemokratische Häme
dazu verwandelte sich zumindest in freundliches Zuschauen
sowie den einen oder anderen Beifallsruf.

Der Historiker Georg Wagner, der in dem von ihm redigier-
ten Großwerk „Österreich /Von der Staatsidee zum Nationalbe-
wusstsein" den Nachweis einer 500 Jahre wirksamen schicksal-

> **Der Weg [der neueren Bildung]
> geht von Humanität durch Na-
> tionalität zur Bestialität.**
>
> **Franz Grillparzer**

haften Verbundenheit der alten Erb-
lande und heutigen Bundesländer
erbrachte, bietet darin auch einen
Überblick über die Entwicklung des
Bekenntnisses zu einer eigenen
österreichischen Nation. Zwischen 1956 und 1980 haben ständige Meinungserhebungen einen klaren Entwicklungstrend erkennen lassen. 1956 hatten noch 46 Prozent die Existenz einer eigenen österreichischen Nation verneint, 1964/65 noch 15 Prozent,
1979 nur noch sechs Prozent. 1979 sagten 68 Prozent der Befragten, die Österreicher seien eine eigene Nation, weitere 14
Prozent meinten, sie begännen sich langsam als solche zu fühlen. Und gewissermaßen als „Probe", ob diese Messung auch
zutraf, erhob man Reaktionen auf die Frage: Wo würden Sie,
wenn Sie die freie Wahl hätten, lieber leben – in der Schweiz, in
Deutschland oder in Österreich? 1964/65 waren 16 Prozent für
die Schweiz, 1979 noch 10 Prozent. Für Deutschland sprachen
sich1964/65 immerhin 14 und 15 Jahre später nur noch 5 Prozent aus. Am liebsten in Österreich wohnen wollten im ersten

Erhebungsjahr 64 Prozent der Österreicher/innen und 1979 schon 81 Prozent: Der Anwert des Heimatlandes war anhaltend gestiegen (2).

Der Schluss, den Bundespräsident Franz Jonas, später bekräftigt durch seinen Amtsnachfolger Rudolf Kirchschläger, aus dieser Entwicklung zog: „Das Bekenntnis zur österreichischen Nation bedeutet vor allem, dass sich unser Volk in seiner überwiegenden Mehrheit zu diesem Staat bekennt, gemeinsame Traditionen hat und seinen eigenen Weg in die Zukunft gehen will" (3). Der Inhalt dieses Nationsbegriffes war damit zweifellos nicht mehr jener der deutschen Sprachgemeinschaft nach Johann Gottfried Herder, der die Österreicher so lange verwirrt hatte, sondern der einer Staats- und Staatsbürgernation – nichts Naturgegebenes also, sondern „organisierendes Prinzip der Politik" (4).

Österreich ist eine eigene Staatsnation: Damit können sich in der Tat heute so gut wie alle Österreicher/innen identifizieren, aber damit stellt sich auch heraus, dass der große Aufwand der Nationsdebatte in der Zweiten Republik eigentlich nur dem (seit 1945 prinzipiell ohnedies unbestrittenen) Ziel gedient hat, das Bekenntnis zur staatlichen Eigenständigkeit Österreichs zu stärken und zu vertiefen. Das war kein geringes Verdienst, gewiss, aber über diesen Nationsbegriff hätte man sich beizeiten schon mit Otto Bauer verständigen können, der unter Nation „die Gesamtheit der durch Schicksalsgemeinschaft zu einer Charaktergemeinschaft verknüpften Menschen" verstand (5). Jedenfalls können sich durch diese Erkenntnis auch jene bestärkt fühlen, die über die forcierte Debatte zugunsten einer österreichischen Nation immer ein wenig Unbehagen empfunden hatten – sei es, weil sie als Marxisten auf die „deutsche Revolution" gesetzt hatten oder sei es, weil sie auch als Gesinnungsfreunde der Nationsverfechter im Zeitalter der keimenden Europa-Idee nicht einen neuen Nationalismus großziehen wollten.

In diesem Zusammenhang muss freilich noch auf einen zweiten Begriff eingegangen werden, dessen identitätsstiftender Charakter nicht zu leugnen ist: die immer während Neutralität. Zu ihrem historischen Werdegang ist zu sagen, dass diese Idee schon seit Ende der Monarchie gelegentlich in die politische Debatte Österreichs eingebracht wurde – als erstes vom letzten

Ministerpräsidenten des Kaisers Karl, Heinrich Lammasch. Er war dann auch Friedensvertragsverhandler in St. Germain und verfocht als einer der wenigen Gegner eines Anschlusses an Deutschland den Gedanken eines neutralen Österreich. In der Ersten und in der Zweiten Republik geisterte diese Idee immer wieder einmal durch die politische Debatte, ohne je im Bewusstsein der politischen Elite des Landes ernsthaft Fuß zu fassen. Erst bei den Verhandlungen über einen Staatsvertrag begann man sich darauf zu konzentrieren, erblickte darin aber zunächst ganz eindeutig ein taktisches Instrument, das zu einem Abzug der vier Besatzungsmächte führen sollte. Am besten, man liest bei Bruno Kreisky nach (6).

Drei Jahre nach Vertragsabschluss hat Bundeskanzler Raab bei einem Moskau-Besuch, an dem Kreisky teilnahm, den sowjetischen Ministerpräsidenten Nikita Chuschtschow rundheraus gefragt, was Moskau bewogen habe, Österreich 1955 den Staatsvertrag zu geben. Offene Antwort: Wir wollten ein Signal unserer Friedensbereitschaft aussenden und haben uns beim Durchgehen aller Beispiele für das österreichische entschieden. Nun wollten die Sowjets aber sichergehen, dass sich Österreich nicht der Bundesrepublik Deutschland anschließt; welche Garantie konnte Österreich bieten? Kreisky: „Da ist uns die Idee der, ich sage absichtlich: militärischen Allianzfreiheit gekommen". Beim Verhandeln mit den Russen, ob „Neutralität" versprochen werden sollte oder „Bündnisfreiheit" genügen würde, bestand Außenminister Molotow auf „Neutralität". Um eine in westlicher Lesart zu sichern, habe man auf das „Vorbild der Schweiz" verwiesen, und es war laut Kreisky „sehr merkwürdig, dass die Sowjetunion das akzeptiert hat".

Aber sie tat es. Und so kam es, und die Neutralität wurde für Jahrzehnte zum Inbegriff eines neuen österreichischen Selbstverständnisses. In der Art, wie die völkerrechtlich einwandfrei definierte Neutralität gehandhabt wurde, trug sie zum Selbstbewusstsein der Österreicher in der Zeit des Kalten Krieges entscheidend bei. Sie wurde rein militärisch als Bündnisfreiheit und Verweigerung von Stützpunkten an ausländische Armeen auf österreichischem Boden verstanden, politisch aber als Möglichkeit der Vermittlung zwischen den Machtblöcken bei gleichzeitigem klaren Bekenntnis zur demokratisch-freiheitlichen

Staatsform. Die „aktive Neutralitätspolitik", die Bundeskanzler Kreisky im prinzipiellen Einvernehmen mit der Volkspartei betrieb, sicherte Österreich weltweit Anerkennung. Was dem Volk immer verschwiegen wurde, war die Tatsache, dass sie keinerlei Schutz im Fall eines militärischen Angriffs geboten hätte, zumal Österreich nie auch nur annähernd genug Geld für eine wirksame Selbstverteidigung ausgab. Diesen Schutz lieferte, nie erwähnt und doch beweisbar, allein das westliche Militärbündnis NATO, das im Fall eines Großangriffs auf Österreich im Einklang mit dem Völkerrecht – im Augenblick einer Aggression erlischt die Neutralität – angerufen worden und auch zu Hilfe gekommen wäre. Seit der Wende ist dieses Konzept von Neutralität am Ende, was aber in Österreich noch immer nicht klar erkannt und akzeptiert worden ist.

Die Neutralität stirbt mühsam, weil sie sich ins Volksbewusstsein tief eingewurzelt hat. Da sie auch zur Überwindung der Deutschtümelei in Österreich wesentlich beigetragen hat, sollte man ihre Zählebigkeit durchaus auch schätzen, zumal sie ja doch auch eine starke Relativierung der Behauptung darstellt, die Österreicher hängten ihre Mäntel im politischen Wind im Bedarfsfall auch blitzartig um. Dafür gibt es – leider – auch einen Beweis von der Kehrseite der Medaille her. Die US-Besatzungsmacht veranstaltete mehrmals im Jahr in Österreich eine Umfrage, bei der man sich zum Nationalsozialismus in zweifacher Weise äußern konnte: „Schlechte Idee" oder „Gute Idee, schlecht durchgeführt". Die Verfechter einer „schlechten Idee" nahmen von 1946 auf 1947 von 45 auf 32 Prozent ab, dann wieder zu und landeten 1948 bei 42 Prozent. Für eine nur schlechte Durchführung plädierten in diesen Jahren zwischen 33 und 51 Prozent! Angesichts erheblicher Unterschiede selbst innerhalb eines Jahres dürften die Erhebungen nicht sehr präzise gewesen sein. Trotzdem gibt das „latent faschismusanfällige Potential" zu denken (7).

Viel erfreulicher die Ergebnisse einer Demokratie-Umfrage 1948, bei der 39,3 Prozent für die Demokratie als bevorzuge Regierungsform eintraten, 23,7 Prozent für eine sozialistische Republik, 15,9 Prozent für die Monarchie und nur 3,3 Prozent für eine Diktatur. Hier wurden die Begriffe offenbar völlig irreführend definiert, „Demokratie" mit „Republik" gleichgesetzt (ein Stumpfsinn, auch Hitler-Deutschland war eine Republik und Großbritannien ist seit Menschengedenken Demokratie und Monarchie zugleich) und eine nebulose „sozialistische Republik" noch dazu erfunden. Die Bejahung der Demokratie in Österreich ist ab 1945 rapid angewachsen, besonders unter den jungen Menschen, und steht heute völlig außer Zweifel.

Zur Beurteilung des Nationalsozialismus liegt aus 1989/90 auch ein Ländervergleich vor. Eine total negative Bewertung kam von bloß 55 Prozent der Österreicher und 63 Prozent der Deutschen; dafür sahen 29 Prozent der Österreicher und nur 16 Prozent der Deutschen im Hitler-System ausschließlich Schlechtes. Mehr Schlechtes als Gutes am NS-System erblickten 34 Prozent in beiden Ländern, nur Gutes hier wie dort lediglich ein Prozent. In einer Umfrage zu Ende der Achtzigerjahre lagen die Eigenständigkeit Österreichs und das demokratische System bei Antworten auf die Frage, was die Menschen für verteidigenswert hielten, weit vor der „typischen Lebensart". Das heißt: Entgegen möglichen landläufigen Erwartungen bedeuten den Österreichern Unabhängigkeit und Demokratie ungleich mehr als Schnitzel, Heurige und Lipizzaner. Bilanz: Mit dem „Nation"-Problem ist Österreichs Bevölkerung nach 1945 klar gekommen. Das neue Verhältnis ist unverkrampft und braucht den internationalen Vergleich nicht zu scheuen. Wachsamkeit ist trotzdem angebracht - schlummernde Potentiale werden zur Gefahr, wenn äußere Verhältnisse sich drastisch ändern.

Ein Hinweis ist noch auf die Rolle des Südtirol-Themas in der österreichischen Politik angebracht. Es erfüllte sicher eine therapeutische Funktion bei der Überwindung engstirnigen chauvinistischen Denkens. Österreich bemühte sich, noch ehe seine Südostgrenzen gesichert waren, um die „Heimholung" der Südtiroler. „Einheit Tirol": Das war keine deutschnationale Parole, zumal Hitler mit seinem Trinkspruch auf die „von Gott aufgerichtete Brennergrenze" am 3. Mai 1938 in Rom und dann mit dem Abkommen vom 21. Oktober 1939 die Südtiroler an Mussolini verraten und Zehntausende einer Umsiedlung ausgeliefert hatte. Man konnte sich also als guter Österreicher fühlen und gleichzeitig ein „nationales" Anliegen vertreten: das Selbstbestimmungsrecht für Südtirol, das ihm schon nach dem Ersten Weltkrieg verweigert worden war.

Aber das Schicksal des schönen Landes an Etsch und Eisack war längst entschieden: Die Alliierten wollten Italien damit für den Verlust seiner Kolonien ein wenig entschädigen. So handelte ein Tiroler, Österreichs Außenminister Karl Gruber, mit einem ehemaligen Abgeordneten im Reichsrat der österreichisch-ungarischen Monarchie, Ministerpräsident Alcide de Gasperi, in Paris ein Abkommen aus, das den Südtirolern bei Verbleib im italienischen Staatsverband eine lokale Autonomie sichern sollte. Der Pferdefuß an dieser für damalige Verhältnisse sicher bestmöglichen Lösung war, dass nicht nur die mehrheitlich deutschsprachige Provinz Bozen („Oberetsch"), sondern auch die mehrheitlich italienischsprachige Provinz Trient eine Lokalautonomie bekam und beide in der Region Trentino/Alto Adige zusammengefasst wurden. Die meisten Autonomie-Rechte lagen aber nicht bei den Provinzen, sondern bei der Region, wo wieder eine italienische Mehrheit gesichert war.

Positiv war zunächst, dass alle 200.000 Südtiroler, die sich 1939 für eine Auswanderung entschieden („optiert") hatten, durch Rückerwerb der italienischen Staatsbürgerschaft wieder festen Boden unter den Füßen hatten. 70.000 der 200.000 „Optanten" hatten damals das Land schon verlassen; die meisten blieben in Österreich, Deutschland oder wohin immer es sie verschlagen hatte; 20.000 kehrten nun nach Südtirol zurück. Über die amtliche Gleichberechtigung von Deutsch und Italienisch gab es jahrelang Streit. An der Autonomieregelung entzündeten sich immer heftiger werdende Konflikte, die zeitweise zu Sprengstoffanschlägen (immer nur gegen Sachwerte gerichtet) und brutalen Gegenmaßnahmen der Carabinieri führten.

Ab 1953 wurde von Österreich wieder das Selbstbestimmungsrecht reklamiert, 1959 auch die UNO angerufen. Eine Kompromisslösung, von den Außenministern Kreisky und Saragat 1964 ausgehandelt, scheiterte an der Südtiroler Volkspartei. Als diese einem zweiten Lösungsansatz, den Außenminister Waldheim ausgehandelt hatte, 1969 mit knapper Mehrheit zustimmte, hatte Kreisky nicht die Größe, dieses Südtirol-„Paket" im österreichischen Parlament der SPÖ zur Annahme zu empfehlen. Es fand auch ohne sie eine Mehrheit und wurde von Italien 1972 in Form eines Autonomiestatuts umgesetzt, das sich in der Folge als Modellfall für eine demokratische Lösung von

Minderheitenkonflikten erweisen sollte. Ein Urteil des Europäischen Gerichtshofes erzwang in der ersten Jahreshälfte 2000 einige Neuformulierungen der Bestimmungen über die Zweisprachigkeit im Autonomiestatut, die die Südtiroler für weitere Verbesserungen zu nutzen trachteten: in gutem Einvernehmen mit Rom.

Das Verhältnis zwischen Italien und Österreich, dessen Schutzmachtfunktion über Südtirol der Pariser Vertrag vom 5. September 1946 anerkannt hatte, war jahrelang ernstlich getrübt. Zwischen 1967 und 1969 blockierte Italien sogar die Verhandlungen Österreichs mit der damaligen Europäischen Wirtschaftsgemeinschaft (EWG), der Vorläuferin der EU. Aber nun ging es Schritt für Schritt vorwärts, alle drei Beteiligten (Italien, Österreich und die Südtiroler) zeigten guten Willen, und 1992 konnte die österreichische Bundesregierung guten Gewissens die vorgesehene Streitbeilegungserklärung vor der UNO abgeben. Ein „nationales" Problem, an dem die Österreicher jahrzehntelang politisch und emotional stark Anteil genommen hatten, war in einem übernationalen, europäischen Geist gelöst worden und hatte im Verlauf dieses Läuterungsprozesses „einen wichtigen Beitrag zur österreichischen Identitätsbildung geleistet" (8). Österreichern wie Italienern wurde eine Lektion erteilt: Im Europa von morgen soll es primär um Menschen und Menschenrechte gehen, nicht um Grenzen und Staatsprestige.

> Wenn wir uns versuchsweise vorstellen, was wir als ‚Nationale' sind, wenn wir etwa den durchschnittlichen Deutschen aller Sitten, Gedanken, Gefühle zu entkleiden versuchen, die er von anderen Ländern des Erdteils übernommen hat, dann werden wir bestürzt erkennen, wie unmöglich eine solche Existenz schon ist: Vier Fünftel unserer Habe sind europäisches Gedankengut.   Ortega y Gasset

Dem Gedanken eines in Freiheit vereinten Europa war Österreich von Anbeginn stark zugetan – nicht nur, weil der Austro-Europäer und Weltmann Richard Coudenhove-Kalergi schon 1923 in Wien die Paneuropa-Bewegung gegründet und 1926 hier den ersten Paneuropa-Kongress veranstaltet hat. Nach dem Zweiten Weltkrieg begeisterten sich auch viele junge Österreicher/innen für das Niederreißen innereuropäischer Grenzbalken durch jugendliche Idealisten vor allem aus Frankreich und Deutschland. Zweimal stellte Österreich den Generalsekretär des Europarates: 1969 bis 1974 mit Franz Karasek und mit Walter Schwimmer seit 1999. Damals war die Zeit noch nicht reif für einen Grenzabbau. Aber das Wachsen und Werden der Montanunion, der Europäischen Wirtschaftsgemeinschaft, der Europäischen Gemeinschaften und der Europäischen Union wurde in Österreich mit heißem Herzen verfolgt. „Österreich ist Europa, und Europa kann ohne Österreich nicht sein!" rief Bundeskanzler Figl in seiner häufig patriotisch überhöhten Sprache schon 1945 aus (9).

Am 12. Juni 1994 stimmten 3.145.981 Österreicherinnen und Österreicher für einen Beitritt zur Europäischen Union, das waren bei einer Stimmbeteiligung von 82,3 Prozent satte 66,6 Prozent oder zwei Drittel der abgegebenen Stimmen. In keinem Bundesland betrug der Anteil der Ja-Stimmen weniger als 56,7 Prozent (Tirol), am höchsten lag er mit 74,7 Prozent im Burgenland. Seither hat sich bei allen Umfragen eine solide und auch bis Mitte 2000 nicht abbröckelnde Zustimmung bei rund 70 Prozent der Bundesbürger stabilisiert. Diese hohe Einverständnisrate hat auch jene Politiker und Parteien zu einem Schwenk veranlasst, die ursprünglich gegen einen Beitritt agitiert hatten: Sowohl die Freiheitliche Partei wie die Grünen haben sich nach Bekanntwerden dieser Ergebnisse dem Volkswillen gebeugt und liegen nunmehr eindeutig auf EU-Kurs. Das österreichische Volk und niemand sonst hat ihnen diese klare Zielvorgabe verpasst.

7.2 Minderheiten in Österreich

In 36 Staaten Europas mit mehr als einer Million Einwohnern und in neun Kleinstaaten leben heute Menschen aus 80 verschiedenen Völkern – und dabei rechnet das Buch, das sie gezählt hat, die Österreicher, die Deutschschweizer und die Südtiroler allesamt zum „deutschen Volk" (10). Es gibt heute so gut wie kaum einen Staat mehr, der für keine Minderheit vorzukehren hätte. Die Staaten tun dies auch mehr als zuvor – die Massaker auf dem Balkan im letzten Jahrzehnt des 20. Jahrhunderts hat allen vor Augen geführt, was passiert, wenn nationale Wünsche und Sehnsüchte gewaltsam unterdrückt werden: Sie verschwinden nicht, sondern sammeln nur Frust und Zorn, die sich bei erster Gelegenheit geballt entladen. Wo Staaten ihren ethnischen Minderheiten Aufmerksamkeit schenken und Lebensrechte sichern, herrscht Friede, kann Europa sich entfalten.

Die Republik Österreich hat eigentlich kaum ernste Probleme mit ihren ethnischen Minderheiten gehabt. Ein einziges Mal gab es einen größeren Wirbel: 1972 in Kärnten, als dort zweisprachige Ortstafeln aufgestellt werden sollten. Artikel 7 des Staatsvertrags von 1955 verpflichtet die Republik, Staatsbürgern der slowenischen und der kroatischen Minderheit eigenen Volksschul- und allenfalls auch Mittelschulunterricht zu sichern und in gemischtsprachigen Gebieten Slowenisch bzw.

> **Im Gegensatz zu den Slowenen in Kärnten distanzierten sich die Ungarn und Kroaten im Burgenland von ihren kommunistischen „Mutterländern". Auch aus diesem Grund gab es hier nie nennenswerte Konflikte mit der deutschsprachigen Mehrheitsbevölkerung.**
>
> Peter Stiegnitz

Kroatisch als zweite Amtssprache zuzulassen. In solchen Bezirken sind auch zweisprachige Orts- und Geländetafeln aufzustellen. Damals, so der Politologe Anton Pelinka, „inszenierten deutschnationale Extremisten um den ‚Kärntner Heimatdienst' einen Ortstafelsturm gegen die slowenische Minderheit und bedrohten auch den herbeigeeilten Kanzler (Kreisky), der sich ihnen mutig zur Debatte in den Weg gestellt hatte" (11).

Gerechterweise muss man freilich sagen, dass sich die aufgebrachte Menge nicht gegen „die Slowenen", sondern gegen die Ortstafeln wandte, und der angegebene Hauptgrund („Eines Tages könnte Jugoslawien daraus wieder Gebietsansprüche ableiten") nicht ganz von der Hand zu weisen war. Das Unternehmen wurde abgebrochen, der Landeshauptmann trat zurück und es kam zu einer von der Kärntner ÖVP und FPÖ geforderten Minderheitenfeststellung, die nichts Brauchbares brachte. In Österreich konnten sich immer schon bei den alle zehn Jahre stattfindenden Volkszählungen Personen zu einer Minderheit bekennen – selbstverständlich in geheimer Entscheidung. Die dabei herauskommenden Zahlen wurden von den Anwälten der Minderheiten immer als unrealistisch niedrig bezeichnet. Aber alle Versuche, höhere Zahlen zu produzieren, blieben ziemlich ergebnislos. So gibt es bis heute für alle Minderheiten in Österreich eine „offizielle" und eine „geschätzte tatsächliche" Stärke. Das Ergebnis sieht dann etwa so aus (in Klammer die Schätzung der

Innsbrucker Gruppe „Initiative Minderheiten"): 29.596 (30.000
bis 40.000) Kroaten, 20.191.000 (40.000 bis 50.000) Slowenen,
122 (10.000 bis 40.000 Roma und Sinti), 19.638 (rund 25.000)
Ungarn, 9822 (30.000) Tschechen und 1015 (5000) Slowaken
(12). Ob trotz Geheimhaltung Sorge mit im Spiel ist, man könne
sich durch Angabe einer Volksgruppenbezeichnung schaden,
oder ob aus diesen Divergenzen nicht auch eine ehrliche Assi-
milationsbereitschaft spricht („Wir möchten vor allem Österreicher und nichts als Österreicher sein"), bleibe einmal dahinge-
stellt. Dabei fällt auf, dass die Mehrheit der Kroaten im Burgenland bisher immer vor allem auf Assimilation, also Aufgehen im
Mehrheitsvolk, gesetzt hat und auf zweisprachige Ortstafeln
nicht drängte. Jetzt fand Landeshauptmann Karl Stix eine salo-
monische Lösung und gewährte sie jenen Orten, wo sie von der
Bevölkerung gewünscht werden. Medienwirksam stellte Bundeskanzler Wolfgang Schüssel die erste im Juli 2000 in Groß-
warasdorf (Meliki Boristof) auf. Mittlerweile sind 260 zweisprachige Ortsschilder in 51 Gemeinden angebracht worden.

Die katholischen Kroaten im Burgenland leben seit dem 16.
Jahrhundert, als sie vor den Osmanen-Heeren flohen, hier. Sie
passten sich allen politischen Veränderungen an, wurden daher
auch 1938 nicht ausgesiedelt, stellten mit Lorenz Karall 1946 einmal sogar den Landeshauptmann und mit Bischof Stefan László
1960 einen ihnen sehr zugetanen Bischof, haben seit 1984 kroatische Volksschulen, Kroatisch als Wahlpflichtfach in Gymnasien
und seit 1992 ein eigenes zweisprachiges Gymnasium in Oberwart. Bereits ab sieben Anmeldungen kann in jeder burgenländischen Gemeinde Kroatisch-Unterricht begehrt werden. Mehrere
kroatische Kulturvereinigungen im Burgenland und in Wien sorgen für die Erhaltung kultureller Identität (13). Probleme wie mit
den Slowenen in Kärnten hat es im Burgenland nie gegeben, aber
auch nicht mit den etwa 1700 Slowenen in der südlichen
Steiermark, die nie eigene Sprachrechte oder Ortstafeln haben
wollten. Dazu muss man sagen, dass es praktisch nicht einen
Österreicher aus einer Minderheit gibt, der nicht Deutsch
spräche und verstünde. Zweisprachigkeit in Österreich ist eine
Frage des Selbstwertgefühls, nicht des Verstandenwerdens.

Dass es Probleme mit slowenischen Kärntnern gab, hat mehrere Ursachen. Erstens siedeln sie seit dem siebten Jahrhundert

hier und haben harte Behauptungskämpfe gegen bayerische
Truppen und Missionare sowie gegenreformatorische Habs-
burger Soldaten hinter sich. Zum Zweiten hat die bei Teilen der
Slowenen nach dem Ersten und nach dem Zweiten Weltkrieg
erkennbar gewordene Vorliebe für eine Vereinigung mit einem
südslawischen Staat natürlich Befürchtungen ausgelöst, obwohl
die Mehrheit der Slowenen klar österreichfreundlich ist und
dadurch auch 1920 die Volksabstimmungsmehrheit für Österreich sicherte. Aber dass Teile Südkärntens samt der Landeshauptstadt Klagenfurt 1918 von serbischen Truppen besetzt
waren, hat klarerweise Wunden hinterlassen, in die manche
Deutschtümler allzu lange Salz statt Salböl gossen. Auch politisch sind die Kärntner Slowenen in (ziemlich extreme) Linke
und (ziemlich kirchennahe) Rechte gespalten, was die Rivali-
täten nur verschärft hat. Andererseits hat die katholische Kirche
in geduldiger Kleinarbeit zur Überwindung alter Klüfte wesentlich beigetragen.

Die Kärntner Slowenen hatten Slowenisch in der Schule
schon in der Monarchie, wurden in der NS-Zeit vielfach brutal
ausgesiedelt, kehrten 1945 teilweise als auch nicht gerade zart
besaitete Tito-Partisanen zurück, haben seit 1945 ein zweisprachiges Schulwesen und seit 1958 auch ein slowenisches Gymnasium und gleichfalls starke Kulturvereine. Als sich Slowenien
1991 von Jugoslawien lossagte und ein eigener Staat wurde, geschah dies mit deutlicher politischer Unterstützung durch das
offizielle Österreich, aber auch durch Solidaritätsgesten der
Grenzbevölkerung, die zum Abbau früherer Spannungen viel
beitrugen. Selbst eingefleischte FPÖ-Gegner müssen zugeben,
dass in der kurzen Zeit, als Jörg Haider das erste Mal Landeshauptmann war, die Slowenen sich teilweise besser als vorher
bedient fühlten – und in seiner zweiten Amtszeit entwickelt er
einen ähnlichen Ehrgeiz.

Nie Probleme hat es mit den Ungarn gegeben, die auch im
Burgenland leben, sehr assimilierungsbereit und integrationsfähig sind und auf keine demonstrative Zweisprachigkeit Wert
legen. An der Hauptschule Oberwart (wo ungarische Frei-
schärler nach dem Ersten Weltkrieg kurzfristig eine ungarische
Republik „Lajta" ausgerufen hatten) und am dortigen Pannoni-
schen Gymnasium wird auch Ungarisch gelehrt. Ein paar öster-

reichische Ungarn, die während der NS-Zeit zu den faschistischen „Pfeilkreuzlern" übergelaufen waren, zogen als Heimkehrer nach 1945 Westösterreich vor. Auf Grund des Volksgruppen-
gesetzes vom 1. Juli 1976 wurden Volksgruppenbeiräte beim
Bundeskanzleramt eingerichtet, wo es erfahrungsgemäß vor allem um die Verteilung von Fördermitteln geht.

Die Tschechen in Österreich leben hauptsächlich in Wien,
worüber am liebsten das Telefonbuch Auskunft gibt, und sie
kamen in Wellen ins Land: erstmals im ausgehenden 18. Jahrhundert, dann um 1880/90 und wieder 1968, als der „Prager
Frühling" von Panzern der Roten Armee niedergewalzt wurde.
Während der NS-Zeit gab es in manchen Rüstungsbetrieben
einen wirksamen Widerstand tschechischer Arbeiter; einige
wurden von der Gestapo erschossen. Eine slowakische Zuwanderung gab es schon zu Ende des 17. Jahrhunderts. In einigen
Wiener Schulen wird seit 1994 Slowakisch unterrichtet. Die
jüngste anerkannte Volksgruppe in Österreich (seit 1993) sind
die Roma und Sinti. Seit sechs Jahrhunderten lebten Zigeuner
im Land, von den Esterházys häufig zurückgedrängt, von den
Batthyánys gefördert, von der Umwelt oft gedemütigt und verachtet. Das Fehlen einer Schriftsprache hat sie auch nicht begünstigt; ihre Sprache ist von ungarischen Lehnwörtern durchsetzt. Aus Ungarn und auch aus Rumänien kamen die Roma, aus
Bayern und Böhmen die Sinti. 1945 kamen um die 700 aus
Dachau und Buchenwald, Mauthausen und Auschwitz zurück.
Eine Anerkennung als Opfer des Nationalsozialismus erfolgte
erst Jahre danach.

Alle sechs offiziell anerkannten Volksgruppen haben keine
Existenz- und auch keine kulturellen Behauptungsprobleme in
Österreich. Im Gegensatz dazu gibt es etwa in Frankreich keine
amtlich anerkannten eigenen Volksgruppen; das Deutsch der
Elsässer etwa oder das Baskische gelten als regionale Dialekte.
Die Europäische Union hat bisher nur den Minderheitenschutz
in Ländern, die der EU beitreten wollen, nicht aber in den Mit-
gliedstaaten untersucht. Fachleute sind nicht der Meinung, dass
eine gewissenhafte Überprüfung in allen EU-Ländern glanzvoll
ausfallen würde. Nach Meinung von Experten, auch der drei
„Weisen" der EU, verfügt Österreich „ohne Zweifel im internationalen Vergleich über ein hoch entwickeltes Minderheiten-

recht, wenngleich auch Mängel, überwiegend im Bereich des fördernden Minderheitenrechts, gegeben sind" (14).

Fragt man die Minderheitengruppen nach Wünschen, taucht bei den meisten von ihnen immer wieder das Verlangen nach eigenen Fernsehsendungen auf, obwohl der ORF in Sendungen auf Deutsch (das alle verstehen) häufig auf Minderheitenfragen eingeht. 1998 hat Österreich auch die Rahmenkonvention des Europarates zum Schutz nationaler Minderheiten ratifiziert, die nicht nur Diskriminierungen verbietet, sondern

> Der Nationalstaat in Form des mono-nationalen Staates war ein verhängnisvoller Irrtum der Geschichte. Er ist als gängiges Modell für die staatspolitische Organisation in Europa theoretisch wie praktisch überholt.
>
> Christoph Pan/Beate S. Pfeil

auch Förderungen nahe legt. Religiöse Minoritäten werden in Österreich nicht als Minderheiten geführt. Ihnen wird wieder auf einem anderen Weg („staatlich anerkannte Religionsgesellschaften") der Zugang zu öffentlicher Fördertöpfen erschlossen. Wenn die jetzige Bundesregierung mit ihrer öffentlich bekundeten Absicht Ernst machen sollte, das gesamte Förderungswesen zu vereinheitlichen und abzuspecken, wird der Lärm darüber größer als bei allen Steuer- und Pensionsreformen sein.

Der Fördermittelfluss zu den Minderheiten sollte freilich nicht ausgetrocknet werden. Es ist ein Irrtum, das zunehmende Selbstbehauptungsbedürfnis ethnischer Minderheiten als Gegensatz zur europäischen Integration darzustellen. Im Sinn einer Uralterkenntnis, dass der heutige Nationalstaat zu klein für die großen und zu groß für die kleinen Probleme sei (Daniel Bell), ist es durchaus nicht unlogisch, in den Bereichen Wirtschafts-, Außen- und Sicherheitspolitik die Integration voranzutreiben, gleichzeitig aber unterschiedlichen Bedürfnissen in stärker lokal akzentuierten Bereichen dezentral Rechnung zu tragen. Integration und Regionalisierung sind zwei Seiten eines dialektisch zu größerer Einheit führenden Prozesses. In dieser Entwicklung gewinnen ethnische Minderheiten zusätzlichen Wert für den Integrationsprozess: Ihre großzügige Behandlung stärkt den Staat, der seine Gesamtidentität bewahren muss, um integrationsfähig zu sein. Wenn „die Identität der Nation genau so ein notwendiges praktisches Postulat für das Zusammenleben wie die Identität einer individuellen Person" ist (15), dann ist die Erhaltung

der Identität einer ethnischen Minderheit genau so ein praktisches Postulat für den Einzelstaat, wie ein funktionierender
Teilstaat Voraussetzung für eine wirksame Integration ist.

7.3 Flüchtlinge in Österreich

Österreich als Auf-
nahmeland für Flücht-
linge: Am stärksten ist
jenen, die alle Jahre der Zweiten Republik bewusst erlebt haben,
der Flüchtlingsstrom aus Ungarn im November 1956 in Erinnerung. Viele von ihnen waren mit den Studenten und Poeten des
Petöfi-Klubs und ihren Sympathisanten hinter rotweißgrünen
Fahnen durch die Kossuth-Lajos-utca in Budapest gezogen, hatten „Es – kü – szünk – Dies schwören wir: Wir wollen nicht
mehr Sklaven sein!" gesungen und mitgejubelt, als der metalle-
ne Kopf der gestürzten Stalin-Statue im Triumphzug durch die
Straßen geschleppt wurde. Dann ließen die Sowjets ihre Panzer
rollen und machten Budapest zum Friedhof einer Freiheitsrevo-
lution: 30.000 Tote, 15.000 Verschleppte. Über 180.000 Menschen aus Ungarn schafften es bis Österreich: exakt 170.679 weist
die offizielle Statistik als ungarische Staatsbürger aus, aber es
kamen ja auch Nichtungarn, Heimatlose, Hoffnungslose aus allen Winden, die der große Flüchtlingsstrom ein paar kurze
Wochen lang ungehindert über die offenen Grenzen nach Westen
trug.

Alle wurden mit offenen Armen aufgenommen. Österreichische Schulen verwandelten sich in Flüchtlingslager, Sportplätze
in Massenquartiere, Pfarrhöfe in Asylantenheime. Eine umfassende internationale Hilfsaktion lief an, wurde von und in
Österreich koordiniert, ermöglichte über 100.000 von ihnen
noch im selben oder im nächsten Jahr die Weiterfahrt; 55.000
Flüchtlinge wurden schon in diesen beiden Jahren blitz-einge-
bürgert (16). Weder mit den neuen Bürgern noch mit denen, die
in Österreich nur Zwischenaufenthalt suchten, gab es Probleme.
Noch hatten auch die Österreicher erst relativ wenig zu teilen,
aber das Wenige teilten sie mitfühlend, und viele wechselseitige
Loyalitäten sind in jenen Tagen entstanden.

Aber die Flüchtlinge aus Ungarn waren nicht die erste große
Migrationswelle, die das wieder erstandene Österreich erreichte.
Schon am 1. Jänner 1948 waren 605.105 Personen, die in Öster-
reich wohnten, keine Staatsbürger. Bereits 1945 waren Tausende

polnische Juden nach Österreich geflüchtet, die von den Amerikanern in ihrer Zone untergebracht und von den Österreichern
wegen ihrer tatsächlichen oder vermuteten Teilnahme an Schwarz-
marktgeschäften vielfach nicht sehr freundlich aufgenommen
wurden. Die meisten verließen Österreich bei erstbester Gelegenheit wieder. Auch aus anderen osteuropäischen Ländern
machten sich viele Juden auf den Weg, um über Österreich in ein
anderes Land emigrieren zu können. 360.000 Juden aus der
Sowjetunion wurden innerhalb von 20 Jahren von der österreichischen Luftfahrtgesellschaft AUA auf Kosten des österreichischen Staates aus der Sowjetunion ausgeflogen und in
Österreich versorgt, bis ihre Weiterreise (meist nach Israel) erfol-
gen konnte. Heute ist Wien für iranische Juden, was es damals
für Juden aus der Sowjetunion war.

Bei Kriegsende lebten in Österreich auch Hunderttausende
nicht jüdischer Flüchtlinge, die aus der Tschechoslowakei („Sudetendeutsche"), aus Ungarn, Rumänien und Jugoslawien („Volksdeutsche"), aus Russland und Rumänien („Karpatendeutsche")
sowie dem Baltikum vertrieben worden waren. Auch von den
„Fremdarbeitern" und Kriegsgefangenen osteuropäischer Länder
blieben Tausende nach Kriegsende in Österreich, die angesichts
relativ guter Deutschkenntnisse auch keinen größeren Problemen bei der Integration begegneten. Von rund 544.000 Flüchtlingen und Heimatvertriebenen, die 1947 in Österreich registriert waren, sprachen 352.000 deutsch. Ein „Optionsgesetz"
ermöglichte die rasche Verleihung der österreichischen Staatsbürgerschaft. Bei einer 1946 ermittelten Bevölkerungszahl von
sieben Millionen konnten sich diese Leistungen der armen jungen Republik schon sehen lassen.

Die nächste Asylantenwelle erreichte Österreich nach der
neuerlichen Liquidation eines im kommunistischen Imperium
unternommenen Befreiungsversuchs durch Sowjetpanzer: 1968
und auch noch im Folgejahr waren es fast 100.000 Tschechen
und Slowaken, die aus der Tschechoslowakei ins politisch westliche und geografisch südliche Nachbarland kamen, dann aber
bis auf relativ wenige Ausnahmen wieder in ihre Heimat zurückkehrten. 6529 von ihnen suchten 1969, immerhin 3241 noch
1980, 3307 im Jahr 1989 um Asyl an. Auch das ergab in der neu-

en Heimat für neue wie alte Bewohner keine ernsthaften Probleme.

In den Folgejahren kamen rund 2000 der 70.000 vom Diktator Idi Amin aus Uganda vertriebenen Inder nach Österreich, wanderten aber mehrheitlich nach England weiter. Aus dem kommunistischen China kamen politische Flüchtlinge und eröffneten Restaurants im Familienbetrieb. Leute, die sich auskennen, sagen zu manchen von ihnen auch Geldwäschereien. Auch Vietnamesen, Indonesier, Thai, Filipinos und Filipinas (vor allem als geschätzte Krankenschwestern) kamen nach Österreich und stießen angesichts verkraftbarer Zahlen auf keine größeren Schwierigkeiten. Angehörige des kurdischen Volkes, mit denen es in der Bundesrepublik Deutschland nicht selten politische wie diplomatische Konflikte gibt, waren in Österreich bisher keine größeren Problemerreger – vielleicht, weil die meisten von ihnen aus dem Irak und nicht aus der Türkei stammen. Die rund 30.000 Russen, die derzeit in Österreich als Geschäftsleute oder frei schaffende Künstler leben, gelten überwiegend als Wirtschaftsflüchtlinge, auch wenn immer wieder auch von einer kleinen, aber gut organisierten Ost-Mafia die Rede ist.

Es ist schwer, zwischen Flüchtlingen und ohne Bleibe-Absicht in Österreich lebenden Personen zu unterscheiden; die Grenzen fließen. Mit Nachsicht für eine gewisse Vereinfachung wird man aber davon ausgehen können, dass die ganze Problematik um Asylsuche und Integration mit dem Thema Flüchtlingswesen zu tun

> **Eine Einrechnung der Asylanten in die vorgegebenen Quoten von Einwanderern kommt für mich nicht in Frage.**
> Innenminister Ernst Strasser

hat, denn Asylsuchende haben zumindest für absehbare Zeit keine Absicht, in ihre frühere Heimat zurückzukehren. Das Thema ist in Österreich wie in anderen Ländern der Europäischen Union, aber auch in den Vereinigten Staaten von Amerika „heiß umfehdet, wild umstritten", wie es in der österreichischen Bundeshymne mit Blick auf die Geschichte des ganzen Landes heißt.

In allen westlichen Industriestaaten lockt relativer Wohlstand Zuzügler aus armen Ländern an: bisher vorwiegend aus dem Osten, künftig zunehmend wohl aus dem Süden. Das Generalurteil ist erlaubt: Wenn Österreicher davon überzeugt sind, dass „echte" Flüchtlinge ihre Hilfe brauchen, dann sind sie in ihrer großen Mehrheit dazu auch ohne Murren bereit. Das beweist auch die private Spendenfreudigkeit in diesem Land, die in den letzten Jahren insbesondere mit der Aktion „Nachbar in Not" von ORF, Rotem Kreuz und Caritas Rekordwerte erreichte. Man kann diese Bereitschaft, Brieftaschen zu öffnen, nicht nur mit „Freikaufen vom schlechten Gewissen der Wohlstandsgesellschaft" abtun, und selbst wenn es so wäre, müsste man darüber glücklicher als über kalte Schultern sein. Aber die Österreicher sind heute weniger als früher bereit, Türen und Tore jenen zu öffnen, die gemeinhin als „Wirtschaftsflüchtlinge" bezeichnet werden, also Menschen, die aus schlechten in bessere wirtschaftliche Verhältnisse flüchten möchten. Auch das ist in anderen Ländern nicht anders. Aber hier beginnen die eigentlichen Jetztzeitprobleme.

„Österreich ist kein Einwanderungsland", wird heute immer häufiger proklamiert. Die geschichtliche Wahrheit ist: Österreich ist immer ein Einwanderungsland gewesen. Aber zu dieser Wahrheit gehört auch: Das heutige Österreich war bis 1918 Teil eines großen, übernationalen Staatsgebietes, und der Zuzug von Tschechen oder Juden aus Galizien waren Binnenwanderungen. Auch in der Zweiten Republik war die Ankunft von Flüchtlingen aus Ungarn oder selbst dem ehemaligen Jugoslawien etwas anderes als das Einströmen von Asiaten oder Afrikanern. Wer heute als Staatsangehörige/r eines EU-Landes in Österreich seinen Wohnsitz aufschlagen will, hat nicht mit den geringsten Schwierigkeiten zu rechnen – rechtlich ohnehin nicht und auch nicht gefühlsmäßig bei den Einheimischen.

Wenn sich jemand nur wirtschaftlich verbessern möchte, sagen viele Österreicher: Wir konnten uns 1945 auch nicht ein wohlhabenderes Land als Heimat aussuchen und mussten hart arbeiten, um den heutigen Wohlstand zu erwirtschaften! Was schwer verständlich zu machen, aber trotzdem lautere Wahrheit ist, steht auf einem anderen Blatt: Wenn einer aus Hungersnot und blankem Elend aufbricht, dann kann auch „Wirtschaftsflucht" eine Existenzfrage sein. Freilich: Wer prüft die Verhältnisse genau und gerecht? Auch gilt in Österreich wie in anderen Ländern der Rechtsgrundsatz, dass ein Flüchtling, der aus einem anderen, nicht dem heimatlichen Land nach Österreich kommt, zurück in dieses „sichere Drittland" abgeschoben wird. Sichere

Drittländer sind einer international akzeptierten Liste zu entnehmen, die jeweils auf dem letzten Stand gehalten sein soll, es aber oft genug nicht ist. Ist es zumutbar oder unmenschlich, solche Menschen in das Land der letzten Zwischenstation zurückzuschicken, von dem man zu wissen glaubt, dass es mit der Sicherheit für Ausländer dort viel schlechter als in Österreich bestellt ist?

Humanitäre Organisationen, die sich um die Verbesserung der Verhältnisse bemühen, haben auch an der Praxis der Fernhaltung unerwünschter Asylanten allerlei auszusetzen. Wer an einem österreichischen Grenzübergang Schutzbedürftigkeit geltend macht, darf das Land gar nicht betreten, sondern muss an Ort und Stelle die Entscheidung abwarten. Es liegt in der Logik solcher Bestimmungen, dass viele versuchen, den offiziellen Übergang zu vermeiden und illegal über die Grenze zu kommen, um einmal „drinnen zu sein". Das wieder ermutigt gewissenlose Schlepper, Flüchtlinge für horrendes Geld einzuschleusen; dann werden sie oft, zusammengepfercht in überladenen Lastwägen, einfach auf einem Parkplatz abgestellt und ihrem Schicksal überlassen. Das Problem kennt nicht nur Österreich: Menschen in vielen Ländern waren empört, als im Juni 2000 ein britischer Polizist im Fährhafen von Dover in einem niederländischen Container-LKW auf 58 Leichen und nur zwei dem Tod nahe Überlebende stieß, der in der Nacht mit einer Fähre aus dem belgischen Hafen Zewebrügge gekommen war.

> **Solange noch nicht feststeht, ob jemand Flüchtling ist, also während des Asylverfahrens, soll das notwendige Minimum an sozialer Versorgung sichergestellt werden.**
>
> **Franz Küberl, Caritas**

Kommen Personen legal in Österreich an und stellen sie hier einen Asylantrag, sind sie oft mittellos. In die so genannte Bundesbetreuung (Unterbringung, Verpflegung und Krankenversicherung auf Staatskosten) werden sie aber nicht übernommen, wenn sie ihre Identität nicht beweisen können oder aus „sicheren Drittländern" kommen. In diesem Fall müssen sie sich selbst ein Obdach suchen, das ihnen in den meisten Fällen von karitativen Organisationen angeboten wird. Sie können sich aber auch privat etwas organisieren und verschwinden damit im „Untergrund", sind für die Behörden nicht mehr greifbar, leben illegal im Land. Oder sie besitzen Dokumente, dann werden ihre persönlichen Daten oft im Zug amtlicher Recherchen an ihre Heimatländer weiter gegeben, die dann nicht selten zurückgebliebene Familienmitglieder drangsalieren. In Österreich leben viele Menschen, denen auf Grund der Gesetzeslage kein Asyl gewährt wurde, die aber Schutz vor Abschiebung genießen, weil ihnen in ihrer Heimat Verfolgung drohen würde. Sie dürfen in Österreich bleiben, hier aber nicht arbeiten, besitzen keinen Anspruch auf eine Übergangswohnung oder Deutschunterricht und auch nicht auf das Nachkommen ihrer Familie. Das treibt sie fast zwangsläufig in eine durchaus unfreiwillige Illegalität.

Andere Asylwerber wieder müssten zurück in ihre Heimat gebracht werden, aber es fehlen Dokumente oder Flugverbindungen oder ihr Land steht (wie z.B. Irak) jahrelang unter einem Embargo. Der ihnen in solchen Fällen gewährte Abschiebeaufschub begründet wieder keinerlei sonstigen Rechte. Gleiches gilt von Personen, denen wegen Krankheit oder weil sie als Kinder zu Hause keine Bezugspersonen mehr haben, aus humanitären Gründen der Aufenthalt genehmigt wird. Da macht es sich der Staat zu leicht: Er gewährt gnädig das Bleiberecht, aber um alles andere muss sich eine private Organisation kümmern. Erfreulicherweise gibt es einige davon, die in Österreich Beispielhaftes leisten: allen voran amnesty international, die katholische Caritas und die evangelische Diakonie, aber auch SOS Mitmensch, Volkshilfe und andere. Die Gesetzeslage ist hier ohne Zweifel verbesserungsbedürftig. Aber selbst wenn Asyl gewährt wird, sind vom Asylanten noch viele bürokratische Hürden zu überwinden, die er mit schlechten Deutschkenntnissen ohne Hilfe nicht schaffen könnte. Es gibt keine Unterstützung für die Bezahlung teurer Wohnungen (für Österreicher schon, obwohl in der Volksmeinung oft das Gegenteil angenommen wird), es bleibt das Problem der Arbeitssuche.

Die meisten Schwierigkeiten ergeben sich immer wieder aus dem Nichtbesitz von Dokumenten. Viele Menschen fliehen tatsächlich ohne solche. Aber es gibt auch die anderen, die bewusst schweigen oder ein falsches Dokument vorweisen, weil sie sich davon mehr versprechen. Manche werfen sogar vor Erreichen der Grenze ihre Pässe weg, wenn sie annehmen, dass sie wieder zurückgeschickt würden, oder behaupten zumindest, sie verloren zu haben. Oder sie „vergessen" ihr Alter, weil sie sich davon eine bessere oder längere Unterbringung oder im Zweifelsfall keine Schubhaft versprechen. Auch echte Uninformiertheit ist oft groß. Ausländische Schlepper haben ihnen alle möglichen dummen Verhaltensweisen eingeredet. Ohne Papiere aber können die Behörden nicht feststellen, ob Schutzwürdigkeit vorliegt oder nicht. Und was tun mit Frauen, die von Zuhälterbanden unter Vorspiegelung seriöser Kellnerinnenjobs ins Land gelockt und dann sexuell ausgebeutet werden? Im Juli 2000 haben die EU-Innenminister in Paris verstärkte Maßnahmen zur Bekämpfung des Schlepperunwesens beschlossen. Aber ein Dilemma dabei ist, „dass auch Flüchtlinge darauf angewiesen sind," erklärt Günter Ecker von der Menschenrechtsorganisation „SOS Mitmensch" (17). Und auch Michael Landau, Caritasdirektor von Wien, bedauert die manchmal „fatale Körpersprache". Familienangehörige, die Schlepper bezahlen, um Angehörige zu retten, werden genau so kriminalisiert wie mafiose Schlepper. Und auch wer Menschen verpflegt und unterbringt, denen in ihren Ursprungsländern vielleicht Folter und Tod drohen, die aber in Österreich keine Aufenthaltserlaubnis haben, könnte mit dem Gesetz in Konflikt kommen.

Schließlich dürfen gewisse Abschiebungspraktiken nicht unerwähnt bleiben. Großes Aufsehen hat in Österreich der Fall des Nigerianers Marcus Omofuma erregt, der 1999 während eines Abschiebeflugs nach Bulgarien erstickte. Polizeibeamte hatten ihm „wegen Randalierens" den Mund verklebt. Bei der Ankunft in Sofia war er tot. Der Beginn eines Verfahrens gegen die Begleitbeamten zog sich wegen umständlicher Gutachten- und Übersetzungsprozeduren mehr als ein Jahr hin. Der Innenminister hat diese (eigentlich ohnehin unerlaubt gewesene) Praxis umgehend abgestellt. Aber wie weit dürfen Polizisten gehen, um Aufbegehrer zur Räson zu bringen? Was ist wirklich „Widerstand gegen die Staatsgewalt", was ist verzweifelte Selbstverteidigung gegen Polizistenbrutalität? Wer kann entscheiden? Die Exekutive ist groß in der (vermeintlich kameradschaftlichen) Selbstverteidigung. Es gibt aber auch übereifrige Menschenrechtsverteidiger, die grundsätzlich Polizisten für Bestien und Ausländer für praktizierende Pazifisten halten. Probleme, die es leider in vielen Ländern gibt.

Die neun Caritas-Direktoren aller Bundesländer Österreichs haben im Februar 2000 einen Reformkatalog verabschiedet, der die wesentlichen Anliegen der meisten humanitären Organisationen wiedergibt. Neben der Forderung nach Verringerung der Fluchtgründe durch Besserung der Verhältnisse in Entwicklungsländern werden eine bessere Abstimmung der Maßnahmen innerhalb der EU, ein Recht auf Abwarten einer Asylentscheidung im Inland, die Entwicklung einer umfassenden Migrationsstrategie, eine bessere Information der Öffentlichkeit, die häufigere verpflichtende Beiziehung von Flüchtlingsberatern, besonders bei Jugendlichen, ein absolutes Verbot der Weitergabe von Asylwerberdaten sowie ein Rechtsanspruch auf Bundesbetreuung verlangt. Auch soll der Flüchtlingsbegriff auf zusätzliche Personengruppen erweitert werden: Auch der Terror nichtstaatlicher Organisationen und geschlechtsspezifischer Missbrauch sollen als Fluchtgründe anerkannt und Schutz auch Menschen gewährt werden, deren Herkunftsland die Rücknahme verweigert. Schließlich wird eine Ausdehnung des Asylrechts auf Familienangehörige, die nicht selbst für ihren Unterhalt aufkommen können, verlangt. Illegal in Österreich lebende Personen sollen „legalisiert" werden und arbeiten dürfen. Kinder mit wenigstens einem zum Aufenthalt in Österreich berechtigten Elternteil sollen in Österreich bleiben und solche, die noch nicht volljährig sind, nach Österreich nachkommen dürfen. Schließlich wird von mehreren Organisationen auch ein Antidiskriminierungsgesetz gemäß den Bestimmungen des Amsterdamer Vertrags der EU urgiert; ein Entwurf des Ludwig-Boltzmann-Instituts für Menschenrechte könnte sich als konsensfähig erweisen.

Österreichs Innenminister Ernst Strasser hat für seine im Jahr 2000 angetretene Amtszeit eine klare Zielabsicht formuliert:

> **Ein Österreicher, der einen Tschechen oder Kroaten beschimpft, beschimpft sich selbst.**
>
> Peter Turrini

„Wer zuwandern darf, soll auch arbeiten dürfen. Wer nicht abgeschoben werden darf, soll arbeiten dürfen" (18). Der „Weisenrat" der EU kam zu dem Schluss, dass „die Einwanderungspolitik der österreichischen Regierung zeigt, dass sie für die gemeinsamen europäischen Werte eintritt" (Punkt 51). kurz zuvor schon hatte der Menschenbeirat beim

Innenministeium ein absolutes Verbot, eine SChubhaft über Minderjährige unter 14 zu verhängen, und ein stark einge-schränktes Schubhaftrecht für Jugendliche zwischen 14 und 18 Jahren empfohlen.

7.4 Ausländer in Österreich

In dem Haus in der Schönbrunner Straße in Wien-Margarethen, wo 1911 Bruno Kreisky geboren wurde, wohnen heute Türken. Die Kreiskys seines Vaters und die Familie Felix, aus der seine Mutter stammte, waren aus dem böhmisch-mährischen Raum nach Österreich gekommen – so wie Sigmund Freud und Gustav Mahler, Franz Kafka und Karl Kraus, die Kardinäle Gustav Piffl und Theodor Innitzer und zwei „Urväter" der österreichischen Sozialdemokratie, Victor Adler und Karl Renner (19). Österreich kein Einwanderungsland? Wahr ist, dass Österreich nicht wie Kanada oder Australien unterbesiedelt ist und auf freie Land-flächen verweisen kann. Auch die Caritas versichert daher (weil ihr wegen ihrer humanitären Haltung immer wieder das Gegen-teil unterstellt wird), dass sie „die demokratisch legitimierte Entscheidung, freiwillige Zuwanderung zu regulieren, respek-tiert" (20). Wahr ist aber auch, dass immer wieder Zuzug statt-gefunden hat.

Der Österreichische PEN-Club hat im Sommer 1999 im Hin-blick auf einen zu Recht erwarteten heißen Wahlkampf in Inseraten unter dem Titel „Ausländer rein – ja, bitte!" jenen zu-gewanderten Ausländern gedankt, „die den Ruhm Österreichs mitbegründeten": Beethoven, Billroth, Brahms, Brecht, Canetti, Lorin Maazel und Rudolf Nurejew, Peymann und Marikka Röck, Prinz Eugen und Ljuba Welitsch... Eine gut gemeinte Liste, aber von geringem Überzeugungswert für jene, die um ihre Arbeits-plätze am Bau oder um eine billige Gemeindewohnung bangen. Künstler und Hochschullehrer sind immer bei allen willkom-men, Akademiker ganz allgemein und künftig wohl auch Com-puterfachleute aus Indien, Touristen sowieso. „Edelgastarbeiter" von Tänzern bis Basket- oder Fussballspielern waren auch in der Vergangenheit immer schon willkommen. Am besten, es käme ein voll ausgebildeter Experte gleich mit Genieausweis zur Gren-ze: Er kann nach § 10, Absatz 4, des österreichischen Staats-bürgerschaftsgesetzes „im Interesse der Republik" ohne Wartezeit eingebürgert werden. Solches widerfährt im Regelfall Personen, an denen Österreichs Wirtschaft, Kunst oder Sport Interesse haben. Andere müssen zehn bis fünfzehn Jahre warten, ab 30 Jahren erst besteht ein Rechtsanspruch. Auch Deutschkenntnisse werden neuerdings als Voraussetzung einer Einbürgerung verlangt. Doppelbürgerschaft wird nicht mehr gern gesehen: Der Mensch soll sich entscheiden!

> **Widerwärtig war mir das Rassenkonglomerat, das die Reichshauptstadt zeigte, widerwärtig dieses ganze Völkergemisch von Tschechen, Polen, Ungarn, Ruthenen, Serben, Kroaten usw., zwischen allem aber als ewiger Spaltpilz der Menschheit – Juden und wieder Juden. Mir erschien die Riesenstadt als die Verkörperung der Blutschande.**
>
> **Adolf Hitler 1937 über Wien**

„Reinrassig" war Wien noch nie. Von den im Jahr 1880 in der Reichs- und Residenzstadt wohnenden Personen waren nur knapp die Hälfte in Wien geboren – 1971 waren es gut fünf Achtel. 1934 lebten mit 129.654 Personen mehr Ausländer in Wien als 1981, als es immerhin schon 113.417 waren. Aber noch 1971 lag die Ausländerzahl in Wien mit 56.525 Personen unter jener im NS-Jahr 1939, als man 64.782 zählte. Die große Stadt war immer ein Magnet. Das internationale Flair war, außer für Kleingeister, immer mehr Attraktion als Last. Aber leicht war es nie und für niemanden, der mit wenig mehr als Angst und Hoffnung diese Stadt erreichte. „Etwas ist für mich ein großes Hindernis: daß ich eine Ausländerin bin," bekannte Alja Rachmanowa, die 1925 aus Russland ausgewiesene Dichterin, die sich in der neuen Heimat zunächst als „Milchfrau in Ottakring" (so der Titel eines ihrer Bücher) durchschlug. „Wäre ich eine ‚Hiesige', wäre es sicher viel leichter," schrieb sie dort. „Ich weiß, dass in unserem Hause einige Frauen wohnen, die prinzipiell nicht zu mir kommen. Sie haben kein Wort mit mir gesprochen, sie kennen mich nicht, aber sie können mich nicht leiden und versuchen sogar, andere davon abzuhalten, bei mir einzukaufen. Dieser Hass gegen Menschen, die man gar nicht kennt, dieses Verlangen, anderen ohne jeden leisesten Grund Böses zu tun, setzt mich in tiefstes Erstaunen" (21). Eine Erfahrung, die noch viele Rachmanowas teilen sollten.

Integration, also Eingliederung in die bodenständige Gesellschaft ohne Preisgabe eigener kultureller Identität, ist ein Prozess, der längere Zeit dauert und auf Seiten aller Beteiligten einfühlsame Geduld verlangt. Assimilation ist demgegenüber ein gewolltes Aufgehen der Neuankömmlinge in der Gesellschaft des neuen Heimatlandes. Assimilation hat in der Sichtweise zeitgenössischer Gesellschaftspolitiker einen schlechten Ruf und verdient diesen auch, wenn von oben her ein solches Aufgehen befohlen wird. Wenn Assimilation eindeutig gewollt ist, darf man sie niemandem verwehren. Der heute von den meisten Einwanderern vorgezogene Weg, auf den sie kraft ihrer Menschenwürde und allgemeiner Menschenrechte einen Anspruch haben, ist die Integration: Österreicher oder Österreicherin zu werden, ohne die ethnische, kulturelle oder religiöse Herkunft zu verleugnen und ohne zu Verhaltensänderungen gezwungen zu werden, die dem eigenen Gewissen widersprechen.

Ist also Integration ein längerer Prozess, an dessen Ende die Verleihung der Staatsbürgerschaft, also die „Einbürgerung" steht, so bedarf es dazu von Vornherein gewisser Voraussetzungen. Dazu gehört auch nach Auffassung des Innenministeriums „ein gewisses Mindestmaß an rechtlicher Gleichstellung" und eben der Zugang zum Arbeitsmarkt (22). Besonders ihren Ehemännern nachziehenden ausländischen Frauen ist die bisherige Regelung einiges schuldig geblieben. Zuerst durften sie überhaupt nicht, dann wenigstens nach fünf Jahren, nun gleich selbst auch arbeiten. Lässt ein ausländischer Mann sich scheiden, verliert die Frau das Aufenthaltsrecht, er aber natürlich nicht. Jugendliche dürfen Arbeit annehmen, wenn sie in Österreich das Aufenthaltsrecht haben. Das Heiraten aber wird für sie in Österreich genau so wie daheim in der Türkei allein vom Vater organisiert. Dagegen regt sich Widerstand nicht nur bei Einheimischen, die andere Sitten gewöhnt sind, sondern auch bei Zuwanderern, die nicht nur besser, sondern auch freier leben wollten.

Das erinnert an die Grundproblematik der Gastarbeiter, die in den Sechziger- und Siebzigerjahren offiziell von österreichischen Organisationen in ihren Heimatländern angeworben wurden – um einiger Zeit lang in Österreich zu arbeiten. So stellten sich das die Österreicher und so stellten sich das auch viele der Gastarbeiter vor. Dann kamen sie – und blieben. Lange Zeit wagte niemand, das auszusprechen und die Konsequenzen offen zu besprechen. Irgend einmal dämmerte es allen. Und dann haben die Gesetzgeber gesetzliches Stückwerk zurechtgezimmert, um die neue Situation in den Griff zu bekommen. Eine bis heute unvergessene Plakatwerbung knüpfte an die slawischen Ursprünge vieler eingesessener Jetztzeit-Wiener an und zeigte einen ausländischen Gastarbeiter, von dem ein kleiner Bub wissen will: „I haaß Kolaric, du haaßt Kolaric, warum sagen s' zu dir Tschusch?" Das war psychologisch ein Volltreffer: Warum dürfen Neuankömmlingen auch bei Namensgleichheit mit Einheimischen nicht auf ähnliche Wertschätzung zählen?

Die Werbung (und die Menschen) wurden damals angenommen. Seither hat sich manches geändert. Die einen sagen: weil die verborgene Anti-Ausländer-Stimmung in Wahlkämpfen aufgeheizt und öffentlichkeitsfähig gemacht worden ist! Die anderen argumentieren: weil die damals gemeinten Gastarbeiter aus Jugoslawien viel stärker integrationsbereit als die später kommenden Türken waren! Beide haben nicht Unrecht. Auf die unterschiedliche Integrationsbereitschaft verweist Peter Stiegnitz in seinem Buch „Zum Nulltarif" (23). Die Volksdeutschen fanden sich nach 1945 relativ schnell und wirksam zurecht, die hier gebliebenen Ungarn nach 1956 auch, desgleichen Tschechen und Slowaken nach 1968. Die Chinesen bleiben vorwiegend unter sich, mischen sich nicht unter die anderen, stören aber auch nicht. Die Türken sind anders und wollen es auch bleiben – schon von der Religion her.

Das führt zu sehr unterschiedlichen Verhaltensweisen der Österreicher gegenüber diesen ethnischen Gruppen. Über Forschungsergebnisse „zum Einstellungswandel in Österreich 1984–1998" hat Hilde Weiss ausführlich geschrieben (24). Das interessante Ergebnis: Zuwanderer aus dem ehemaligen Jugoslawien, aber auch aus den asiatischen Ländern gelten bei den meisten

Integration kann man nicht erzwingen, höchstens ermöglichen. Peter Stiegnitz

Österreichern als leistungsorientiert und anpassungsfähig. Personen aus Asien werden große Leistungsbereitschaft und geringer Hang zur Kriminalität bescheinigt. Am schlechtesten bewertet werden die Türken, an denen viele ihre „Mentalität" stört. Unterschiedlich fällt die Bewertung der Polen in Österreich aus: kulturell und mentalitätsmäßig positiv, hinsichtlich Arbeitsleistung und Teilnahme an Kriminalität negativ. (Eine bedauerliche Verallgemeinerung.) Bei einem Vergleich zwischen 1984 und 1996 fällt auf, dass die Zustimmung bei vielen gestiegen ist (zu Slowenen und Kroaten um je sieben, zu Polen um drei, zu Türken um zwei, zu Juden sogar um elf Prozentpunkte). Sozialleistungen für ausländische Beschäftigte wurden im ersten Forschungsjahr von 54, im zweiten nur noch (oder immer noch) von 42 Prozent abgelehnt. Dass länger in Österreich arbeitende Personen für immer eine Bleibe haben sollten, verneinten 1984 noch 41, 1986 nur noch 21 Prozent.

Die Größe der Orte, in denen die Befragten lebten, spielten eine Rolle bei den Antworten. Der Ansicht, wenn viele Ausländer in Österreich lebten, „kann man sie spüren lassen, dass sie unerwünscht sind", stimmte fast die Hälfte in Gemeinden unter 5000 Einwohnern und nur 25 Prozent in der Großstadt zu. Der Auffassung, dass man „Gewalt gegen Türken, die sich nicht anpassen wollen, auch verstehen kann," pflichteten 64 Prozent in Klein- und Mittelgemeinden und 40 Prozent der Großstädter zu. Damit hängt die erstaunliche, aber bekannte Tatsache zusammen, dass Klischees und Vorurteile gegen Ausländer dort, wo kaum welche leben, größer sind als in Gebieten, wo viele Menschen mit ihnen Kontakt haben. Auch sind die meisten bereit, „ihren" Türken oder Polen zuzugestehen, dass sie eigentlich „prima" sind – aber die anderen... In Kärnten werden Slowenen insgesamt viel weniger abgelehnt als in westlichen Bundesländern. Am tolerantesten erwiesen sich bei allen Fragen die Wiener – trotz ihres Hangs zum Nörgeln.

Kann man also mit der Gesamtsituation einigermaßen zufrieden sein? Nein. Denn solche Umfragewerte müssten sich in einer weltoffenen, toleranten Gesellschaft noch entschieden verbessern lassen. Es gibt freilich Indizien dafür, dass eine solche Situation keine österreichische Spezialität ist. Der Aufbruch von 90 Millionen Menschen allein im letzten Jahrzehnt des 20. Jahrhunderts hat viele aufgeschreckt. In Österreich sorgten ein neues Asylgesetz (1991), ein neues Fremdengesetz (früher Fremdenpolizeigesetz) und ein neues Aufenthaltsgesetz (beide 1992 einstimmig beschlossen) für strengere Einwanderungsbestimmungen, befürchtete man doch allgemein eine starke Ost-West-Wanderung nach dem Fallen des Eisernen Vorhangs. Freilich: Die in österreichischen Boulevardblättern angekündigten „vier

Millionen Russen" kamen nie. Es werden wohl auch die nach Aufnahme mittelosteuropäischer Länder in die EU angekündigten 150.000 von 700.000 angeblich wanderungswütigen Polen, Ungarn, Tschechen und Slowaken Österreich nicht überschwemmen.

Aber auch die Bundesrepublik Deutschland hat ihre Grenzen dichter gemacht und schickt unerwünschte Eindringlinge in „sichere Drittländer" (also alle Nachbarn in Mittelost- und Südosteuropa) zurück. Auch die Schweiz erteilt Asylwerbern keine Arbeitsbewilligungen mehr. Auch Belgien schiebt Antragsteller, deren Ansuchen abgelehnt worden ist, ziemlich rigoros ab. Auch in Großbritannien wird die „Asyltouristik" zunehmend kritisiert. Auch das traditionell liberale Schweden hat die Asylgesetzgebung verschärft (25). Auch Frankreich muss immer häufiger Polizei gegen illegale Migranten einsetzen. In Dänemark fragt der sozialistische Abgeordnete Wallait Khan: „Wie kann unser Ministerpräsident Sanktionen gegen Österreich einführen, wenn die eigene Regierung Verschärfungen durchführt, die schlimmer sind als Wiens neues Regierungsprogramm?" (26).

Die österreichische Regierung hat 1998 die gesetzlichen Bestimmungen neuerlich geändert, den Familiennachzug weiter verschärft, dafür eine zweite Instanz für Asylverfahren sowie die Asylgewährung als bevorzugten Einbürgerungsgrund eingeführt. Einige Praktiken haben sich gebessert. Von den rund 90.000 Bosnien-Flüchtlingen, die ursprünglich in ihre Heimat zurückkehren wollten, wurde der Großteil integriert; gewaltsam heimexpediert wurde niemand. Es gibt noch immer dringende Wünsche zur Verbesserung der Integration: mehr Sprachunterricht, Zugang zum sozialen Wohnbau, Wahlrecht bei Gemeindewahlen ab Erteilung einer Niederlassungsbewilligung und anderes. Der Zugang zu Wohnungen mit sozial gestaffelten Mieten wäre wichtig. In Wien leben 60 Prozent der Türken, 55 Prozent der Zuwanderer aus dem ehemaligen Jugoslawien und 20 Prozent sonstige Ausländer in so genannten Substandardwohnungen, wo aber nur acht Prozent der Österreicher hausen. Dafür müssen die Ausländer dann auch noch überhöhte Mietzinsbeträge auf den Tisch legen. Wenn dann Ausländer auch noch auf einzelne Stadtbezirke konzentriert werden, degenerieren ganze Wohnviertel zu Ausländer-Gettos, und die Entfremdung wächst.

Große Anstrengungen werden heute schon in den Schulen unternommen. Dass es in Wien Klassen mit Ausländeranteilen bis zu 70 Prozent gibt, ist sicher pädagogisch und integrationspolitisch unsinnig. In einzelnen Wiener Volksschulklassen haben sieben von zehn Schüler/innen Sprachprobleme, aber das sind nicht automatisch „die Ausländer": Manche schon länger in Österreich lebende Kinder mit fremder Muttersprache können schon besser Deutsch als heimische Mitschüler. Als sehr hilfreich erweist sich die Beistellung von Begleitlehrpersonen in Klassen, wo es Sprachprobleme gibt. 1700 solcher Lehrer gibt es schon in ganz Österreich. In allen Wiener Pflichtschulen sind nur knappe zwei Drittel der Schüler/innen „echte" Wiener; 14,7 Prozent kommen aus dem ehemaligen Jugoslawien, 10,8 Prozent aus der Türkei, 9,3 Prozent aus anderen Staaten (27). An Höheren Schulen ist der Ausländeranteil weitaus geringer: weil es dorthin ohnehin nur überdurchschnittlich begabte Ausländerkinder schaffen?

> **Antisemitismus und Fremdenangst sind sicherlich auch von einer gemeinsamen Grundhaltung getragen, nämlich von einer autoritären Gesinnung, die tendenziell auch antidemokratisch und ideologisch rechts ausgerichtet ist und sich mit nationalistischen Einstellungen verbindet.**   Hilde Weiss

Alle Bundesländer und alle Schultypen zusammengenommen, ergeben einen gesamtösterreichischen Durchschnitt von etwas mehr als 10 Prozent ausländischen Schülerinnen und Schülern aus 160 verschiedenen Nationen und Volksgruppen. Bemerkenswert sind immer wieder Projekte, die von einzelnen Schulen auf Schülerinitiativen hin entwickelt werden und der internationalen Zusammenarbeit gewidmet sind. An dem Pilotprojekt „Friedenserziehung und Konfliktlösung" haben bereits mehr als 2000 Schüler/innen aus fünf Kontinenten teilgenommen. Als Beitrag zum UN-Jahrzehnt der Erziehung zu Menschenrechten hat das Bildungsministerium ein „Schulnetzwerk für Menschenrechte" gestartet, an dem sich 42 Schulen aus 17 Ländern beteiligen. Ein Projekt „Schule ohne Rassismus" will an möglichst vielen Unterrichtsanstalten den Boden für eine tolerante Gesellschaft bereiten helfen; die Programme schließen Besuche in der KZ-Gedenkstätte Mauthausen und Diskussionen mit Holocaust-Überlebenden ein.

Der Fremdenfeindlichkeit widersetzen sich in Österreich viele offizielle und inoffizielle Initiativen. In allen (fünf) Oberlandesgerichtssprengeln Österreichs wurden Menschenrechtskommissionen eingerichtet, die in der Regel von Personen mit kirchlichem Hintergrund geleitet werden und die Aufgabe haben, gemäß § 15 des Sicherheitspolizeigesetzes der Polizei und Gendarmerie auf die Finger zu schauen, damit es bei der „Anhaltung" von Menschen zu keinen Übergriffen kommt. Über solche beklagen sich immer wieder Schwarzafrikaner, gegen die überdurchschnittlich starke Aggressionen wirksam werden. Da nach Polizeiangaben leider 40 Prozent des Wiener Drogenhandels in den Händen von Schwarzafrikanern, vor allem Nigerianern, liegen, halten viele Österreicher/innen „die Schwarzafrikaner" für Drogenkriminelle. In Wirklichkeit machen diese Gesetzesbrecher wieder nur einen geringen Prozentsatz unter den Schwarzafrikanern aus, während die anderen unterdurchschnittlich kriminell aktiv sind. Die Mitglieder der fünf Menschenrechtskommissionen können nun jederzeit Zutritt zu Sicherheitswachen und Haftanstalten verlangen und sollen künftig auch zu Polizei-Razzien beigezogen werden.

Schwarzafrikaner klagen immer wieder auch über Alltags-Diskriminierung: bei der Wohnungssuche, in manchen Lokalen, bei der Fahrscheinkontrolle in öffentlichen Verkehrsmitteln. Andererseits tun sich Afrikaner bei der Anpassung an österreichische Alltagsgewohnheiten natürlich schwerer als Europäer, und der Wiener Afrikanist Erwin Ebermann wird mit dem Satz zitiert: „Manche führen nahezu alles, was ihnen widerfährt, auf ihre afrikanische Identität zurück" (28).

Afroasiatische Institute in Wien und Graz betreuen ihre Klientel seit vielen Jahren. Private und halböffentliche Organisationen, viele von ihnen unter dem Dach „SOS Mitmensch" vereint, bemühen sich um bessere Integrationsbedingungen. Nicht unerwähnt soll bleiben, dass die Beziehungen der verschiedenen Nationalitäten des ehemaligen Jugoslawien zueinander in Österreich immer gut, während des Bosnien- und Kosovo-Konflikts zum Teil stark getrübt, aber seither wieder deutlich besser geworden sind. In Vorarlberg kooperieren serbische und kroatische Kulturvereine und veranstalten Gesprächsrunden mit der heimischen Bevölkerung.

In ganz Österreich hat sich im Frühjahr 2000 eine Initiative parteiunabhängiger Personen zusammengetan, die unter dem Titel „Land der Menschen" in Gasthäuser und Gemeindebauten, auf Bauernmärkte und Marktplätze, in U-Bahn-Stationen und zu Dorffesten gehen, um mit den Menschen über ihre Sorgen wegen der Ausländer zu diskutieren. Erraten: Es geht um die „Lufthoheit über den Stammtischen", die kaum über gescheite Leitartikel und „Betrifft"-Diskussionen beeinflusst werden kann. In kleinen Gesprächsrunden und Telefondebatten versuchen die Teilnehmer/innen, ihren besorgten Mitbürgern Ängste zu nehmen und Missverständnisse aufzuklären. „Nein, Ausländer holen nicht mehr aus Sozialtöpfen heraus, als sie hineinzahlen!" (1990 flossen von Gastarbeitern fast zwei Milliarden Schilling in die Arbeitslosenversicherung und nur 722 Millionen an sie zurück.) „Nein, Ausländer haben nicht schon mehr zu reden als Österreicher!" (Nur bei Arbeiterkammerwahlen haben sie ein Wahlrecht, bei Gemeindewahlen wird es gefordert, bei Landtags- und Nationalratswahlen soll es auf jeden Fall Staatsbürgern vorbehalten bleiben.) „Nein, bei weitem nicht alle Muslime sind unversöhnliche Fundamentalisten!" (Aber die Extremisten kämpfen sich halt am ehesten in die Schlagzeilen.)

Jene, die Österreich als „Land der Menschen" darstellen möchten, in dem Menschen welcher Herkunft immer nichts zu fürchten haben, bekommen freilich auch immer wieder zu hören: Wer in Österreich leben und arbeiten will, muss sich nicht nur an die Gesetze, sondern auch an gewisse Umgangsformen im Alltag halten! Diese Bitte wird man nicht ignorieren können. Da gehen Integrationsbefürworter manchmal in ihrer „Mulitkulti"-Ideologie zu weit. Gewiss bereichert jede mitgebrachte Kultur die Kultur des Gastlandes, das zum Heimatland werden soll – aber nur in rücksichtsvoller Dosierung, im Austauschen und nicht im Aufdrängen, als wirkliche Anreicherung und nicht im aggressiven Verdrängungswettbewerb. Eine internationale Erfahrung besagt: Zum Integrationsangebot muss Integrationsbereitschaft kommen.

Integrationsbereitschaft schließt auch ein ehrliches Nachdenken über eine andere Sicht von Menschenrechten im Gastgeberland ein. Wenn ein muslimischer Pascha in der Stadt Hall in Tirol, deren Straßenbild von Gastarbeitern geprägt ist, seiner gehorsam fünf Schritte hinter ihm gehenden Frau nur Befehle und Schimpfworte zuruft, muss er mit unhöflicher Aufmerksamkeit rechnen. Ein Türke, der von einem Ägypter einen Tisch kauft und den Kaufbetrag durch die Haushälterin überbringen lässt, denn er „kann einem Ägypter einfach nicht die Hand geben" (ist vorgekommen!), muss sich fragen lassen, ob er auf Dauer in diese Gesellschaft passt.

Die Österreicherinnen und Österreicher aber sollten sich einer ehrlichen Selbstbefragung stellen (und die Politiker mutig die Initiative dazu ergreifen), die kürzlich der Wiener Bevölkerungswissenschafter Rainer Münz thematisiert hat: Wollt ihr wieder mehr Einwanderung oder eine ziemlich spürbare Erhöhung des Pensionsanfallsalters? (29). Eins von beiden wird sein müssen. Seit Wiederbegründung der Republik 1945 sind laut Regierungsschätzung über zwei Millionen Flüchtlinge ins Land gekommen und 650.000 davon geblieben: das sind 9 Prozent der Gesamtbevölkerung. Etwa gleich groß oder größer ist die Zahl der in Österreich lebenden Ausländer/innen. Überdurchschnittlich viele von ihnen leben in Wien: rund 18 Prozent der Wohnbevölkerung. Aber verglichen mit 22% in Frankfurt, 27% in London und 29% in Paris ist das noch immer keine spektakuläre Größe. Die genaue Zahl ist tatsächlich nicht zu erfassen, weil es viele illegale „U-Boote" gibt, die vielfach Opfer der Verhältnisse geworden und keineswegs mehrheitlich kriminelle Elemente sind. Allerdings dürfte die häufig angegebene Zahl von rund 100.000 „Illegalen" erheblich zu hoch gegriffen sein. Für Angst besteht kein Anlass, zur Bagatellisierung von Besorgnissen auch nicht. Bei gutem Willen auf Seite aller Beteiligten müssten die Probleme ohne Aufputschen von Emotionen friedlich lösbar sein.

7.5 Österreichs Juden heute

Von dem Judenmädchen, das als „U-Boot" in Wien überlebte, haben wir es schon gehört und von der russischen Schneiderin bestätigt bekommen, was man auch bei Hilde Spiel nachlesen und sich von vielen Zeitzeugen bestätigen lassen kann: Selbst nach dem Einmarsch Hitlers in Österreich rechneten die meisten Juden noch nicht mit dem Schlimmsten, erwarteten vielfach sogar eine Entspannung – etwa nach dem Motto: „Jetzt sind die Nazis endgültig die Herren, jetzt können sie es sich leisten, Wasser in ihren Wein zu gießen." Sie leisteten es sich aber nicht. Die Enttäuschung wurde bitter und abgrundtief. Von jenen, die die Schoah überlebten, wollten viele nie mehr in dieses Land zurückkehren. Erwartete sie nicht Hohn an jeder Ecke, Spott überall für ihre Arg- und Ahnungslosigkeit? Wie sollten sie ihren Kindern und Freunden ihre Naivität erklären, wie Kritikern, warum sie sich widerstandslos zur Schlachtbank hatten führen lassen? Aber auch jenen wenigen, die geblieben oder zurückgekehrt waren, verschloss das Zentnergewicht der jüngsten Erfahrung den Mund. Endlich wieder ein „normales Leben" zu führen war ihr Wunsch, ihr einziger Wunsch. Konnten sie es in Wien, in Österreich?

Wieder gilt es, sich des Wahnsinnsjahres 1945 zu erinnern, in dem 24 Millionen Menschen unterwegs in neue Bleiben waren: 24.000.000 Menschen aus praktisch allen Nationen Europas – Flüchtlinge, Vertriebene, politische Häftlinge, versprengte Soldaten, Kriegsgefangene, an Leib und Seele Entwurzelte, und mitten unter ihnen, wie schon seit zwei Jahrtausenden, aber elender denn je, die Jüdinnen und Juden, die den Todesmühlen des NS-Regimes entkommen und nun auf der Suche nach neuen Wurzeln waren.

In Wien selbst hatten nur wenige Juden überlebt. Von draußen kamen zunächst nur wenige zurück. „An eine Heimkehr der Emigranten aus England war vorerst kaum zu denken," schrieb eine der Betroffenen. „Viele hatten sich zurechtgefunden, anderen wurde die Abreise nach Österreich einfach verwehrt. Nur besonders beharrlichen Einzelheimkehrern gelang die Reise in die Ruinenhaufen Wiens. Meine Eltern gehörten dazu" (30). Auch das eine bemerkenswerte Fußnote zum Thema „Emigranten nicht zur Heimkehr eingeladen." Ein paar also waren noch da. Ein paar kamen dazu. Bei der Volkszählung 1934 hatten sich 176.034 Personen zur Israelitischen Kultusgemeinde Wien bekannt, 1938 waren es 185.250, sogar 1939 noch 66.000. 1942 war die 1852 konstituierte Kultusgemeinde aufgelöst und der „Ältestenrat der Wiener Judenschaft" gegründet worden, der Handlangerdienste für Vertreibung und Tod leisten musste. In seinem Buch „Instanzen der Ohnmacht" hat Doron Rabinovici das unentrinnbare Schicksal dieser Gedemütigten beschrieben.

Nach dem Ende der NS-Herrschaft wurde die Israelitische Kultusgemeinde (IKG) wieder begründet. Mit Jahresende 1946 zählte sie 6428, ein Jahr später 8769 Mitglieder. Bis Ende 1948 wurden etwa 2700 echte „Heimkehrer" gezählt – verglichen mit den weit über 100.000, die geflohen waren. Die Neuen kamen aus Ost- und Südosteuropa. Und natürlich: Die 65.459 österreichische Jüdinnen und Juden, die in Hitlers Vernichtungsmaschinerie geraten waren, konnten nicht zurückkehren. Nie mehr. Die aber zurückkamen fanden häufig keine Verwandten mehr vor oder einen grinsenden Ariseur oder auch nur einen echt schuldlosen Nachfahr in ihrer Wohnung. Am 17. Juni 1946 wurde der „Tag der Volkssolidarität" mit den „politischen Opfern" gefeiert – aber das Opferfürsorgegesetz 1945 hatte „nur" wegen ihrer Abstammung Verfolgte nicht als Opfer anerkannt. Die Bundesregierung übergab der Kultusgemeinde 400.000 Schilling für den Neubeginn, 1950 außerdem ein zinsenfreies Darlehen über fünf Millionen Schilling auf 20 Jahre – es reichte nur wenige Jahre für die Bestreitung der notwendigsten Sozialaufgaben, die der IKG zugefallen waren.

Am 20. Februar 1946 sprach sich Bundeskanzler Leopold Figl, vom eigenen KZ-Verband gedrängt, in der „Wiener Zeitung" für eine Gleichbehandlung aller Staatsbürger bei der Opferfürsorge aus: „.... natürlich auch die Juden; sie sind Österreicher wie wir alle" (31). Aber zumindest differenziert hatte schon ein Jahr zuvor Innenminister Oskar Helmer gewertet: Österreich sei bereit, „wieder die echten österreichischen Juden aufzunehmen, jedoch nicht die Ostjuden, da sich diese nicht an die österreichische Mentalität anpassen könnten", hatte Helmer einen israelischen Diplomaten von der Jewish Agency 1945 wissen lassen. Ganz ähnlich hatte sich Nationalratspräsident Leopold Kunschak geäußert, der noch immer ohne Umschweife bekannte, „immer Antisemit" gewesen zu sein (32).

Kein großes Wunder also, dass im August 1946 die Zeitschrift „Der neue Weg" eine Umfrage veröffentlichen konnte, wonach 46 Prozent der Bevölkerung mit einer Rückkehr der Juden nach Österreich wenig Freude hatten. Ein schlechtes Gewissen brauchte man auch nicht zu haben, hatte doch der Wiener Bürgermeister Theodor Körner am 9. Februar 1947 in der „Wiener Zeitung" „ein für alle Mal" festgestellt, dass es außer in der NS-Zeit „in Wien Judenpogrome niemals gegeben hat" (33). Die mörderischen Ausschreitungen gegen Juden im Mittelalter (1196, 1420 und 1421) und zahlreiche unblutige, aber durch und durch unmenschliche Verfolgungsakte waren damit aus der Stadtgeschichte quasi amtlich gestrichen.

In dieser Atmosphäre war der Neuanfang gewiss nicht leicht. Juden konnten sich im besten Fall geduldet, so gut wie nie ermuntert fühlen, weiter oder wieder in Österreich zu leben. Die Kultusgemeinde war die einzige Gewähr ihres Überlebens; sie musste soziale und medizinische Hilfestellung (mit Spenden aus dem Ausland) leisten. In dieser Situation warnten selbst jüdische Funktionäre ausdrücklich vor einer Rückkehr nach Österreich (34). Allmählich wuchsen KZ-Überlebende, „Displaced Persons" und Flüchtlinge vor allem aus osteuropäischen Ländern zu einer neuen Wiener Judengemeinde zusammen. Religionsstunden wurden von Anfang an wieder erteilt, eine eigene Schule aber erst 1984 eröffnet. In den Achtzigerjahren erwachte das Interesse und die Beschäftigung mit dem Judentum auch in nicht jüdischen Kreisen, unzählige Publikationen, Symposien, Gedenksteinenthüllungen und Diskussionsrunden schufen eine aufgeschlossenere Atmosphäre, und die Juden, zuerst jahrelang auf Zurückhaltung bedacht, traten wieder mit mehr Selbstbewusstsein in Erscheinung.

Simon Wiesenthal erhielt 1990 das Ehrendoktorat der Universität Wien und 1995 die Ehrenbürgerschaft der österreichischen Hauptstadt. Neonazi-Aktivitäten wurden von österreichischen Gerichten wieder ernst genommen, die „Auschwitz-Lüge" unter Strafe gestellt, jüdische Friedhöfe (beispielhaft: der Verein „Shalom") und verfallene Synagogen restauriert, im Maimonides-Zentrum der Israelitischen Kultusgemeinde (IKG) Wien ein Alten- und Pflegeheim eingerichtet. Einzelne jüdische Gruppierungen gründeten kulturelle Vereinigungen, jüdische Musikgruppen sind gern gesehene Gäste auch bei nicht jüdischen Veranstaltungen geworden. Koschere Bäckereien, Restaurants und Supermärkte schoben sich auch ins Bewusstsein der nicht jüdischen Bevölkerung.

Die Ronald-S.-Lauder-Stiftung schlug ihren Europa-Sitz in Wien auf und unterstützt hier die Beth-Chabad- und die Zwi-Perez-Chajes-Schule sowie ähnliche Einrichtungen in Ungarn,

Polen, Tschechien, der Slowakei, Rumänien, Bulgarien und Belarus.

1998 eröffnete ein Jüdisches Berufliches Bildungszentrum einen praxisorientierten Ausbildungsbetrieb. Der Verein „Esra" (deutsch: „Hilfe") bietet Beratung und Therapie für typische Holokaust-Geschädigte. Ein jüdisches Institut für Erwachsenenbildung entfaltet regen Volkshochschulbetrieb. Die Anti Defamation League aus New York eröffnete 1997 ein Mittel-Osteuropa-Büro in Wien, um am Abbau von Vorurteilen mitzuwirken. Vom Jüdischen Museum in Wien und dem Holokaust-Denkmal war schon in einem früheren Kapitel die Rede. Der jüdische Humanitätsverein B'nai B'rith („Söhne des Bundes") samt einer Jugendloge ist vornehmlich um Wohltätigkeit im Stillen bemüht. Der Verein Or Chadash hat nun auch das progressive Judentum in Österreich mobilisiert und mit der einfühlsam orthodox geführten Kultusgemeinde einen Modus Vivendi gefunden. Leon Zelman hat mit dem von Gemeinde Wien und Bund unterstützten Jewish Welcome Service 1980 eine Organisation geschaffen, die ein großartiges Besucher- und Austauschprogramm entfaltet hat, das verdrängte Juden und ihre Kinder wieder mit dem einstigen Heimatland verbindet, das viele noch immer in ihrem Herzen tragen. Es wäre unverzeihlich, es einem Sparprogramm zu opfern.

> Auch 50 Jahre danach überrascht es mich persönlich, dass die Iden des März 1938 trotz aller äußeren Veränderungen bei meiner Großmutter so wenige sichtbare emotionale Spuren hinterlassen haben.
>
> Helen Liesl Krag

Jüdisches Leben pulst wieder in Wien und wird lebendig gehalten (35), auch in St. Pölten (wo die ehemalige Synagoge zu einem Institut für Geschichte der Juden ausgebaut wurde), in Eisenstadt (jüdisches Museum) und Linz (dessen Synagoge zu einem Ort der interkonfessionellen Begegnung geworden ist), Steyr, Salzburg (wo das Land einen Gedenkstein errichtete), Innsbruck (dank besonderen Einsatzes von Altbischof Reinhold Stecher besonders gute Beziehungen zu Kirche, Land und Stadt), Klagenfurt und Graz (David-Herzog-Fonds für interkulturelle Aktivitäten). Im vorarlbergischen Hohenems, wo kein Jude mehr lebt, wurde ein Jüdisches Museum errichtet und im burgenländischen Stadtschlaining das Österreichische Institut für Friedensforschung und Friedenserziehung in der mit öffentlichen Geldern renovierten einstigen Synagoge eingerichtet. Mehrere Zeitungen und Zeitschriften auf teils sehr anspruchsvollem Niveau schaffen Kommunikation und werden auch von interessierten Nichtjuden gelesen.

Das alles kostet Geld, viel Geld. Die Infrastruktur würde laut Ariel Muzicant, Präsident der Israelitischen Kultusgemeinde (IKG) seit 1998, für 60.000 bis 100.000 Mitglieder reichen, aber es gibt ihrer nur 7000, und jährlich wandern Hunderte ab. Die Folge: Das Loch im IKG-Haushalt wird immer größer. Nach der NS-Zeit erhielt die Kultusgemeinde ein „arisiertes" Immobilienvermögen von 165 Häusern rückerstattet, von denen zuerst jahrelang immer ein paar verkauft wurden, um Budgetlöcher zu stopfen. Anfang der Achtzigerjahre fand die IKG: So kann es nicht weitergehen, wir verkaufen das Familiensilber! Also wurden keine Immobilien mehr verkauft und Bankkredite aufgenommen, um die Zinshäuser zu sanieren und zu Einnahmequellen zu machen. Das ist gelungen. Heute werfen 56 Zinshäuser (Schätzwert 1,3 Milliarden Schilling) im Jahr 60 Millionen Schilling an Mieteinnahmen ab, denen 28 Millionen an Zinsrückzahlungen für aufgenommene Sanierungsdarlehen gegenüberstehen. Trotzdem hat die Addition aller Budgetabgänge und Darlehenskosten der letzten Jahre die Höhe von 700 Millionen Schilling erreicht (36).

> 65.000 österreichische Juden wurden ermordet, 120.000 vertrieben, ihre Rückkehr war unerwünscht. Wenn man in Wien in zehn Jahren noch eine jüdische Gemeinde will, muss man etwas tun.   **Ariel Muzicant**

IKG-Präsident Ariel Muzicant ging an die Öffentlichkeit: Entweder die Regierung sorge für einen „öffentlichen Ausgleich" (sprich: Staatsgelder zur Abdeckung aller Schulden) oder fördere wie Deutschland den Zuzug osteuropäischer Juden, am besten gleich beides. Das Defizit entsteht laut Muzicant bei den Personalausgaben für die „religiöse Infrastruktur" und bei den Ausgaben für Sicherheit (jährlich 18 Millionen Schilling). Wenn Österreich eine jüdische Gemeinde haben will, muss es dafür tiefer in die Tasche greifen, lautet die Argumentation – sonst müsste der gesamte Immobilienbesitz aufgelöst werden und das Ende des Gemeindeleben wäre vorausberechenbar. Als die FPÖ Verhandlungen darüber anbot, erklärte Muzicant: „Ich bin nicht käuflich"; mit freiheitlichen Politikern treffe kein IKG-Funktionär zusammen.

Man braucht kein Unheilsprophet zu sein, um nicht zu erkennen, dass sich hier ein höchst brisanter Konfliktstoff zusammenbraut. Die Kultusgemeinde hat die Chance ergriffen, von einer Regierung etwas zu verlangen, die in Teilen diesbezüglich besonders verwundbar ist. Diese Chance zu nutzen, ist ihr gutes Recht. Verhandlungen darüber aber zu verweigern, birgt ein großes Risiko. Es wird unmöglich sein, für einen Standpunkt „Mit denen reden wir nicht, wir wollen nur ihr Geld" genügend Verständnis in der Öffentlichkeit zu finden. Deshalb muss man alle Beteiligten, also auch die Kultusgemeinde, dringend bitten, durch eine maßvolle Sprache konfliktbremsend zu wirken. Muzicant, der 1998 mit einer knappen Stimmenmehrheit von 13 der 24 Kultusräte das schwere Erbe des durch seine stille Würde imponierenden Vorgängers Paul Grosz angetreten hat, hat wiederholt bei Auftritten im Ausland vor einer Verschärfung der Lage für Österreichs Juden durch unbedachte Vorgangsweisen gewarnt und sich des öfteren auch schon dagegen gewehrt, dass jede Debatte über „Wiedergutmachung" immer gleich auf Geld reduziert werde. Das müsste ein fruchtbarer Ansatzpunkt für eine einvernehmliche Lösung werden können, die Frieden durch Wahrheit schafft und zu keiner Aufheizung der Leidenschaften beiträgt, an der jüdische wie nicht jüdische Österreicher/innen kein Interesse haben können.

Die noch immer vorhandene antisemitische Untergrundstimmung in Teilen der Bevölkerung muss weiter abgebaut werden. Was diesen Prozess bremst oder gar umkehrt, ist gefährlicher Zündstoff. Das auszusprechen, hat nichts mit einer Absicht zu tun, neuerlich die Täter- und Opferrollen zu vertauschen: „Die Juden sind durch ihre Art selbst an ihrem Unglück schuld." Aber eine unkritische Unterstützung jeder Forderung eines IKG-Funktionärs durch Judenfreunde von außerhalb könnte allzu rasch in den Strudel eines kontraproduktiven Philosemitismus führen, vor dem schon Manès Sperber und viele andere gewarnt haben. Grundsätzlich alles gutzuheißen, was Juden sagen, fordern oder tun, macht unglaubwürdig und hilft niemandem. Ein normales Verhältnis zwischen nicht jüdischer und jüdischer Bevölkerung wird erst dann erreicht sein, wenn man auch in

Freundschaft miteinander streiten kann. Vorher muss der hässliche Bodensatz des Antisemitismus aus den Herzen gerissen werden. Das hat Vorrang vor allen Finanzproblemen. Wie aber ist es darum bestellt?

Erst Jahrzehnte nach der Schoah begann in Österreich die wissenschaftliche Befassung damit. Skandalöse Vorkommnisse hatten ihr den Weg geebnet. 1962 schockierten Schändungen jüdischer Friedhöfe in Innsbruck, Wien, Linz, Graz und Klagenfurt. Im März 1965 verbreitete der schon öfter erwähnte Professor Taras Borodajkewycz antisemitische Parolen an der Hochschule für Welthandel in Wien, was zu großen Demonstrationen und einem Toten führte. Bei einer Demonstration für Franz Olah gegen die SPÖ-Leitung wurden antisemitische Flugblätter („Intrigen einer jüdischen und marxistischen Clique") verbreitet. Im Nationalratswahlkampf 1966 wurde der ÖVP-Kandidat Josef Klaus als „echter Österreicher" angepriesen, was die meisten wohl auf die Emigration seines Gegners Bruno Kreisky während der NS-Zeit, manche aber vielleicht auch auf Kreiskys Abstammung münzten. Der ÖVP-Abgeordnete Alois Scheibenreif bezeichnete Kreisky in einer Versammlung erregt als „Saujud", wofür er sich später entschuldigte, und allgemein wurde ihm auch zugute gehalten, dass er bestimmt kein Nazi, sondern ein gestandener Christlichsozialer war – aber eben das war beunruhigend: Wie tief sitzt in diesen Kreisen das antijüdische Vorurteil? Andererseits erhielt der Jude Kreisky in Österreich mehrfach Wählermehrheiten wie kein anderer Bundeskanzler vor ihm.

Im September 1973 sperrte Bundeskanzler Bruno Kreisky das jüdische Durchwanderungslager Schönau bei Wiener Neustadt, um einigen Geiseln arabischer Terroristen das Leben zu retten. Israels Ministerpräsidentin Golda Meir flog vergeblich nach Wien, um ihn umzustimmen; in Österreich und im Ausland gingen die Wogen hoch, wenngleich Österreich bald darauf ein Ersatz-Durchzugslager eröffnete. Unvergessen sollte dennoch bleiben, dass zwischen 1968 und 1989 laut Angaben des österreichischen Außenamtes insgesamt 366.920 jüdische Emigranten aus der Sowjetunion, mit der Israel keine diplomatischen Beziehungen unterhielt, über die „Drehscheibe" Wien weiter nach Israel oder in die USA und andere Staaten auswandern konnten. Heute ist Österreich neuerlich Zwischenstation einer solchen Emigration, diesmal aus dem Iran. 1988 machten 25.592 und 1999 sogar 71.129 Juden von dieser Ausreisemöglichkeit Gebrauch. Auch hier ist vor Aufrechnungen zu warnen. Aber ganz vergessen sollte man die Zehntausende auch nicht, die dank österreichischer Hilfe Jahr für Jahr ihre Lage verbessern können, wenn von der – zutiefst bedauerlichen – Anfeindung einiger weniger gesprochen werden muss.

Die „Juden"-Serie in der „Kronenzeitung" 1974 und die schon behandelte Affäre Kreisky/Peter/Wiesenthal 1975 mit ihrer Neuauflage 1983 sorgten neuerlich für hochgradige Erregungen, wobei Kreisky mit seiner „Endlich-Schlussstrich"-Forderung sicher vielen aus dem Herzen sprach. (Vermutung des klugen Amateurpsychologen Erhard Busek: „Kreisky hat Friedrich Peter entnazifiziert und Peter hat Kreisky bei bestimmten Wählergruppen entjudet.") Schlussfolgerung einer wissenschaftlichen Studie von Bunzl/Marin: „Psychologisch entspricht der Antisemitismus immer noch dem Bedürfnis von Menschen nach Projektionen, nach Frustrationsausgleich oder -erklärung, obwohl die Juden als soziale Realität aus Österreich beinahe verschwunden sind" (37).

Mit anderen Worten: bestimmte Menschen brauchen noch immer die Juden als Sündenböcke für gesellschaftliche Übel. Wie viele sind es? Und wo leben sie? Die Sozialwissenschaftliche Studiengesellschaft hat dazu 1989 „als Beitrag zum Gedenkjahr 1988" eine große Untersuchung angestellt. Diese ergab, dass es „nach einem Absinken des allgemeinen Niveaus antijüdischer Sentiments bis 1986 seither einen erkennbaren Anstieg von antisemitischen Ressentiments gibt, der aber noch immer unterhalb des Niveaus von 1973 zu liegen kommt" (38). Zur Erinnerung: 1985/86 fanden die leidenschaftlichen Debatten im In- und Ausland über Kurt Waldheim statt, wobei viele fanden, dass jüdische Vorwürfe ihm gegenüber stark überzogen, unbeweisbar und daher unfair gewesen seien.

Auf Grund von gezielten Detailfragen kam die Studie zu dem Schluss: „Jeder zehnte Österreicher kann als klarer und eindeutiger Antisemit charakterisiert werden, der auch keine Scheu davor hat, dies öffentlich kundzutun" (39). Eine weitere Gruppe von 27 Prozent hege „wenige antijüdische Vorurteile", die aber in einem entsprechenden Klima „als mobilisierbar erscheinen". Die dritte Gruppe der Neutralen, der Vorurteilsfreien und der Philosemiten, also grundsätzlichen Judenfreunde, machte 62,8 Prozent aus. Es stehen also knapp zwei Drittel grundsätzlich nicht anfälliger Österreicher/innen einem Drittel möglicher (zehn Prozent echter) Judengegner gegenüber. Weiter präzisiert: „Der Kern von harten Antisemiten erfasst 7,5 Prozent der Jugendlichen bis zu 25 Jahren, 9,8 Prozent der mittleren Generation zwischen 26 und 39 Jahren sowie 11,5 Prozent der Befragten in einem Alter von über 40 Jahren." Und 35,5 Prozent der (damaligen) FPÖ-Anhänger.

Überproportioniert bei den Antisemiten vertreten sind Pensionisten, Hausfrauen und Arbeiter sowie Tiroler, Kärntner und Steirer – etwas vereinfacht gesagt also Personen, die am wenigsten persönlich mit Juden zu tun haben dürften. Am stärksten ist bei Judengegnern der rassistische Antisemitismus (die Hälfte des harten Kerns), gefolgt vom „territorialen" („Lieber keine Juden im Land") und vom religiösen Antisemitismus („Auflösung alter religiöser Werte"). Die 62,8 Prozent Neutralen, Vorurteilsfreien und Judenfreunde stellen nach Ansicht des Umfrage-Bewerters Christian Haerpfer ein „Bollwerk gegen soziale Intoleranz" dar, das vor allem von Frauen getragen wird: 71,5 von ihnen und nur 49,8 Prozent der Männer gehören dazu. Schlussfolgerung: wahrscheinlich keine schlechtere Bilanz, als sie auch in anderen Ländern anzutreffen ist, aber weit zu schlecht, als dass man sich damit – oder mit jenen, die auch diese noch gefährden – abfinden dürfte.

7.6 Mit der UNO für den Frieden

Also, wenn es um die UNO geht, kann niemand behaupten, die Österreicher wären fremdenfeindlich. Wo die hellblaue Flagge mit dem umkränzten Globus weht, ist Rotweißrot nicht fern. Schon dem Völkerbund gehörte Österreich getreulich bis zum Ende der Ersten Republik an, während das Deutsche Reich und Japan schon 1933, das faschistische Italien 1937 die Vorgängerorganisation der UNO verlassen und sich brutaler Macht- statt Rechtspolitik verschrieben hatten. Noch während des Krieges schlug der einstige sozialdemokratische Staatssekretär Julius Deutsch 1944 von seinem US-Exil aus Wien als Sitz einer künftigen Weltfrie-

densorganisation vor, und 1945/46 träumte Bundespräsident
Karl Renner gar vage davon, Österreich dem UN-Treuhand-
schaftsrat zu unterstellen (40). Sofort nach Wiedererrichtung der
Republik Österreich bewarb sich diese um Zugang zur offiziellen Völkergemeinschaft, wurde 1946 zum Weltpostverein, 1947
zur Bildungs-, Wissenschafts- und Kulturorganisation der UNO
(UNESCO) und zur Welternährungsorganisation (FAO), 1948
schließlich auch zur Weltbank zugelassen.

Seit Juni 1947 lief ein formelles Ansuchen Österreichs um
Aufnahme in die Vereinten Nationen, das aber zunächst am Einspruch der Sowjetunion scheiterte, die die nicht volle Hand-
lungsfähigkeit des besetzten Landes geltend machte. In der Folge erwies sich vor allem Brasilien als Förderin des österreichischen Aufnahmeantrags. Bald nach Abschluss des Staatsvertrages war es endlich so weit: Zusammen mit 15 anderen Staaten
wurde Österreich, diesmal dank einer kanadischen Initiative,
am 14. Dezember 1955 als Vollmitglied in die UNO aufgenommen. Kurzfristig hatte es Zweifel gegeben, ob die Neutralität
„nach dem Muster der Schweiz" überhaupt eine UN-Mitglied-
schaft ermöglichen würde; dem Völkerbund hatte auch die
Schweiz angehört, bis zum heutigen Tag aber nicht der UNO.
Österreich war erleichtert, als sich diese Zweifel rasch in Luft
auflösten.

Bei Abstimmungen in der Generalversammlung stimmte
Österreich anfangs nur im Sinne seiner Förderer, also der westlichen Großmächte, näherte sich Mitte der Sechzigerjahre aber
auch vorsichtig dem Stimmverhalten der Dritten Welt an, ohne
das Vertrauen des Westens aufs Spiel zu setzen. Eifer in der täg-
lichen Knochenarbeit wurde bald belohnt: Seit 1959 leitet ein
Österreicher den UN-Weltraumausschuss, Österreich wurde in
den Wirtschafts- und Sozialrat (ECOSOC) und zweimal sogar als
eines der nicht ständigen Mitglieder des Sicherheitsrates gewählt (1973/74 und 1991/92). Als 1956 die Internationale Atom-
energie-Organisation (IAEO) gegründet wurde, erhielt Wien den
Zuschlag als Sitz dieser Weltpolizei gegen Missbräuche von
Atomkraft. Zehn Jahre später wurde auch die neu geschaffene
Sonderorganisation für Industrieentwicklung (UNIDO) in Wien
angesiedelt. Damit war der Grundstein für eine „dritte UNO-
Hauptstadt" neben New York und Genf gelegt.

Das Kalkül ging auf: Die noch von der Regierung Klaus beschlossene, aber unter der Kanzlerschaft Kreiskys verwirklichte Vienna International City (VIC) zog auch viele internationale Konferenzen an. Einzelne UN-Abteilungen wanderten zusätzlich ins Wiener Hauptquartier. Nur der Versuch, in Österreich auch alle humanitären UN-Institutionen anzusiedeln, ging schief: Die damit verbundenen Finanzleistungen waren der österreichischen Regierung zu hoch. Aber ein Österreicher leitete von 1982 bis 1987 das UN-Zentrum für Menschenrechte. Und natürlich war da der groß gewachsene Diplomat der alten Schule, der für zwei Perioden (1972 bis Ende 1981) zum Generalsekretär der Vereinten Nationen gewählt wurde: Kurt Waldheim. Er hat seine Sache, der Natur nach ein Himmelfahrtskommando, nach dem Urteil aller eigentlich recht gut gemacht.

> **Die aktive Teilnahme im System der Vereinten Nationen ist für Österreich seit 1945 ein bewährter Grundpfeiler seiner Außenpolitik.**
> **Außenminister Alois Mock 1988**

Dass Waldheim Jahre später wegen einer verhängnisvollen Aussparung in seiner eigenen Lebensgeschichte und einer unglücklichen Formulierung („Ich habe nur meine Pflicht getan") ins Zwielicht der NS-Zugehörigkeit und der Teilnahme an Kriegsverbrechen gerückt, von einer internationalen Historikerkommission von diesen Anschuldigungen zwar freigesprochen, aber dennoch geächtet geblieben ist, war eine andere Sache: Hier paarten sich der österreichische Hang zur Vergangenheitsverniedlichung mit internationaler Vergeltungssucht für eine als zu araberfreundlich empfundene Politik des einstigen UN-Generalsekretärs. Die Mischung zeigte eine ambivalente Wirkung: Einem Menschen, der Grund dazu hatte, sich subjektiv unschuldig zu fühlen, wurde Unrecht getan. Dem Volk, das endlich zu einer umfassenden Debatte über sein Selbstverständnis vor dem Hintergrund jüngster zeitgeschichtlicher Entwicklungen antrat, wurde ein Dienst damit erwiesen. Dem Staat Österreich wurde ein schwerer Ansehensschaden zugefügt. Über die Frage, ob dieser verdient war, soll weiter gestritten werden. An der prinzipiell UN-freundlichen Orientierung des Staates und einer großen Mehrheit seiner Bewohner haben diese Auseinandersetzungen nichts geändert.

Ziemlich von Anbeginn hat sich Österreich auch an militärischen UNO-Einsätzen beteiligt. Obwohl als Staat mit Heeresausgaben traditionell auf Kriegsfuß stehend, hat Österreich den Ruf nach Blauhelmen überdurchschnittlich oft aufgenommen. Selbst nach absoluten Zahlen beurteilt, liegt Österreich unter 38 Ländern, die sich derzeit an solchen Einsätzen beteiligen, an 14. und, an der Kopfzahl der Einwohner gemessen, weltweit an neunter Stelle. Zur selben Zeit (März 2000) stellte Österreich unter allen EU-Staaten das zweitgrößte UN-Kontingent für friedensichernde Maßnahmen. Zu diesem Zeitpunkt waren rund 1500 Österreicher als Heeresoffiziere, Soldaten, Polizeibeamte und zivile Fachleute in friedenerhaltenden Operationen der Vereinten Nationen sowie in Missionen europäischer Regionalorganisationen aktiv.

Der Hinweis auf die Bereitschaft eines traditionell heeresskeptischen Landes, sich auch an militärischen Einsätzen zu beteiligen, muss allerdings relativiert werden. Der erste Einsatz, zu dem sich Österreich entschloss, war 1960 die Beistellung eines Feldpostamtes, eines Hygiene-Teams und schließlich eines kompletten 400-Betten-Spitals für den UNO-Einsatz zur Befriedung des Kongo (später Zaire). In dieser Verhaltensweise, damals auch durch die Absicht Österreichs bedingt, für die Südtirol-Sache bei der UNO gut Wetter zu machen, lag eine tiefe Symbolik, an der sich das Land, wann immer es nur ging, auch in der Folgezeit angehalten hat: Man wollte das Schießen anderen überlassen und selbst nur beim Verarzten der Wunden mit dabei sein.

Die Abneigung gegen Menschentötung ist sicher löblich, aber die Einsicht lässt sich leider nicht vermeiden, dass der Entwicklungsstand der Menschheitszivilisierung einen totalen Verzicht auf Polizei, Armee und Justiz leider (noch?) nicht zulässt. Wer also für UN-Militäraktionen ist, weiß, dass dabei irgendjemand notfalls auch schießen muss. Sich davon fern zu halten, muss daher nicht automatisch eine Tugend, sondern kann auch deine Art moralischer Selbstgerechtigkeit sein: „Seht, wie edel wir sind! Wir überlassen die Schmutzarbeit des Schießens anderen und stillen das Blut und die Tränen!" Oder eine noch prosaischere Deutung: Es handelt sich schlicht um extremen Populismus, weil keine Regierung den Tod öster-

reichischer Soldaten in einem fernen Land vor den eigenen
Wählern vertreten möchte! Dieser Verdacht wurde genährt, als
Österreich 1992 die Entsendung eines UN-Bataillons in das
schwarzafrikanische Land Somalia, wo die Chancen der Berüh-
mung geringer als die Risiken der Verheizung waren, schließlich
verweigerte.

Es wäre freilich ungerecht, die Gesamtheit der österreichischen UN-Friedenseinsätze auf diesen Aspekt zu reduzieren
oder gar die Soldaten selbst und nicht die verantwortlichen
Politiker mit solcher Einschätzung zu belasten. Oft genug haben
österreichische Blauhelme auch ihr Leben riskiert. Auf den Go-
lanhöhen in Syrien verloren vier junge Soldaten durch Minen-
unfälle das Leben, ein Unteroffizier wurde schwer verwundet.
Auf Zypern mussten im selben Jahr während der türkischen
Invasion drei österreichische Soldaten ihr Leben lassen.

Im Sommer 2000 nahm österreichisches Personal an zwölf
friedenerhaltenden Einsätzen der Vereinten Nationen teil (41).
In Syrien und auf Zypern (hier nur noch bis 2001) sind größere
Einheiten stationiert. Die österreichische Zurückhaltung auf
dem Territorium des ehemaligen Jugoslawien war und ist aus
historischen Gründen wohl begründet. In Bosnien-Herzegowina
und im Kosovo sind daher nur Polizeibeamte bzw. militärische
Verbindungsoffiziere tätig. Auch in der Westsahara, im Nahen
Osten, im irakisch-kuwaitischen Grenzgebiet, auf Osttimor sowie in Georgien und Tadschikistan sind nur österreichische
Militärbeobachter im Einsatz. Fünf Strafrechtsexperten arbeiten
dem Kriegsverbrecher-Tribunal für das ehemalige Jugoslawien
zu. Von Anfang an hat sich Österreich auch an „Feldoperatio-
nen" der Organisation für Sicherheit und Zusammenarbeit in
Europa (OSZE) beteiligt und dreimal dabei auch schon die Leiter
solcher Aktivitäten (in Estland, Albanien und Turkmenistan)
gestellt.

Bei den UNO-Einsätzen im Kongo, auf Zypern, am Suez-
kanal und auf der Sinai-Halbinsel, auf dem Golan und im südlichen Libanon haben sich Österreichs Soldaten und Polizisten
hohes Ansehen erworben. Auch bei der Inspektion nuklearer,
biologischer und chemischer Vernichtungswaffen im Irak leisteten österreichische Experten gute Arbeit. Im Iran bauten österreichische Soldaten zwei Lager und ein Feldspital für kurdische

Flüchtlinge auf. Österreicher überwachten Wahlen in Nikaragua
und auf Haiti, stellten UN-Beobachter in El Salvador und Nami-
bia, in Ruanda und Mocambique. Zum Ansehen der Blauhelme,
denen 1988 kollektiv der Friedens-Nobelpreis verliehen wurde,
haben sie respektable Beiträge geleistet. Und obwohl es sich
dabei um keine UN-Operationen handelt, sollen auch die Ein-
sätze österreichischer Heereseinheiten nach Erdbeben und anderen Naturkatastrophen in Skopje, Friaul, Titograd, Calabritto
sowie in Armenien und der Türkei in den letzten Jahrzehnten
nicht vergessen werden.

Mit dem Entsendegesetz 1965 wurden alle diese Aktionen
auf eine klare Rechtsgrundlage gestellt. Diese ermöglichte auch
die Aufstellung eines eigenen österreichischen UN-Bataillons
als Reserveverband, das nach skandinavischem Vorbild der UNO
im Bedarfsfall angeboten werden sollte. Dieser Verband wurde
allerdings nie eingesetzt, und die UN-Strategen verwiesen alle
ähnlich aktiven Staaten darauf, dass eigentlich für jeden Einsatz
maßgeschneiderte Einheiten gebraucht würden. Jetzt wird für
die Teilnahme an künftigen Friedensoperationen der UNO, die
gleichfalls immer stärker differenziert angelegt werden, nach
dem Baukastenprinzip geplant: Vorbereitete Teileinheiten sollen
rasch unterschiedlich zusammengestellt werden können, um
neben peace-keeping auch peace-supporting, peace-making und
peace-building zu betreiben (42).

Frieden zu schaffen, herbeizuführen, zu sichern und zu ver-
stärken, noch besser aber: Vorbeugediplomatie zur Verhinderung
gewalttätiger Konflikte zu betreiben, wird auch in Zukunft ein
wichtiges Aufgabenbündel der Vereinten Nationen sein. Österreich will sich einer Teilnahme ebenso wenig wie einer engagierten Mitwirkung an der Gemeinsamen Außen- und Sicherheitspolitik (GASP) der Europäischen Union entziehen. In immer mehr Krisengebieten des Globus tauchen die schon weltweit
vertrauten Männer (immer öfter auch schon Frauen) mit den
hellblauen Helmen, Baskenmützen und Armbinden auf, die keine Wunder wirken, aber blutige Katastrophen verhindern können. Im Einsatz für solche Ziele steht Österreich seit Jahrzehnten auch großen Staaten nicht nach.

Am 28. April 2000 hat die Bundesregierung ihre Absicht
verkündet, eine neue österreichische Sicherheits- und Verteidi-

gungsssdoktrin auszuarbeiten, weil die alte aus dem Jahr 1975 nicht mehr den realen Voraussetzungen entspricht. Zwei Tage zuvor war eine Expertenkommission mit zwölf Beiräten eingesetzt worden, um Entscheidungsgrundlagen für eine Umgestaltung des Bundesheeres in ein Freiwilligenheer mit einer starken Milizkomponente vorzubereiten.

Schon im Koalitionsabkommen hatten sich ÖVP und FPÖ verpflichtet, „die Leistungsfähigkeit des Bundesheeres weiter anzuheben", um internationalen Verpflichtungen noch besser nachkommen zu können. „In Zukunft werden neben den territorialen Verteidigungsaufgaben internationale Solidaritätsleistungen, Katastrophenhilfe sowie Assistenzleistungen des Bundesheeres (z.B. zur Grenzsicherung) im Vordergrund stehen," heißt es im Koalitionspakt, der die Regierung auch darauf festlegt, „eine Beistandsverpflichtung zwischen den EU-Staaten" anzustreben, wonach „im Falle eines bewaffneten Angriffs auf ein Mitglied die anderen EU-Staaten ... alle in ihrer Macht stehende militärische und sonstige Hilfe und Unterstützung leisten". Zu diesem Zweck müsste das Neutralitätsgesetz abgeändert und seine Nichtanwendung auf einen solchen Beistandsfall durch eine Volksabstimmung in Österreich bestätigt werden. Mit diesem Vorhaben hat sich Österreich weiter als die übrigen EU-Staaten in Richtung europäischer Solidarität aus dem Fenster gelehnt.

8. Perspektiven einer Hoffnung

Die Schadensbilanz des Nationalsozialismus in Österreich ist eindeutig: Vieltausendfacher Mord, hunderttausendfach in Kauf genommener gewaltsamer Tod, Gesinnungsterror, Missachtung von Menschenrechten, Menschenwürde, Missbrauch von Idealismus bis zum zynischen Exzess haben das ganze Volk aufgewühlt. Nicht ein Mensch konnte sich dem radioaktiven Abfall des Systems entziehen. Keine Familie blieb ohne Wunde. Zweimal innerhalb von sieben Jahren wurden menschliche Urgefühle bis an die Grenze strapaziert: Hoffnung und Angst, Angst und Hoffnung. Als der Spuk zu Ende ging, war ein Kontinent auf Wanderschaft: 24 Millionen Menschen zogen, fuhren, schwammen, wankten, humpelten durch Europa, vom Osten nach Westen, aus der Nacht in einen neuen Tag. „Das Wunderbare an der Geschichte...ist nicht, dass große und außerordentliche Ereignisse uns bestürzen, erheben oder entsetzen," vermerkte der Historiker Eugen Rosenstock-Huessy. „Das Wunderbare ist, dass wir durch diese großen Ereignisse umgewandelt und erneuert weiterleben dürfen."

Wir haben weitergelebt. Umgewandelt und erneuert? Ja und nein. Niemand war über Nacht ein anderer Mensch. Aber niemand war auch derselbe, dieselbe wie zuvor. Die Wandlung kam nicht in einem Blitz, aber schleichend besetzte sie unaufhaltsam Hirn und Herz bei allen. Niemand konnte vergessen, was gewesen war. Und das war richtig. Erinnern ist eine menschliche Eigenart – und Notwendigkeit. Es ist kein Zufall, dass gerade die jüdische Religion die Mahnung „Zachor!" kennt: „Erinnere dich!"

> **Der Kampf gegen den Ungeist ist nie endgültig gewonnen.**
> **Thomas Klestil**

Sie begleitet das jüdische Volk durch seine ganze Geschichte. Das jüdische Volk darf, um seine Identität nicht zu verlieren, die Zerstörung des Tempels in Jerusalem, die Befreiung aus ägyptischem Joch, den Bund mit seinem Gott und die Verheißung des gelobten Zieles nicht vergessen. Auch die christliche Theologie rückt die Pflicht zum Erinnern (Memoria passionis: „Tut dies im

Gedenken an mich!") verstärkt in den Vordergrund. Eben dieses Ziel verfolgt auch die Pädagogik der Zeitgeschichte: „Nicht auf das Erschauern kommt es an, sondern auf das Annehmen der eigenen Geschichte, auf Bezeugen dessen, was geschehen ist, und Auskunftgeben darüber, auf Rechts- und Unrechtsempfinden, auf Täter- und Opfer-Unterscheidung, auf Sensibilität und Verantwortungsgefühl für die Zukunft" (1).

Aber was ist Vergangenheitsbewältigung? Eine klare und verständliche Antwort lautet: eine ehrliche und rückhaltlose Auseinandersetzung mit der jüngsten Vergangenheit. Eine solche ist gewiss unverzichtbar. Die Frage ist, ob Vergangenheit damit auch schon „bewältigt" wird. „Man kann die Vergangenheit nicht bewältigen und man braucht es auch nicht," argumentiert der Philosoph Rudolf Burger. „Man kann nur die Gegenwart bewältigen – das, und das allein, ist Aufgabe der Politik. Die Vergangenheit aber sollte man den Historikern überlassen und allenfalls den Gerichten, nicht aber den Geisterbeschwörern" (2). Ein grobes Missverständnis freilich wäre es, wollte man die Vergangenheit damit den Historikern und Gerichten als musealen Exklusivbesitz zuweisen: „Seht zu, was ihr damit anfangen könnt, mich geht das nichts an!" Auch Politik schafft die Bewältigung der Gegenwart nicht, wenn sie mit der Vergangenheit nicht ins Reine gekommen ist. In diesem Buch wurde der Begriff „Aufarbeitung" an Stelle von „Bewältigung" der Vergangenheit bevorzugt – auch das ein fragliches Wort wie jedes sprachliche Stützmittel für eine komplexe Wirklichkeit. Aber da schwingt nicht die Selbstgefälligkeit der „Bewältigung" mit, sondern eher das Bewusstsein, dass schon bloße Befassung mit Vergangenheit Arbeit und Mühe ist.

Hat Österreich diese Arbeit geleistet? Eins ist sicher: mengenmäßig ganz gewiss. Wer die Zahl der Maßnahmen gegen ehemalige Nationalsozialisten (Postenverlust, Pensionsverlust, Gehaltskürzung, Sühneabgaben, Strafgerichtsverfahren etc.) ins

> **Vergessen – nein! Verzeihen – ja!**
> **Rosa Jochmann**

Auge fasst, wer die Lehrplanaufträge, Schulbuchweisungen und sonstigen pädagogischen Aktivitäten zählt, wer auch nur oberflächlich die Feier- und Gedenkstättenkultur der letzten Jahrzehnte rekapituliert, zeitgenössische Literatur durchblättert,

Theaterprogramme studiert, die Publikationen zeitgeschichtlicher Forschungsstätten und gewerkschaftlicher oder kirchlicher Herausgeber vergleicht, wer gar auch noch Tageszeitungen und Magazine liest, Radioreportagen und Fernsehdokumentationen verfolgt, wer ins Kino oder ins Bildungswerk oder ins Museum geht, kann bei bestem Willen nicht mehr behaupten (wie es selbst namhafte Personen trotzdem immer wieder tun): „Österreich hat sich nie mit seiner Vergangenheit beschäftigt!" Und: „Österreich hat sich jeder Gewissenserforschung entzogen!" Oder: „Die Österreicher sind ihrer Geschichte immer davongelaufen!" Wer solches behauptet, ist ahnungslos oder ideologisch blind.

So viel zur Quantität österreichischer Arbeit an Vergangenheit. Über die Qualität dieser Leistung kann man schon ganz anders reden, auch streiten oder sogar einig darüber sein, dass diese zu wünschen übrig ließ. Über die Gräuel der verflossenen Jahre hat man nach Kriegsende genug Informationen erhalten, teilweise schon vorher durch „Feindsender"-Meldungen. Aber die begleitende geistige Orientierung sind Schulen und Massenmedien auf weite Strecken schuldig geblieben. Dass der Nationalsozialismus Menschenvernichtung ideologisch als Strategie und technisch als Industrie betrieben hat, wurde den meisten erst allmählich und in der ganzen Tragweite erst Jahre später bewusst. Man war geneigt, Wochenschau-Leichenberge der „Geißel des Krieges" zuzuschreiben und sah sich durch „Kriegsverbrecher"-Prozesse auch noch darin bestärkt – so als sei nur Kriegsrecht und nicht universales Menschenrecht mit Füßen getreten worden.

Wenige hatten Mörder beim Ausführen ihrer Mordtaten beobachtet. Alle aber kannten unzählige Nazis in Familie, Freundschaft, Nachbarschaft. Man hielt sie, sofern man nicht gleich auch selbst Chloroform der NS-Propagandamaschine abbekommen hatte, für Verirrte, Verführte, aber nicht für Kriminelle. Daher war man auch mit Nachsichten, Amnestien und Gnadenakten aller Art einverstanden. Von vornherein war klar: Es war ausgeschlossen, 700.000 Verdächtige in

> **Es mag tröstlich sein, dass über alles Gras wächst, was Geschichte war; aber dass sie darunter erhalten bleibt, mag vielleicht ebenso tröstlich sein.**
>
> **Jörg Mauthe**

fairen Einzelprozessen auf Schuld oder Schuldlosigkeit abzu-
klopfen. Also knöpften die Gerichte sich nur die schweren Fälle
vor, während die große Menge der ehemaligen Nationalsozialisten summarisch abgeurteilt wurde: Zugehörigkeit begründete
Strafwürdigkeit. Damit ereilte ein gewisses Maß an Gerechtigkeit
wahrscheinlich mehr Personen, als Individualverfahren mit
prinzipieller Unschuldsvermutung erreicht hätten. Trotzdem
war das von Anbeginn das große Unbehagen, das eher für ein
hohes Rechtsempfinden als für eine Verharmlosungsabsicht
sprach: Kann man Menschen bestrafen, die keiner Untat überführt worden sind? Kann man Menschen für Tatbestände bestrafen, die zur Zeit der Begehung nicht strafwürdig waren?

Wenn solche Überlegungen von Personen vorgebracht wurden, die selbst unter der Hitler-Verfolgung zu leiden gehabt hatten (Musterfall: Leitungselite der „Salzburger Nachrichten"),
dann gewann ihr Einwand Gewicht. Im Rückblick stempeln kritische Zeitgeschichtler sie zu Verharmlosern, Beschwichtigern
und womöglich Wiederbetätigern – als Pauschalurteil ebenso
ungerecht wie eine Pauschalverteidigung aller jener wäre, die
damals als Kritiker der NS-Gesetzgebung zur Feder griffen.
Irgendwie hatten damals die meisten das Gefühl, das Land habe
eine unselige Nacht des Leides und der Zerstörung hinter sich,
sodass es einer Befleckung der Morgenröte gleichkäme, wollte
man sich jetzt nur auf Verurteilen und Bestrafen konzentrieren.
„Strich unter die Vergangenheit – gemeinsame Arbeit für die
Zukunft" war eine Parole, die Millionen in aufrichtiger Gesinnung teilten. „Vergeben, aber nicht vergessen!" war Christen wie
Agnostikern aus dem Herzen gesprochen.

Heute müssen sich diese Menschen sagen lassen, sie hätten
im günstigsten Fall geirrt, im schlechteren Fall beabsichtigter
Verdrängung Vorschub geleistet. Aber warum ist genau das
Gleiche in den ehemals kommunistischen Staaten nach dem
Zusammenbruch des kommunistischen Unrechtssystems wieder
passiert? Auch dort gab es ein paar Prozesse gegen die ärgsten
Unholde, aber ansonsten das dringende Bedürfnis nach einem
unbelasteten Neubeginn. Heute schon kann man risikolos pro-
phezeien, dass diese „Nichtbewältigung" der Vergangenheit diese Völker in der nächsten und übernächsten Generation heimsu-
chen wird. Dann werden die Kinder ihre Mütter und Großväter

fragen: Warum habt ihr mir nie davon erzählt, was am Eisernen Vorhang wirklich geschehen ist und dass unser Onkel Wachsoldat an der Berliner Mauer war? Und in der Tat: Ihr Wissen hätten die Mütter und Väter mit ihren Kindern auch in Österreich schon 1945 teilen müssen! Das ist die eine Lehre aus der Geschichte, der sich niemand verschließen sollte: Schweigen ist Blech, wenn das Verschwiegene eine Sache auf Leben und Tod war! Was ich heute im Herzen begrabe, wird mir morgen gewaltsam aus ihm herausgerissen.

Freilich gilt auch hier: Das Schweigen der Täter geschah aus Selbstverteidigung. Das ist unehrenhaft besonders für jene, die zuvor nicht genug von Ehre reden konnten. Aber es ist menschlich. Erstaunlicher, aber offenbar auch menschlich ist, dass lange Zeit auch viele der Opfer nicht reden wollten. Manche schweigen, ohne dazu gezwungen zu sein, bis zum heutigen Tag. Niemand hat ein Recht, die öffentliche oder die private Opferkultur zu verunglimpfen. Man muss es respektieren, auch wenn es das Aufarbeiten von Vergangenheit sogar erschwert. Das erklärt da und dort auch Fälle, in denen Täterschaft mit hoher Wahrscheinlichkeit angenommen, aber aus Mangel an Zeugenaussagen nicht bewiesen werden konnte. Und eine solche Gesinnung muss auch mit bedacht werden, wenn man sich über die große Zahl der 1945 für ehemalige Nationalsozialisten ausgestellten „Persilscheine" erregt: Es ist nicht einfach ein kollektiver Vertuschungsversuch, wenn Menschen ihre Nachbarn oder Arbeitskollegen vor Stellenverlust bewahren und sie mit einer Chance des Neubeginns ausstatten möchten.

> **Manche selbst ernannte Problemlöser sind Teil des Problems, dessen Ausmaß beispielsweise in der Bereitschaft weiter Teile der österreichischen Intelligenz sichtbar wurde, sich dem Phantasma von einer großen rechtsradikalen Terrorgruppe rund um den Privatterroristen Franz Fuchs hinzugeben.** Alfred Pfabigan

Trotzdem kann man sagen: Auch in der gerichtlichen Aufarbeitung schwerer Unrechtsfälle bildete Österreich damals nicht das Schlusslicht, sondern setzte Positionslichter mit Vorbildcharakter. Das Regierungsversprechen vom 27. April 1945, NS-Verbrecher dürften „auf keine Milde rechnen" (3), war ehrlich gemeint. Auch die „Säuberungsmaßnahmen" im öffentlichen Dienst, im Kultur- und Wirtschaftsleben waren keine bloße Oberflächenbehandlung: (Allein der Ausdruck „Säuberung" würde, käme er heute von einem Politiker, diesem als beispiellose Menschenverachtung ausgelegt: Die Sensibilität ist gewachsen!) Richtig ist, dass viele Verurteilte bald wieder begnadigt und viele aus ihren Berufen Verdrängte bald wieder eingestellt wurden – sie fehlten einfach in einer Wirtschaft, die unter starkem Aufbaudruck stand. Trotzdem stimmen auch die meisten Zeithistoriker heute darin überein, dass die erste Phase der Entnazifizierung zügig ablief und tatsächlich auch zu einem Elitenaustausch führte.

Freilich muss man sich nun auch in die Wahrnehmungsweise der „anderen" versetzen, die das bisher Geschilderte aus der Sicht unmittelbarer Opfer erlebten. Ehemalige KZ-Insassen wurden von der Bevölkerung nicht warmherzig als Befreite aufgenommen, sondern misstrauisch als mögliche Verbrecher beäugt, zumal sich rasch die allgemeine Überzeugung im Volk verbreitete, in den Konzentrationslagern seien zumindest „auch" ganz „gewöhnliche Verbrecher" festgehalten gewesen. Wenn ein paar erschöpfte Juden wieder vor der Tür ihrer Wohnung standen und erleben mussten, dass der Ariseur oder ein ahnungsloser Nachfolger dort hausten und wenig Verständnis für die Geltendmachung alter Rechte zeigten, muss das eine erschreckende Erfahrung gewesen sein. Wenn Opfer der NS-Verbrechen am eigenen Leib erfuhren, dass für brotlos gewordene „Ehemalige" besser gesorgt war als für sie und ihresgleichen, konnte das kein Gerechtigkeitsempfinden aufkommen lassen. Opfer von Verfolgung aus rassischen Gründen wurden überhaupt erst 1949 als solche anerkannt, erste Haftentschädigungen für KZ-Haft erst 1952 gezahlt. Wer länger als dreieinhalb Jahre im Exil gelebt hatte, bekam erst 1969 einen Opferausweis. 1946 waren 19.800 politisch Verfolgte im Staatsapparat tätig, 1950 nur noch 2870. 1946 wohnten 8400 NS-Opfer in Wohnungen geflüchteter ehemaliger Nationalsozialisten, 1950 waren es nur noch 730 Personen (4).

Die Wiedereingliederung der einstigen Nationalsozialisten ins normale Leben und die Zurückdrängung von Verfolgungsopfern und Widerständlern aus Leitungspositionen verliefen annähernd parallel. Dann kam die eingehend beschriebene „Rückerstattung" von Wählerstimmen an die meisten Nationalsozialisten und der damit einsetzende Wettlauf um ihre Stimmen. Die Zahl der Prozesse gegen Kriegsverbrecher nahm deutlich ab, es kam zu einigen überraschenden Freisprüchen (z.B. 1963 für Franz Murer, dem „Herrn des Wilmaer Gettos"). Die Lust der Lehrer/innen, über die jüngste Vergangenheit zu sprechen, war nie stark gewesen und nahm weiter ab, daheim war fast immer geschwiegen worden: Die „langen Fünfzigerjahre" (Ernst Hanisch) brachen an und wollten allzu lange nicht zu Ende gehen. Es wurde

> **Die rasche, undifferenzierte Re-integration der ehemaligen Nationalsozialisten sowohl in politischer als auch in wirtschaftlicher und gesellschaftlicher Hinsicht förderte deren subjektiven Unschuldsgefühle und bestärkte gleichzeitig eine emotionale Schuldabwehr.** Brigitte Bailer

damals aber auch weder von politisch wachen Schriftstellern noch von erzürnten Historikern auf eine andere Grundausrichtung des „Zeitgesprächs der Gesellschaft" gedrängt. Auf mehr Strenge in der Gesetzgebung hatten jahrelang vor allem die Alliierten gedrängt, was die einen als Beweis für österreichische Nachlässigkeit und die anderen als unzumutbare Bevormundung sahen.

Ein Sonderfall ist der alte Opfer/Täter-Streit. Dass die unbestreitbare Opferrolle des Staates zwischen 1933 und 1938 von der politischen Linken die längste Zeit und gelegentlich heute noch verächtlich als „Lebenslüge" abgetan oder als „austrofaschistische Wegbereitung" für den Nationalsozialismus hingestellt wird, hat eine gemeinsame Aufarbeitung der Vergangenheit unzweifelhaft behindert. Dass diese Opferrolle des Staates auch gleich allen Österreichern gutgeschrieben und alle Schuld an NS-Verbrechen irgendwelchen fernen, fremden Missetätern zugeschoben wurde, war eine unzulässige Schuldverdrängung. Freilich hat nie jemand versucht, überführte österreichische Kriegsverbrecher zu verleugnen. Aber es waren halt irgendwie Anhänger eines Systems, das nicht als das unsere galt, und wir lehrten österreichische Geschichte, als hätte sie mit der deutschen nie etwas zu tun gehabt, was genau so unakzeptabel war wie der spätere Versuch einiger deutscher Historiker, die österreichische Geschichte für die gesamtdeutsche zu vereinnahmen, wogegen sich namhafte österreichische Historiker postwendend und mit guten Argumenten wehrten.

Der Opfer/Täter-Streit sollte heute ausgestanden sein: Dass Österreicher/innen in beiden Gruppen auffielen, darf als unbestritten gelten. Ebenso unbestritten ist, dass die Praxis der Opferentschädigung durch den österreichischen Staat zunächst sehr unbefriedigend verlief. Der Kabarettist Gerhard Bronner sei als eine Stimme von vielen zitiert: „Was meiner Familie angetan wurde, das kann man nicht wieder gut machen. Meine Eltern sind vergast worden, mein Bruder ist im KZ gestorben, meine Verwandten verschwanden. Ich bin der einzige Überlebende ... Ich habe nichts wieder bekommen, keine Wohnung, keinen Tisch, kein Bett..." (5). Wie ihm erging es vielen. Von der prinzipiell richtigen Theorie, dass die damals nicht bestehende Republik Österreich nicht für Schäden aus jener Zeit haftbar gemacht werden konnte, selbst zutiefst beeindruckt, zögerte sie unvermeidliche Rückerstattungen hinaus, leistete weniges halbherzig und in mehreren kleinen Schritten, so dass die Opfer am guten Willen zweifeln und die anderen zu der Meinung kommen mussten: „Sie fordern immer wieder und kriegen nie genug!" Aber auch der erste Nachkriegsaußenminister Karl Gruber räumte im „Bedenkjahr" 1988 hinsichtlich der Restitutionen ein: „Ich gebe zu, dass Österreich in dieser Sache nicht besonders großzügig war."

Auf der anderen Seite darf man den seinerzeitigen Verweis auf die schlechte Wirtschafts- und Finanzlage auch nicht als üble Ausrede abtun: Geld war wirklich keines da, Hunderttausende Flüchtlinge waren zu versorgen, Kriegsheimkehrer unterzubringen, dann Reparationen an die Sowjetunion zu zahlen – und es gab so gut wie keine Familie, die nicht Verwandte oder Freunde, Wohnungen und anderen Sachbesitz und nach der Währungsreform auf jeden Fall auch nahezu alle Ersparnisse verloren hatte. In einer solchen Situation Verständnis für höhere Entschädigungszahlungen an NS-Opfer zu erwarten, überfordert vermutlich die menschliche Natur. Die Überlegung, auf der einen Seite stünden schuldose Opfer einer barbarischen Ideologie, auf der anderen Seite aber Mitschuldige eines Systems, dem man selbst als Sympathisant oder Mitläufer gedient, jedenfalls nicht als Widerständler entgegengearbeitet hatte, führte zu Unbehagen und dieses zur Verdrängung. Dass dieser Unterschied auch unterschiedliche Ersatzansprüche begründen könnte, ist eine absolut logische, richtige Theorie, aber sie hält einer harten Realität nur schwer stand. Wer vor dem Nichts steht und aus eigener Kraft neu anfangen muss, hat wenig Verständnis dafür, dass der Staat beim Helfen deutliche Unterschiede macht. Günstige Wohnbaudarlehen oder manchmal Sonderbezugscheine für Kleidung oder Baumaterialien bekamen wohl auch Kriegsheimkehrer und Bombenopfer, aber die NS-Opfer wurden – zu Recht natürlich – da und dort halt doch bevorzugt.

Wahrscheinlich wäre es das Richtige gewesen, einen Vorschlag zu verwirklichen, den der junge Diplomat und spätere Staatssekretär Ludwig Steiner damals erfolglos vorschlug (6). Er hatte dafür plädiert, den Österreichern 1955 zu sagen: „Jetzt ist unser Land frei geworden, wir sind wieder Herr im eigenen Haus und können einen erfolgreich begonnenen Wiederaufbau zügig fortsetzen – jetzt bitten wir alle Bürger/innen unseres Staates um ein einmaliges Opfer, mit dessen Erlös wir alle Opfer des NS-Regimes einigermaßen gerecht entschädigen können." Das hätte man damals mehr eingesehen als heute. Es kam nicht dazu. Aber es kam ja auch nicht dazu, als die Regierung der Bundesrepublik Deutschland 1990 nach der Wiedervereinigung mit der ehemaligen DDR vor einer ähnlichen Entscheidung stand. Die Regierung Kohl führte keine Wiedervereinigungssteuer ein und hatte es bald zu bereuen.

> Nie hat die Republik Österreich nach dem Zweiten Weltkrieg politische, demokratische oder humanitäre Prinzipien verletzt. Niemand soll daran zweifeln, dass wir uns zu Toleranz, Offenheit und Wahrung der Menschenrechte bekennen. Das sind unverrückbare Elemente unseres Selbstverständnisses.
>
> **Bundeskanzler Wolfgang Schüssel**

Die prinzipiell unzulässige, in der Praxis aber unvermeidliche Opferaufrechnung unter Einzelpersonen („Du hast deinen Bruder im KZ, ich hab' den meinen im Krieg verloren...") wiederholt sich im Großen, wenn gegenüber den Verbrechen des Nationalsozialismus Verbrechen der Siegerstaaten (Flächenbombardement in Dresden, Massenvertreibung Deutscher aus Böhmen und Südosteuropa, komunistisch-stalinistische Gräueltaten) ins Treffen geführt werden. Die Hitlerschen Verbrechen haben die anderen, die späteren, ausgelöst. Aber den Unterschied problemlos und zustimmend einzusehen ist, wenn man als Deutscher von Haus und Hof vertrieben wird und womöglich auch noch den Tod naher Verwandter dabei erlebt, für die meisten wohl auch eine Überforderung. Tod, Leid, Elend, Heimatlosigkeit je nach Auslösungsgrund unterschiedlich zu gewichten, ist konsequente Schreibtischlogik. Sie als unterschiedlich am eigenen Leib zu erfahren, verlangt eine Art charakterlichen Heldentums, das man nicht allen als selbstverständlich abverlangen kann.

Dass man den Antikommunismus jener Jahre nicht als groß angelegten Versuch der Ablenkung vom Antifaschismus abwerten darf, ist wohl begründbar. Dazu kommt, dass die Ostblock-Kommunisten mit großer Hartnäckigkeit jeden Widerstand gegen ihr Gewaltregime und in Österreich, wenn irgendwie möglich, auch schon bloßen Widerspruch als „faschistisch" qualifizierten. Jede Entmachtung demokratischer Politiker in den Satellitenstaaten der Sowjetunion wurde als „Ausschluss faschistischer Elemente" beschrieben. Niemand hat zur Aushöhlung und faktischen Entwertung des Begriffes „Faschismus" so nachhaltig beigetragen wie die Kommunisten der Stalin-Ära. Das sollten sich die großen „Antifa"-Ideologen von heute auch einmal ehrlich in Erinnerung rufen.

Auf Seite der Kriegsgeneration aber müsste das Kapitel „Wir haben nichts als unsere Pflicht getan" unzweideutig entideologisiert und aufgearbeitet werden. Nicht wenige ehemalige Wehrmachtssoldaten verstehen unter Pflicht noch heute die ihnen von Vorgesetzten aufgetragene Verhaltensweise. Da der Auftrag noch dazu von einem Eid umklammert war, sahen viele sich der Notwendigkeit des Hinterfragens entbunden. Man glaubt gar nicht, wie absolut und unauflöslich vielen der Soldateneid erschien – bis zur letzten Stunde. Es waren nicht die Schlechtesten, die so dachten. Aber es waren schlecht Informierte. Heute wird kein Morallehrer mehr den Hinweis unterdrücken, dass Pflicht die freie Entscheidung für das Gute und gegen das Böse ist und anbefohlenes Böses auch durch einen Eid nicht erzwungen werden kann. Auch hier ist die kollektive Bewusstseinsbildung fortgeschritten, auch dies ein Beweis dafür, dass aus der Vergangenheit Lehren gezogen worden sind, die freilich jetzt noch den Weg von den Kathedern in alle Menschenherzen finden müssen. Aber es stimmt wirklich nicht, dass das solidarische Denken in der Gesellschaft keine Fortschritte gemacht hätte.

Insgesamt also besteht kein Grund, der vernichtenden Schadensbilanz des Nationalsozialismus in Österreich nicht auch eine positive Eröffnungsbilanz an die Seite zu stellen. Das österreichische Volk hat, wie andere Völker auch, aus der jüngsten Vergangenheit richtige Schlüsse gezogen. Und es gibt auch ein klares Bekenntnis zu fortgesetzter Beschäftigung mit dieser Vergangenheit, wie eine österreichweite Umfrage der Sozialwissenschaftlichen Studiengesellschaft im Mai/Juni 2000 ergab. Für 81 Prozent ist Vergangenheitsbewältigung Wissen über jene Zeit, für 70 Prozent auch ein Eingeständnis von Mitschuld, für 61 Prozent schließt sie die Bestrafung von Tätern, freilich nur für 47 Prozent auch die Entschädigung von Opfern ein. In diesem Sinn halten 38 Prozent ein weiteres Bemühen für notwendig und 68 Prozent akzeptieren dies, während rund ein Drittel der Befragten für einen baldigen Schlussstrich ist. Bemerkenswert sind hier die Unterschiede nach Alters- und Bildungsgruppen: Die unter Vierzigjährigen mit Matura bejahen zu 71 und akzeptieren zu 87 Prozent die Weiterführung der Vergangenheitsaufarbeitung, während Pflichtschulabsolventen über sechzig sie nur zu zehn Prozent bejahen und mehrheitlich auch nicht akzeptieren. Pessimistische Schlussfolgerung: Weniger gebildete Ältere bleiben unbelehrbar. Optimistische: Information und Bildung sind nicht vergeblich, die Jugend ist lernbereit!

Bleibt die berühmte Frage, warum die Reste der nationalsozialistischen Vergangenheit in anderen Ländern besser als in Österreich aufgearbeitet worden sind. Wurden sie es wirklich? Schon 1995 kam die lange in Deutschland tätige österreichische Diplomatin Gabriele Holzer zu dem Schluss: „Seit neuerdings das gnadenlos Gute in Österreich daran mitmalt, gleichen sich die Bilder weitgehend. Sie werden durch Verdoppelung allerdings nicht zutreffender....Als Resultat solcher Malübungen – die auch im nicht deutschsprachigen Ausland imitiert werden – erscheint Österreich zunehmend als das Land, in dem die nationalsozialistische Pest ihren Ausgang nahm und in zeitgenössischer Abwandlung noch immer am stärksten wütet... In Wahrheit gleichen sich die Verfehlungen von Deutschen und Österreichern weitgehend" (7).

Dieser Befund wird auch durch das Studium von Detailmaterial nicht widerlegt. Außer dem nahe liegenden Fehlen der

„Opfertheorie" wird der deutschen Aufarbeitung Ähnliches wie der österreichischen vorgeworfen: bürokratische Schikanen, Umgehungsversuche, Persilscheinbeschaffung... Gerichtlich hat sich in Österreich mehr getan als in Deutschland, aber hier wie dort kam man zu der Erkenntnis: Justiz, im Einzelfall natürlich unverzichtbar, ist kein geeignetes Mittel, um kollektiv mit einer schlimmen Vergangenheit wirklich fertig zu werden. In Norwegen wurde festgestellt, dass die stärkste Wirkung von der „sozialen Stigmatisierung" ausging: Quisling-Anhänger wurden von der Gesellschaft verachtet. Aber Fremdenhass und Rassismus nahmen auch in Norwegen in den letzten Jahren zu, was beweist, „dass auch eine ‚Entnazifizierung' Erscheinungen dieser Art nicht verhindern konnte" (8). Das kann freilich nicht übersehen lassen, dass eine Einrichtung wie die 1958 in Deutschland gegründete Zentrale Stelle zur Ermittlung strafwürdiger Fälle mit ihren 1,6 Millionen Karteikarten und 1,3 Millionen Ablichtungen aus Archiven anderer Länder international unersetzliche Dienste leistet – aber eben für Verbrecherausforschung.

Eine allgemeine und ständig aufgefrischte Kriminalisierung ehemaliger Nationalsozialisten dient erfahrungsgemäß allerdings nicht dem Abbau des zu Recht beklagten „Alltagsfaschismus". Da ist dem Historiker Fritz Fellner zuzustimmen, der 1988 schrieb: „Dass die Verstrickung in den Nationalsozialismus immer wieder in willkürlichster Weise als Instrument der Diffamierung im politischen Alltag der Zweiten Republik verwendet wurde, hat die Bewältigung dieses Problems weder historisch noch politisch erleichtert" (9). Wenn man ständig nur die Monstrositäten der NS-Verbrechen an die Wand malt und österreichische politische Gruppen damit pauschal zu identifizieren sucht, ist eine historische Einordnung des Gesamtgeschehens zwischen 1938 und 1945 in die österreichische Geschichte schwer – und genau das würden wir aber brauchen.

Ein Wort noch zum Spezialthema Antisemitismus. Es gibt ihn allerorten, aber er ist allerorten unakzeptabel. Die in diesem Buch ausführlich zitierte Umfrage der Sozialwissenschaftlichen Studiengesellschaft weist zehn Prozent der Österreicher/innen als harten Kern der Judengegner aus. Das ist weniger, als Pessimisten behaupten, aber um zehn Prozent zuviel. Der Abbau dieses Potentials wird eine mühsame, zeitraubende, aber unverzichtbare

Aufgabe aller Menschenfreunde sein. Was sich Jahrhunderte lang in den Vorstellungsbildern vieler europäischer Völker, auch und nicht zuletzt des österreichischen, eingenistet hat, kann nicht in einem einzigen Kraftakt ausgerissen werden. Aber es ist kein hoffnungsloses Vorhaben. Voraussetzung für eine Normalisierung des Verhältnisses der Nichtjuden zu den jüdischen Mibürgerinnen und Mitbürgern sind Einsicht in vergangenes Fehlverhalten, in einen die Generationen verknüpfenden „Schuldzusammenhang" (Gerald Stourzh) und damit auch in die historischen Gründe, die das Anderssein der Juden besser erklären.

Voraussetzung ist aber auch, dass man mit Juden ehrlich und ohne betuliche Unterwürfigkeit reden kann, ohne missverstanden zu werden, und dass man israelische Politik und sogar die Geschäftemacherei einer gewissen „Holokaust-Industrie" in Frage stellen darf, wie es auch Juden wie Norman Finkelstein und andere tun, ohne dass man sich damit automatisch den Vorwurf des Antisemitismus zuzieht. So weit sind wir noch lange nicht. Und deshalb müssen wir uns noch auf eine lange Wegstrecke einrichten, zu deren Bewältigung auch das Recht auf Vergleiche zählen muss: nicht zum Zweck des Aufrechnens, nicht um die Einzigartigkeit der Schoah in Frage zu stellen, sondern um die Einzigartigkeit der menschlichen Bedrohung durch Menschen sichtbar zu machen.

Zum Thema „Alltagsfaschismus" empfiehlt sich ein Blick in Thomas Bernhards' „Alte Meister": „Wenn wir aus diesem niedrigen, verheuchelten und bösartigen und verlogenen und dummen Land hinausschauen, sehen wir, dass die anderen Länder genau so verlogen und verheuchelt und alles in allem genau so niedrig sind..." Freilich fügt die Figur, der diese Worte in den Mund gelegt sind, hinzu: „Aber diese anderen Länder gehen uns wenig an, nur unser Land geht uns etwas an" (10). Auch das sollte unbestritten sein: Kein Mangel anderswo macht Mängelkorrekturen in Österreich entbehrlich. Man muss nur wissen, dass Justiz nicht alles leisten kann – und man muss sich daher auch sehr davor hüten, selbst die Justiz in den politischen Streit zu ziehen. Das geschieht in Österreich heute manchmal mit ungekehrten Vorzeichen: Wenn z.B. Jörg Haider einen politischen Prozess einmmal gewinnt, dann regnet es öffentlichkeitswirksame Distanzierungen von einem solchen „Schandurteil".

Das ist ein Spiel mit dem Feuer. Entweder man hat Beweise für eine unzulässige politische Beeinflussung der Justiz, denn müssen diese auf den Tisch – oder man akzeptiert das Urteil, selbst wenn es einem nicht passt, weil auch Politiker Anspruch auf Rechtsschutz haben und weil die Untergrabung der Glaubwürdigkeit der Rechtsprechung das weitaus schlimmere Unheil ist.

Die Entnazifizierung der Hirne und Herzen ist die wichtigere Aufgabe. Sie ist Schulen und Medien, Schriftstellern und Künstlern, Bildungseinrichtungen aller Art und politischen Parteien anvertraut. In allen diesen Bereichen hat es in Österreich „die langen Fünfzigerjahre" gegeben, in denen das alles weniger ernst, weniger wichtig genommen wurde. Keine Disziplin hat hier einer anderen etwas vorzuwerfen. Die lehrplanmäßigen Voraussetzungen waren in der Schule von 1945 an gegeben. Wenn Versagen zu registrieren war, dann war es ein Versagen der Lehrer/innen, das freilich im Einzelfall auch erklärbar sein mochte: Angst vor Fragen, die Schüler-Eltern übelnehmen oder die Lehrpersonen selbst in peinlichen Notstand bringen würden, Sorge um eigene Deutungs- und Formulierungsprobleme, wohl auch manchmal unverzeihliche Gleichgültigkeit gegenüber der Zeitgeschichte im Vergleich zu traditionellen Geschichtsbuch-Bösewichten wie Dschingis-Khan, Napoleon und Kara Mustapha.

Im letzten Jahrzehnt fand auch diese Kritik immer weniger Ansatzpunkte. Gibt es wirklich noch Schulen, wo man der Aufklärung über Faschismus und Nationalsozialismus ausweicht? Sie müssten auf der Stelle der Unterrichtsbehörde genannt werden! Angesichts der offiziellen Lehrpläne wäre ein solches Ausweichen krasses Lehrversagen. Jetzt kommt alles darauf an, in der Lehrerausbildung und Lehrerfortbildung den für Zeitgeschichte vorgesehenen Platz und die für Zeitgeschichte erforderliche Qualität zu halten. Die Empfehlung Anton Pelinkas, auch Politiker/innen in Zeitgeschichte-Seminare zu schicken, sollte nicht als Scherz aufgefasst werden (11).

Womit wir endlich bei der Frage wären, ob das, was schon geleistet worden ist, einen messbaren Erfolg gezeitigt hat. Der Beweis ist zu erbringen. Die Deutschtümelei fast zweier Jahrhunderte ist überwunden. Niemand streitet heute mehr, wie deutsch die Österreicher sind. Gutnachbarliche Freundschaft mit der Bundesrepublik Deutschland, wie sie nicht nur der österreichischen Regierung ein Anliegen ist, bedarf keiner Blutsbegründung. Auch der Nationalsozialismus ist keine aktuelle Gefahr in Österreich. Niemand, keine politische Partei, kein führender Politiker, kein ernst zu nehmendes Massenmedium hat dieses System in den letzten 50 Jahren verteidigt: eine Tatsache, an der auch dumme Sprüche aus FPÖ-Kreisen nichts ändern können. Das Bekenntnis zu Demokratie und Menschenrechten ist in Österreich nicht weniger solide verankert als in anderen Staaten. Die Einsetzung einer hoch qualifizierten Historikerkommission durch die Bundesregierung bezeugt zumindest die Bereitschaft, noch einmal den dunklen Seiten der Vergangenheit ins Auge zu blicken.

Für eine Wiederbelebung der Leiche Nationalsozialismus fehlen auch alle Voraussetzungen im wirtschaftlich-sozialen Umfeld, die in den Dreißigerjahren Anfälligkeit für NS-Parolen schufen. Die Zahl der Arbeitsuchenden ist im Sommer 2000 auf ein EU-Rekordtief von rund drei Prozent gesunken. Das Wirtschaftswachstum nimmt über die Voraussagen hinaus zu, neue Arbeitsplätze werden zu Zehntausenden geschaffen. Alles deutet darauf hin, dass auch die Erweiterung der EU in Mittel- und Osteuropa keine unlösbaren Probleme schaffen wird. Wenn 1980 noch 24 Prozent der Österreicher/innen und auch 1993 immerhin 19 Prozent in Umfragen eine gewisse Sehnsucht nach einem „starken Mann" erkennen ließen, dann reicht zur Erklärung die historische Obrigkeitsneigung im Land Josephs II. völlig aus – einen echten Hitler sehnt niemand mehr herbei. An der Lebensfähigkeit Österreichs zweifelt kein ernst zu nehmender Mensch. Dass Österreich (im Rahmen der EU-Ordnung) selbstständig und unabhängig von Deutschland bleiben soll, ist klarer Volkswille.

„Stolz darauf, Österreicher/innen zu sein" waren 1973 immerhin 56 und 20 Jahre später 61 Prozent. „Sehr stolz" auf ihr Land waren zu Ende der Achtzigerjahre mehr Österreicher (53%) als Franzosen (42%), Schweizer (31%) und Deutsche (21%). Dass sich Nationalstolz mit Europa-Bewusstsein durchaus verbinden lässt, ist gleichfalls nachzuweisen: Je stolzer 1992 befragte Lehrer/innen auf die Leistungen Österreichs waren, umso mehr waren sie auch für eine Mitgliedschaft in der Europäischen Union; das sollte ja doch wohl auch auf Schüler/innen abfärben (12). Die Zweidrittelmehrheit bei der Volksabstimmung am 12. Juni 1994 für eine Teilnahme an der Europäischen Union und das Festhalten an der Mitgliedschaft auch nach den demütigenden Sanktionsbeschlüssen der übrigen 14 EU-Staaten im Februar 2000 sind schon mehrfach erwähnt worden.

Wohl waren bei der eher emotional getönten Frage, ob die Mitgliedschaft „eine gute Sache" wäre, im Frühjahr 2000 nur noch 33 Prozent der Österreicher dieser Meinung (ein Jahr zuvor 42%) – aber dieses von der EU-Kommission regelmäßig abgefragte „Eurobarometer" sah die Zustimmung auch in anderen Ländern abstürzen. Bei der „harten" Frage der Sozialwissenschaftlichen Studiengesellschaft, ob Österreich Mitglied bleiben sollte, gab es zur selben Zeit mit 74 Prozent (Vorjahr 84 %) ein klares Ja. Vielleicht die noch größere Überraschung: Die Zustimmung zur Ost-Erweiterung der EU ist gegenüber 1999 von 42 auf 53 Prozent gestiegen! (13).

Man kann der österreichischen Bevölkerung daher auch nicht allgemeine „Ausländerfeindlichkeit" unterstellen. Die großzügige Aufnahme von Flüchtlingen, an deren Not niemand zweifelt, hat wiederholt das Gegenteil bewiesen. Vorbehalte gibt es gegenüber vermeintlichen oder wirklichen Konkurrenten auf dem Arbeits- und auf dem Wohnungsmarkt, aber auch gegenüber manchen Asylsuchenden, von denen (zu) viele glauben, sie sollten sich in ihren Heimatländern wie die Österreicher nach dem Krieg „von unten hinaufarbeiten". Aber auch „Wirtschaftsflüchtlinge" sind Menschen, die nicht leichtfertig Hab und Gut (so vorhanden), Land und Leute hinter sich lassen.

> **Weinet, denn wir werden wiederkehren und wir werden Menschen sein.**
> **Aber zwischen Mensch und Menschen liegen Welten. Und nicht „Wer wird einmal siegen?" ist die Frage.**
> **„Wer wird menschlich sein?"**
> **Guido Zernatto**

Dass eine politisch ausgeschlachtete Ausländerhetze nicht immer Erfolg bringt, hat das Ergebnis des von der FPÖ 1993 betriebenen Volksbegehrens „Österreich zuerst" bewiesen, das unter anderem staatlich geförderte Wohnungen Inländern vorbehalten und einen speziellen Ausländer-Ausweis erforderlich machen wollte. Mit nur 417.000 Unterschriften blieb es ebenso wie das Anti-Euro-Volksbegehren 1997 (254.077 Unterschriften) erheblich hinter den

Erwartungen und auch hinter mäßig erfolgreichen anderen Volksbegehren zurück. Beim relativen Misserfolg des Anti-Ausländer-
Volksbegehrens hatte auch die Gegenkundgebung von „SOS Mitmensch" einen Anteil, wie überhaupt festzustellen ist, dass
jeder ausländerfeindliche Exzess heute in Österreich eine breite
Abwehrfront von Intellektuellen, Schriftstellern, Künstlern, Kir-
chenaktivisten und Gewerkschaftern mobilisiert. Krasse Fremdenfeindlichkeit bleibt in Österreich heute nie unwidersprochen. Manchmal ist auch der Widerspruch exzessiv, aber das ist
dann eine innerösterreichische Angelegenheit, die keiner Ein-
mischung von außen bedarf.

Am Abbau von Vorurteilen muss geduldig und hart gearbeitet werden. Das gilt vor allem für den Antisemitismus, der in
Österreich eine tragisch lange Tradition hat und auf einem unakzeptabel hohen Latenzniveau weiter schwelt. Aber was eine
überlange Vorgeschichte hat, wird nicht ohne Nachgeschichte
über Nacht verschwinden. Das beweisen Dutzende (auch demokratische) Länder nicht weniger deutlich als Österreich. Gewisse
verbale Entgleisungen, wie sie im Parlament noch in den Sechzigerjahren vorkamen, wären heute undenkbar. Bezeichnend für
diesen Wandel ist das offene Bekenntnis von Altbundeskanzler
Klaus (1966 – 1970), der zugibt, in seiner Jugend ein wirtschaftlich motivierter „Antisemit wie zur Zeit Luegers und Kun-
schaks" gewesen zu sein und als Fraktionsführer der Deutschen
Studentenschaft 1932 einen Aufruf gegen die Berufung eines
jüdischen Professors als Rektor unterschrieben zu haben. „Viele
Antisemiten beneiden in Wahrheit die Juden. Ich bin von einem
Neider zu einem Bewunderer geworden" (14). Gewiss: Josef
Klaus hat bis ins hohe Alter immer hart an sich gearbeitet. Aber
was er geschafft hat, müssten auch andere ernsthaft versuchen.

Dass Wandlungen möglich sind, belegen auch die Umfragen
vor und nach der Ausstrahlung der Fernsehserie „Holocaust",
die 1979 immerhin rund fünf Prozent zu einer Einstellungsänderung bewog. Nach der Ausstrahlung 1979 beantworten die
Frage nach einer österreichischen Mitverantwortung an der
Judenvernichtung 50 Prozent mit Ja, 1997 waren es 70 Prozent.
Gewiss ist ein Vergleich aller dieser Prozentzahlen angesichts
unterschiedlicher Fragestellungen schwierig und oft verwirrend.
Dennoch besteht kein Grund zur Befürchtung, alle Anstren-

gungen zur Ausmerzung nazistisch-faschistischen Gedankenguts aus dem österreichischen Alltag seien vergeblich gewesen,
weil noch immer ein FPÖ-Funktionär ein SS-Motto („Unsere
Ehre heißt Treue") bewusst oder fahrlässig verwendet und damit
viel Staub aufgewirbelt hat.

Dass dieses Wort noch kursiert, ist bedenklich. Dass heute
die meisten seinen Ursprung nicht mehr kennen, ist glaubwürdig und sollte Zeitgeschichtler nicht verzweifeln lassen. Ihre
Aufgabe ist es, den Ungeist des Nationalsozialismus zu entlar-
ven, aber nicht, NS-Sprüche als abschreckendes Beispiel in die
Hirne von Demokraten zu hämmern. Trotzdem schadet es nicht,
wenn jetzt das Bildungsministerium eine Broschüre mit
Formulierungen herausbringt, die typisch für die NS-Zeit waren.
Ein feinfühligerer Umgang mit der Sprache wird uns künftig die
sorglose Verwendung von Formulierungen wie „durch den Rost
fallen" und „bis zur Vergasung" ersparen helfen.

Dieter Stiefel, erster und bisher gründlichster Beschreiber
der Entnazifizierung in Österreich, gestand ihr schon 1981 zu,
eine „Sanktionierung tief greifender Veränderung, die mit einem
Wechsel der Eliten verbunden und daher einer Revolution zu
vergleichen war", gewesen zu sein. „Eine geistige Orientierung
im Sinn einer Abwendung der Bevölkerung vom Nationalsozialismus war weitgehend schon zu Kriegsende erfolgt." Nach
Ende des Regimes „war wirklich nur noch formale Entmachtung
notwendig, ein ‚Denkzettel' für die Sünder." Diesen gab es, und
das Ganze war „ein aktiver innerer Prozess der Bewältigung der
Vergangenheit", der sicher zur inneren Befriedung Österreichs
beigetragen habe (15).

Die Aufgabe ist freilich nie für immer erfüllt, der Auftrag
ständig neu vergeben. Jeder Schuljahrgang ist eine neue Heraus-
forderung, jeder neue Zeitungsleser eine Chance. Hätte Deutschland wirklich auch die geistige Entnazifizierung für immer vor-
bildlich erledigt, wäre es nicht möglich, dass im Jahr 2000 jede/r
fünfte deutsche Jugendliche noch nie vom Konzentrationslager
Auschwitz etwas gehört hat und jede/r vierte die Erinnerung an
NS-Gräuel für wenig wichtig oder unwichtig hält (16). Dem steht
eine Schülerumfrage der Österreichischen Gesellschaft für
Europapolitik in einigen Oberstufen Höhererer Schulen gegenüber, die viel Interesse für Zeitgeschichte erkennen ließ: 86

Prozent der 14- bis 19-Jährigen hielten es im Jahr 2000 für wichtig bis sehr wichtig, über die Hitler-Zeit informiert zu werden.

Auch die Dichter dürfen nicht klein beigeben, weil sich der rauschende Erfolg nicht rasch genug einstellt. Immer mehr Autoren zeigen sich enttäuscht darüber, dass sie mit ihren Texten nur Gleichgesinnte, aber nicht jene erreichen, auf die es ankäme (17). Vielleicht liegt das auch nicht nur an den Unerreichbaren. Nur wegen einer polternden Antifa-Breitseite geht kein Skinhead ins Theater. Und nicht alle Leser/innen können der oft komplizierten Symbolik dichterischer Aufarbeitung von NS-Vergangenheit gleich folgen.

In dem mit viel empirischem Datenmaterial angereicherten Band „Die Zukunft der österreichischen Demokratie" kann man zwar nachlesen, dass die Zufriedenheit der Österreicher/innen mit der Demokratie im eigenen Land von 84 Prozent 1984 auf 74 Prozent 1999 zurückgegangen und die erklärte Unzufriedenheit von 13 auf 25 Prozent gestiegen ist (18) – aber die darin zum Ausdruck kommende Politik- oder Politikerverdrossenheit ist europaweit nachzuweisen. Unter den von Peter A. Ulram geschilderten Szenarien, die für die weitere politische Entwicklung Österreichs in Frage kommen, klingt das erste am attraktivsten: Verwandlung der FPÖ von einer rechtspopulistischen Protestbewegung in eine (österreichisch)national-konservative Partei mit gemäßigten populistischen Zügen und damit die Ermöglichung wechselnder Regierungsbündnisse (19). Aber auch wenn die FPÖ die Kraft dazu nicht aufbrächte und mit Blitz und Donner (Spaltung vermutlich eingeschlossen) wieder auf die Oppositionsbank übersiedelte, würde die „kleine Welt, in der die große ihre Probe hält" (Hebbel) nicht zu Grunde gehen.

Wer an die Entwicklungsfähigkeit der menschlichen Natur, Charakter und Moral mit eingeschlossen, glauben kann, braucht an Österreich nicht zu verzweifeln. Schlecht steht es um jene, die an Wunder, und um jene, die an gar nichts glauben. Das Wunder der Verwandlung eines Menschen und eines ganzen Volkes über Nacht passiert nicht. Nicht nur Gene beeinflussen den Menschen und auch nicht nur die individuelle Erziehung, sondern es gibt auch Prägungen, die nur schwer ausmerzbar sind. Die Österreicher/innen sind seit vielen Jahrzehnten vom

Deutschnationalismus und seit Jahrhunderten vom Antisemitismus geprägt. Dass der Deutschnationalismus im Wesentlichen als ausgeheilt betrachtet werden kann, stimmt zuversichtlich, dass mit ein wenig mehr Geduld auch der Antisemitismus noch gebändigt werden kann. Wer überhaupt nicht an die Verbesserungsfähigkeit von Mensch und Menschheit glaubt, soll aufhören, sich über die schlechten Österreicher zu erregen. Er ist dann selbst ein hoffnungsloser Fall – wie die anderen sechs Milliarden Erdenbürger/innen.

Österreich ist kein Naziland. Österreich droht auch keine sonstige Spielart des Faschismus, zu dem definitionsgemäß eine Ausschaltung des Parlaments und eine diktaturähnliche Herrschaftsform mit imperialistischen Zügen gehören. Die Gefahr liegt eindeutig im Bereich des Rassismus – und auch hier nicht in einer wissenschaftlichen Variante (die es nicht gibt), sondern in einer Art Alltagsrassismus, der von der Annahme unterschiedlich wertvoller Menschen und Völker ausgeht. Die schlimmste Ausprägung des Alltagsrassismus ist ein Alltagsantisemitismus, der ein ganzes Volk wegen seiner Abstammung und/oder Zugehörigkeit zu einer bestimmten Religion mit Misstrauen, Verachtung und Feindschaft bedenkt.

> **Wenn wir zu hoffen aufhören, kommt, was wir befürchten, bestimmt.** Christa Wolf

Bei anderen Völkern wird oft nicht so kompromisslos geurteilt: Für die meisten Rassisten gibt es „auch" ehrliche Tschechen und fleißige Polen und anständige Türken. Aber tendenziell wertet Alltagsrassismus viele andere Völker und Volksgruppen als weniger wertvoll, weniger anerkennenswert, weniger tüchtig oder weniger vertrauenswürdig. Die geballte Wucht eines antirassistischen Vorurteils trifft „die" Schwarzafrikaner als Drogenhändler, „die" Russen als Mafiosi, „die" Polen als Autodiebe oder „die" Zigeuner als Unruhestifter. „Die" Türken darf man nach dieser Lesart in menschenunwürdigen Unterkünften mit Horrormieten drangsalieren. An den „islamischen" Kopftüchern junger Mädchen nehmen heute die Alltagsrassisten schon ähnlich Anstoß wie an der typischen Haar- und Kleidertracht orthodoxer Juden. Kurz: Das Anderssein wird beargwöhnt. Es kann Jüdinnen und Juden nicht trösten, dass in vielen Fällen ihr wirkliches oder vermeintliches Anderssein mehr als ihr Judesein auf Ablehnung stößt. Aber es muß die Besten in jedem Volk über alle Maßen irritieren, wenn die Diskriminierung von Anderssein als salonfähig gilt.

Am Abbau von Alltagsrassismus muß gezielt, nachdrücklich, systematisch gearbeitet werden – in den Familien, in Kindergärten, in Schulen und Erwachsenenbildungseinrichtungen, in Kirchen, Parteien und Gewerkschaften, in Österreich und im übrigen Europa. Österreich ist wirklich kein Sonderfall des Rassismus. Wenn man sich endlich darauf einigen könnte, das aufgeblasene Schreckgespenst des Faschismus auf seine tatsächlichen – nämlich geringen – Dimensionen zu reduzieren und damit auch der Situation in Österreich ihre angebliche Einzigartigkeit zu nehmen, müsste es leichter möglich sein, zusammen mit anderen Staaten Europas eine gemeinsame Strategie zur Bekämpfung des gemeinsamen Feindes Rassismus zu erarbeiten.

Der Nationalismus ist dort eine Gefahr, wo jede nationale Regung früher brutal unterdrückt worden ist. Ihm ist auf Dauer nur durch Demokratie und Autonomie beizukommen. Rechtsextremismus ist in den meisten Ländern Europas eine reale und ernste, aber eine beherrschbare Gefahr. Das wahrscheinlich größte Unheil droht vom Alltagsrassismus derer, die an die Ungleichwertigkeit der Menschen glauben. Ihre Fremdenfeindlichkeit ist Menschenfeindlichkeit. Ihre Verachtung richtet sich auch gegen sie selbst. Deshalb muss man nicht nur an ihren Idealismus, sondern auch an ihren Egoismus appellieren: Wer die Gleichwertigkeit von Menschen, Völkern und Volksgruppen verneint, gefährdet nicht nur den Zusammenhalt der eigenen Staatsnation, sondern muss damit rechnen, bei jedem Überschreiten von Grenzen auch selbst in die Rolle von Mindergeachteten zurückzufallen. Die wichtigste Konsequenz aus den Erfahrungen der Geschichte muss die Entdeckung einer alle Menschen umfassenden, universalen Menschenwürde sein.

Es ist nicht notwendig, diese pathetisch zu überfrachten. Im Gegenteil: Je nüchterner man sie sieht, umso besser. Respektieren von Menschenwürde heißt: zugeben, dass alle Menschen und Völker Vorzüge und Schwächen und daher wenig Gründe haben, einander etwas vorzuhalten, statt um Frieden bemüht zu sein. Ein solcher Prozess der Bewusstseinsänderung ist möglich. Er läuft auch längst. Niemand denkt heute mehr in den Denk-

kategorien der Vierziger- und auch nicht in denen der Fünfzigerjahre.

Die außergewöhnlichen Erfahrungen mit dem Faschismus,
dem Nationalsozialismus und dem Dritten Weltkrieg haben
auch das Denken und Fühlen der Österreicherinnen und Österreicher verwandelt und erneuert. Die Früchte dieses Wandels
sind nicht nur eine eindeutige Demokratie- und Österreich-
Bejahung, sondern auch ein nachweisbares Wachsen des Euro-
pa-Bewusstseins und der Toleranz. Aber dieses Wachsen hat
noch lange nicht sein Ziel erreicht. Die Qualität ist noch nicht
feuerfest – in Österreich nicht und auch nicht anderswo. Aber es
ist keine Illusion, auf eine Zukunft mit weniger Hass und mehr
Zustimmung zu versöhnter Vielfalt zu setzen. Wenn sich das
Hineinwachsen in ein Europa- und Weltbürgertum unter zumut-
baren Bedingungen vollziehen kann, geht es vorwärts und aufwärts – freilich nicht nach dem Motto der heutigen „Spaßge-
sellschaft": Ich will alles, und das sofort! So wie Demokratie
erlernbar, aber nicht erzwingbar ist, ist es auch die Toleranz.
Nicht die Helden des großen Wortes dienen ihr am meisten, sondern eher schon die „Heiligen der kleinen Gewichte", von denen
Peter Handke spricht.

Sie sind allerorten längst am Werk. „Zukunft hat Herkunft",
sagt Odo Marquard. Die geistige Herkunft im „Fall Österreich"
ist – neben so vielem Guten – auch mit überheblichem Deutschnationalismus, Antisemitismus und Alltagsrassismus befrachtet.
Solche Herkunft darf keine Zukunft haben. Hoffnung ist erlaubt.
Die Hälfte der Arbeit ist ja schon getan.

Quellenangaben

1. Österreich ist anders

(1) Robert Menasse in: Der Standard (Album), 13. Mai 2000
(2) Peter Sichrovsky in: Kurier, 23. August 2000
(3) Christoph Landerer in: Die Presse, 7. Juli 2000
(4) „The Farce Version of History", in: Newsweek, 14. Februar 2000, S. 20
(5) Leopold Rosenmayr, in: Die Presse, Sonderausgabe „2000", S. 29
(6) Hans Weigel, Man kann nicht ruhig darüber reden, S. 11 ff.
(7) Hubertus Czernin in: Der Standard, 4. Juli 2000
(8) Peter Huemer in: Die Presse (Spectrum), 15./16. Juli 2000
(9) Bei Böhler/Steininger (Hg), Österreichischer Zeitgeschichtetag 1993, S. 259

2. Die nationale Malaise

(1) Nach Friedrich Heer, Der Kampf um die österreichische Identität, Seite 407
(2) Heer, Identität, S. 407
(3) Heer, Identität, S. 470
(4) Werner Suppanz, Österreichische Geschichtsbilder, Seite 119
(5) Nach Suppanz, Geschichtsbilder, S. 191
(6) Ernst Bruckmüller, Nation Österreich, S. 25
(7) Bruckmüller, Nation, S. 289
(8) Nach John/Lichtblau, Schmelztiegel Wien – einst und jetzt, S. 368
(9) Nach Heer, Identität, S. 164
(10) Eduard Pichl (Hg), Georg Schönerer, 5. Band, S. 84
(11) Pichl, Schönerer, 5. Band, S. 275
(12) Pichl, Schönerer, 6. Band, S. 383
(13) Heer, S. 321
(14) Walter Wiltschegg, Österreich – der „Zweite deutsche Staat"? S. 112
(15) Wiltschegg, Österreich, S. 113
(16) Wiltschegg, Österreich, S. 115
(17) Wiltschegg, Österreich, S. 118
(18) Wiltschegg, Österreich, S. 126
(19) Wiltschegg, Österreich, S. 130
(20) Wiltschegg, Österreich, S. 130
(21) Wiltschegg, Österreich, S. 220
(22) Wiltschegg, Österreich, S. 231
(23) Lucian O. Meysels, Nationalsozialismus, S. 11
(24) Jürgen Falter, Hitlers Wähler, S. 103
(25) Falter, Wähler, S. 227
(26) Falter, Wähler, S. 227
(27) Wahlerfolge und Wählerschaft der NSDAP in Österreich, S. 232
(28) Plasser/Ulram/Sommer, Das österreichische Wahlverhalten, S. 232
(29) dtv-Atlas, Deutsche Sprache, S. 121
(30) Brigitte Hamann, Hitlers Wien, S. 468
(31) Pichl, Schönerer, 6. Band, S. 448
(32) Hamann, Hitlers Wien, S. 470
(33) Bruce F. Pauley, Der Weg in den Nationalsozialismus, S. 30
(34) Pichl, Schönerer, 6. Band, S. 448

(35) Pichl, Schönerer, 5. Band, S. 383
(36) Pichl, Schönerer, 5. Band, S. 381
(37) Meysels, Nationalsozialismus, S. 20
(38) Friedrich Heer, Gottes erste Liebe, S. 356
(39) Nach Hamann, Hitlers Wien, S. 394
(40) Hamann, Hitlers Wien, S. 574
(41) Suppanz, Österreichische Geschichtsbilder, S. 22
(42) Suppanz, Geschichtsbilder, S. 67
(43) Suppanz, Geschichtsbilder, S. 68
(44) Pauley, Weg in den Nationalsozialismus, S. 154
(45) Heinrich Schneider in „Christliche Demokratie" (März 1989), S. 86
(46) Nach Alfred Springer in „Christlicher Demokratie" (März 1989), S. 12 f.
(47) Springer, Christliche Demokratie, S. 16
(48) Alfred Ableitinger in „Christliche Demokratie", S. 26 ff.
(49) Ableitinger, Christliche Demokratie, S. 28 f.
(50) Nach Joseph Franz Desput, Österreich 1934-1984, S. 62
(51) Nach Franz Goldner, Dollfuß im Spiegel der US-Akten, 1. Auflage, S. 22
(52) Pauley, Weg in Nationalsozialismus, S. 154 f.
(53) Heer, Identität, S. 387
(54) Friedrich Adler in „rote tafel" 1/1967
(55) Norbert Leser, Zwischen Reformismus und Bolschewismus, 2. Aufl., S. 239
(56) Leser, Zwischen..., S. 241
(57) Leser, Zwischen..., S. 242
(58) Leser, Zwischen..., S. 297
(59) Leser, Zwischen..., S. 256
(60) Nach Gottfried-Karl Kindermann, Hitlers Niederlage in Österreich, S. 96
(61) Nach Kindermann, Niederlage, S. 89
(62) Nach Ludwig Reichhold, Kampf um Österreich, S. 342
(63) Nach Reichhold, Kampf, S. 342
(64) Friedrich Funder, Als Österreich den Sturm bestand, S. 106
(65) Gerhard Jagschitz, Der Putsch, S. 99
(66) Kindermann, Hitlers Niederlage, S. 152
(67) Kindermann, Hitlers Niederlage, S. 184
(68) Jacques Hannak, Karl Renner und seine Zeit, S. 552 (bei Kindermann S. 190)
(69) Kurt Schuschnigg, Im Kampf gegen Hitler, S. 296
(70) Friedrich Heer, Identität, S. 394
(71) Schuschnigg, Im Kampf, S. 314 f. und 323

3. Sieben Jahre Tausendjähriges Reich

(1) Hans Mühlbacher, Wiener „Journal, März 2000
(2) Kurt Schuschnigg, Im Kampf, S. 290 f.
(3) Nach Erwin A. Schmidl, März 38, S. 233
(4) Nach Erwin A. Schmidl, März 38, S. 233
(5) Ernst Hanisch, Der lange Schatten des Staates, S. 347
(6) Hanisch, Langer Schatten, S. 345 f.
(7) Hellmut Butterweck, Österreichs Kardinäle, S.130
(8) Bruce F. Pauley, Der Weg in den Nationalsozialismus, S. 209

(9) Schmidl, März 38, S. 235

(10) Pauley, Der Weg, S. 210

(11) Helen L. Krag, Wir haben nicht gebraucht keine Reisegesellschaft, rororo, S. 36 ff

(12) Diese Darstellung folgt vor allem Ernst Bruckmüller, Industriezweig Massenmord, Sonderausgabe „2000" der „Presse"

(13) Diendorfer/Jagschitz/Rathkolb (Hg), Zeitgeschichte im Wandel (1998)

(14) Günter Templ, Die Wiener Wirtschaft im Jahre 1938, unveröff. Manuskript 1988

(15) Wolfgang Mönninghoff, Enteignung der Juden, S. 10 f.

(16) Peter Huemer im Vorwort zu Irene Etzersdorfer, Arisiert, S. 8

(17) Huemer, Arisiert, S. 9

(18) Dieter Stiefel, Entnazifizierung in Österreich, S. 221

(19) Stiefel, Entnazifizierung, S. 223

(20) Schmidl, März 38, S. 255

(21) Gerhard Botz in Diendorfer/Jagschitz/Rathkolb, Zeitgeschichte im Wandel, S.224

(22) Neugebauer/Ninführ/Wohnout in: 1938 – NS-Herrschaft in Österreich, S. 30

(23) Walter Manoschek in Ardelt/Gerbel, Österreich und 50 Jahre 2. Republik, S. 215

(24) Harry Slapnicka, 550 Stichworte zur o. ö. Zeitgeschichte, S. 149

(25) Nach Fernsehsendung von ORF und 3SAT vom 10. Mai 2000

(26) Jahresbericht 1987/88 des Österr. Bundestheaterverbandes, S. 130 f.

(27) Nachrichenmagazin „Format" 10/2000, S. 56 f.

(28) Hans Safrian in: Ardelt/Gerbel, Österreich, S. 226

(29) Heidemarie Uhl, Zwischen Versöhnung und Verstörung, S. 146

(30) Josef Haslinger in Schulheft 43/1986

(31) Walter Manoschek in: Ardelt/Gerbel, Österreich...

(32) Gabriele Holzer, Verfreundete Nachbarn, S. 105

(33) Ernst Hanisch, Gau der guten Nerven, S. 79

(34) Werner Vogt in der „Presse", 10. Juni 2000, Spectrum, S. III

(35) Benedikt Föger in einer Buchbesprechung der „Presse", 13. Mai 2000

(36) Julius Tandler (Vortrag), im Jahrbuch 1929 des Wiener Jugendhilfswerks

(37) Bei Wolfgang Neugebauer, NS-Herrschaft in Österreich, Manuskript S. 2

(38) Max Liebmann laut Kathpress 9. Juni 2000

(39) Max Liebmann, Kirche in Gesellschaft und Politik, S. 318 ff.

(40) Hanisch, Der lange Schatten, S. 389

(41) Butterweck, Kardinäle, S.

(42) Jan Mikrut, Blutzeugen des Glaubens, Band 2, S. 179

(43) Hanisch, Schatten, S. 393

(44) Neugebauer, NS-Herrschaft, Manuskript S. 12

(45) Molden, Feuer, S. 142

(46) Kurt Tweraser, US-Militärregierung Oberösterreich, S. 149

(47) Neugebauer, NS-Herrschaft, Manuskript S. 14

(48) Hans Rauscher in „Der Standard", 6. Juni 2000

(49) Molden, Feuer, S. 207

(50) Ernst Hanisch, Gau der guten Nerven, S. 188

(51) Fritz Fellner, Anschluss 1938, in: freie argumente, 1/1988, S. 19

(52) Hanisch, Gau, S. 14

(53) Hanisch, Gau, S. 78
(54) Fellner, Anschluss, S. 21
(55) Friedrich Heer, Identität, S. 416
(56) Hanisch, Gau, S. 187

4. Entnazifizierung: Kraftakte und Krebsgänge

(1) Reportage in den „Salzburger Nachrichten", 6. Juni 2000
(2) OÖ-Darstellungen nach Kurt Tweraser, US-Militärregierung Oberösterreich
(3) Rauchensteiner/Etschmann (Hg), Österreich 1945, S. 199
(4) Rauchensteiner/Etschmann, Österreich, S. 200
(5) Rauchensteiner/Etschmann, Österreich, S. 46 f.
(6) Kuretsidis/Garscha, keine „Abrechnung", S. 62
(7) Hanisch, Schatten, S. 403
(8) Nach Dieter Stiefel, Entnazifizierung in Österreich, S. 15 ff.
(9) Stiefel, Entnazifizierung, S. 66
(10) Stiefel, Entnazifizierung, S. 96
(11) Stiefel, Entnazifizierung, S. 111
(12) Stiefel, Entnazifizierung, S. 120
(13) Stiefel, Entnazifizierung, S. 120
(14) Stiefel, Entnazifizierung, S. 273
(15) Stiefel, Entnazifizierung, S. 248
(16) Stiefel, Entnazifizierung, S. 253
(17) Garscha/Kuritsidis, Österreichs Justizakten im europäischen Vergleich, S. 84
(18) Hellmut Butterweck, Standard, 23. März 2000, S. 39
(19) Garscha/Kuritsidis, Justizakten, S. 23
(20) Garscha/Kuritsidis, Justizakten, S. 24 f.
(21) Nach Kuritsidis/Garscha, Keine „Abrechnung", 1998
(22) Garscha/Kuritsidis, Justizakten, S. 38
(23) Ludwig Reichhold, Geschichte der ÖVP, S. 186
(24) Franz Schausberger, Im Dienste Salzburgs, S. 138
(25) Viktor Reimann, Die Dritte Kraft in Österreich, S. 117 f.
(26) Reimann, Dritte Kraft, S. 117
(27) Hanisch, in: Meissl/Mulley/Rathkolb, Verdrängte Schuld, S. 333
(28) Johannes Schöner, Entnazifizierung und Heimkehrerintegration, S. 405
(29) Hanisch, Schuld/Sühne, S. 349
(30) Hanisch, Schuld/Sühne, S. 330
(31) Kurt Piringer, Die Geschichte der Freiheitlichen, S. 24
(32) Reimann, Die dritte Kraft in Österreich, S. 257
(33) Der Standard, 7. April 2000
(34) Friedhelm Frischenschlager in Öst. Zeitschrift für Politikwissenschaft 2/1978
(35) Informationsgespräch mit Friedrich Peter am 16. März 2000
(36) Friedhelm Frischenschlager in Informationsgespräch am 3. Mai 2000
(37) Christa Zöchling, Haider, S. 176
(38) Jörg Haider, Befreite Zukunft jenseits von links und rechts, S. 31
(39) profil, 25. April 1994
(40) Schnell-Info der FPÖ 30/96, S. 10 ff.
(41) Handbuch für Rechtsextremismus, S. 418

(42) Informationsgespräch mit Staatssekretär a. D. Ludwig Steiner, 24. März 2000

(43) Franz Klar, Inform.- und Pressedienst der Öst. Widerstandsbewegung 1/2000

(44) Weinzierl, Gerechte, S. 91

(45) Nach einer Chronik des Dokumentationsarchivs des österreich. Widerstandes

(46) Anton Pelinka, Windstille, S. 99

(47) Willibald Holzer, Handbuch des Rechtsextremismus, S. 26

(48) Der Standard, 3. Mai 2000

(49) Ruth Wodak bei Enquete der Katholischen Aktion, Kathpress 27. Mai 2000

(50) Salzburger Nachrichten, 19. Februar 2000

(51) Kurier, 3. April 2000

(52) Der Standard, 11. August 2000 (Kopf des Tages)

5. Entschädigungen: viele Anläufe

(1) Informationsgespräch mit E. D. T. in Wien am 20. Juli 2000

(2) Robert Knight, Ich bin dafür, die Sache in die Länge zu ziehen, S. 196 f.

(3) Brigitte Bailer, (unveröffentlichtes) Konzept für ein Forschungsprojekt zur Rückstellung geraubten Eigentums, S. 1

(4) Andreas Mölzer, NeueFreie Zeitung 23. 09. 93, S. 5

(5) Helmut Wohnout, Schatten d.Vergangenheit, Jahrbuch f. Politik 1998, S.356

(6) Bei Rauchensteiner/Etschmann, Österreich 1945, S. 21

(7) Guido Zernatto, Milde Ampel, kühler Stern, S. 143

(8) Theodor Kramer, Ein Lebensbild, S. 121

(9) Bei Erika Weinzierl, Zuwenig Gerechte, S. 54

(10) Nach Brigitte Bailer, Wiedergutmachung - kein Thema

(11) John Bunzl/Bernd Marin, Antisemitismus in Österreich, S. 65

(12) Informationsgespräch mit Wolfgang Neugebauer am 3. Mai 2000

(13) Helmut Wohnout, Schatten der Vergangenheit, Jahrbuch der Politik 1998, S.356

(14) Wohnout, Jahrbuch 1998, S. 360

(15) Regierungsbeauftragte Maria Schaumayer in der TV-Pressestunde 30. April 2000

(16) Bertrand Perz in: Österreichischer Zeitgeschichtetag 1993

(17) Christian Rainer, profil 19/2000

(18) The Economist, 8. Juli 2000

(19) In: Entnazifizierung und Heimkehrerintegration, S. 483

(20) Alfred Payrleitner, Kurier, 24. August 2000

(21) Die Presse, 10. Februar 2000

(22) Arnold Suppan in: Glaube und Heimat (Klemensgemeinde), Juni 2000

(23) Brigitte Bailer, Wiedergutmachung – kein Thema, S. 75

(24) Bundesministerium für Finanzen (Bonn), Härteregelungen des Bundes zur Entschädigung von NS-Unrecht, 1999

(25) Härteregelungen, S. 5

(26) Rathkolb/Schmid/Heiß (Hg), Österreich und Deutschlands Größe, S. 58

(27) Informationsgespräch mit Präsident Clemens Jabloner am 29. Juni 2000

(28) Clemens Jabloner, Vortrag in Prag am 24. Juni 2000

6. Der geistige Neubeginn

(1) Bei Raul Hilberg, Die Vernichtung der europäischen Juden, S. 1057

(2) Hugo Portisch/Sepp Riff, Österreich II, Band 2 (Wiedergeburt), S. 32 ff.

(3) Wolfgang Kos, Eigenheim Österreich S. 104 ff.

(4) Peter Malina in der Reihe Schulheft (1996), S. 37

(5) Malina, Schulheft, S. 40

(6) Peter Böhmer, Wer konnte, griff zu, S. XXV

(7) Stiefel, Entnazifizierung, S. 162 f.

(8) Suppanz, Geschichtsbilder, S. 248

(9) Bruckmüller, Nation Österreich, S. 15

(10) Informationsgespräch mit Direktor Oskar Achs am 24. März 2000

(11) Informationsgespräch mit Univ. Prof. Urs Altermatt, Université de Fribourg, in Wien, 5. Juni 2000

(12) Hermann Schnell, Begleitbuch zur Ausstellung „Jugend unterm Hakenkreuz", S. 64

(13) Andrea Wolf, Der lange Anfang, S. 56, 59

(14) Bericht des Österr. Bundestheaterverbandes 1987/88, S. 130 f.

(15) Friedrich Oetinger, Wendepunkt der politischen Erziehung..., S. 59

(16) Andrea Wolf, Der lange Anfang, S. 88

(17) Bailer/Neugebauer im Handbuch für Rechtsextremismus, S. 99

(18) Informationsgespräch mit Abt. Leiterin Elisabeth Morawek am 27. April 2000

(19) Wege zum Leben, Glaubensbuch AHS 3, S. 130

(20) Dem Leben auf der Spur, Glaubensbuch AHS 2, S. 126

(21) Forum Politische Bildung (Hg), Wendepunkt und Kontinuitäten

(22) DÖW (Hg), Österreicher und der Zweite Weltkrieg

(23) Achs/Scheuch/Tesar, Aus der Geschichte lernen, 7. Klasse

(24) Achs/Scheuch/Tesar, Aus der Geschichte lernen, 8. Klasse

(25) Nachrichtenmagazin News 17/2000

(26) Wolfgang Kos, Eigenheim Österreich, S. 62

(27) Kos, Eigenheim, S. 90

(28) Kos, Eigenheim, S. 152

(29) Michael Hausenblas in: Der Standard, 6. Mai 2000

(30) Ulfried Burz in: Zeitgeschichte im Wandel, S. 240

(31) Der Standard, 9. Mai 2000, S. 10

(32) Jahresbericht des Österr. Bundestheaterverbandes 1987/88, S. 144 ff.

(33) Boris Marte in: Österreichisches Jahrbuch für Politik '97, S. 696

(34) Katholische Nachrichtenagentur Kathpress, 10. Februar 1984

(35) Kathpress, 3. Februar 1984

(36) Kathpress, 11. März 1988

(37) Kathpress, 11. März 1988

(38) Kathpress, 9. November 1988

(39) Kathpress, 19. Februar 1988

(40) Kathpress, 22. Februar 1988

(41) Kathpress, 29. Februar 1988

(42) Eigene Erinnerung des Autors

(43) Kathpress, 2. Juni 2000

(44) Florian Sablatschan in Cash Flow 12/1987

(45) Günther Scheidl, Dissertation „Ein Land auf dem ‚rechten' Weg",
     2000, S. 297

(46) Heinz P. Wassermann, Zuviel Vergangenheit tut nicht gut, S. 280 ff.

(47) Wassermann, Vergangenheit, S. 289

(48) Wassermann, Vergangenheit, S. 112

(49) Wassermann, Vergangenheit, S. 351 ff.

(50) Wassermann, Vergangenheit, S. 217 f.

(51) Heidemarie Uhl, Zwischen Versöhnung und Verstörung, S. 19

(52) Uhl, Versöhnung, S. 33

(53) Uhl, Versöhnung, S. 443

(54) Uhl, Versöhnung, S. 439

(55) Wassermann, Vergangenheit, S. 22

(56) Susanne Eibl/Peter Malina in Schulheft 49/1988

(57) Bei Wassermann, Vergangenheit, S. 23

(58) Peter Diem, Holocaust 1979–1997, ORF-Publikation

(59) Bei Fritz Hausjell in Meissl/Mulley/Rathkolb (Hg), Verdrängte
     Schuld ..., S. 202

(60) Hanisch, Schatten, S. 434

(61) Hanisch, Schatten, S. 437

(62) Günther Scheidl, Dissertation „Ein Land auf dem ‚rechten' Weg?"

(63) Scheidl, Dissertation, S. 38

(64) Scheidl, Diss., S. 50

(65) Scheidl, Diss., S. 60

(66) Scheidl, Diss., S. 103

(67) Scheidl, Diss., S. 107 f.

(68) Scheidl, Diss., S. 128

(69) Scheidl, Diss., S. 195 (profil-Rezension)

(70) Scheidl, Diss., S. 213 f.

(71) Oswald Oberhuber in: Die Presse, 29. März 2000

(72) Erika Weinzierl in Böhler/Steininger (Hg), Zeitgeschichtetag 1993,
     S. 47

(73) Gerhard Jagschitz im Geleitwort zu: Der Putsch

(74) Gerhard Botz in Böhler/Steininger, Zeitgeschichtetag, S. 23

(75) Gerhard Botz in Böhler/Steininger, Zeitgeschichtetag, S. 19

(76) Ardelt/Gerbel, 2. Österreichischer Zeitgeschichtetag

(77) Diendorfer/Jagschitz/Rathkolb (Hg), 3. Zeitgeschichtetage, S. 118

(78) Wilheklm Katzinger in Böhler/Steininger, Zeitgeschichtetag, S. 249

(79) Österr. Widerstandsbewegung, Österreich im Würgegriff des
     Kommunismus, S.15

(80) Paul Blau in: Portisch/Riff, Österreich II, Band 2, S. 329

(81) Gordon Brook-Shepherd, Österreich, S. 538 f.

(82) „Schulheft" 48/1988, S. 45

7. Orientierung an Europa

(1) Suppanz, Geschichtsbilder, S. 248

(2) Georg Wagner (Hg), Österreich, S. 140 ff.

(3) Wagner, Österreich, S. VII

(4) Bruckmüller,Nation Österreich, S. 32

(5) Bei Eva Czerwinska, Jahreshefte für Zeitgeschichte, Dezember 1999

(6) Bruno Kreisky in: Wagner, Österreich, S. 165 ff.

(7) Oliver Rathkolb in: Verdrängte Schuld, S. 74 f.

(8) Michael Gehler in Böhler/Steininger, Zeitgeschichtetag 1993, S. 121

(9) Suppanz, Geschichtsbilder, S. 121

(10) Christoph Pan/Beate S. Pfeil, Volksgruppen in Europa

(11) Anton Pelinka, Österreichs Kanzler, S. 136

(12) Beilage in Austria Today, 22. - 27. März 2000

(13) Im Wesentlichen folgt die Darstellung nun Peter Stiegnitz, Heimat zum Nulltarif

(14) Peter Hilpold in: Die Presse, 21. Juli 2000

(15) Kurt Hübner, Das Nationale, S. 229

(16) Statist. Handbuch und andere Veröffentlichungen der Statistik Österreich

(17) Kurier vom 22. Juli 2000

(18) Kurier, 22. April 2000

(19) Viktor Reimann, Bruno Kreisky, S. 45 f.

(20) Caritas (Hg), Zuflucht und Zuhause, S. 13

(21) Alja Rachmanowa, zitiert bei Pruckner/Weisch, Schmelztiegel Wien, S. 389

(22) Informationsgespräch mit Heidemarie Fenz, Innenministerium, 10. Juli 2000

(23) Peter Stiegnitz, Heimat zum Nulltarif

(24) Hilde Weiss, SWS-Rundschau, 1/2000

(25) Stiegnitz, Heimat, S. 157

(26) Die Presse vom 12. Februar 2000

(27) Kurier vom 6. Juni 2000

(28) Bei Stiegnitz, Heimat, S. 28

(29) Interview mit Rainer Münz in: Der Standard vom 21. Juli 2000

(30) Helen Liesl Krag, Man hat nicht gebraucht keine Reisegesellschaft, S. 155

(31) Nach Brigitte Bailer, Wiedergutmachung kein Thema, S. 140

(32) Erika Weinzierl in: Böhler/Steininger, Öst. Zeitgeschichtetag 1993, S. 279

(33) Bailer, Wiedergutmachung, S. 135

(34) Aktion gegen den Antisemitismus 160/2000, S. 5

(35) Bundespressedienst, Jüdisches Leben in Österreich, 1998

(36) Alle Zahlenangaben: Muzicant-Interviews profil (28.02.00), Format 10/2000

(37) John Bunzl/Bernd Marin, Antisemitismus in Österreich, Abschnitt 5.5

(38) Liga der Freunde des Judentums (Hg), NS-Ideologie und Antisemitismus in Österreich, S. 35

(39) Liga, NS-Ideologie, S. 38 f.

(40) Erwin A. Schmidl in: Ardelt/Gerbel, Öst. Zeitgeschichtetag 1995, S. 138 ff.

(41) Nach einer Zusammenstellung des Bundesmin. für auswärtige Angelegenheiten

(42) Bundespressedienst (Hg), In the Service of Peace (1995), S. 22, 50

8. Perspektiven einer Hoffnung

(1) Peter Gstettner in: Schulheft 86/1997

(2) Rudolf Burger in: Wespennest, 30. November 1999

(3) Manfred Schausberger in Kuretsidis/Haider, Keine „Abrechnung", S. 25

(4) Brigitte Galander in: Meissl/Mulley/Rathkolb, Verdrängte Schuld...

(5) Gerhard Bronner in: Wochenpresse, 19. Februar 1988

(6) Informationsgespräch mit Staatssekretär a.D. Ludwig Steiner am 24. März 2000

(7) Gabriele Holzer, Verfreundete Nachbarn, S. 76

(8) Baard Herman Borge in: Kuretsidis...: Keine „Abrechnung", S. 229

(9) Fritz Fellner in: freie argumente 1/1988, S. 16

(10) Günther Scheidl, Ein Land... (Dissertation), S. 308

(11) Anton Pelinka in: Die Presse, 26. Juni 2000

(12) Ernst Bruckmüller, Nation Österreich, S. 74 ff.

(13) Der Standard, 3. August 2000

(14) Informationsgespräch mit Altbundeskanzler Josef Klaus am 10. Mai 2000

(15) Dieter Stiefel, Entnazifizierung, S. 328 ff.

(16) IKG-Zeitung „Die Gemeinde", April 2000

(17) Günther Scheidl, Ein Land... (Dissertation), S. 294

(18) Pelinka/Plasser/Meixner (Hg), Die Zukunft der österr. Demokratie, S. 126

(19) Peter A. Ulram in: Pelinka/Plasser/Meixner, Die Zukunft..., S. 134 f.

Sachwortregister

Personenregister

Auswahl der verwendeten Literatur

Oskar ACHS/Manfred SCHEUCH/Eva TESAR, Aus Geschichte lernen, 1998

ANGERER/BADER-ZAAR/GRANDNER (Hg), Geschichte und Recht Festschrift für Gerald Stourzh), 1999

Rudolf G. ARDELT, Christian GERBELL (Hg), Österreich (50 Jahre Zweite Republik), 1996

Brigitte BAILER, Wiedergutmachung – kein Thema (Österreich und die Opfer des Nationalsozialismus), 1993

Ingrid BÖHLER/Rolf STEINIGER (Hg), Österreichischer Zeitgeschichtetag 1993, 1995

Peter BÖHMER, Wer konnte, griff zu („Arisierte" Güter und NS-Vermögen im Krauland-Ministerium), 1999

Gordon BROOK-SHEPHERD, Der Anschluss, 1963

Gordon BROOK-SHEPHERD, Österreich (Eine tausendjährige Geschichte), 1995

Ernst BRUCKMÜLLER, Nation Österreich (Kulturelles Bewusstsein und gesellschaftspolitische Prozesse), 1996

John BUNZL/Bernd MARIN, Antisemitismus in Österreich (Sozial-historische und soziologische Studien), 1983

F. C. CARSTEN, Erste österreichische Republik (Im Spiegel zeitgenössischer Quellen), 1988

Joseph F. DESPUT (Hg), Österreich 1934–1984 (Erfahrungen, Erkenntnisse, Besinnung), 1984

DIENDORFER/JAGSCHITZ/RATHKOLB (Hg), Zeitgeschichte im Wandel (Dritte Österr. Zeitgeschichtetage 1997), 1998

DOKUMENTATIONSARCHIV des österr. Widerstandes (Hg), Österreicher und der Zweite Weltkrieg, 1989

DOKUMENTATIONSARCHIV des österr. Widerstandes (Hg), Handbuch des österreichischen Rechtsextremismus, 2. Auflage, 1996

Heinrich DRIMMEL, Vom Kanzlermord zum Anschluss (Österreich 1934-1938), 1987/1988

Franz ENDLER, Österreich zwischen den Zeilen, 1973

Irene ETZERSDORFER, Arisiert (Eine Spurensuche im gesellschaftlichen Untergrund der Republik), 1995

Jürgen FALTER, Hitlers Wähler, 1991

FEINDBILDER (Wie Völker miteinander umgehen), TV-Dokumentation, 1988

FORUM Politische Bildung (Hg), Wendepunkte und Kontinuitäten (Zäsuren der demokratischen Entwicklung in der österr. Geschichte), 1998

Friedhelm FRISCHENSCHLAGER, Funktion und inhaltliche Wandlungen von Parteiprogrammen am Beispiel der FPÖ-Programme, in: Österr. Zeitschrift für Politikwissenschaft 2/1978

Franz GOLDNER, Dollfuß im Spiegel der US-Akten, 1979

Jörg HAIDER, Befreite Zukunft jenseits von links und rechts (Menschliche Alternativen für eine Brücke ins neue Jahrtausend), 1997

Brigitte HAMANN, Hitlers Wien (Lehrjahre eines Diktators), 2. Auflage, 1996

Ernst HANISCH, Der lange Schatten des Staates (Österreichische Geschichte 1890–1990), 1994

Ernst HANISCH, Gau der guten Nerven (Die nationalsozialistische Herrschaft in Salzburg 1938 - 1945), 1997

Friedrich HEER, Der Kampf um die österreichische Identität, 1981

Raul HILBERG, Die Vernichtung der europäischen Juden, 3 Taschenbuchbände bei Fischer, 9. Auflage, 1999

Adolf HITLER, Mein Kampf, 2 Bände (1925 und 1927) in einem Band, 1943

Gabriele HOLZER, Verfreundete Nachbarn (Österreich – Deutschland: Ein Verhältnis), 1995

Kurt HÜBNER, Das Nationale (Verdrängtes, Unvermeidliches, Erstrebenswertes), 1991

INTERDIÖZESANER KATECHETISCHER FONDS (Hg), Glaubensbücher (AHS 2, 3)

Gerhard JAGSCHITZ, Der Putsch (Die Nationalsozialisten 1934 in Österreich), 1976

Ludwig JEDLICKA, Das einsame Gewissen (Der 20. Juli 1944 in Österreich), 1966

Michael JOHN/Albert LICHTBLAU (Hg), Schmelztiegel Wien – einst und jetzt, 1990

Heinz KIENZL/Kurt PROKOP, Liga der Freunde des Judentums (Hg), NS-Ideologie und Antisemitismus in Österreich, 1989

Gottfried Karl KINDERMANN, Hitlers Niederlage in Österreich, 1984

Robert KNIGHT (Hg), „Ich bin dafür, die Sache in die Länge zu ziehen" (Wortprotokolle der österr. Bundesregierung 1945– 1952 über die Entschädigung der Juden), 1988

KLUSACEK/STEINER/STIMMER (Hg), Dokumentation zur österr. Zeitgeschichte 1938–1945, 1971

Josef KOCENSKY (Hg), Dokumentation zur österr. Zeitgeschichte, 1970

Wolfgang KOS, Eigenheim Österreich, 1994

Helen Liesl KRAG, Man hat nicht gebraucht keine Reisegesellschaft, 1996

C. KURETSIDIS-HAIDER/W. R. GARSCHA, Keine „Abrechnung" (NS-Verbrechen, Justiz und Gesellschaft in Europa nach 1945), 1998

Maximilian LIEBMANN, Theodor Innitzer und der Anschluss (Österreichs Kirche 1938), 1988

Maximilian LIEBMANN, Kirche in Gesellschaft und Politik, 1999

S. MEISSL/K.D. MULLEY/O. RATHKOLB (Hg), Verdrängte Schuld – verfehlte Sühne, 1986

Lucian O. MEYSELS, Nationalsozialismus, 1988

Lucian O. MEYSELS, Der Austrofaschismus (Das Ende der Ersten Republik und ihr letzter Kanzler), 1992

Jan MIKRUT (Hg), Blutzeugen des Glaubens (Martyrologium des 20. Jahrhunderts), Band 1 (1999), Band 2 und 3 (2000)

Jan MIKRUT (Hg), Faszinierende Gestalten der Kirche Österreichs, 2000

Fritz MOLDEN, Die Feuer der Nacht (Opfer und Sinn des österreichischen Widerstandes 1938 - 1945); 1988

Wolfgang MÖNNINGHOFF, Enteignung der Juden, 2000

ÖSTER. WIDERSTANDSBEWEGUNG (Hg), Österreich im Würgegriff des Kommunismus

Bruce PAULEY, Der Weg in den Nationalsozialismus (Ursprung und Entwicklung in Österreich), 1988

Anton PELINKA, Klagen über Österreich, 1985

A. PELINKA/F. PLASSER/W. MEIXNER (Hg), Die Zukunft der österreichischen Demokratie, 2000

Peter PELINKA, Österreichs Kanzler, 2000

Eduard PICHL (Hg), Georg Schönerer, 1938

Kurt PIRINGER, Die Geschichte der Freiheitlichen (Beitrag der Dritten
Kraft zur österr. Politik), 1982

F. PLASSER/P. A. ULRAM/F. SOMMER (Hg), Das österreichische
Wahlverhalten (Bd. 21 der Schriftenreihe des Zentrums für angewandte Politikforschung ZAP), 2000

Hugo PORTISCH/Sepp RIFF, Österreich II (Die Geschichte Österreichs
vom Zweiten Weltkrieg bis zum Staatsvertrag), 3 Bände, 1985

U. PRUTSCH/M. LECHNER (Hg), Das ist Österreich (Innensichten,
Außensichten), 1997

O. RATHKOLB/G. SCHMID/G. HEISS (Hg), Österreich und Deutschlands Größe, 1990

RAUCHENSTEINER/ETSCHMANN, Österreich 1945, 1997

Ludwig REICHHOLD, Geschichte der ÖVP, 1975

Ludwig REICHHOLD, Kampf um Österreich, 1984

Viktor REIMANN, Die Dritte Kraft in Österreich, 1980

ROTWEIßROT-BUCH „Gerechtigkeit für Österreich" (Darstellungen,
Dokumente und Nachweise zur Vorgeschichte und Geschichte der
Okkupation Österreichs – nach amtlichen Quellen), 1946

Hans-Henning SCHARSACH, Haiders Kampf, 1992

Franz SCHAUSBERGER, Im Dienste Salzburgs, 1985

Norbert SCHAUSBERGER, Der Griff nach Österreich (Der „Anschluss"),
1988

Günther SCHEIDL, Ein Land auf dem rechten Weg? (Die langen
Schatten der Vergangenheit – Österr. Literatur von 1985 bis 1995),
Dissertation, 2000

Erwin A. SCHMIDL, März 38 (der deutsche Einmarsch in Österreich),
1987

SCHULHEFT-REIHE, vertrieben vom Pädagog. Buchversand Wien zum
Zweck einer kritischen Auseinandersetzung mit bildungs- und wis-
senschaftspolitischen Themenstellungen, Nr. 43/1986, Nr. 49/1988,
Nr. 86/1997

Harry SLAPNICKA, 50 Stichworte (Ein Lexikon zur o.ö. Zeitgeschichte), 2000

Hilde SPIEL, Die hellen und die finsteren Zeiten (Erinnerungen 1911-
46), 1998

Leopold SPIRA, Feindbild Jud' (100 Jahre politischer Antisemitismus
in Österreich), 1981

Dieter STIEFEL, Entnazifizierung in Österreich, 1981

Peter STIEGNITZ, Heimat zum Nulltarif (Integration ist keine
Einbahnstraße), 2000

Gerald STOURZH, Kleine Geschichte des österr. Staatsvertrages (mit
Dokumententeil), erste Auflage 1975, jüngste Auflage 1998

Werner SUPPANZ, Österreichische Geschichtsbilder (Historische
Legitimation in Ständestaat und Zweite Republik), 1998

Hans THALBERG, Von der Kunst, Österreicher zu sein (Erinnerungen
und Tagebuchnotizen), 1984

Kurt TWERASER, US-Militärregierung Oberösterreich (Band 1:
Sicherheitspolitische Aspekte der amerikanischen Besatzung in
Oberösterreich-Süd 1945-50), 1995

Heidemarie UHL, Zwischen Versöhnung und Verstörung (Eine

Kontroverse um Österreichs historische Identität 50 Jahre nach dem „Anschluss"), 1992

Georg WAGNER (Hg), Österreich (Von der Staatsidee zum National-bewusstsein), 1982

Heinz P. WASSERMANN, Zuviel Vergangenheit tut nicht gut, 2000

Erika WEINZIERL, Zuwenig Gerechte (Österreicher und Juden-verfolgung 1938 - 1945), 1969

E. WEINZIERL/K. SKALNIK (Hg), Österreich – Die Zweite Republik, Band 1 und 2, 1972

Hilde WEISS, Antisemitische Vorurteile in Österreich, 1983

Hilde WEISS, Alte und neue Minderheiten (Zum Einstellungswandel in Österreich), in: SWS-Rundschau 1/2000

Walter WILTSCHEGG, Österreich – der „Zweite deutsche Staat"? (Der nationale Gedanke in der Ersten Republik), 1992

Walter WODAK, Diplomatie zwischen Ost und West, 1976

Helmut WOHNOUT, Schatten der Vergangenheit, in: Österr. Jahrbuch der Politik, 1998

Andrea WOLF, Der lange Anfang (20 Jahre Politische Bildung in den Schulen), 1998

Christa ZÖCHLING, Haider (Licht und Schatten einer Karriere), 1999

Hinweise auf weitere verwendete Quellen enthalten auch die Fuss-noten. Für hilfreiches Entgegenkommen bei der Erarbeitung dankt der Verfasser vor allem dem Institut für Zeitgeschichte der Universität Wien (Univ.-Prof. Gerhard Jagschitz) und seinem Fachbibliotheks-leiter, Oberrat Peter Malina.